当代国外社会思潮传播研究

视觉化转向中的挑战与对策

程立涛 著

中国人民大学出版社

·北京·

本书为国家社会科学基金重点项目“当代国外社会思潮传播的新动向及其对策研究”（19AKS011）的结项成果

目录

导论　图像激荡下的国外社会思潮传播新动向

一、读图时代的来临及其视觉化冲击

当今时代，数字化和网络技术迅猛发展，电视、电脑、智能手机、LED显示屏等视觉媒介广泛应用，导致了“全球可互视性”和文化的高度同质化，催生了图像文化产业的不断拓展与繁荣，为图像生产和传播的高效便捷提供了有力保证。人们为无处不在的图像（影像、景象）所包围，时刻都能感受到视觉文化的强大冲击力。相关统计资料显示，人们约70%的信息是通过阅读图像获得的，图像主导审美、塑造形象、传递信息、建构现实，我们已进入读图时代。麦克卢汉（Marshall McLuhan）、巴拉兹（Balzs）等将图像媒体化看作现代与后现代的分水岭。1994年，米歇尔（W. J. T. Mitchell）、博姆（Karl Böhm）率先提出文化的“图像化（视觉化）转向”概念，强调要以图像为轴心重新建构当代文化。1998年，我国学者钟洁玲提出“读图时代”概念。以图像的生产、传播、接受、消费为主的“注意力经济”是读图时代形成的最重要的驱动力。在现实生活中，图像拣选、阐释、表达现实，调动人们的形象思维和感性直观能力，激发视觉快感和在场体验，符合大众眼见为实、浅层阅读的心理诉求。在急速变革的时代背景下，现代人更愿意选择简单直接、通俗易懂、能让人精神放松的大众文化，“看图”（读图）无疑成为最直接便捷，能获得强烈的视觉信息、即刻满足情感体验，以及能宣泄心理压力的工具，能在“日常”与“现代”的互动中获得视觉经验，因而得到大众的高度认同和普遍欢迎。图像正在成为大众理解和解释世界的重要范式。

图像生产与消费导致大众阅读习惯、思维方式、价值取向发生了重大变革。知识视觉化影响着人们对意义和价值的理解，也给人们提供了新的认知框架和阐释范式。图像兼备符号价值和象征意义。图像符号作为工具和代理者，具有劝诫、教化、引导和操控思想的功能。在生活世界日益图像化的背景下，国外社会思潮传播呈现出由“文本主导”转向“图像主导”的强劲态势。图像（影像、景象）以磁铁般的吸引力及潜在的价值引导和思想操控，持续地塑造着受众的认知、情感和思想，挑战并入侵其他民族国家的思想文化空间，导致国际传播领域的话语权争夺愈演愈烈。图像作为意识形态的重要代码，将信息源及其真实意图隐匿在背后，通过巧妙挖掘、诱导、激发受众的心理，来达到支配人的观念和情感、主导大众日常审美和价值取向之目的。它以尊重受众的信息选择自由、自主为幌子，利用受众的心理投射、妄想和焦虑，采取形象隐喻、内容暗示等方式激发受众的情绪反应，建构受众的主体身份和自我认同。图像善于表达“不可表现之物”，借助共鸣的形象、认同的力量、凝视的源泉，主宰观众的态度和价值取向。视觉图像牢牢把控住受众的视觉权力，对个体发挥着样本示范和支配效应，在社会思潮传播中发挥着角色示范和价值引领作用。为此，我们必须密切关注其最新动向和演化轨迹，自觉防范和抵御国外不良社会思潮的入侵与传播，巩固我国主流意识形态的主导权和话语权。

传播的实质是符号流动和意义交换，其构成要素主要为传播者、传播介质、传播内容、受众群体、传播效果等。社会思潮传播的意图在于争夺受众，以劝服的方式促成其态度和心理改变，认同信息源所主导的价值观，进而改变其观念和行为。能否实现高效率传播，不仅取决于传播者的权威性、公信力和声誉度，也取决于传播介质的性质和优劣。历史上，社会思潮的传播介质主要有口头、文本和图像三种类型，传播介质不同，传播效果也不同。通常，文本叙事主要借助话语、表意、词汇、句法、语法等方式传递信息和思想观念，具有抽象性、联想性、多义性等特质，对受众的文字理解力和想象力要求较高。图像叙事以图像、影像、景象为传递信息和观念的工具或载体，凭借感性、具体、直观、形象的优势，通过制造热点话题、放大舆论效应、吸引观众注意力，潜在塑造人的思维结构和价值取向。就文本叙事与图像叙事的传播特点和传播效果来看，前者为显性传播，后者为隐性传播；前者受众面较窄，后者受众面非常广；前者很大程度上受语言限制，后者能够跨越语言限制；前者传播速度慢、时间长，后者传播速度快、时间短；前者的影响范围较窄，后者的影响范围广阔；等等。

由“文本叙事”主导转向“图像叙事”主导，成为国际社会思潮传播领域的新动向，主要基于如下原因：(1) 以往国外思潮传播多采用文本叙事，受众较少，传播效率较低，如今图像取代文本、观看超越阐释，视觉性和“表意体制”跃居传播领域核心地位，成为西方资本主义话语霸权的新动向。如美国电影《阿凡达》《变形金刚》《大黄蜂》等以精良的制作和视觉震撼，宣扬其所谓的自由、民主、个人英雄主义等价值观，严重威胁到我国社会主义核心价值观的培育和践行。(2) 在不同思想文化相互激荡、多元社会思潮起伏不定的时代背景下，图像叙事有助于俘获更多受众，扩大社会思潮传播范围，提升传播效率，以日常累积与“晕轮效应”实现对受众思想和行为的操控，从而在激烈的文化博弈中胜出。(3) 较之传统文本叙事模式，图像保留在受众大脑中的持久性印象构成的“后续体验”，更不易被遗忘。图像策划和传播能够更有效、更有力地塑造生活，应对多元化社会思潮传播中的竞争，借助图像主题凝聚大众意志，引领“视觉-大众”成为文化和政治论战的新舞台。(4) 图像叙事往往与特殊场景、意义相结合，使日常生活易于理解、解读和记忆，获得跨文化的特殊视觉经验，与已知世界达成密切的、移情的、共有的认同感。如今图像传播介质的互联网化，导致受众和信息消费群呈现碎片化趋势，对不同社会思潮的兴趣又使之发生分化重组。(5) 受众对不同思潮的认同和接受存在差异，容易形成以偏好为基础的聚合组织，由此产生图像的特殊传播效果——造就忠实的受众群体，甚至使其成为外来社会思潮的“代言人”。全球图像媒介时代的加速进化，导致公共事件扁平化、同质化，通过图像来把握全球和地方的“新形构”，在影视话语实践中建构“想象共同体”。

本研究相对于已有研究成果的独到学术价值和应用价值在于：(1) 从图像符号学视角切入社会思潮传播问题，拓宽了社会思潮传播研究的视域，为研究国外社会思潮传播提供了新理念、新思路、新方法。(2) 改变了以往国外社会思潮传播研究“重内容”“轻形式”的偏颇，强调内容和形式兼顾的辩证策略，拓宽了社会思潮传播研究的范围。(3) 循着“文本叙事主导”转向“图像叙事主导”的文化轨迹探讨社会思潮传播的未来走向，拓展了国外社会思潮传播研究的领域。(4) 为了解读图时代国外社会思潮视觉化传播的新动向、新特点与新规律，制定我国思想理论建设应对之策和主流意识形态长远发展战略提供支持。(5) 充分发挥中华优秀图像文化的独特智慧，积极回应国外社会思潮视觉化（图像化）传播的新动向，在深入分析与精准把握其特点和规律的基础上，努力做到趋利避害、主动出击，不断提升我国主流意识形态对外传播的辐射力和影响力。

二、国外社会思潮视觉化传播的挑战与对策

图像视觉化传播的特殊优势在于：它创新了传播介质，实现了“文本叙事主导”向“图像叙事主导”的历史性转换；拓宽了传播渠道，借

助新媒体和互联网载体，建立起世界性互联互通的图像传播体系；扩大了受众群体，是具有去等级化、去政治化、去民族化等特征的社会思潮视觉化传播机制，互联网的潜在受众是无限的；加快了传播速度，具有形象性、直观性和展示性等特征，借助电影、电视、广告的复制、再复制等信息手段，以惊人的速度传播；提升了传播效率，图像打破了受教育水平、理解能力、语言类型、宗教差异等的限制，瞬间超越国界而在全球范围内流行。但如此之多的优势如果被敌对势力或不法之徒利用，或者被人恶意利用，作为其传播不良社会思潮的手段，其危害将是惊人的。归纳起来，图像视觉化传播的严重危害表现为程度不同的四个方面：（1）表层危害：面对铺天盖地的视觉图像刺激，大众容易产生价值选择困惑，对错误思潮丧失基本的免疫力、判断力。（2）中层危害：图像俨然成为大众生活中新的思想路标，在它潜移默化的反复熏陶、不断教唆下，形成图像思维和图像生存模式，阻碍了理性思考和正确价值观的重构。（3）深层危害：不良社会思潮打着“娱乐”和“民主”的幌子，与资本主义政治势力勾结合谋，力图控制人们的身体和思想，使少数人成为国外不良意识形态的牺牲品。（4）终极危害：视觉图像所造就的“忠实”受众，使一些人成为国外社会思潮的拥护者、传播者乃至新思潮的制造者，严重威胁到个人和民族国家正确价值观的确立与巩固。

针对图像视觉化传播造成的严峻形势，本书在应对国外社会思潮传播视觉化转向方面提出如下策略：（1）坚定文化自信，澄清价值困惑。顺应国外社会思潮图像视觉化传播新趋势，积极研究其最新动向、变动特点和演化规律，采取以图像与文本互融、互促的防治对策，以图像手段对付图像文化的入侵，在思想文化斗争中，努力实现扬长避短，克敌制胜。（2）发挥图像优势，提升传播效果。改变以往单一的思想政治教育防范化解理念，从图像符号学入手，集中利用政治学、心理学、社会学、传播学、新闻学等学科的长处与优势，科学设计、共同谋划应对国外新思潮在传播中相互对立、相互缠绕又相互融合的复杂局面。（3）精选视觉符号，引领思潮变迁。鉴于思想观念和价值传播运作的复杂性，尝试从图像对本能、欲望、视觉、快感、思维、情绪的影响入手，创建图像影响个体心理的精确思维导图，通过对视觉实践中关键“链接点”和“互动点”的把握，将优秀视觉符号纳入循环网状系统，寻求最佳解决策略和化解机制。(4) 讲好中国故事，建构国家形象。发挥图像的跨文化理解与沟通优势，运用更多视觉化手段强化中国特色社会主义先进文化的国际传播力，在文化激荡和博弈中不断增强中华优秀图像文化的引领力。

三、关于国外社会思潮视觉化传播的研究现状

国内关于社会思潮传播的研究大致可分为如下三个方面：(1) 关于社会思潮传播特点、动向和规律的研究。张连绪重点考察了当代社会思潮传播模式的结构和要素。① 周方银剖析了西方国家社会思潮的演变趋势与深层动因，提出有针对性的防范和化解对策。② 王永友、耿春晓认为，“借力”“借势”“借需”是社会思潮传播的三大规律，也是我们认知当代社会思潮新动向的理论依据。③ 基于图像时代的强大影响力，马殿师梳理出国外社会思潮传播视觉化转向的两大趋势。④ (2) 关于图像符号及视觉文化的性质、功能及传播力的研究。周家群对新闻图片的传播特征、受众意识、观念表达做了深入分析。⑤ 周宪全面阐释了西方文化“视觉转向”的主因及性质、功能和逻辑。⑥ 李培林论证了受众的图

---

① 张连绪．关于社会思潮传播模式的探讨．番禺职业技术学院学报，2003 (3).

② 周方银．当前西方国家思潮的演变趋势与深层动因．人民论坛·学术前沿，2017 (3).

③ 王永友，耿春晓．社会思潮传播“三重”律：借力、借势、借需传播．思想教育研究，2017 (10).

④ 马殿师．图像时代下当代西方社会思潮传播方式审视．中学政治教学参考，2017 (24).

⑤ 周家群．寻找读者的感觉：论新闻摄影的受众意识．新闻知识，1997 (11).

⑥ 周宪．视觉建构、视觉表征与视觉性：视觉文化三个核心概念的考察．文学评论，2017 (3).

像接受心理及其背后的伦理法律问题。[1] 彭亚非考察了读图时代大众审美趣味和社会责任的变化。[2]（3）关于应对国外不良思潮传播的策略研究。马正平提出要在传播途径上实现对国外社会思潮的把控和引领。[3] 邱仁富强调构建社会思潮预警体系对于深度监测社会思潮动态变化、防范不良思潮侵蚀的重要意义。[4]

国外未见到专门研究该问题的论文和专著，不过在麦克卢汉、德波（Guy Ernest Dobord）、米歇尔、马克·波斯特（Mark Poster）、利奥塔（Jean-Francois Lyotard）、拉什（Scott Lash）等关于图像和视觉文化的著述中，可以找到图像与意识形态、认知和价值观变化的相关研究，这些都属于本书的研究对象、原始素材、基本来源。主要观点如下：（1）关于视觉图像文化相关问题的研究。美国学者米歇尔从语言学、符号学、修辞学等视角分析图像作为新"范式"所具有的模拟、隐喻功能，以及图像与视觉性、机器、体制、话语、身体的深刻关联。[5] 米尔佐夫（Nicholas Mirzoeff）将大众对图像的依赖视为视觉文化的核心。[6]（2）关于图像的意义生产、符号和文化权力的研究。英国学者巴纳德（Barnard）认为个体的思想、信仰和价值观是理解图像的基础。[7] 美国学者马丁·杰（Martin Jay）分析了图像所具有的穿越特殊文化语境及构建"视觉意识形态"的能力。[8] 荷兰学者米克·巴尔（Mieke Bal）

---

① 李培林．图像传播语境下的媒体受众观与受众读图心理研究．南京师大学报（社会科学版），2006（6）．

② 彭亚非．读图时代．北京：中国社会科学出版社，2011．

③ 马正平．国外社会思潮的传播与控制：基于高校环境的政治社会学分析．甘肃社会科学，2009（5）．

④ 邱仁富．建构社会思潮预警指标体系研究．中共四川省委省级机关党校学报，2013（6）．

⑤ 米歇尔．致中国读者：形象科学的四个基本概念//米歇尔．图像何求?：形象的生命与爱．陈永国，高焓，译．北京：北京大学出版社，2018．

⑥ 米尔佐夫．视觉文化导论．倪伟，译．南京：江苏人民出版社，2006：26．

⑦ 巴纳德．艺术、设计与视觉文化．王升才，张爱东，卿上力，译．南京：江苏美术出版社，2006：8－9．

⑧ 杰．文化相对主义和视觉转向．周韵，译//周宪．视觉文化读本．南京：南京大学出版社，2013：209．

把图像定义为符号政体，认为它具有生产意义和形象权力。[①]（3）关于视觉化传播与意识形态关系的研究。美国学者马克·波斯特指出了当今人类体验视觉性、视觉化的倾向，认为人类与机器之间的共生和互融能够生成新的文化产物和体验。[②] 英国学者汤普森（E. P. Thompson）重新梳理了意识形态和大众传播的关系，警示大众对文化传媒化所蕴含的社会操纵和思想控制的防范。[③]

总体上看，国内外关于该问题的研究基础扎实、材料丰富、观点新颖，为本研究提供了重要借鉴，其总体趋势表现为由个别思潮传播的研究转向整体性传播的研究；由对传播现象的分析转向对传播规律的把握；开始关注图像（视觉化）在社会思潮传播中的地位和作用。但不难发现，与本书相同或相近的研究成果很少，仅有的图像（视觉化）研究也多是概念式、碎片化的"点状"研究，缺乏具有历史纵深感、全面系统分析读图时代国外社会思潮视觉化传播新动向的成果，研究思路和方法大多缺少创新性、前瞻性，其成果不足以反映该研究的最新动态和未来趋势，不利于我们对主流意识形态建设的科学判断和宏观把握。

四、本书的基本思路、主要内容和研究方法

本研究遵循"分析-批判-建构"的思路，比较文本叙事和图像叙事各自的优劣，结合当代经济文化和技术发展的事实分析，论证图像主导下的国外社会思潮视觉化传播的必然性、不可逆转性及深刻影响，剖析图像代码与大众心理的契合、渗透及价值塑造过程，着眼于从心理、观念、行为、主体等层面评价图像视觉化传播的利与弊，精准把握危害的

① 巴尔．视觉本质主义与视觉文化的对象．刘略昌，译//周宪．视觉文化读本．南京：南京大学出版社，2013：161.

② 波斯特．第二媒介时代．范静哗，译．南京：南京大学出版社，2005：79－80.

③ 汤普森．意识形态与现代文化．高铦，文涓，高戈，等译．南京：译林出版社，2005：86.

发力点和实质，有针对性地提出应对国外社会思潮视觉化冲击、提升我国主流意识形态话语权的有效对策。

本书主要内容包括六部分，即六章。第一部分对读图时代与视觉化转向的相关理论进行了梳理和阐释，主要内容包括图像的内涵、类型和主要功能，读图时代缘起的背景和现实基础，传播媒介与知识视觉化的相关概念。第二部分重点考察传播学视域下的国外社会思潮，从传播的概念界定入手，剖析信息传播的结构、要素与功能，在简要梳理当代国外社会思潮主要类型的基础上，进一步明确社会思潮与信息传播的密切关联，强调社会思潮的实质是信息传播、赢得受众。第三部分重点探讨文本叙事向图像叙事的时代转向，在详细梳理文本叙事与图像叙事异同的基础上，重点考察二者在传播学方面的利弊以及由文本叙事主导转向图像叙事主导的现实动因，论证社会思潮视觉化传播的必然性与合理性。第四部分是对图像叙事与国外社会思潮传播的运作机制和过程的考察，主要从心理、观念、行为和受众四个层面展开论述与分析。第五部分主要分析国外社会思潮视觉化传播面临的严峻挑战。遵循由外而内、层层递进的思路，从表层危害、中层危害、深层危害和终极危害四个视角剖析了社会思潮视觉化传播的巨大危害，警醒受众关注、重视并加以防范。第六部分提出应对国外社会思潮视觉化传播的基本策略，包括通过努力彰显中华文化自信，实现价值澄清、消除困惑的目的；积极发挥图像文化的特殊优势，不断提升优秀文化的传播效果，抵御不良图像文化的侵蚀；精选视觉符号、创新图像载体，以社会主义核心价值观引领社会思潮变迁；运用图像讲好中国故事，传播好中国声音，向世界人民贡献中国智慧和中国方案，有效建构国家形象，不断扩大中华文化的国际辐射力和影响力。

本书研究遵循如下方法：(1) 文化符号学分析法。图像与文本共同构成传播符号。鉴于文本和图像的传播学特质存在差异，本书重点分析图像作为信息传播符号如何构成和释放意义，其能指（符号）和所指（意义）的关系以及图像符号运作所依据的文化类型，接收者（读图者）

的主动性、文化共识对社会思潮传播的重要性。(2) 批判与建构相结合的方法。运用马克思主义科学世界观、方法论，重点关注、深入剖析国外社会思潮的图像化传播，把握其政治意图、价值导向和阶级实质，在辩证取舍的基础上建构有效的化解对策，形成应对国外社会思潮图像化传播的有效对策。(3) 跨学科综合研究法。本研究涉及政治学、社会学、传播学、新闻学、社会心理学等多个学科，是其相互交织、相互融合的产物，必须综合运用诸多学科知识、把握不同环节的理论特质和变化规律，才能推动研究的顺利开展并取得预期成果。

第一章　读图时代与视觉化转向的相关理论阐释

近些年，关于图像、影像学和视觉化问题的研究，越来越成为众多学科关注和重视的热点。传统艺术学把它看作“图像学的复兴”。① 视觉文化则以“形象科学”的名义进行诠释，视之为跨越人文科学、社会科学和自然科学的一门新兴科学。② 鉴于图像对文学领域的强劲介入与渗透及其引发的文学叙事图像化趋势，越来越多的文艺美学工作者开始思考图像与文学、图像与美学之内在关联。③ 在西方后现代社会思潮中，利奥塔、德里达、福柯、德勒兹（Gilles Louis Rene Deleuze）等认为，图像（视觉）文化的勃然兴起改变并重塑了人类与世界、人与自我之间的关系，在哲学理论方面，图像时代接续了由“语言学转向”而来的欧洲思想的发展历程，开辟了图像化转向（或曰视觉化转向）的崭新时代，对此可称为后现代叙事或视觉叙事。④ 麦克卢汉和巴拉兹将图像媒体化看作现代与后现代的分水岭。巴纳德、马丁·杰、米克·巴尔等

---

① 陈怀恩．图像学：视觉艺术的意义与解释．石家庄：河北美术出版社，2011：2.

② 米歇尔．致中国读者：形象科学的四个基本概念//米歇尔．图像何求?：形象的生命与爱．陈永国，高焓，译．北京：北京大学出版社，2018.

③ 刘巍．读与看：我们这个时代的文学与图像．北京：中国社会科学出版社，2013：7.

④ 同②.

学者关注图像的意义生产和文化权力问题的研究。在研究媒介传播技术及其实践过程中，马克·波斯特揭示了视觉化传播与意识形态之间的深刻内在关联。凡此种种，都意味着图像视觉化已经成为我们不能回避的、颇具全球性和时代特色的重大理论问题与现实问题。

一、图像的内涵、类型与功能

（一）图像的内涵：可见的与不可见的

在西方语言中，关于“图像”的词汇有很多，如英文“image”“picture”“photo”“figure”，法文“peinture”“figure”“photo”，德文“Bild”“Abbildung”等。究其拉丁文的源头，“图像”的对应词汇为“imago”，意思是仿照、比照、模拟，即对某种外物的映像，类似于我们常说的“照镜子”“镜像”，意喻力求获得客观如实的反映，不附加任何人为或主观性因素。在哲学理论中，如实反映客观世界的本来面目，而不是用主观臆想或外在精神来代替客观现实，乃是一种基于唯物主义本体论的诉求。在博大精深的汉语文化中，“图”与“像”最初是彼此独立的存在，各自有不同的内涵和意蕴。“图”的繁体字为“圖”，有两种主要解释：一是外在形式，由各种线条、形状、色彩组成的特定构形，如地图、插图、油画、水墨画等。二是内心活动，如人的欲念、规划、图谋，如《战国策·秦策四》曰：“韩、魏从，而天下可图也。”这里的“图”，就是作为内在欲求使用的。此外，古代汉语中的“图”还可以当动词使用，表达绘画、描绘等活动，如《南史·梁元帝本纪》有云：“自图宣尼像，为之赞而书之。”这里的“图”，就是作为动词使用的描绘、绘制之义。“像”的本义是相像、相似，即仿照人或物做成的图形、图画、图像，如画像、雕像、绣像、剪纸、摄像。由此不难发现，古代汉语中“像”的内涵，与拉丁文 imago（仿照、比照、模拟）

的意思更为接近。在日常语境下，“像”也有形象的意思，即深深镌刻在人们脑海中的精神烙印。随着社会实践的发展和人们生活的变迁，“图”与“像”开始组合在一起使用，从而有了现代汉语中的“图像”概念。简言之，广义的图像就是人们对客观对象的描摹和写真，一种具有视觉效果的艺术画面，涵盖静态画面和动态影像两大类。此外，有学者认为，街头路旁的景观雕塑（立体景象）也属于图像范畴。①

从结构来看，一幅完整的图像（无论是静态图画还是动态影像）都是由外在形式（可见的）与内在理念（不可见的）两部分组成。读图者在审视图像的时候，首先看到的是外在形式，如线条、轮廓、明暗、颜色、比例、前后关系等，可满足初级视觉思维的需要。在对图像建立基本感知的基础上，读图者逐渐获得了对意义的感受和领悟，运用概念和判断的理性思维过程，实现对图像意义的认知、归纳和提炼。与“读书”过程类似，人们“看”或“审视”图像的过程，也可被称为“读图”过程，“读图者”是认知活动的主体，“图像”作为对应的客体而存在。主体之于客体的“对视”或“凝视”，并不是简单的直观、欣赏，以获得某种感性体验和心理满足，尽管这是“读图者”的基本需要，也是大众化“读图”的普遍诉求。换言之，图像本身具有自我呈现、自我表达的功能，是“读图”活动具有可能性的先决条件，构成读图者与图像、主体与客体的内在同一性。读者的“读图”过程即是主体与客体的互动和交流过程。然而“读图”绝不是照镜子，也不是如照相机般机械地拍摄对象，而是一种以人为主体的特殊的文化实践——精神生活实践。图像背后的深层意义和价值诉求——不可见的部分，潜在地对“读图者”（各种各样的主体）产生复杂而深刻的影响，而这才是更为根本、更加重要的东西。必须明确，“作为观众，我们变成了世界的一部分，而不是世界之外的观者”②。由此可见，“读图”有着深刻的视觉认识论

---

① 周宪．当代中国的视觉文化研究．南京：译林出版社，2017：17.

② 恩格尔．不可见之见：从观念时代到全球时代的德国视觉哲学//孟建，Friedrich. 图像时代：视觉文化传播的理论诠释．上海：复旦大学出版社，2005：9.

的支撑。只有深入把握视觉认识的框架，了解视觉认识规律，懂得图像之中“可见的”与“不可见的”之关联，才能准确透视“读图”的深厚意蕴。在这个方面，法国现象学家梅洛-庞蒂所著《可见的与不可见的》一书为我们理解这些疑难，透视“不可见”“不可说”的存在的意义，提供了比较有说服力的阐释。

与西方关于“图像”的研究相比，汉语语境下的“图像”概念更具心性文化优势，即“图像”的概念所揭示的人的心理层面（欲念、图谋、规划）的丰富内涵，强调图像之内在的、看不见的、动态的生命过程。它无论是纯属于个人欲念范畴，还是某个阶级或民族共同体的规划与图谋，都意味着特定的思想负载和价值取向，乃至转化为行为和效果的强烈诉求。图像（图形）的本义不是去模仿对象以获得特定的关于“外形”的认识，而是对事物及其形体的类比，以便获得简便实用的工具，如图画、图标、图腾、图谶等，它是内在于生活的结构性元素，或者说是一种思维样式和生活方式。在《原始思维》一书中，列维-布留尔（Lucien Lévy-Bruhl）对此有过深刻阐述。在他看来，在原始人的思维中，图像不是人类抽象思维的产物，与其指称的对象相分离，取得独立存在的地位，而是像树木、山川、河流甚至豺狼虎豹一样的真实存在物，发挥着对于人来说有益或有害的现实功能。他用丰富全面、详尽严谨的第一手材料证明，“对于原始人来说，存在物的图像自然是我们叫作客观特征的那些特征与神秘属性的混合。图像与被画的、和它相像的、被它代理了的存在物一样，也是有生命的，也能赐福或降祸”①。在现代人看来，这样的结论是不可思议甚至荒谬绝伦的：图像怎么能够等同于事物、发挥事物的功能呢？不过转换一下思路，不难看出，原始人之所以这样讲，自然有其时代局限和认知局限，他们处于人类思维发展的初级阶段，与现代人的高级思维是不同的。将人的精神投射到图画上，借此证明图画有着与人们类似的“灵魂”，这不

① 列维-布留尔．原始思维．丁由，译．北京：商务印书馆，1981：41.

是简单的无知造成的，而是与其背后存在的特殊思维模式相关。因此，我们必须正视它的存在，并实事求是地予以评价。列维-布留尔没有采取简单化的处理办法，而是在广泛获取原始人类认知素材的基础上，提炼出原始思维特有的规律——“互渗律”（一种人类自身与周围万物之关联的合理解读），认为它是“万物有灵论”的特定表达方式。

按照传统符号学的阐释，图像与文字都是特定符号系统，指涉特定的历史文化内涵和意义旨趣。例如，我们看到十字路口的交通信号标识，马上就会联想到“允许”或“禁止”的指令，这些指令是以图标（信号灯）方式呈现的；看到远处那个金色跳跃的双抛物线（Golden Arches，金拱门），就知道那里是一家麦当劳餐厅，饥饿的人可以去饱餐一顿。公共卫生间的大门上，往往用嘴叼烟斗、头戴礼帽的图案代表男厕，穿连衣裙和秀发飘飘的图案代表女厕。之所以用图像而非文字，更多是考虑如厕者无论年龄大小、文化差异和风俗习惯如何，都能迅速辨识。在这里，图像或图标发挥着特定的指示或说明功能，能弥补文字表达的某种不足。至于符号与意义是如何发生关联的，即“如何通过符号制造出意义”以及意义以何种方式为人所把握，则是现代符号学持续关注的重点。图像所隐含（渗透）的价值观念和思想倾向，是其能够传播特定意识形态的内在机理。换言之，图像与价值具有内在同一性。我们观看每一幅图画、每一个视频资料、每一部电影或电视剧，都是潜在接受思想教育的过程。图像资料所呈现的不仅包含制图者的价值观念，还隐含着图像使用者的特殊动机和潜在目的，以及时代的鲜明烙印，即任何图像都是多重价值观的叠加，它使图像本身有了深刻的思想内涵。每一幅图像都是自足的价值存在者。仅就图像的实质而言，图像自身便具备了手段和目的的辩证统一，即作为“相像”“相似”的“像”，服务于“图”所谋求的利益和愿望（图谋），以便实现“图”与“像”在特定条件下的有机结合和利益诉求。

目前西方史学界，图像的史料学价值正在被重视和发掘，人们希望从这些文字以外的资料中探寻特定时代之大众的心态、观念、信仰及想象。① 这无疑是一个颇有前景与活力的研究方向。在美国学者米歇尔看来，技术时代不断更新的、灵动的、多姿多彩的图像，被赋予了生命与爱的活力基因，如同磁铁般紧紧地抓住了读图者的眼球。② 我们如果不停在浅尝辄止的享乐上，即不是仅仅着眼于“可见的”表面形式，而是探索其深层结构或基本原理（不可见的），去挖掘每一幅图像背后负载的离奇而动人的故事，包括人物角色、故事情节、任务安排、曲折过程、对立行动、圆满结局等，即一整套严格组织起来的二元结构叙事，就会发现图像不仅拥有生动丰富的思想内涵，而且本身也是引人入胜的、讲故事的顶尖高手。故事能够激发人无限的想象力，使人获得“在场感”和丰富的“类感性”体验。如果我们把图像表面可见的内容看作图像的“一阶价值”的话，那么，它所激发的创造的想象力和文化内涵则是它衍生出的“二阶价值”或“三阶价值”。在梅洛-庞蒂眼里，叫作故事的“内在生命”，它不是梦幻、谵妄或幻影一类的存在，人类知觉无法准确把握③，而是知觉之外的、需要用心去感受的存在。西方新叙事学正是这样理解图像的。所谓叙事，简单来说就是讲故事。叙事学是研究叙事作品的结构、本质和规律的科学，研究如何讲好故事的学问。当然，图像本身既可被看作故事的基本内容和有效载体，也可被视为故事本身展开的舞台和情景剧。如同罗兰·巴特（Roland Barthes）所说，绘画、摄影、连环画与文字一样，都可被作为叙事材料来使用。在他看来，图像对读者的吸引力与人性相关，尤其是能够触动个人心灵深处最敏感的地方，这里的“刺点”（punctum）不仅是外在的表象，更多是故事的“内在生命”——引发读图者情感共鸣的元素所发挥的作用。固然，“人们的感情，人们的快乐，是不能运用科学进行分析的，这个看

---

① 汤晓燕．法国大革命图像史研究的兴起、趋势及存在的问题．史学理论研究，2020(4).

② 米歇尔．图像何求?：形象的生命与爱．陈永国，高焓，译．北京：北京大学出版社，2018：63.

③ 梅洛-庞蒂．可见的与不可见的．罗国祥，译．北京：商务印书馆，2016：14.

法从来就没有引起过大的争论”[①]，但是它却可以通过读图的方式获得价值分享和情感共鸣。

在辉煌灿烂的中华文明长河中，运用图画阐释、宣传、弘扬传统文化中的价值观，进行特定意识形态的教化并不是什么新鲜事。孟久丽（Julia K. Murray）最新的研究成果显示，“叙述性图画”在中国古代士人精英阶层表达对政治、道德和社会的看法（一种世界观和价值观），向大众传递语言所未能传达的东西方面，有着自己深刻的思考和独到的优势，并且这种传统由来已久。[②] 只不过在大多数情况下，这种视觉传统的开发被限定在艺术研究领域内，或者仅仅是少数人（比如画家、政治家）感兴趣的话题，与其他学科的发展无甚关联。关于图画的功能分析，早在西晋时期陆机就在《画论》中说过：“宣物莫大于言，存形莫善于画。”意思是说，语言和图画各有所长、各有所短，分别拥有自身在叙述和表达方面的优势与特色，二者不可相互替代，也不能相互否定。按照钱穆的理解，中国传统文化具有偏重道德精神的特质，这种特质在叙述性图画逐渐走向成熟的过程中得到了淋漓尽致的发挥和细致入微的展示。我国盛唐时期，绘画艺术造诣达到了华夏文明发展的历史高峰，涌现出吴道子、阎立本、韩幹、周昉等一大批著名画家，他们在绘画艺术上取得了卓尔不凡的成就，为人类文明宝库增添了如《送子天王图》《步辇图》《牧马图》《簪花仕女图》等一大批杰作。当时以收藏和整理历代名画而著称的画论家张彦远在《叙画之源流》中评价道：“夫画者，成教化、助人伦、穷神变、测幽微。”在他看来，我国历史上不同时期的画作规模宏大、种类复杂、流派众多，随着经济社会的繁荣而不断变换其风格，这些画作不仅仅是艺术家个人天赋和创作能力的体现，更是以其特有的“言说”方式发挥着社会道德教化和伦理提升的重要职能。也就是说，图画（图像）也是实施政治意识形态教化的重要手

① 柯里．后现代叙事理论．宁一中，译．北京：北京大学出版社，2003：30.

② 孟久丽．道德镜鉴：中国叙事性图画与儒家意识形态．何前，译．北京：生活・读书・新知三联书店，2014：5.

段。尽管在一些文人墨客的眼里，图画与文字完全是两码事，图画不能取代文本的教化功能，因而不时有人质疑图画的叙事性功能，指责对图画之文化意义的过度理解与解读，但这并不能否认图画的客观存在及其实际影响力的发挥。

（二）图像的类型：多维视角透视

在人类生活中，与“图”有关的事物和现象有很多，如图案、图表、图画、图谶、图册、图鉴、图景、图谱、图腾、图章、图纸、纹章、祖徽、徽铭、铭图，以及油画、水墨画、画像、雕像、绣像、剪纸、摄像，还有现代社会的各种宣传海报等，均可被粗略归入图像范畴，种类繁多的图像直接导致图像分类面临巨大困境。为了研究方便，我们按照不同的分类标准把图像归纳为如下类型。

第一，按照图像与艺术的关系，图像可被分为艺术类图像和非艺术类图像。艺术作为人类认知和把握世界的重要方式，主要表现为绘画、雕塑、戏剧、电影等，它涉及的图像作品属于艺术类图像。这类图像的显著特点是，它们是为了表现某个主题而被加工创作的，价值取向十分明显。其他如图形、地图、符号、印章、债券、股市走势图等属于非艺术类图像，因为它们不是为了艺术而被创作的图像，多数是“复制型”的或简单加工的图形，追求与客观现实的吻合或者高度一致，与艺术类图像相去甚远，其思想性或价值取向不明显。毕竟艺术只是人类文明宝库中很小的一部分，艺术类图像也只是人类图像宝库中的部分内容，绝大部分自然科学和人文社会科学中的图像都不属于艺术类图像的范畴，尽管它们数量庞大，也是人类文明中熠熠闪光的存在。不过在艺术类作品中，人们也可以使用非艺术类图像，作为艺术表现形式的要素，或者使其成为艺术实践的重要组成部分。比如，我们在拍摄电影的时候，可能会出现数学教师讲授几何图形的画面，或者美术教师在黑板上作画的镜头。但究其本质，它们不属于艺术类图像，而是非艺术类图像。

第二，按照图像记录方式的不同，图像可被分为模拟图像和数字图像。模拟图像主要通过外形和物理光线的强弱来表达对象信息，例如绘画、肖像、雕塑、编织图案、水墨画、各种图章和宣传海报等。数字图像是用计算机存储的海量数据来记录和描摹图像亮度的相关信息。如计算机制图、仿真图形等，这是立足技术标准来区分的图像类型。必须承认，传统社会（前技术社会）绝大部分图像的生成，都与技术（元素）无甚关联，主要是制图者本人的天赋、技艺、个性与才华的表达，因而有着十足的历史"神韵"和文化特质。如今随着互联网制图技术的发展和智能时代的来临，不仅图像的制作方式发生了变化，甚至图像的性质、类型、内容以及人们对图像的阐释方式均有着全新的时代内涵和现代特色，图像的实际意义必定会有全新的呈现。沃尔特·本雅明（Walter Benjamin）看到，由于人们在制作图像的过程中越来越多地借助技术手段，图像的复制工艺越来越复杂，所以图像本身的历史"神韵"越来越少、越来越淡。也就是说，图像文化中所呈现出来的个人创造力和独一无二的精神品格越来越贫乏了。在当今数字图像时代，也许人们对这类机械复制图像会有更复杂的感受和体验。"可以肯定的是，数字图像绝不是映像。它们是使用数学方法生成的，而其表面所具有的映像的特性则是数学模拟运算的产物"①，因而与原本意义上的图像有着天壤之别。

第三，按照图像与意识形态的关系，图像可被分为属于意识形态的图像和不属于意识形态的图像。在现实生活中，大量政治宣传类图画和几乎所有影视剧都带有鲜明的政治意识形态色彩，它们与特定阶级或社会集团的利益相联系，反映其利益需要和价值诉求，这使图像（影像）成为实现其理论教化和思想宣传的重要载体与舆论工具。例如，宣传画册、政治活动摄影和影视作品，大多都属于前者。在孟久丽看来，我国

① 乌尔夫．感知、图像与想象．殷文，译//冯亚琳，乌尔夫，代迅，等．感知、身体与都市空间．合肥：安徽教育出版社，2009：7.

北宋以后的叙述性图画，主要担负着对于意识形态正当性的论证、大臣进谏和对普通百姓实施道德教化的功能，“在更晚的朝代中，故事画在社会各阶层流通，有助于当时社会、政治和文化领域的理想和观念的塑造和表达”[①]。相反，那些理工科的图像如数学的构图、物理中的核子图形、化学元素的图形等，一般不具有明显的意识形态属性，没有特定的政治性和理论教化意义，或者说它们是“价值中立”的。当然，我们也不能将这种区分绝对化。在一定条件下，数学或物理图形也是实施意识形态教化的工具，承担着特殊的意识形态职能。哈贝马斯曾在《作为“意识形态”的技术与科学》一书中说，在科学研究社会建制的当今时代，资本主义完全垄断了科学技术及其成果，以往被视作“价值中立”的科学和技术，也被打上鲜明的意识形态烙印，成为服务于资产阶级利益及其统治的工具。[②] 无论是文字还是图像，作为信息符号的它们首先是思想观念的载体，同时也是其内涵的组成部分，内容与形式、载体与思想之间是相互依存、不可分割的，构成一个整体。

第四，按照图像的存在形态，图像可被分为静态图像和动态图像。静态图像，如图画、相片、电影胶卷、素描写生作品等，表现为物质形态的固形物。动态图像则指播放过程中的电影、电视剧、录像带等流动着的影像（图像流或影像流）。与图像不同，影像是借助机器或电子设备制造出来的若干图像的“叠加”，亦即持续不断的图像流，表现为迅速变换的图像在眼球上造成幻觉，似乎它们都是流动的、层层叠加的、不断更新的变化过程，构成一种新的视觉文化现象。当然这种区分只能是暂时的、相对的、有条件的，不可脱离条件将其片面化和绝对化。任何静止都是有条件的和暂时的。一帧帧的绘画、图片和图像，是构成动态影像的基础材料和重要文化资源。我们可以运用各种电子设备和技术

---

① 孟久丽．道德镜鉴：中国叙事性图画与儒家意识形态．何前，译．北京：生活·读书·新知三联书店，2014：129.

② 哈贝马斯．作为“意识形态”的技术与科学．李黎，郭官义，译．上海：学林出版社，1999：42.

手段，使静止的图片“动起来”“像活的一样”，以电影或电视的形式播放给人们欣赏。那些录制完成的录像带、电影胶卷等，存放在影视商品仓库里，保持着静态图像类型的性质和特征，回归了图像的最原始形态。另外，也有学者将图像区分为静态图像、动态图像和立体景象这三种类型。① 动与静是区分图像形态的标准之一，而立体景象要么属于“静态”，要么属于“动态”，它如果是动、静之外的第三种形态，就不宜与静态图像和动态图像并列，因为三者不是同一个标准下的产物。

需要明确，有许多介于图像和非图像之间的存在，如古代遗存的洞穴文字、象形图、寓意图、数字构型以及尚不知道出处的罕见文字图形，这些处于中间地带的“似图非图”的构型，充分表明了图像类型的复杂多样性。美国艺术家詹姆斯·埃尔金斯（James Elkins）对此做过专门研究。在他看来，历史上人类创造的视觉产品有着广阔领域，尽管多数人对当代视觉媒体和多元文化感兴趣，但是艺术史学家仍然对古老的洞穴壁画、素描、版画和摄影显示出浓厚兴趣。② 他们所留恋的不是古老文化本身，也不是古老文化所遗存的只言片语，而是古老文化所特有的持久“韵味”或“神韵”，一种看不见摸不着的、世代凝聚的精神价值。詹姆斯·埃尔金斯反对将图像做完备细致的区分，在他看来，学术界在这方面存在着很多认知误区，一直在误导我们关于视觉图像文化的思考，那就是进行“图像”与“非图像”截然对立的二分。如果“图像”与“非图像”是非此即彼的关系，那么，我们该如何解读“象形文字”“楔形文字”等一系列古老文化现象？它们到底是图像还是文字？③ 另外，对于普通人而言，并不存在单纯的文字阅读或图像审视，二者往往错综复杂地交融、渗透在一起，大多数文本解释的书籍，都会有或多或少的插图；而图画类的故事书也附有详细的文字说明。阅读文字能引发形象思维，将人不自觉地引向了读图，而读图也必须借助抽象思维能力，借助

---

① 周宪．当代中国的视觉文化研究．南京：译林出版社，2017：17.

② 埃尔金斯．图像的领域．蒋奇谷，译．南京：江苏凤凰美术出版社，2018：前言 1.

③ 同②133.

文字予以详尽的解读和阐释。所以，图像的分类以及图像和文字的区分都只有相对的、不完善的意义。

也有学者指出，我们看到的某一幅图，可能不是某个人的作品，而是胡乱涂鸦的黑猩猩的“杰作”，动物也能够涂画某种所谓的图像，然而它却是没有价值观的存在（也许有生物学价值，但不属于文化现象）。① 你能够说，图像的隐喻和意义与作者的动机有关吗？诸如此类的质疑，涉及对图像标准以及意义的生成方式之理解的不同。我们所说的图像（图片、影像、视频资料等）作品，必须是人类劳动的创造物，特别是艺术家（画家、摄影家等）的天赋性创作实践。无论什么时候，人都必须是图像资料的创造主体，图像表现为人类劳动的价值和使用价值的凝结。即使某些高级动物（比如黑猩猩），能够模拟人的动作、声音、思考过程，甚至经过系统的“专业学习”后能够进行较为复杂的数学运算，或制作出“图画作品”，也不能就此认定它们归属于人类的种属，不能成为严格意义上的认识和实践主体。因此，黑猩猩胡乱涂鸦的作品，不能归入图像的范畴，也不是本书研究的图像类型，当然也不具有所谓的隐喻和象征意义。相反，人类涂鸦的作品则属于图像的范畴，即便这类作品质量十分拙劣，看上去非常丑陋。问题不在于作品本身如何，而在于作品的“作者”究竟是谁。我们并不反对相关领域的科学家在实验室里以黑猩猩进行模拟人类行为的某些科学实验，然而动物实验与人类活动是两类不同性质的问题，不能相提并论。

（三）图像的四种基本功能

自古以来，图像的种类灿若繁星、数不胜数，人们制作图像的动机千差万别，因此图像的功能也复杂多样。归纳起来，图像主要具有如下四种基本功能。

---

① 霍尔．符号崛起：读图时代的意义游戏．皮永生，段于兰，译．重庆：重庆大学出版社，2019：146.

第一，文化传承和延续的符号功能。在悠久灿烂的人类文明史上，图像几乎无处不在、无时不有。从古希腊罗马文化、埃及文明、两河流域文明、欧洲中世纪的艺术成就，到文艺复兴、古典主义和浪漫派艺术，以及以儒家、道家、法家、名家、阴阳家等为代表的华夏文明，以图像符号形态来呈现的创造性成果浩如烟海，犹如一颗颗璀璨的明珠，熠熠生辉，照耀着人类前进的道路。图像描绘人类实践和认知成果，歌颂生活的幸福与美好，反映并记录在人类社会发展过程中、在人类与自然斗争的历程中取得的非凡成就。图像与书写文字一样，不仅是文明进步的象征，也是人类文化创造和传承的重要载体。有学者说过，艺术史研究的逻辑起点不是文字而是图像。德国学者奥托·帕希特（Otto Pächt）认为，“在面对任何艺术史研究时，我都秉持着相同的理念：艺术是由观看出发，而非文字”①。对于后世而言，通过对传统图像的深入解读和不断追问，人们能够了解前人的历史和实践经验，传承时代积淀的知识成果，获得生活智慧的启迪、认知的真理。例如，我们对石器时代洞穴壁画的考古发掘，对笼罩在金字塔迷雾中的埃及天书的解读，对古老玛雅文明消失之谜的探索，对失去的利莫亚里古城的追问等，都有助于我们了解先民的生产、渔猎、生活、娱乐、游戏，了解当时的生产力水平和生产关系性质及其社会结构的特点，以便启迪智慧，获得前行的力量。书插图是一种历史表述方式，如我国历史上的《洛神赋图》《敦煌乐舞图》等杰出的艺术成就，无论是反映百姓收获后的喜悦之情，还是表达人们对事业成功的满足和自豪感，都以历史图画的方式来呈现。人们使用的古今中外的图像和文字资料，大多被看作表达某种意旨和智慧的符号，就其蕴含的深厚意蕴和历史遗存而言，并无优劣、高下之分。在具体的文化表意实践中，究竟是使用图像还是使用文字，或者二者兼而用之，往往与主体的偏好、文化背景和需要表达的特定内容有关。

---

① 陈怀恩．图像学：视觉艺术的意义与解释．石家庄：河北美术出版社，2011：26.

第二，意义生产和价值的传播功能。图像不是对生活简单直观的记录和摹写，而是加工、提炼和再造的结果。在这个过程中，制图者将自己对客体意义的理解、感悟和体验融入其中，后来的图像使用者又附加了自己的动机和意图，二者叠加形成了复杂的意义指涉系统，表现为某种欲念、图谋或规划，作为特殊代码为他人（读图者）所辨识和认同。按照 E. H. 贡布里希（E. H. Gombrich）的解释，“在造型过程中，制像者以制作代码（codes）的方式来进行图像意义的传达，观看者则做了读取和解码的工作”①。这就是著名的艺术图像的再现观。观看者（读图者）看到的图像或图片，不是它所呈现的原始物件，而是对原始物件的“模仿物”（一种观念上的反映），或称之为模拟替代物（再创造物）。此时，还原图像制造意义的过程显得尤为重要。语言学家索绪尔（Ferdinand de Saussure）借“能指”和“所指”这对范畴，对图像符号的意义生产和意义实现进行了完整解读。他解释说：“在符号中，能指（signifier）是作为媒介，即作为吸引我们注意并且传达了特殊信息的、可识别的词语、声音或图像来活动的。所指（signified）就是信息或概念自身。交流过程包括了确定含义（signification）的过程。”② 在图像与读图者的关系中，图像的意义要借助两种途径来呈现：一是作为人物或景象的画面，进入读图者的眼睛而被阅读，读图者获得一种视觉上的直观印象。二是图像与读图者构成的深层结构互动，即通过巴特所说的“刺点”概念来实现。在巴特看来，“刺点是在图像之中的那个细节，它通过刺穿我们的记忆，打开了一扇门，一扇通向我们完全被具体化了的主体性所包含的那些深度之门”③。不难看出，“刺点”就是图像所引发的心理和情感效应。正是图像的这个深层意义，在引发或打动人的过程中创生出新的感受和意义的获得。通过价值的传承和新的意义的产生，进而实现图像自身（包括图像使用者）的目的或诉求。图像传递并散播

① 陈怀恩．图像学：视觉艺术的意义与解释．石家庄：河北美术出版社，2011：26.
② 史密斯．文化：再造社会科学．张美川，译．长春：吉林人民出版社，2005：62.
③ 琼斯．自我与图像．刘凡，谷光曙，译．南京：江苏美术出版社，2013：86.

人类灿烂的文明，给人别具一格的文化体验，它可以引导读图者进入一个奇妙的境界，从另一个视角去感受文化的魅力。

第三，象征隐喻与信仰的诠释功能。人类对图像天生具有某种亲近本能，这种本能在原始人的思维中能找到大量遗存，尤其在一些具有象征性的宗教类图像中，发掘出某种由观念联想唤起的特征。列维-布留尔曾在《原始思维》中谈道："首先使原逻辑思维感到兴趣的因素则是图画的外形（还有被画的客体本身）与在其中的神秘力量的联系。没有这种互渗，客体或图画的形状是无足轻重的。"① 似乎这些图像具有特殊的生命活力，甚至作为某种生命体而存在着，有自己的行为逻辑和运行规则，从而主导着其他存在物（这里包括人和其他存在者）。然而，这种生命活力或者叫作亲近的本能，随着现代科学技术的进步和文明的进化逐渐在人们身上消失了。在现代人眼里，图像或图案仅具有象征性意义，只有极少的神秘性在宗教文化中有所保留。对于学术界而言，"图像"的核心在"像"，"像"即"象征""表征"。符号学家拉康（Jacques Lacan）曾说："象征的特征就是不在场。"② 把"不在场"之物呈现出来的方式，叫作象征性隐喻，它的意义是隐含的、内在的存在，是看似"不存在"的实际的"存在"。"为了架构信仰，我们发明了一套符号和象征物，并将其不断发展、丰富，使之成为信仰的一部分。这些符号提醒我们，人类与宇宙的和谐统一。"③ 把握这个存在，需要人们去仔细感悟和用心体会，也就是找到心灵与图像之间的某种内在的"感通"和默契，从而达到心领神会。弗里德里希·谢林曾说："一切成熟的艺术作品都应该是象征性的，图式化和比喻是其中潜在的要素。"④ 其实何止是经典的艺术图像，一切艺术的与非艺术的图像，都有不同程度、不同性质的隐喻功能。隐喻不是直接告诉人们什么，而是转折性地

---

① 列维-布留尔．原始思维．丁由，译．北京：商务印书馆，1981：112.

② 陈怀恩．图像学：视觉艺术的意义与解释．石家庄：河北美术出版社，2011：116.

③ 布鲁斯-米特福德，威尔金森．符号与象征．周继岚，译．北京：生活·读书·新知三联书店，2014：6.

④ 谢林．艺术哲学．魏庆征，译．北京：中国社会科学出版社，1996：126.

暗示人们是什么、怎样看、如何思考等。在某种意义上，隐喻已经脱离世俗生活的直观、肤浅层面，升华到超越性、精神性的人生哲学境界，达到了理想信仰的形而上高度，侧重于对人的心灵世界的引领和塑造。“这就是为什么当图画是画在或者刻在神器上时它就是比图画本身要多的东西；它与这个东西的神圣性质互渗了，染上了它的力量。”[①] 在一些哲学、宗教图像或政治领袖图像中，隐喻表现是最为典型、最具活力的，也是最为明显的，似乎就是活着的生命，以严肃的目光凝视人世间的一切。那些悬挂在墙上的政治人物（如领袖）图像，“像活的一样”，盯着读图者的脸，预示着某种正当性或尊严的权威性，其政治合法性是不容置疑、不容冒犯的。神学家托马斯·阿奎纳在《神学大全》中说过，“精神总是躲藏在事物的譬喻之后”[②]，这意味着隐喻的深刻性和导向性意蕴。虽然不同性质和类型图像所隐含的象征往往千差万别，对个人价值选择和理想信仰的实际影响力也不尽相同，但总体来看，这种影响主要体现在两个层面：一是社会大众依靠自己的常识性知识就能理解的含义；二是能够触动个人内心世界或灵魂的精神力量，即巴特所说的某种“刺点”的力量。作为信仰诠释的政治图像或宗教图像，无疑是在后一种意义上存在并被使用的，它的价值主要在于对人的长久性的精神吸引力和掌控力。只不过在以往的学术研究中，图像的这种功能并没有引起人们的足够重视，但这并不意味着它的影响力弱小。图像“看得见的”功能与“看不见的”功能是同时存在、相互交融的，对于不同的观赏者或读图主体而言，很难说哪个是重要的或不重要的。

第四，文化权力和意识形态的建构功能。在社会科学范围内，“权力”被理解为控制和支配的力量，罗素说过，它是“使人服从与使人发号施令”[③]。图像和语言文字所蕴含的权力，归属于文化权力范畴。在《狱中札记》及相关通信中，葛兰西对“文化权力”概念及其操控逻辑有过透彻的分析，在他看来，无处不在的资本主义文化存在对人的思想

① 列维-布留尔．原始思维．丁由，译．北京：商务印书馆，1981：112.

② 陈怀恩．图像学：视觉艺术的意义与解释．石家庄：河北美术出版社，2011：128.

③ 罗素．权力论：新社会分析．吴友三，译．北京：商务印书馆，1991：9.

的潜在引导和操控。无论是作为文化符号的图像还是作为意义生产机器的图像，图像之于大众的文化权力都是不容置疑的，也是无所不在的，并且在当今生活中呈现出日趋活跃的态势。不难发现，那些作为传世经典的图像，其创作意图和真实动机是非常鲜明的，它们能够先入为主地抓住读者，介入主体的精神需要和精神生活空间，掌控、引领、主导甚至颠覆人们的观念。这是一个图像符号崛起的时代，它以意义游戏征服观众，引领着观众精神世界的走向。迈克·费瑟斯通（Mike Featherstone）说："观众们如此紧紧地跟随着变换迅速的电视图像，以至于难以把那些形象的所指，联结成一个有意义的叙述，他（或她）仅仅陶醉于那些由众多画面闪现的屏幕图像所造成的紧张与感官刺激。"① 正是在这个意义上，荷兰学者米克·巴尔把图像比喻为某种特殊的意识形态符号政体。② 美国学者马丁·杰也认为，图像具有穿越特殊文化语境、构建视觉意识形态的能力，这是语言文字所不能比拟的特殊优势。③ 在这些学者看来，图像对于读图者不仅仅是形象的生产，更是意义和权力的生产与再生产，有着特殊的话语权优势和信仰魅力。与文本的思维逻辑相比，图像对人的观念和思想的操控更隐蔽、更隐晦，它利用大众对视觉图像文化的依赖与麻痹心理，一点一滴攻破其思想防线，在放松警惕和轻松自由的状态下，在嬉笑怒骂的悲喜剧沉浸中，不知不觉地建构起符合特定意识形态需要的价值观，形成独特的"图像文化霸权"。"文化生产包括编码信息的形成——那些信息来自文化情景中观众的事件、处理和形象，而且被塑造成有意义的话语（由此一些信息占据了特权位置）。在接受的时刻，编码信息被观众操作进入了社会实践的结构，又反作用于生产过程。"④ 如今遍布各领域的图像视觉化生活方式，无疑为之提供了极好的实现途径和现实案例。

---

① 费瑟斯通．消费文化与后现代主义．刘精明，译．南京：译林出版社，2000：8.

② 巴尔．视觉本质主义与视觉文化的对象//周宪．视觉文化读本．南京：南京大学出版社，2013：161.

③ 杰．文化相对主义和视觉转向//周宪．视觉文化读本．南京：南京大学出版社，2013：209.

④ 史密斯．文化：再造社会科学．张美川，译．长春：吉林人民出版社，2005：90.

二、读图时代的缘起与动因

（一）读图与读图时代

按照“读书”的词语组合模式，人们创造了“读图”这个新概念。文字是表意符号，图像也是。无论是日常阅读还是专门的科学研究，都很难将读图与读书截然分开，绝大多数情况下是一边阅读文字材料，一边审视（欣赏、浏览）相关的图像文献，二者相互佐证，相互补充，相互阐释，作为整体性的文化形式而存在。因此，读书者同时也是读图者。不过，读图与读书仍然有着较大差别，对读者（读图者）的心理、情感和价值观的影响也不尽相同，这一点可以从当今媒体视觉文化的空前繁荣中得到进一步的确证（读书者在减少，读图者在增加）。自图像出现后，人类阅读图像的历史就开始了。每一代人都要和图像打交道，或创制全新的图像，或阅读别人（前人）留下的图像，对于人类来说，读图并不是什么新鲜事。与以往时代人们偶然地、暂时地、个别地读图相比，在当今这个电子时代，读图已经成为一种必然的、普遍的、大众化的潮流，人们观看各种影视作品，迷恋“活生生”的剧中人物和形象，在其中投入大量情感，获得某种心灵或精神的慰藉。与以往时代图像创制实践局限于少数艺术家相比，在当今这个电子时代，制图已经成为智能手机摄影的全民制图，乃至全人类的活动。你无论是否愿意，是主动的还是被迫的，随时随地都会碰到千姿百态的图像，也不得不去阅读图像，读图已经成为现代社会不可或缺的生活方式。

在日常生活中，人们为无处不在的图像（影像、景象、景观等）所包围。无论是商店橱窗、街头海报，还是公交车厢、站点，甚至是狭窄的楼梯、电梯间，熙熙攘攘的学校餐厅，到处都为铺天盖地的图像所覆盖。各类图像还“借助于大众媒体的能量，它逐渐渗透到了人们生活中的每个角落，并开始发挥作用”[①]。生活世界的图像化、艺术的生活化趋势不断加剧，甚至到了泛滥成灾的地步。我们不管愿不愿意，都必然受到图像的轮番轰炸，这是之前从未有过的新景观。据有关资料统计，如今70%以上的信息是通过图像获得的，图像能够影响（甚至主导）人们的审美取向，塑造个人对世界的认知和思维，改变彼此间传递信息的方式，形成新的文化认同和思想建构。人们试图通过图像（影像）所制造的强烈的“在场感”，找回失落的精神家园，发现属于自己的意义范围。图像已经成为我们理解和解释世界的重要方式，也是人们相互交流的重要途径。图像以其巨大的诱惑力和操控力，成为人们生活、工作和休闲中须臾不可与之分离的结构性元素。当今以新媒体为支撑的图像世界，把整个世界映照在图像的海洋里，在此背景下，“读图时代”或“图像时代”便应运而生了。

时代是划分历史阶段的一种方式。依据不同的经济、政治和文化状况，人们把历史划分为铜器时代、铁器时代、机器时代、信息时代、智能时代。在西方传播学领域，麦克卢汉、巴拉兹等将图像媒体化视为现代转向后现代的分水岭。1994年，美国学者米歇尔、博姆等率先提出文化的“图像化（视觉化）转向”概念。斯洛文尼亚学者阿莱斯·艾尔雅维茨（Ales Erjavec）首先使用“图像时代”作为其一部专著的名称。[②] 罗兰·巴特的《图像修辞学》、利奥塔的《话语，图形》、约翰·伯格（John Berger）的《观看之道》、雷吉斯·德布雷（Régis Debray）的《图像的生与死》、保罗·M. 莱斯特（Paul M. Lester）的《视觉传播：形象载动信息》、西恩·霍尔（Sean Hall）的《符号崛起：读图时代的意义游戏》、约伦·索内松（Göran Sonesson）的《认知符号学：自然、文化与意义的现象学路径》以及朗·伯内特（Ron Burnett）的《视觉文化：图像、媒介与想象力》等，都是预言读图时代来临的经典

① 乌尔夫．目光、图像与想象．殷文，译//冯亚琳，乌尔夫，代迅，等．感知、身体与都市空间．合肥：安徽教育出版社，2009：6.

② 艾尔雅维茨．图像时代．胡菊兰，张云鹏，译．长春：吉林人民出版社，2003.

之作。我国学者吴昌华在《新闻图片编辑研究》一文中首先提出“读图时代”概念。1998 年，杨小彦、钟健夫在为“红风车经典漫画丛书”作序时，将题目定为“读图时代”。2003 年，张玉川将读图时代界定为“报纸为适应社会的变化，改变以文字为主、图片为辅的模式，图片（主要是新闻摄影图片）将在当今的报纸版面中占主导地位，读者的读报习惯也将由以前的读文字为主改变为读图为主”①。此后，国内一些学者相继出版了以图像或读图时代为研究对象的学术专著，如孟建与德国学者 Stefan Friedrich 合作主编的《图像时代：视觉文化传播的理论阐释》、彭亚非的《读图时代》、李培林的《读图时代的媒体与受众》、周家群的《图像时代：新闻摄影传播学》、陆方的《动画电影符号学》、蒙象飞的《中国国家形象与文化符号传播》等，这些专著多着眼于摄影、艺术和传播学的视角，对新闻图片的传播特征、受众意识和观念表达，社会大众的图像接受心理、审美趣味和社会责任的变化，图像及其背后的伦理法律问题等做出了解读。围绕图像与文字、图像与视觉、图像与人性、图像与大众文化、图像与自我、图像与消费社会等方面展开的学术研究，前景喜人并逐步向纵深发展，结出了丰硕的学术果实。

图像时代或读图时代作为对当今社会图像化、视觉化趋势的回应，未必能够准确体现当今时代精神的精华，也未必能够得到所有学者的认同和响应。不过，自己或周围的生活为图像（影像、景象）所充斥、所笼罩的现状，想必是大多数人都不能否认的事实。在持续流动的图像的围困下，我们的眼睛成为最疲劳的器官。与嗅觉、触觉和其他感官的衰退相比，视觉的意义日益凸显出来，在诸多感官中排在了首位。“视觉活动的特殊性就在于，在跨越人和事物之间距离的同时却又保留了感知层面上的距离，即是建立一种‘有距离的亲近’。”② 既然绕不开也无法

① 张玉川．报纸的读图时代真的到来了吗？．传媒观察，2003 (1)：26－27.

② 乌尔夫．感知、图像与想象．殷文，译//冯亚琳，乌尔夫，代迅，等．感知、身体与都市空间．合肥：安徽教育出版社，2009：3.

回避，那么在面对“图像流”的时候，我们就要合理选择并有效利用。凡是存在的必定有其存在的理由，在深刻反思和理性思辨的基础上，清醒地认识它的存在意义及其可能导致的不良后果，对于学术研究和现实生活来说，都是必须要做的基础性工作，这也从某个角度印证了本书对读图时代研究的思想政治教育意义。借助于图像，我们“等待可见的‘出现’并在这种等待中指出我们试图用视觉一词来领悟的东西的潜在价值”①。人们若习惯于从时间维度来考察意义，遵循线性思维和刻板模式，对事件的领悟就往往是抽象而枯燥的。图像转向了空间维度和发散思维，激活了读图者的内在生命冲动，塑造了新的理解与认同方式。不仅如此，图像文化已经越出纯粹的艺术圈，广泛延伸至哲学、文学、社会学、心理学、传播学、经济学、广告学等众多学科领域，与其相互交织、相互渗透，并且随着社会进步和媒体技术的普及，作为大学科的“图像科学”呈现出前所未有的繁荣景象。

在世界文学和艺术史上，人类积累了浩如烟海的图像类文献资料，即图像（图画、形象、影像、剪纸）的历史源远流长，并且形成了一门独立完整的、日渐成熟的图像学学科，作为西方艺术史的一个分支而存在。学术界关于图像学发展史的研究中曾有过“早期图像学、传统图像学、现代图像学、后现代图像学”② 等说法，图像学诸多发展阶段的复杂划分，足以证明图像的历史悠久、数量庞杂且种类繁多，也意味着它在人类生活中的地位和作用不容忽视。所以，人们“为图像所包围”的现象并不是今天才出现的。那么，为何唯独当今才有“读图时代”或“图像时代”之类的提法呢？必须看到，今日之“图”非昨日之“图”，不仅构图的方式、方法在变，图像反映的内容在变，制图者和读图者在变，图像的社会功能也在变。图像与人们生活关系的密切程度以及学术界对图像的认知，也发生了天翻地覆的变化。以往是图像与大众二元分

① 迪迪-于贝尔曼．在图像面前．陈元，译．长沙：湖南美术出版社，2015：206.

② 陈怀恩．图像学：视觉艺术的意义与解释．石家庄：河北美术出版社，2011：16.

置、彼此疏离，如今是大众自觉地亲近图像、走进图像，融图像于个人生活之中。先进的技术手段改造了图像，改变了人们的阅读习惯和阅读风格，引导新的图像认知和图像思维模式的塑造。当今时代，视觉文化的迅速兴起与大众文化和消费社会的蓬勃发展有关，与互联网和智能技术的进步分不开。"今天的图像符号与原始的图画作为符号的最根本的区别在于图像符号是技术的结果，解读图像符号也是在解读技术的意义。"① 自人类发明摄像机、电影、电视甚至网络以后，图像和影像事业迅速走上了一条技术化、虚拟化、动态化的发展道路。与以往手工制作的静态图片、雕塑、篆刻、图章等相比，动态影像（电影、电视、录像等）不仅在速度效率方面显示出前所未有的生机与活力，而且以其更加接近生命的本性（本能）的优势而为读图者所喜爱。在当今数字化转型时代，无论是传统的经典图案和雕塑艺术，还是最新拍摄的动画片、电影和电视剧，均以现代媒体的方式呈现给大众社会，传统图像在不断得到再生产、再解读的过程中，在获得新的传承手段和传承方式的同时，其价值内涵也在与时俱进、不断拓展，形成了新的价值领域和人文情怀。因此，图像随着技术发展和社会进步而不断被注入新内涵、展现新景观，一部图像史同时也是一部观念史、社会史，在图像史与观念（社会）史的相互交织、相互影响、相互促进的过程中，透视人的观念和思想的变迁，当是我们研究图像文化的重要方法论，也是获得读图时代"真问题"的基本途径。

（二）读图时代的认识论溯源

在人的感觉器官中，视觉的生理基础就是眼睛。人的眼睛由视网膜和折光系统两部分组成。视觉是感官系统对外部刺激进行加工后形成的

---

① 李岩．技术与视觉传播//孟建，Friedrich．图像时代：视觉文化传播的理论诠释．上海：复旦大学出版社，2005：193.

主观感受。我们身体之外的大千世界，包括人类本身在内，都是通过人的眼睛的仔细观察（注视），形成视觉观感并进入人的内部世界，成为整体感觉内容的组成部分。按照认识论的基本原理，感觉不仅是感性认识的起点，也是整个认识运动的起点和基础。认识来源于实践，并在更高意义上指导实践。唯有在改造世界的实践中，主体才有接触世界、了解外部事物的机会。而作为感觉的内容之一，视觉在其中发挥着至关重要的作用。正如克里斯托弗·乌尔夫（Christoph Wulf）所说，“在感官的发展史中，视觉渐渐成为人的主导知觉”①。视觉之所以有如此突出的表现，与其他感觉的比较优势是分不开的。用乌尔夫的话来说，就是“视觉使得人的身体得以延伸”②。视觉“造就了一种存在于各肢体之间的关系，并使得周围环境能被纳入视野”③。人们看到的越来越多，即从时间和空间的视角，人类认知的领域和层次获得了拓展。俗话说“耳听为虚、眼见为实”，作为对认知真理性把握的基本常识，这句话有其存在的合理性。虽说这个常识的使用是有条件的，也就是说眼见未必为实，但它的确从一个侧面强调了视觉之于认知的重要性。

在洛伦兹·恩格尔（Lorenz Engell）看来，“欧洲哲学一直秉持这样一个理念，即在可见事物和不可见事物之间有严格的区分，这一传统如果不是始于柏拉图时代的话，至少可以追溯至笛卡尔时代”④。区分感性与理性、可见之物与不可见之物、外部与内部、图像与理念等，在二者之间划定明确的界限，是西方哲学的传统思维模式，这种思维肇始于柏拉图时代。英国学者戴维·梅林（David Melling）研究发现，西方文化中崇尚文本、贬抑图像的思维和做法，在以往理性思维和知识论的境遇下，与柏拉图有着直接关联。柏拉图始终认为，图像如同人们对事

---

① 乌尔夫．感知、图像与想象．殷文，译//冯亚琳，乌尔夫，代迅，等．感知、身体与都市空间．合肥：安徽教育出版社，2009：3.

② 同①.

③ 同①.

④ 恩格尔．不可见之见：从观念时代到全球时代的德国视觉哲学//孟建，Friedrich. 图像时代：视觉文化传播的理论诠释．上海：复旦大学出版社，2005：7.

物的幻觉，虚浮于生活的表层，如同河流表面的泡沫一般，好像是人们在洞穴壁上投下的影子，始终不能带给人们真实可信的东西。众所周知，柏拉图曾以“洞穴隐喻”为例，详细论证过摈弃图像幻觉的必要性和重要性。柏拉图认为，对于每个普通人而言，“他整个一生都当作真实东西的影子形态（the shadow-forms），与他现在看到的东西相比，仅仅不过是幻觉而已”①。诸如此类的幻觉是极其不可靠的，也是没有实际意义的存在。《理想国》中的苏格拉底对格劳孔说的一句话，精彩地呈现了柏拉图关于事物与理念的思想：“事物，我们说，可见不可知；而理念，可知不可见。”② 众多事物共有的单一理念，才是它们的统一体，因而是真正的存在。我们要把握真正的存在，洞见属于本质性的真实理念，心灵就必须走出虚幻的图像（影像），上升到看得见的具体事物，然后再回归到理念本身。对于柏拉图来说，只有理念才是永恒的、真实的、客观的存在。

以这种思维模式来看，无论是古希腊艺术家的传世画作，还是遍布雅典城邦的建筑和经典雕塑，以及遍布现代都市的园林工程，对于柏拉图来说都不过是理念的低级摹本而已，也就是他所说的理念的三四级摹本。况且那些崇尚个性与感觉、强调独创和韵味的艺术家，对理念的感悟大多是含糊不清的，仅仅悬浮在世界的表层，和柏拉图所说的理念有天壤之别。出于对《荷马史诗》中英雄情感上的疯狂的愤慨，柏拉图从心理上拒斥视觉与其他感官的分离。因为那些英雄的情感是无法控制、肆意流淌的。柏拉图对文本与图像之关系的处理，是以感知与理性的方式呈现的。他把图像艺术归入感性的范畴，认为哲学才属于理性的事业，才是真正属于人的东西。尽管柏拉图不否认艺术对培育人的德性的重要性，但是在他看来，艺术显然是无法与哲学的智慧相提并论的，二者并非同一个层次的概念。不难发现，在视觉的认知问题上，柏拉图对

① 梅林．理解柏拉图．喻阳，译．沈阳：辽宁教育出版社，2000：126.

② 苗力田．古希腊哲学．北京：中国人民大学出版社，1989：313.

感性（图像、影子）持一种轻蔑和鄙视的态度，实际上是对艺术的轻视和贬低，无疑脱离了生活的原生态。这种重视理性轻视感性的思维模式，作为理性主义传统一直沿袭下来并居于主导地位，直到发展为笛卡尔理性主义的学说，仍没有恰当处理感性与理性、图像与文本之间的关系，没能给图像的地位和功能以恰如其分的评判，而把图像仅仅视为艺术家分内的、可有可无的事。鲁道夫·阿恩海姆（Rudolf Arnheim）也认为，“自柏拉图以来，人们一直认为知觉比概念低级，因为知觉总是与时间和空间联系在一起，因此对于其所处的位置和情景来说，知觉总是相对的，容易随着各种外界的变化而变化。感官世界是最不可靠的，相反，概念和观念世界，总是真实的、稳定可靠的”[①]。任何思想深刻的哲学家都不屑于谈论图像，或者说图像是在哲学家视野之外的、没有实际价值的因而是被冷落的存在。这也许是我们在传统哲学中很少见到图像范畴的原因。

恩斯特·卡西尔（Ernst Cassirer）被看作视觉哲学的鼻祖[②]，关于人的本质，他有一句名言：人与其说是理性的动物，不如说是符号的动物，能够创造和使用符号正是人的独特之处。[③] 对于恩斯特·卡西尔来说，能够运用符号去创造文化，构建人们自己的社会生活，才是人区别于动物的本质特征。符号的生产、使用和消费，就是人类文化的核心要素。无论是处理人与自然的关系，还是处理人与社会的关系，以及人与自身打交道，都要使用诸如图像与文字这些符号作为中介，换言之，人类实践的发生和发展历程就是不断抽象化、虚幻化的历史，即要同越来越多的符号打交道。这里的虚幻化，指的是用图像的方式表达人类的认知和情感投向以及实践活动的成果。对于人类而言，世界在头脑中表现为一幅幅图像，图像无论是有形的还是无形的，都作为人与世界相互作

① 恩格尔．不可见之见：从观念时代到全球时代的德国视觉哲学//孟建，Friedrich．图像时代：视觉文化传播的理论诠释．上海：复旦大学出版社，2005：3.

② 同①5.

③ 卡西尔．人论．甘阳，译．上海：上海译文出版社，1985：34.

用的中介性而存在。“在文化演进的最初阶段，符号是作为图标（icon）被制作出来的。图标被认为是源自自然，与自然形式等价。图标建立起了第二个自然，一个与自然一模一样的复制品，遵循同样的自然法则，不同之处在于，图标是被人们设计和制造出来的。”[①] 在恩斯特·卡西尔的学术研究中，我们不难发现其哲学中有某种关于图像思维的痕迹，尽管这种思考还不够深入，或者说他使用的多是由数学和物理所绘制的图标，而不是后来的图像学理论，也缺乏关于图像符号的深入思考。不过他的绘画是对世界的模仿、相片和电影是对世界的复制等论述，与后来沃尔特·本雅明关于机械复制时代的艺术作品的论述有着异曲同工之妙。有所不同的是，恩斯特·卡西尔的图像符号理论更少受到人们的关注。或许是受恩斯特·卡西尔图像理论的启发，沃尔特·本雅明才加深了对图像与机械时代的深入思考。

历经五年多的思考与积累，沃尔特·本雅明完成了《机械复制时代的艺术作品》，在这部作品中，沃尔特·本雅明通过对古希腊以来复制艺术品的铸造与制模手艺的考察，以及对文字复制与图像复制版画技术的历史研究，发现了人类审美、制作、鉴赏和接受态度的根本性变革，重新诠释有声电影对于传统绘画、建筑、戏剧的直接传承意义，图像在西方哲学中的地位才被重新发现。学术界坚信，是沃尔特·本雅明开了读图时代的先河。不过本雅明研究的重点是“技术图像及其在视觉领域所引发的革命”[②]，而不是作为艺术对象的图像创作或图像学。基于对现代性及其相关问题的哲学沉思，海德格尔在《林中路》中使用了“世界被把握为图像”的提法，“世界图像并非从一个以前的中世纪的世界图像演变为一个现代的世界图像，不如说，根本上世界变成图像，这样一回事标志着现代之本质”[③]。在他看来，图像时代从根本上看是一种

---

① 恩格尔．不可见之见：从观念时代到全球时代的德国视觉哲学//孟建，Friedrich. 图像时代：视觉文化传播的理论诠释．上海：复旦大学出版社，2005：5-6.

② 同①8.

③ 海德格尔．林中路．孙周兴，译．上海：上海译文出版社，1997：86.

现代性事业，特别是现代技术架构的元素。现代技术尤其是视觉技术对日常生活的强劲介入，导致了传统认识论向现代认识论的根本转型。在《视觉机器》一书中，保罗·维利里奥（Paul Virilio）对此有过深刻论述。在他看来，显微镜、望远镜乃至先进的计算机人脸识别系统等人类视觉的延伸和替代工具，这些原本是主体实现自身目的的物质载体或技术手段，在不断切近视觉认知、改变时空观念、推进视觉自动化（智能化）的实践中，实现了"人机互融"与机器模拟思维功能的巨大飞跃，而这一成就给传统视觉认知的信仰带来了严峻挑战。1967 年，法国思想家德波出版其名噪一时的巨著《景观社会》。在德波看来，与马克思所批判的资本主义制度下的商品积累不同，现代资本主义社会表现为"庞大的景观积累"，它把活生生的现实转化为凝固的景观，导致现实生活虚拟化、图像化、视觉化，逼迫现实生活中的男男女女向图像经济靠拢、屈服，不是资本而是图像和景观，成为一种更为真实的、活的资本力量。1984 年以来，美国艺术和视觉文化学者米歇尔致力于图像视觉化研究，将大众对图像的依赖视作视觉文化的核心。他从语言学、符号学、修辞学等多个视角出发分析了图像作为新"范式"所具有的模拟、隐喻功能，探索图像与视觉性、机器、体制、话语和身体的多方面联系。在现代性的境遇下，媒体技术不断进步，使图像开始流动并全面入侵大众的生活世界。

在西方现代学术圈里，那些全面深刻分析新技术、图像及其社会影响的理论，被称作后现代思潮，其代表人以激进的思想观点批判当代资本主义制度，从不同角度阐述当代社会技术变革及可能和现实的种种危害。在图像和影像的众多研究者中，波德里亚（Jean Baudrillard）最别具一格，其思想观点也最为特殊和激进，他使用"类象""内爆""超现实"等极具穿透力和爆炸性效应的术语进行描述。波德里亚声称，"我们目前正处于一个新的类象时代，计算机、信息处理、媒体、自动控制系统以及按照类象符码和模型而形成的社会组织，已经取代了生产的地位，成为社会的组织原则”[①]。社会整体是按照技术的要求组织和运作的。因此，把当今社会看作技术社会并不为过。“类象”“内爆”“超现实”等概念的源头，可追溯到传播学中多伦多学派的麦克卢汉。“所谓内爆，是和外爆（explosion），即常见的爆炸相对应的。一般的爆炸是空气膨胀受到阻碍而导致的……而内爆则是由向内坍塌引起的……麦克卢汉用这个新奇的比喻来说明所有差异汇聚成一个质点而成为一体。”[②]波德里亚、利奥塔、德勒兹等对图像与技术社会的激进分析，我们未必都赞同，但能从他们的批判中透视一些合理的结论：技术对社会和人类生活无处不在的渗透与日益增大的主导力，导致了人的异化、理想失落、信仰危机、虚无主义泛滥等现代性危机，在人的精神世界里，现代资本主义弥漫着一种衰败无力的气息。令人眼花缭乱的影像资料和剪切画、招贴画的组合，反衬出资本主义文化创造力的颓废感和走向终结的历史命运。从发明摄影机、电影、电视到如今互联网、多媒体的出现，以往的图像（影像、形象等）资料转化为数字技术，借助于媒体技术平台实现了自身的目的。如果说波德里亚等人所看到的是资本主义制度下人为过剩的商品所包围的事实，那么在日常生活中，围困他们的还有无时不在的图像（影像），生活在一步步走向视觉化，视觉文化成为当代社会的主流文化类型。

（三）读图时代的动因：技术与经济

唯物史观认为，任何社会现象的发生都不是偶然的，也不是主观随意想象的结果，而是特定社会条件和经济基础的产物，有自身发生发展的内在规律和运行过程。视觉文化或读图时代作为社会上层建筑的突出内涵，应当回到经济基础中去寻找其现实根源。不难发现，媒体技术进

① 凯尔纳，贝斯特．后现代理论：批判性的质疑．张志斌，译．北京：中央编译出版社，2006：136.

② 刘海龙．大众传播理论：范式与流派．北京：中国人民大学出版社，2008：434.

步和“注意力经济”无疑是导致读图时代出现的两个重要动因。

无论是传统绘画还是雕塑艺术作品，都是指示某种可见或不可见对象的符号。它们的制作需要特殊的技能和天赋，以及丰富的想象力和创造才华。外在世界的形象展示在人类面前，为极少数有才华的艺术家所领悟和感知，经过大脑思维的重新分化与整合，转化为内心的世界图像，然后通过制图者辛勤的劳作，把它们描摹出来以映像的方式呈现给世人。这些图像“有一种无法替代的内在价值”①。它们是独一无二、无法超越的，凝结了制图者卓越的个性与才华，成为经世不衰的经典。制图者的技能或熟练技巧，大多是在专业师傅指导下千锤百炼的、艺术化的结晶，耗尽个人的心血乃至生命，因而这些制图技能（或技巧）是不能简单归结为技术的。严格意义上的科学和技术概念，是随着资本主义工业革命而出现的新现象。1839 年，法国画家达盖尔（Louis Jacques Mandé Daguerre）发明“银版摄影技术”，宣告了世界上第一台照相机的问世。摄影技术的发明“导致了图像技术的重大变化”②。其非凡的历史意义在于，机械元素开始介入图像生产领域，对人类感觉和认知的渗透与调控逐渐加强。尽管在普通人看来，摄像机、望远镜和显微镜等新的技术成就，不过是人类获取图像的工具，然而，“相片再也不能像其他绘画一样被看作是指示某些抽象的和不可见的东西的符号了”③。机械复制时代的到来，导致了传统意义上的工匠精神的衰落，然而它却引发了认知领域的革命性变革，由原先的视觉认知转向视觉化认知。

德国浪漫主义时期的一些作家，出于对人类感知中技术因素的浓厚兴趣，在自己的文学作品中对人的感官做出了极富哲理的反思，如皮特·乌兹（Peter Utz）的《文本中的眼睛和耳朵》、霍夫曼（E. T. A.

---

① 乌尔夫．感知、图像与想象．殷文，译//冯亚琳，乌尔夫，代迅，等．感知、身体与都市空间．合肥：安徽教育出版社，2009：7.

② 恩格尔．不可见之见：从观念时代到全球时代的德国视觉哲学//孟建，Friedrich. 图像时代：视觉文化传播的理论诠释．上海：复旦大学出版社，2005：3.

③ 同②.

Hoffmann）的《荒宅》《沙人》等作品。他们共同关注的问题是：这些机械类视觉工具究竟是什么？到底是人类感知世界的纯粹工具，还是抑制正确感知的形成，以至于妨碍认知实践的主体力量？文学家的想象不能代替哲学家的沉思，浪漫主义的情感唯有沉入生活的最深处，才能找到主体的根基所在。在实践和认知过程中，人才是能动的、革命性的主体，认识世界和改造世界的根本力量。要认知新技术的作用及其后果，必须借助主体的实践，由主体进行切实的检验和证明。然而也必须注意到：不断革新的辅助认知手段，在拓展认知视野、加深认知程度和提升认知效率的同时，也在某种程度上改变了认知结果。如乌尔夫所说，"随着望远镜的发明，使物体变得可视的过程就遵循物理中的折射原理。这时所看到的图像不再只是纯粹图像的形态，而是图像的一种通过器械和工具而被扭曲的形式"①。乌尔夫的话引人深思。辅助认知工具的使用要服从物理学的规律，其实质是人对技术工具的某种屈从，换言之，人必须在技术工具面前低头，遵循它的运行规律和规则行动，否则就无法获得技术的支持，很好地驾驭和使用技术工具。就此看来，人类的主体性面临着暂时退却甚至逐步丧失的危险。尤其是人的眼睛认知的结果与借助机器认知的结果，是否属于同一种结果？还是说，它是一种叠加的认知，而非原本纯粹的认知？我们如何看待二者间的差异？尽管这种事实与人的主观愿望无关，然而必须明确，任何对人的主体地位的动摇、挑战，都是技术进步中的负面效应，也是值得人类警醒和深入研究的课题。

对于读图时代的到来，大众表现出前所未有的热情和积极性，一双双如饥似渴的眼睛全神贯注地盯着电影或电视剧画面，人们甚至陶醉在剧中人的世界里无法自拔。图像究竟具有何种魔力使读图者能够如此忘我，以至于完全融入虚幻世界而不能自拔？这里需要区分两个不同的视

① 乌尔夫．感知、图像及想象．殷文，译//冯亚琳，乌尔夫，代迅，等．感知、身体与都市空间．合肥：安徽教育出版社，2009：36－37.

角：一是图像所创造的虚幻世界有什么样的特质和魅力；二是读图者的内在需要是什么，其心理和情感的变化有何种规律。经验告诉我们，在日常生活中，个人对图像（影像）的需求远远大于对文字的需求，这种需求在人的生命早期已初露端倪。那些处于启蒙阶段的婴幼儿，面对陌生的世界，还很懵懂，需要父母把枯燥乏味的汉字或字母转换成生动形象的图画（图像），以激发他们的认知天性和探索动机，使他们产生了解和学习的兴趣。启蒙阶段的看图识字（如今叫作绘本书），始终被认为是获得基础认知的方法。图画能够引发孩子们的兴趣，且图形直观生动、通俗易懂，能够激发学习者无限的联想，满足孩子们对大千世界的好奇心，有助于培养孩子们的想象力和创造力。“这里有一种基本的东西，因为新生儿正在形成一种持续交际的图像，就从他的目光移动开始。”① 新技术时代的动态图像，集声、光、电于一体的影像世界，对主体的感官造成全方位的刺激，不失时机地与主体互动的诱惑力，极大地满足了主体的精神需求，由此图像成为意义的重要来源之一，也导致了大众对图像的某种依赖感。现代人喜欢把读图作为身心放松、情感宣泄的主要渠道，尤其是观赏故事性强的戏剧或电视剧，它们简单直接、通俗易懂，不需要有很强的抽象思维能力，导致人们对“看”情有独钟，使自己的心灵获得暂时的喘息。

图像符号持续不减的魅力，与人性或人类生命的内在诉求有关。梁漱溟说过，生命的本性在于流畅，生命得其畅快流行则乐，相反，停顿阻滞则苦闷。② 人是多种能量的复合体。凝聚在个人身体内部的能量，要不断得到宣泄和排出，进行自身与外界能量的持续转换，才能维系生命存在的生机与活力。也许有人说，读书也能宣泄内心的不满或痛楚，不过它远远不如艺术欣赏来得畅快淋漓。喜剧能满足人对圆满的某种渴望，悲剧则能让人把内心的不满情绪发泄出来；就个体生命能量的宣泄

---

① 维利里奥．视觉机器．张新木，魏舒，译．南京：南京大学出版社，2014：16.

② 梁漱溟．人心与人生．上海：上海人民出版社，2011：201.

而言，悲剧也许比喜剧更深沉，也更有价值。也许正因如此，一些哲学家特别钟情于艺术，借助各种艺术形式来阐释生命和人性的深度，如尼采的《权力意志》、海德格尔的《艺术作品的本源》等。在他们看来，艺术是个体生存的特定图式，人类生命活动的本质。艺术能够阐释人生的喜怒哀乐，去除覆盖在生命之上的种种遮蔽，还原本真的生命存在及其真实意义。投入电视剧扑朔迷离的情节之中，意味着图像（影像）之于人性内在需求的满足，实现了生命与艺术的对接和转换。以往对图像之真实性的"忠实"，已很难满足当今社会大众情感宣泄的需求，变"忠实"为"创新"，玩出千奇百怪、层出不穷的花样的任务，就交付给视觉机器和电子产品了，"它们仿制现实，改变现实并吸收现实。它们的小型化和快速度使它们成为日常生活中'现实经验'和'真理'的替代品。对现实经历而言，不是'现实'变成图像，而是'图像'变成'现实'，形成了多种图像——现实"①。在狂热的图像消费的背后，是资本主义极力推崇的时尚的"注意力经济"，也叫"眼球经济"。它是以大众文化为底色的，消费不过是背后的推手，当然也是其最终要实现的意图。

要切实、全面、深刻地解读西方大众对图像及相关产品的消费，必须将其置于资本主义消费文化语境中。在政治经济学中，消费一直被看作与生产相关的范畴。马克思在《资本论》中深刻指出，生产决定消费，消费反作用于生产，并推动生产与交换的发展。19 世纪晚期，随着资本主义商品的大量堆积和消费社会的到来，广告、媒体和影视娱乐业的不断兴盛，文化产品的商品化趋势日益明显，人们开始改变消费理念和风俗习惯；积极主动地适应新的消费习惯和消费潮流，不断追逐新的消费热点和文化时尚，成为大众社会的主流趋势。图像和影视类消费是作为精神生活产品（商品）而被人们接纳和认同的，也就是说，花样

① 刘永强．感知与审美方式：论霍夫曼斯塔尔的诗剧《傻子与死亡》//冯亚琳，乌尔夫，代迅，等．感知、身体与都市空间．合肥：安徽教育出版社，2009：64.

繁多的图像和影像视频，被纳入普通商品的范畴，如同牛奶、面包一样被消费。在这个过程中，图像的精神特质被隐没了。按照波德里亚的分析，晚期资本主义的社会符号与商品相互融合，交换价值取代了使用价值，人们消费的不是商品，而是一系列影像和符号体系。① 各种媒体和影视制作基地过度生产，导致消遣性、娱乐性诱惑无所不在，满足着人们永不停歇的对于符号的享受，这成为后现代时期消费景观的一大亮点。在这个过程中，资本主义“通过流行媒介对大众加以操纵”②。所以，消费文化向大众社会的努力挺进，实际上是晚期资本主义摆脱困境、走向胜利的前奏。以图像为主的新的文化消费模式的构建，是以激发个人的欲望和想象力，鼓励大胆消费、超前消费甚至炫耀消费的方式实现的。对此，坎贝尔（Campbell）一语道破天机：“消费的核心行为并不是产品的实际选择、购买与消费，而是追求产品形象所赋予自身的想象的快乐，‘真实’消费在很大程度上是这种‘精神’享乐主义的产物。”③

尽管如此，大众对广告、图像和影视作品的旺盛的消费欲求仍然有增无减。如果某人家族中珍藏有梵高的《向日葵》，或者莫奈的《绿衣女子》《落潮的埃沃海角》，甚至达·芬奇的《蒙娜丽莎》等名作，这个人就会感觉自己的身份或社会地位有所提升，内心充溢着满足感甚至自豪感。至于它们是不是赝品或者复制品并不重要，因为区分图像的真伪已没有意义了。只要能够提升自己的身价，表征自己与众不同的身份和社会地位，就足以令人感到荣耀和自豪了，这些藏品也会成为这个人在世人面前炫耀的资本。当然，最根本的还是图像所代表的财富的欲望及其内在满足。以英国的影印相片产业发展为例，据约翰·塔格（John Tagg）的研究，在早期创业者那里，“伦敦的波尔德控制了英国的银版照相专利，第二年就净赚 30 000 英镑，且大部分来自利润达到 90%的

① 费瑟斯通．消解文化：全球化、后现代主义与认同．杨渝东，译．北京：北京大学出版社，2009：26.

② 同①27.

③ 同①33.

肖像照”①。人们惊喜于肖像的艺术化处理方式，满足其对于自我美化的心理诉求。而在大洋彼岸的美国，照相业的利润更是高得惊人，据说“到 1853 年，每年生产约 300 万张银版相片，仅纽约就有 86 家肖像画廊，大多数都装饰着彩色玻璃、塑像、织品、图案、鸟笼、镜子，仿佛有宫殿般的辉煌”②。由此可见，当时大众对图像产业的喜爱程度之高。到后来的影视时代，哪怕是在电视或电影屏幕上看一眼自己心中膜拜许久的偶像，偶像的喜怒哀乐、举手投足之点滴，都能使观众得到莫名其妙的快乐、满足和幸福。对这种大众心理的准确捕捉和及时把握，以及千方百计去满足大众的虚荣心，是现代商业社会获得成功的最大诀窍。

在资本主义制度下，对于几乎所有商人来说，销售一千个面包和播放一部电视剧，是不存在本质差别的，前提是能够赚取足够的利润，满足资本家个人发财致富的欲望。恰如波德里亚所看到的那样，如今在消费社会里，社会财富丰裕得惊人，到处都是堆积如山的商品。图书、音像制品也和其他商品一样，被摆放在便利店里最显眼的位置。当文化产品被当作商品销售时，它自身所特有的高雅、严肃和精神格调就被抹杀了。对于大多数公众来说，消费图像艺术和文化产品，与消费普通商品并无二致，能够获得短暂的快乐是其最终目的，而商家的意图无非是赚到更多的钱。一切都在金钱面前被削平了，生活失去了原本的深度和立体感。“根据这个观点，衍生于小说、绘画、戏剧、纪录片、电影、电视以及时尚的快乐都不是广告人的操弄或者‘沉迷于社会地位’的结果，而是受白日梦刺激的虚幻的享受。”③ 宁愿活在梦里也不愿醒来，缺乏勇气和力量去直面现实的痛苦与不幸，不正是消费社会所需要的吗？在米尔佐夫看来，“这些观看创造了情感。正是那种激情和沉醉的情感把奇异非凡和单调乏味分割开来，也正是这种丰盈的体验将视觉符

---

① 塔格．表征的重负：论摄影与历史．周韵，译．重庆：重庆大学出版社，2018：12.

② 同①.

③ 费瑟斯通．消解文化：全球化、后现代主义与认同．杨渝东，译．北京：北京大学出版社，2009：33.

号或符号学的循环的不同组成部分纳入一种彼此相连的关系之中”①。触动情感和心灵世界的消费，不单单是视觉的盛宴和浅层的欲望满足，它在不知不觉中浸入个体的内心世界，诱导个体转换思维方式和价值评判标准，进而改变整体的价值取向和价值选择。

三、传播媒介与知识视觉化转向

（一）传播媒介及其演化的“三阶段”

按照《现代汉语词典》中的解释，媒介（media）是介绍或导致双方发生关系的人或事物。在拉丁文里，媒介有“公共”（public）的含义。② 这里的“公共”不仅意味着它是大众社会的必需品，而且透射出它与大众传播的深层关联。在《理解媒介：论人的延伸》一书中，麦克卢汉归纳了32种类型的常用媒介，对诸如口语、数字、货币、时钟、报纸、电话、广告等有深入分析，在他看来，媒介是人的肢体和器官的延伸。麦克卢汉侧重于研究的是传播媒介，然而在现实生活中，并非所有媒介都是传播媒介。如道路和桥梁能够使我们由此达彼，顺利抵达自己的目的地，然而道路和桥梁却不是传播媒介。在刘海龙看来，我们使用的传播媒介主要有“非语言媒介、口语媒介、文字媒介、印刷媒介、电子媒介，以及目前以网络、手机为代表的互动媒介等”③。传播媒介侧重于精神文化的传递和散播。媒介与传播媒介当属一般与个别的关系。生活中有些媒介确实能够发挥类似于传播的职能，但是严格来说不能将其划入传播媒介的范畴。对于以研究传播史而闻名的芝加哥学派来

---

① 米尔佐夫．视觉文化导论．倪伟，译．南京：江苏人民出版社，2006：19.

② 麦克卢汉，秦格龙．麦克卢汉精粹．何道宽，译．南京：南京大学出版社，2000：407.

③ 刘海龙．大众传播理论：范式与流派．北京：中国人民大学出版社，2008：419.

说，“传播是人类关系的本质”，它始终维系并创造、延伸着社会，“社会不仅是由于传递与传播而得以继续存在，而且还可以说是在传递与传播中存在的”[①]。没有媒介何来传播？因此，对传播的本体论解读暗含着对媒介的重视和强调。理解媒介是为了更准确地把握传播的意义，媒介与传播之间有某种天然的亲近感。

一般来说，传播媒介就是信息传播的工具或载体，即麦克卢汉所说的“媒介即是讯息”[②]，这是从信息传播角度来界定媒介的狭义理解。从类型来看，主要有口语媒介、纸质媒介和电子媒介。口语媒介是人们日常交流所使用的语言（口头表达），纸质媒介主要是报纸、书籍、杂志等印刷物，电子媒介主要有电话、电视、广播、计算机网络、复合媒体（融合媒体）等。有人说，传播媒介不同于传播符号，通常我们所说的传播符号，主要有文字符号和图像符号两种，作为信息符号，它们必须依赖特定的传播载体，才能实现自身的传播过程和传播目的。如果说信息是无形的、抽象的、玄虚的，那么传播媒介则是有形的、具体的、占据时空位置的存在物。有学者把符号与媒介的关系，看作是唇与齿的关系、皮与毛的关系。也有人把符号媒介与印刷媒介、电子媒介和新媒介并列，区分出媒介发展的不同历史阶段，这里很明显是把符号作为媒介来对待的。本书赞同符号与媒介相互依存、不可分离的观点，在某种意义上或特定条件下，符号既是信息也是媒介。此外，还有依据媒介的清晰度和观众卷入程度的不同，把媒介区分为“冷媒介”和“热媒介”的观点。[③]

媒介的产生及功能的发挥，往往与特定的生产力发展阶段相适应，是生产关系和人际交往实践的产物。传播媒介的发展是具体的、历史

① 罗杰斯．传播学史：一种传记式的方法．殷晓蓉，译．上海：上海译文出版社，2002：203.

② 麦克卢汉．理解媒介：论人的延伸．何道宽，译．北京：商务印书馆，2000：33.

③ 同②51.

的，从古至今大概经历了三个不同阶段，即口传媒介、印刷媒介和电子媒介。第一个阶段是口传媒介时期。在远古的部落人那里，拼音文字尚未出现，人们主要依靠口头语言进行交流。狭小的生活环境和简单重复的劳作，对传播媒介并没有过高的要求，只要能够进行口口相传的信息交流，依靠单纯的口语及其感性质朴并带有某种神秘感的力量，在咿咿呀呀发声及其信息传递过程中，就能感受到扑面而来的亲情与原始文化的力量，以此维系人际关系和部落内部的和谐。口传媒介的最大特点是差异化、生活化和多样性。克利福德·格尔茨（Clifford Geertz）认为，任何文化都是地方性文化（知识），不同的方言及与之相应的传媒载体，与当地的习俗、神话、建筑、仪式、庆典等相互交织，错综复杂地融合在一起，构成地域性知识的核心内涵，成为古老文化的价值源头。① 人类文化的多样性和复杂性，源自口头语言和表达方式的多样性。它贴近人们的生活实际，与个人的心性、经验积累和常识相连，不失其纯真质朴的本性。因此，口头文化既是部落人的文化烙印，也是一种原始的艺术形式。在部落内部交往中，不同方言以具体形象而富有人情味的寓意，加上丰富的表情以及肢体动作，充分调动人的眼耳鼻舌身多感官参与，形成视觉-触觉的综合性认知场，给交谈双方以深刻的感染力和清晰的感性印象。低水平的生产力与简单交往的人际氛围，造就了口传媒介的特定文化氛围、经验框架和古朴真实的载体，用麦克卢汉的话说，“这是一个具有部落深度和共鸣的封闭社会”②。麦克卢汉对口传媒介赞誉有加，在他看来，口传媒介是与感官的完善发育相协调的，发挥着理性和制度无法替代的先天职能，即在“拼音文字发明之前，人生活在感官平衡和同步的世界中”③。就传媒纽带在人类生活中的地位来说，部落时代无疑是理想而完美的黄金岁月。即使是在后来的电子时代，口传

① 格尔茨．地方知识．杨德睿，译．北京：商务印书馆，2016：48.

② 麦克卢汉，秦格龙．麦克卢汉精粹．何道宽，译．南京：南京大学出版社，2000：363.

③ 同②.

媒介依然不失其简便实用的价值，并成为越来越珍贵的文化人类学遗产。

印刷术的发明和广泛使用，导致印刷媒介的产生与文字读物的普及。这是传播媒介发展的第二个阶段。随着技术革新（革命）步伐的不断加快，越来越多的文字出版物走进人们的日常生活，它在满足大众对知识的渴求和对拓宽视野的迫切期望的同时，也“加快了打破感官平衡的进程”①，导致了人们感知方式的一系列革命性变革。无论是字母还是文字，都必须按照固有的逻辑格式进行编排，形成统一的、理性化的思维模式。读书者唯有遵循逻辑思维规律，才能理解其中的理论内涵。学龄孩童走进课堂，拿起散发着油墨香的书本和阅读资料，如饥似渴地汲取着知识的力量，继承祖先传递下来的文明遗产。原来口口相传的横向信息传递模式，转化为纵横交织、四散传播的发散型新态势。“拼音字母意味着权力、权威，意味着运筹帷幄、决胜千里。”② 不过人类学家也注意到，西方的拼音字母和中国的汉字，在外形和意蕴上有着巨大差别，它们不仅在调动人的感官参与上表现出差别，而且表达的深度和广度也截然不同。比如我们在阅读柏拉图的《理想国》时，能够感受到理论抽象晦涩，论证条理清晰、逻辑严谨，获得的主要是理性知识。中国的唐诗却包含着更多感性（心性）的元素，以王维的《山居秋暝》为例，诗云：“空山新雨后，天气晚来秋。明月松间照，清泉石上流。竹喧归浣女，莲动下渔舟。随意春芳歇，王孙自可留。”一边读诗、一边悟景，头脑中呈现出一幅诗中有画、画中有诗的动人场景。这种诗画般令人身心愉悦的感受，麦克卢汉把它归结为部落文化的遗存物，他说：“部落文化，如像印度和中国的文化，可能会比西方文化优越得多，它们在文化知觉和表达的广度和精巧方面要优越得多。”③ 暂且不说其结

① 麦克卢汉，秦格龙．麦克卢汉精粹．何道宽，译．南京：南京大学出版社，2000：356.

② 麦克卢汉．理解媒介：论人的延伸．何道宽，译．北京：商务印书馆，2000：119.

③ 同②121.

论是否中肯，我们认为，与“西方中心主义”和“文化优越论”的那些鼓吹者相比，如果单纯考虑传播学的功能和意义，麦克卢汉的评价无疑是中肯的、恰如其分的，它表征不同文化自身的内在传承脉络和传播轨迹，因其性质和类型的差异而有着自身的特殊规律以及独特的表征方式。然而，从更宏大的视野来看，所谓文明与野蛮、自然与人为、先天与后天的二分法，无疑存在着巨大的不足之处。人们审视对象的视角不同、立场不同、方法不同，其结论必然是千差万别的。这种结论的差异恰恰与世界万物的多样性一致。唯有尊重客观世界的本来面目，才能得出正确的认知结论。

电子媒介是传播媒介发展的第三个阶段。采纳麦克卢汉的说法，它以 1844 年发明的电报为标志，把以电力为驱动的信息传播机器如收音机、录音机、电话和唱机等统称为电力时代的媒介。它在承接传统媒介的基础上，以新技术成果创新了媒体的传播形式。在前资本主义阶段，农耕经济和小生产的历史使人际交往局限在地区或局部范围内，口口相传或鸿雁传书就能满足大众的生活需要，符号媒介成为时尚的信息传播方式。自从有了文字，遥远的物理距离也割不断彼此间的联系，对恋人的思念、对朋友的牵挂、对父母的孝心，可以藏在字里行间，以鸿雁传书的方式传递给对方。这里既有文字符号的便利，也有图像符号的寓意，文字和图像是并列使用的。无论采用什么样的媒体形式，文字与图像作为符号都是不变的，改变的只有文字和符号的呈现方式及社会影响。“收音机、唱机和录音机使我们重温诗人的声音，这是品味诗意重要的一维。而且，加上电光之后，语词又可以变成画面。”① 电子媒介无可比拟的巨大诱惑力，来自对视、听、触、闻等感官的全方位调动，尤其是“视觉-触觉”立体组合模式，强化了视觉客体的新鲜活力和生命体验。简言之，电子媒介有助于激发人的兴趣是最重要的原因。就表征方式的优势来看，文字不得不让位于图像，尤其是拥有磁铁般吸引力

① 麦克卢汉．理解媒介：论人的延伸．何道宽，译．北京：商务印书馆，2000：87.

的动态影像。电力时代媒介所实现的巨大转换和历史性成就，即是变无声为有声，变静画为动画，变僵化为活力，更接近人的生命的本质要求，契合生命律动的节拍与和弦，能够唤起人性欲求和原始冲动，引发大众对媒介的狂热情绪与持续消费。所以，电子媒介不仅变革了媒介本身，也改变了人们对媒介的认知方式，为大众文化和消费社会的流行廓清了道路。对比传统媒介的发展史，无论是口语交流还是印刷文字，都没能使个体如此深刻地卷入图像流，没能使人对图像有如此严重的依赖。图像已经成为当代人须臾不可或缺的文化商品。用麦克卢汉的话说，就是"看电视的人本身就是电视屏幕"①。因为屏幕上的电子"钻入了人的脑袋"，而以往的文字和电影却做不到。

在西方现代传播学领域，除詹姆斯·凯瑞（James Carey）、威尔伯·施拉姆（Wilbur Schramm）、拉斯韦尔（Harold D. Lasswell）等学者外，最值得一提的莫过于麦克卢汉。这位被世人誉为信息社会的"先知""圣人"的 20 世纪传播学大师，为后人留下了许多振聋发聩的预言，而且后世学者在社会变迁及新媒体实践中，也逐一印证了这些预言的准确性，如"地球村""媒介是人的延伸""西方文明的整个观念是从拼音文字派生出来的""重新部落化"等。② 当今信息技术无论取得怎样的突破，都无法动摇文字和图像作为基础媒介符号的地位。二者的区别仅仅在于，在具体使用过程中是以文字为主还是以图像为主，或者二者并重。按照麦克卢汉的说法，最初的拼音文字本身就蕴含着抽象思维，有助于推动他所谓的视觉偏向（visual bias）的趋势，拼音字母是第一个塑造西方感知的重要传播媒体。③ 在对人的影响方面，"电子革命将恢复人的感官平衡状态，使人重新部落化。麦克卢汉解释和判断电

---

① 麦克卢汉，秦格龙．麦克卢汉精粹．何道宽，译．南京：南京大学出版社，2000：135.

② 马尔尚．麦克卢汉：媒介及信使．何道宽，译．北京：中国人民大学出版社，2003：译者前言 9.

③ 同②中文版序言。

子革命的反响，自己担起这个重任”[①]。诸如此类的观点可谓新颖别致，带有很强的超前性和预见性。然而综合考察麦克卢汉的论述，不难发现，无论是《理解媒介》还是《机器新娘》，给人的感受总是新颖有余而深度不足，没有对媒介文化做出深刻的哲学阐释，也缺乏对媒介发展与文化发展、社会进步之间关系的深层把握，对宏观视野和媒介与经济、政治联系的考察明显不足，论证的表面性和片面性是显而易见的。无论媒介处于什么时代，人始终是实践和认知主体，再高明的媒介也只是传播工具，符号和图像携带的信息才是客体。在不同领域的现代传播实践中，随着各种智能机器的普遍而广泛的使用，人与机器的界限变得越来越模糊，甚至出现了主体自我湮没的可怕场景。对于信息或机器如何改变主体的思维模式和价值追求，媒体与自我、媒体与个性究竟是什么关系，应当如何认识与合理评价媒介对人性的影响等问题，目前都缺乏深入细致的哲学反思。学术界关于传播媒介的研究，固然离不开对社会表象的分析和解读，对媒体变迁过程及其类型的把握，然而，如果仅仅停留在纷繁复杂的表象泡沫层面，而不去深入把握媒介存在的本质、透视媒介变迁的规律，就无法引导媒介研究向纵深发展，实现媒介理论的升华。

（二）从“语言学转向”到“视觉化转向”

西方哲学发展大体经历了三个不同的主题转向：从本体论转向知识论，从知识论转向语言学，从语言学转向视觉化。

首先是从本体论转向知识论。虽然“本体论”一词是 17 世纪才出现的[②]，但古希腊思想家早就开始关注和研究本体论问题了，如米利都

① 麦克卢汉，秦格龙．麦克卢汉精粹．何道宽，译．南京：南京大学出版社，2000：356.

② 张志伟，冯俊，李秋零，等．西方哲学问题研究．北京：中国人民大学出版社，1999：10.

人泰勒斯说过，大地浮在水面上，水是万物的本原，“本原”就是对“本体”的探讨，追问大千世界究竟是什么，从哪里来又到哪里去这样的根本性问题，它是与“现象”对应的概念。巴门尼德第一个用“存在”来指称世界的本原问题，由此展开西方哲学对本体论的持续追问。亚里士多德在《形而上学》一书中把本体论视为“第一哲学”，这样，本体论与形而上学就被视为同义语。后人只要提及形而上学，大家就能明白这是在研究本体论。本体论致力于寻找存在的最高依据，即存在的基础或本质，力图以此对宇宙整体做出合理解释。“一切存在着的东西由它而存在，最初由它生成，毁灭后又复归于它，万物虽然性质多变，但实体却始终如一，人们说，这就是一切存在着的东西的元素和本原。”① 在中世纪的经院哲学中，本体论被当作纯粹的逻辑方法，用来证明上帝存在的合理性，从而导致形而上学的神秘化、玄学化走向。到黑格尔那里，他建构起了以逻辑学为基础的庞大的形而上学体系，本体论发展到了顶峰，当然，这也意味着形而上学的衰落或终结。因为在近代，人们不再追问“存在是什么”的问题，而是转向“我们能够认识什么”，即“知识是如何获得的”问题，这就是从本体论转向知识论。此时的本体论已经转化为探求问题的新方法，尽管这种探求最初是以幼稚和无知的方式展开的，并且是以科学家的实验和创造为基础的。在弗兰西斯·培根看来，知识就是力量。“人类之所以能支配事物，只是由于对事物的真正本质做过理智的调查研究。”② 无论是培根还是伽利略、哥白尼，他们探讨的都还仅仅是自然科学知识的形成及意义，并且他们使用的归纳法带有明显的形而上学烙印——纯粹的和思辨的特征。不过值得肯定的是，近代自然科学对于经院哲学所取得的胜利，从根本上扭转了日益走向纯粹化的形而上学研究，迫使哲学不得不直面生活现实，思考与解决人生和社会生活的现实问题。

---

① 苗力田．古希腊哲学．北京：中国人民大学出版社，1989：20.

② 文德尔班．哲学史教程：下．罗达仁，译．北京：商务印书馆，1993：530.

其次是从知识论转向语言学。按照哈贝马斯的说法，现代哲学的视界在加快移动的步伐，面临不断陈旧老化的哲学事业，需要以温和的姿态直面挑战。[①] 他所说的挑战，就是科学技术和人类生活的急剧变革。循着“存在”“意识”“语言”的思想逻辑过渡，语言成为哲学界的头等大事。人们必须关注语句陈述的意义问题，以清晰明白的语言来消解形而上学，使“存在”得以解蔽而变得更加敞亮。此时，语言学不仅要超越知识论，而且要实现向本体论的回归。以语言为主的分析哲学，逐渐成为20世纪西方流行的一种新思潮。缘何现代哲学家如此钟情于语言？我们不妨从海德格尔对“逻各斯”的研究说起。他说：“在希腊早期，logos及其动词形式logein是从一个完全不同的角度意指‘说’的。logos既意指‘说’，又意指‘让某种东西现出’。”[②] 不是旧的形而上学完全失效了，而是它的内在意义被遮蔽了，变得模糊不清，人们不知道它到底在“说”什么。因此，必须关注“说”的清晰性和明确意指。对于现实的人而言，就借助“说”的方式来沟通彼此间的关系，包括人与日渐陈旧的存在之间的关系。因为“语言是存在的家”。就语言的本质而言，它是向生活世界的回归、向家的回归。如果说海德格尔对存在和语言的研究过于晦涩，那么，我们不妨考察一下哈贝马斯的看法，有些疑难也许就能迎刃而解。在他看来，社会作为“由符号建构起来的生活世界”，需要克服语言表达上的漏洞，消除说话者之间的分歧和差异，以便于获得对生活理解的共识。具体来说，语言表达固定为三层关系：“与言语者的关系，与听众的关系，以及与世界的关系。”[③] 抗拒传统形而上学不是目的，而是我们达到更高目的的手段之一。哲学必须返回生活世界，发挥为人和社会服务的基本职能，语言无疑是通往这个目的的桥梁，或者可被理解为人们目前找到的唯一合理的途径。在此意义上，哲学的语言学转向不是对形而上学的反叛，而是在更高意义上的超越和

---

① 哈贝马斯．后形而上学思想．曹卫东，付德根，译．南京：译林出版社，2001：3.

② 陈嘉映．海德格尔哲学概论．北京：生活·读书·新知三联书店，2005：300-301.

③ 同①81.

提升。引导悬浮在空中的事业落到地面，始终是哲学的必然性走向和历史使命，哲学不仅仅要认识世界，更要改造世界。

最后是从语言学转向视觉化。从语言学转向图像化（视觉化）是自然而然的，由于语言研究所触及的首先是符号，图像由于被包括在符号之中而被强调，就此而言，海德格尔也是从语言学转向视觉化的预言家。在谈到诗之思的时候，他有过这样一段论述："然而，夜空就其本质之真来说就是这个池塘。相反，我们习惯所说的夜倒毋宁是一个图像。即对夜的本质存在的苍白空洞的摹写。"[①] 他反对特拉克尔（Trakl）把星空比喻为"夜的池塘"，在海德格尔看来，诗原本就是其所是，诗歌描写的夜就是池塘，而不是像池塘之类的比喻，不是人们习以为常的形象说法。"是"与"像"，是两个完全不同的问题，在使用时不可以混淆。然而也必须明确，无论"是"还是"像"，都发自主体的价值判断，不能脱离主体而孤立存在，尤其离不开主体的视觉化感知。在后现代的意义上，"图像"与"视觉化"是作为同义语来使用的。也许有人会说，人们阅读文字同样需要眼睛，依赖视觉的功能进行观察和思考。从词源上讲，"视"有看见、观察、看待之义。"视觉"是眼球的功能，与听觉、味觉、嗅觉、触觉一样，是生命器官对外部世界的感知和反应方式。俗话说"眼见为实"，这是对看的重视和强调，虽然这里的"实"未必等同于正确。在现代哲学的语境下，"视觉化"已经特指图像化，即读图时代的新的认知范畴和思维方式。按照一些学者的理解，可以称之为"图像思维"或"视觉思维"[②]，因为与文本阅读相比，图像（读图）的优势是无法取代或超越的。图像（形象）能够调动人的形象思维，激发读图者的视觉快感和在场（临场）体验，符合大众浅层阅读的心理体验。因此，对于普通人来说，读书与读图无疑是相互补充、互为支撑的关系。当代哲学要准确把握时代精神的精华，洞悉人类

---

① 陈嘉映．海德格尔哲学概论．北京：生活·读书·新知三联书店，2005：311.

② 迪迪-于贝尔曼．在图像面前．陈元，译．长沙：湖南美术出版社，2015：206.

生活的实质，就不能仅仅停留在纯哲学领域内，即不能偏执地研究脱离生活世界的、纯粹的形而上的存在，而是要像胡塞尔说的那样——回归生活本身。尽管我们不能断言，流行的视觉文化就一定能够代表某种时代精神，但它毕竟是一种客观实在，是为大众社会所看重的现实生活的必备元素，这种实在必定折射出时代精神的某种光晕，唯有牢牢扎根于其中才能洞见生活的奥秘，把握时代精神与当今生活的深刻关联。

在这个意义上，自胡塞尔以来的现象学的历史，便是为视觉化转向奠定哲学基石的过程。必须承认，现象学的后继者大多重视对感性世界和生活细节的研究，例如，梅洛-庞蒂就曾在《意义与无意义》一书前言中说过，“自本世纪以来，许多伟大著作都表达了直接的生活（Lavieimmédiate）对理性的反抗”①。在视觉文化主导的时代，主体与客体、人与世界的关系表现为某种体验和感受，其非理性元素远远多于理性思考，热爱生活不是做生活的旁观者并与之保持距离，冷眼旁观我们身处其中的世界，而是心甘情愿地深深卷入生活，全身心沐浴在清晨的阳光中。理性的暂时退却不是人为刻意的安排，也不是某种外在神灵的强迫指令，而是人类生活本身的发展趋势。换言之，当今时代精神的精髓已经散落到琐碎的个体生活内部，以自我感知和自我体验的方式呈现出来。每个人也许都有这样的感受：“对于一种道德、一种政治甚或艺术的理性安排，其价值都抵不过瞬间的热忱、个体生活的分裂、‘未知事物的预谋’。”②无论是可见的还是不可见的，对于人而言都有其存在的意义和价值。专注于细节的变化和些许特性，着眼于微观与个体存在的意义，同样是哲学研究的义务和使命。也许“历史中并不存在细节，没有什么是次要的，因而也就没有什么是主要的。按照这种方法，每个事件都是一种巧合和一种偶然的结果”③。以往我们认为没有意义的东西，如今变得越来越有意义；如今有意义的东西，到了将来的某个时候，可能会失掉它

① 梅洛-庞蒂．梅洛-庞蒂文集：第4卷．张颖，译．北京：商务印书馆，2018：前言1.
② 同①.
③ 同①122.

存在的意义，生活的辩证法即是如此。宏观与微观、主要与次要、主导与服从、是与非，等等，从来都是相对的、有条件的存在。也许，固执己见的错误源自我们的观念和思维本身，而非鲜活的生活世界和壮阔的人类实践，客观世界及其内在规律无所谓对错，因而改变观念、转换思维必须从我们自身做起 。当然，对此不应当也不可以绝对化，否则就是导向相对主义和诡辩论的误区。正如梅洛-庞蒂所说，我们不是要割裂理性与非理性，而是要建构新的理性观。

新的理性观的建构，首先要面对理性与非理性之间的地位转换问题。从传统认识论的“视觉”范畴到电子时代“视觉化”的进步，它是一种认知理论和认知实践的飞跃。视觉的生理机能是活生生的眼睛，视觉化则是生理学眼睛的延伸和拓展，它的实现条件是类似于眼睛（视觉类）的机械装置的诞生，如摄影机、照相机、望远镜、显微镜等新的技术成果——这些被保罗·维利里奥称为“视觉假肢”的辅助性视觉工具。[①] 人类可以借助这些工具，观察到更遥远、更细微、更动态的对象性客体，人类的视觉得到了延伸。认知本身的功能性叠加导致知识的生成过程越来越复杂，迫切需要做出哲学反思和提炼。因为我们如果固守图像对认知的影响，无疑就只能得出表面的肤浅的认知。从“视觉”走向“视觉化”的桥梁，是视觉再现技术的进步，如模拟摄影、数字化技术和互联网的应用，尤其是那些颇具颠覆性的机器人作品的问世。主体对外在世界和内在世界的探索，由原来的可能性转化为现实性，获得的认知和实践的成果越来越多，都有赖于诸多技术的完善和进步。作为条件的新技术不再是简单的工具，而是有效地参与并融入了主体的认知和实践过程，导致了“人-机互融”或者“人机一体”的认知新模式的形成和主体性的改变，其结果是“我们在视觉的海洋里迷失了自己”[②]。所以，我们必须反思技术干预与主体、客体的复杂关联，详尽了解技术在何种程度上介入了人的活动，深入挖掘技术时代人类心灵的变迁。必

① 维利里奥．视觉机器．张新木，魏舒，译．南京：南京大学出版社，2014：10.

② 琼斯．自我与图像．刘凡，谷光曙，译．南京：江苏美术出版社，2013：前言 12.

须承认，伴随视觉化而来的，不仅有主体认知对象的拓展、认知能力的提升，还有图像数量的增加及清晰度、画面感等质量元素的提升，越来越多的经典图像被做了“机械化处理”，由静态变成动态，由纸质变成数据，以崭新的面目呈现在世人面前。当然，通过人的视网膜形成的图像，与数字化的图像甚至虚拟图像，不仅有完全不同的内涵，而且在实际功能上也不尽相同。需要反思的不仅有视觉化时代人类认知的变迁及趋势，而且有数字图像和虚拟图像的实际意义及负面效应。

大众在惊讶于图像的神奇和逼真的同时，也步入了一个重新认识、不断接纳和热情拥抱图像的时代。这是一个知识视觉化的崭新时代，图像不再作为艺术家的纯粹客体，而是大众社会的审美客体和愉悦对象，是富有主体性的能动工具和特定思想的代言人，在大众生活中发挥着对人的劝诫、教化、引导甚至是思想引领和操控功能。它提供全新的认知范式和阐释框架，左右人们对意义和价值的理解与认同。从根本上说，它触及社会意识形态这样一个根本性问题。图像背后“不可见”的存在，事关人的精神健康和精神世界的发展，如今它从“幕后”走向“前台”，似鱼儿突然间跃出水面而受到学术界的普遍关注。图像与现实的关系不是线性的、单一的，而是双方相互选择、相互制约的复杂关联。作为对现实的折射与反映，图像也在选择、阐释和表达现实。无论是静态图像还是动态图像，都是特定文化编码系统，读图者在阅读和收看的过程中首先需要进行特殊的意识解码实践。反复不断的广告、图像、影像类消费，会在不知不觉中引导大众改变阅读习惯，诱使一些人重视读图而忽视读书，抽象思维慢慢转化为形象思维，甚至导致非理性的偏执思维。约翰·菲斯克（John Fiske）曾说：“图像是不承认理性的，不承认主体性是理解意义的场所，因为产生意义终究是一个主观过程。”① 读书调动的是人的理性思维，按照一定的步骤和程序层层推进，强调逻辑严密、论证充分、说服力强、有条理和系统性。因此，阅读要经历枯

① 菲斯克．电视文化．祁阿红，张鲲，译．北京：商务印书馆，2005：367.

燥和乏味的思想历程。与之相比，形象思维则轻松愉快，符合思维经济原则。读图更容易激发人的兴趣，来得简单、直接、形象，思维富有跳跃性，可以不守逻辑规则，随意散漫、思维发散、轻松自由；既可以在理智清醒的状态下进行，也可以在休息甚至睡眠状态下进行。[①] 在这个过程中，制图者或者图像使用者会把某种思想观念和意识形态，以特殊的渗透方式传递给观众，达到改造读图者思想观念和价值观的目的。

① 赵光武．思维科学研究．北京：中国人民大学出版社，1999：353.

第二章　传播学视域下的国外社会思潮辨析

一、信息传播的结构、要素与功能

（一）信息与信息传播的结构

在人类历史上，信息传播作为一种现象由来已久。然而对什么是信息传播、它有哪些特性和具体功能，却众说纷纭、歧见迭出，没有统一的界定和言说方式。要理解信息传播，首先要明白什么是传播。communication（传播）一词来自西方，拉丁文词根是 communis，意思是普遍、普及于大众以及传授。① 在英文字典里，communication 有给予、告知、迁移、传输、交换等多种含义。在日常生活中，交换或给予的多是可见之物。唯有“告知”表达的是信息的传递，一种精神交流过程。

---

① 威廉斯．关键词：文化与社会的词汇．刘建基，译．北京：生活·读书·新知三联书店，2005：73.

最初的传播之所以涵盖交通、运输的意思，是因为交通与传播在内容上部分重叠。在汉语古典文献中，“传”和“播”最早是两个独立的概念，各有固定的、明确的内涵，通常不能混淆。当两个字组合使用时，又会形成有别于单个字的新内涵。“传”最早见于甲骨文，本义为传递、传送，引申为传授、流传。“传”既可以指物体的传递，也可以指信息的传递，如传递包裹，传送消息。“播”主要有两层意思：一是撒播、播种，二是传扬、传布。“传”与“播”在含义上有某种交叉重叠，到后来组合为一个新词汇——“传播”。查阅《古代汉语字典》得知，传播即广泛散布，主要是指信息的大范围传递。如《北史·突厥传》有云：“宜传播天下，咸使知闻。”清代文人袁枚在《随园诗话》卷十四中说：“一砚一铫，主人俱绘形作册，传播艺林。”这些史料中的“传播”，表达的意思是思想广泛散布于天下。在这里我们看到，作为文化现象的传播很早就有将信息散布于天下的意思。尽管现代意义上的传播是在20世纪20年代无线电广播兴起后才获得的科学内涵，但它承袭了以往传播文化的核心理念。如今有关传播的新名词、新术语层出不穷，如信息传播、数字传播、图像传播、跨文化传播等。严格意义上的传播学发端于美国。被誉为“传播学之父”的美国学者威尔伯·施拉姆，与保罗·拉扎斯菲尔德（Paul Lazarsfeld）、拉斯韦尔、库尔特·勒温（Kurt Lewin）等学者，共同开拓了传播学研究的新领域、新视野，他们将社会学、新闻学、心理学、政治学、哲学等相关学科知识融为一体，创建了传播学这门新学科①，为信息传播实践奠定了坚实的理论基础。

分析传播活动（实践）时，不能回避的一个最根本的问题是：传播的实质是什么？在詹姆斯·凯瑞看来，他之所以如此着迷地思考传播学问题，是因为受到哲学家杜威的启发，杜威曾说：“在所有的事物中，

① 施拉姆，波特．传播学概论：第2版．何道宽，译．北京：中国人民大学出版社，2010：译者序3.

传播是最为奇妙的。”[①] 詹姆斯·凯瑞好奇地想要知道：传播究竟是什么？传播到底奇妙在哪里？这些疑惑驱使他深究传播所涉及的众多理论和实践问题。他不仅把传播区分为“传播的传递观”和“传播的仪式观”，而且从共同体凝聚和信仰共享的角度对传播的功能与目标做出高度评价。他说：“传播的起源及最高境界，并不是指智力信息的传递，而是建构并维系一个有秩序、有意义、能够用来支配和容纳人类行为的文化世界。”[②] 从文化建构论视角认识传播，其积极意义和社会影响不容否认，不过，詹姆斯·凯瑞无疑打破了传播的确定界限，拓展了“传播”概念的外延，把传播等同于一般意义上的教育和文化普及。因为建构并维系有意义的人类世界，是社会制度、法律和道德文化的主要功能，传播仅仅是其中可以依赖的手段或工具，可能还有比之更大的功能，但它不能等同于制度和文化本身。我们承认传播在社会建构和制度维系中确实发挥着不可替代的作用，可是不能随意夸大这种作用。与杜威和詹姆斯·凯瑞不同，威尔伯·施拉姆等人否认传播有任何神奇之处，在他们看来，“传播是人们所做的某种事情。传播本身没有生命，没有任何神奇的东西，唯有人们在传播关系中注入其中的信息”[③]。这种对传播的界定客观理性而不失淳朴自然，更能获得人们的理解和认同。

此外，学术界围绕什么是传播还提出了种种不同的看法，比如传播是传递、控制、游戏、权力、散播、共享与互动等。[④] 我们把如此之多的界定方式，视为学术界关于传播学认知的一得之见，学者们看问题的视角不同、认知方式不同、文化背景不同、政治立场各异，形成的结论也必定各不相同。这些碎片化的结论各有其优势、长处，反映着学术界

---

① 凯瑞．作为文化的传播：“媒介与社会”论文集．丁未，译．北京：华夏出版社，2005：3.

② 同①7.

③ 施拉姆，波特．传播学概论：第2版．何道宽，译．北京：中国人民大学出版社，2010：4.

④ 刘海龙．大众传播理论：范式与流派．北京：中国人民大学出版社，2008：1.

对传播现象的透视所达到的深度，对人们正确认识和把握传播的本质，抓住传播活动的规律有着某种指导和借鉴意义。当然，这些观点也有其片面性、表面性和相对性，我们需要在辩证分析和合理取舍的基础上对其进行综合提炼、归纳升华，形成较为全面与完善的理性认识。传播首先表现为信息的传递，向受众传递知识、信仰、情感、意义，对受众施加某种思想和价值观的引导、渗透、调节与控制。至于把传播看作游戏的说法，实际上是从媒体的娱乐功能视角展开的，也有其可取之处，因为电影和电视对于普通大众来说，主要是娱乐消遣的工具，是缓解生活压力的重要手段。不过这些都是生活的表象，是一种经验性存在的客观事实。无论人们对媒体持有什么样的看法，是积极肯定的还是消极否定的，媒体的使用者（受众）都必须具备理性思考能力，即透过现象把握本质的能力，能够辨析善恶、优劣、美丑，以免落入传播者预先设置的文化陷阱中。正如有学者所指出的，“我们也要看到传播游戏容易受到各种权力的入侵而被异化”①。大众对媒体信息的使用，本质上就是信息共享过程。其背后那只无形的手对人的思想和情感的操控，也是需要高度防范的。媒体越是先进，受众群体越大，不良信息的危害也就越大。

（二）信息传播的要素与功能

信息传播是复杂的文化实践过程，其构成要素主要包括传播者、传播媒介、传播内容、传播过程、受众群体以及传播环境等。传播者也叫信息源，是指传播行为的组织者和发起者，传播者在传播过程中发出各种信息，借助各类媒体的影响力和辐射力，获得受众的广泛了解和认知，劝服受众认同并实现外化。传播者可以是个人，也可以是团体（组织或政府机构等）。一般来说，传播媒介指传递信息的工具和手段，如

① 刘海龙．大众传播理论：范式与流派．北京：中国人民大学出版社，2008：19.

报纸、杂志、电话、电视、网络等媒体，有时候也指从事信息采集、选择、制作和传输的特定组织机构，如报社、电台和电视台等。传播内容指构成传播过程的一切要素的总和，落实到具体的信息传播实践，其内容主要是传播发起者所要表达的信息内涵，或者说是传播的知识、思想、意图、看法、图像、立场等。传播过程主要是指信息的发送、接收、理解和认同的过程。如今学术界对传播过程的分析和把握，其主流观点是在美国数学家诺伯特·维纳（Norbert Wiener）的控制论视角下展开的。维纳提出的控制论最初被应用于机械和通信领域，主要强调系统的行为能力和系统的目的性问题；后来被推广到复杂的社会生活领域，试图以此来分析人类生命和社会的复杂矛盾，以推动对问题的认知和解决，实现社会系统整体的有效控制和有序发展。在他看来，“传播与控制是一个过程，要使这个社会更加有序，必须随时获得信息反馈，即时做出调整，适应新的变化（即自我学习），更好地执行控制者的命令”[①]。按照这种理论，传播活动本身就是一个复杂的系统，无论是信息的传播者还是信息的接受者，都可被看作系统的基本要素，要素与系统整体的作用和反馈，同样符合系统论的基本原理与运行规律，可以用系统论的方法去思考和解决其中的矛盾，促进传播过程的顺利推进。受众群体是传播信息的接受者，也就是传播者意图影响、说服或改造的对象。受众既可以是个人，也可以是某种群体（团体、机构、民族、国家等）。传播环境是对传播过程发生影响的所有要素的总称。总体来看，一个完整的传播活动大体上是由上述六个方面构成的一个系统整体。

对于功能主义学派来说，良好的传播效果无疑是最重要的。然而功能主义学派也清醒地意识到，任何传播效果都有两面性、辩证性。正确的信息源之于传播对象或接受者，能够形成对信息的正确理解和领悟，有利于社会民主的运转和自由的建构，有利于团结大众和增强整体凝聚力；错误的信息源一旦取得好的传播效果，就会给那些缺乏理性辨析能力的人带来极大的危害，例如会造成谣言流传、局部恐慌、争斗甚至某

① 刘海龙．大众传播理论：范式与流派．北京：中国人民大学出版社，2008：11.

种社会暴乱等。所以，在传播目标方面，我们既要看重传播的实际效果，又不能成为“唯效果论者”。因为除信息内容与传播效果相关外，传播工具、传播环境也都制约着传播效果的优劣。需要明确的是，传播的功能与效果是两个不同的概念。实证主义学派代表人如卡尔·霍夫兰（Carl Hovland）、欧文·贾尼斯（Irving Janis）等从心理学方向对传播效果进行了持续的实验和论证。卡尔·霍夫兰师承行为主义人类学家C. L. 赫尔（C. L. Hall），赫尔是20世纪初美国社会科学领域实证主义方法的代表人物之一。在前资本主义社会，信息的传播渠道不畅、传播效率低下，某地发生的重大事件，可能在几个月甚至更长的时间后，才能为更多的人所知晓。如今借助发达的网络、数字媒体，世界各地发生的信息能够在瞬间为大众所知晓。就此看来，对传播媒介和传播过程的分析在某种意义上也有自己的独特优势。在此背景下，我们必须关注政治和意识形态的诉求，正确把握思想价值观对大众传媒的渗透，同时也要注意媒体在传播主流价值观的过程中存在的问题，辩证地处理思想引导和传播媒介之间的关系。

不同传播要素在传播实践中的地位和作用不同。我们这里特别强调传播符号的重要性。因为传递的都是包含信息的符号。信息传播符号可分为文字和图像两种，文字符号满足“读”的要求，图像符号更容易被读者“看”到。“读”的过程需要领悟、体会，对背景知识要求较高，反应过程会有延迟。“看”则是即时反应，迅速把握和领悟其内涵。当读者获知相关信息并付诸行动后，文字或图像就完成了符号的表征使命。表征就是象征，即对事物或概念的替代和象征，通过这种方式引起读者的想象。① 在这个意义上，图像与文字并无实质性区别，它们都是人类特有的表征性符号。斯图亚特·霍尔（Stuart Hall）指出：“表征是通过语言生产意义。”② 对此刘海龙指出：“这里所说的语言，不仅包

① 刘海龙．大众传播理论：范式与流派．北京：中国人民大学出版社，2008：358.

② 霍尔．表征：文化表象与意指实践．徐亮，陆兴华，译．北京：商务印书馆，2003：16.

括书写文字，还包括声音、图像、客体等所有象征性形式。”① 斯图亚特·霍尔关于表征的分析，比较完美地阐释了符号与其所指称的意义之间的关联。威尔伯·施拉姆认为，我们必须对传播符号做更宽泛的理解，实际上“传播并非完全依靠词语来进行，大部分传播不需要借助词语。手势、面部表情、音调、声音大小、强调的语气、接吻、手搭在肩上、理发与否、八角形的停车标志等信号都在传递信息”②。实际上，图案的表征与我们自己的生活存在某种联系，在一般意义上，厕所入口或门上叼烟斗的图案表征男厕，是因为男士常常抽烟、戴礼帽，而女士则习惯穿连衣裙、留长发。绝大多数人对于此类文化现象是有明确认知的。它比英文 MAN 或者 WOMAN 字母的形式更逼真、更活泼，并且有点俏皮和富于生活情趣。

在麦克卢汉看来，中国古老的印刷术和德国古腾堡的活字印刷，催生了报纸、书籍的发明和使用，使人类进入大众媒介时期。这是一个开启人类进步事业、急速推动文化和文明进化的崭新时代。它“把一种机器放进传播过程里，去复制信息，几乎无限地拓展人们共享信息的能力”③，对于人类走出传统小农社会之血缘性、地域性的历史局限，站在新的视角观察世界万物，提高自身的道德认知和文化水准，融入世界文明的发展历程，产生了难以估量的影响。在《德意志意识形态》中，马克思恩格斯称之为“地方历史”向“世界历史”的转变。“只有随着生产力的这种普遍发展，人们的**普遍**交往才能建立起来；普遍交往，一方面，可以产生一切民族中同时都存在着‘没有财产的’群众这一现象（普遍竞争），使每一民族都依赖于其他民族的变革；最后，地域性的个人为**世界历史性的**、经验上普遍的个人所代替”④。在这个过程中，新传播技术的产生无疑成为重要动因，它是作为先进生产力的载体形式出

① 刘海龙．大众传播理论：范式与流派．北京：中国人民大学出版社，2008：358.

② 施拉姆，波特．传播学概论：第 2 版．何道宽，译．北京：中国人民大学出版社，2010：4.

③ 同②14.

④ 马克思恩格斯文集：第 1 卷．北京：人民出版社，2009：538.

现的，同时又在具体的人际交往领域发挥作用，因而新的大众媒介所具有的普遍交往意义是无法估量的。按照威尔伯·施拉姆的说法，看似孤立的生活经验“一旦被记录下来，历史就成为共同财产”①。它为人类文明相互借鉴、取长补短、共同进步，奠定了坚实的文化传播基础。传播带来的新知识、新信息，不仅以摧枯拉朽之势颠覆了旧观念、旧思维，而且从时间和空间两方面改变着人们的日常生活与劳作，成为人类实践进步的永恒动因。如果说历史偏重纵向的时间延续，重视一成不变的文化和信息，那么传播带来的新知识、新信息则使人们关注现在并向往未来的新生活，生活的天平开始倾向空间的超越和创造。“传播机器能够聚集大量的信息，迅速使之倍增，并广泛使用这些信息，所以，在控制和流通信息的能力上，在聚集人们的注意力方面，大众媒介代表着一个数量级的跳跃。”②

从电报和电话的发明，到电影和电视的出现，再到网络、手机、融合媒体、数字网络等新媒介工具的出现，现代科学技术（特别是信息技术）的迅猛进步使其日益主宰了传播过程的一切要素。新媒体技术对传播的影响，表现为传播主体的多元化、传播过程的复杂化、传播手段的复合性、受众的高能动性、传播的互动性、传播效果的开放性等。③ 新媒体改变了人的认知方式、价值判断、情感寄托和对待传统文化的态度，改变了人对自我的认识，改变了人的本质，改变了人本身，也改变了主体观照和认识客体的方式。因为人是社会关系的凝缩物，必须立足活生生的实践才能准确把握人的存在及其意义。如果把旧媒体说成农业社会与工业社会的分水岭，那么新媒体则是工业社会与信息社会的分界线。这一切都有赖于技术的飞速发展，以及由此带来的“三大需求”，即人们生活的需求、市场的需求和技术进步的需求。如今信息社会发展

---

① 施拉姆，波特．传播学概论：第 2 版．何道宽，译．北京：中国人民大学出版社，2010：14.

② 同①15.

③ 彭兰．网络传播概论：第 4 版．北京：中国人民大学出版社，2017：77－78.

一日千里，万事万物变化迅速，大众在网络和媒体世界里遨游，如同乘坐飞速奔驰的交通工具，难以停下脚步。社会在不断地加速前进，数字技术和新媒体信息技术的成就，无疑就是社会前进的加速器之一，在它们持续发出的轰鸣声中，大众被淹没了。普通人切身感受到了时空压缩、物质充盈、观念的革命性变化。先进技术（包括媒体技术）重塑传播过程的全部要素，造成新的感知模式和新的关系，进而重塑了大众的生活态度和生活方式，“除了工作和睡觉以外，人们在大众媒介上花费的时间超过了任何其他日常活动的时间，这成了典型的生活方式”①。

在不断开放的世界里，资本增殖的本性和技术进步的趋势，与世界范围内的文化传播存在着必然关联。在《共产党宣言》中，马克思恩格斯在谈到资本追逐利润的本性时有过一段著名的论述：“资产阶级，由于开拓了世界市场，使一切国家的生产和消费都成为世界性的了……过去那种地方的和民族的自给自足和闭关自守状态，被各民族的各方面的互相往来和各方面的互相依赖所代替了。物质的生产是如此，精神的生产也是如此。各民族的精神产品成了公共的财产。民族的片面性和局限性日益成为不可能，于是由许多种民族的和地方的文学形成了一种世界的文学。”② 虽然马克思恩格斯在这里没有谈到传播及其与资本主义经济扩张的关系，但实际上物质生产和精神生产相互往来、相互依赖这一点已经证实了传播之于资本主义经济和技术扩张的意义。世界上绝大多数民族的精神文化产品如文学，被裹挟在资本主义经济和技术扩张的大潮中，在本土与外来、封闭与开放、进步与停滞的诸多矛盾纠葛中，痛苦地反思自身的地域局限与文化特质，在被动融入世界历史的进程中成为“世界性文学”，以不同文明、不同文化的交流互鉴方式发挥着自身对于世界文明的独特贡献。马克思恩格斯指出：“它首次开创了世界历史，因为它使每个文明国家以及这些国家中的每一个人的需要的满足都依赖

---

① 施拉姆，波特．传播学概论：第 2 版．何道宽，译．北京：中国人民大学出版社，2010：15.

② 马克思恩格斯文集：第 2 卷．北京：人民出版社，2009：35.

于整个世界，因为它消灭了各国以往自然形成的闭关自守的状态。它使自然科学从属于资本，并使分工丧失了自己自然形成的性质的最后一点假象。”① 在传播学领域，麦克卢汉提出的“地球村”概念，可谓世界一体化的生动写照。不过“地球村”概念并没有太多新意，因为综上可见，马克思恩格斯早就对此做过精辟论述，只是没有使用“地球村”之类的概念而已。在刘海龙看来，传播的政治经济学派不是一个固定的学术组织，只是对传播产业持有某些相似观点和看法，用政治经济学的理念和方法对传播进行研究。② 二战以来，以美国为首的发达资本主义国家，凭借自身的经济实力和技术优势，加速在全世界实现经济扩张和文化渗透的步伐，在这个过程中，传播成为其实施对外扩张和经济技术垄断的必备工具。

全球范围内的文化交流与互动，是资本在全球范围内流动与配置的必然结果，它引发了世界各民族之间的文化交流与碰撞。孙英春指出：“跨文化传播学是一门从整体上关涉人类文化与传播的知识系统，自始以现实的文化世界和对人类生活的观察为基础，其学术旨趣就在于：揭示各种地方性的、独特的、微妙的文化现象或机制，理解不同文化背景下的社会行动、行动者所处情境及行动与情境之间的意义关联。”③ 当今时代，即使是那些着眼于“本土追问”的学术理路和问题导向的学者，也无法回避所处世界的种种新变化及问题视域，比如与经济全球化相伴而生的政治文化全球化，不同文明之间的相互借鉴、相互交流和相互影响，文化的同质化与文化个性之间的关系，捍卫民族文化的尊严和纯洁性，等等。必须明确，这种文化全球化的影响有积极和消极的两面性。在“本土追问”和“世界视野”之间划定明确界限，有利于走出“西方中心主义”的误区，放弃轻率和盲目的粗俗文化心态，以理性的眼光客观地审视跨文化传播的利与弊。在思想文化领域，我们要始终坚

① 马克思恩格斯文集：第1卷．北京：人民出版社，2009：566.

② 刘海龙．大众传播理论：范式与流派．北京：中国人民大学出版社，2008：312.

③ 孙英春．跨文化传播学．北京：北京大学出版社，2015：绪论2.

定道路自信、理论自信、制度自信、文化自信，尤其是面对国外不良社会思潮的冲击，我们应当使民族文化免受不良文化的入侵威胁，在全面对外开放的过程中，建构科学有效的自我保护机制。正如习近平所说，“要按照立足中国、借鉴国外，挖掘历史、把握当代，关怀人类、面向未来的思路，着力构建中国特色哲学社会科学，在指导思想、学科体系、学术体系、话语体系等方面充分体现中国特色、中国风格、中国气派”①。在不同文化相互激荡、相互碰撞的今天，要更加清醒地、深入地认识本民族文化的优势和不足，以做到扬长避短、发挥优势，推动传统文化的创造性转化和创新性发展；同时，也要合理把握域外文化的生成背景、历史渊源和个性特征，以利于我们更好地吸收、借鉴和利用。

信息传播是一种复杂多样的文化实践活动，站在不同的立场、从不同的角度对其功能进行诠释，会形成不尽相同的结论。在一般意义上，信息传播的功能主要有如下六个方面。

第一，实现人们之间的信息沟通和人际交流，编织社会互动的网络并维系其整体性存在。每个人生活在世界上，都要与其他人打交道，实现信息的正常交流与沟通。无论是有意还是无意，每个人都在为传播做着某些事情。如威尔伯·施拉姆等人所说，“传播渗透到我们所做的一切事情中”②。如果我们把A和B看作两个人，把A与B之间这种点对点的线性交流视作人际传播，那么A与B、C、D、E等多个点之间的交流就可被称为点对面的辐射状交流，即告知、传递并与更多的人分享信息。这些看似不经意的交谈成为打造“人际关系的素材”，成为社会有机体流动的一根根网络管道。类似的传播管道越多，血液流通越快，彼此间信息沟通越顺畅，个体的活跃度越高，社会整体就越有生机与活力。在这个意义上，每一个作为传播源的信息单元，或者说具体的传播行为、传播活动，都是服从于整体并为社会整体服务的特定节点。在由

---

① 习近平．习近平谈治国理政：第2卷．北京：外文出版社，2017：338.

② 施拉姆，波特．传播学概论．第2版．何道宽，译．北京：中国人民大学出版社，2010：19.

诸多管道编织而成的复杂传播网络中，节点与节点、节点与网络彼此勾连、纵横交织，形成一幅宏伟壮阔的社会信息传播图景。个体与整体之间的互动也表明，个体不是被动的螺丝钉，社会必须依靠法律道德等制度来调节、优化彼此间的关系。我们从小到大所受的教育，换个角度看，都是在接受文化知识的传播。我们一方面接收各种讯息，另一方面又发出不同的讯息。社会学家梅尔文·德弗勒（Melvin DeFleur）曾说过，传播行为是“一个表达团体规范的手段，通过这个手段使社会控制、分配各种角色，实现对各种努力的协调，表达对未来的期望，使整个社会进程持续下去……要是没有产生这种影响的交流，人类社会就会崩溃”①。社会整体之间信息互通有无的能力，即传播力，与其活力和凝聚力呈正相关关系。传播可协调社会成员之间的关系，沟通信息并实现相互理解，增强社会成员之间的信任和其对于社会整体的认同感。越是发达的社会阶段，社会的信息化程度越高，对传播的依赖度就越高、需求就越大；相应地，传播对个人、组织和社会的推动作用也就越大。

第二，通过传递社会资讯，对大众的思想和舆论动向实施调控，引导个体向社会主流价值观靠拢。威尔伯·施拉姆反对传统的那种“皮下注射式”传播理论，这种理论认为传播者利用便利的传播媒介，必定能够把思想或信仰“注入”受众体内，并借此控制他们的思想和行为。②在当今这个信息化、数字化时代，没有人能够成功避开媒体信息的轮番轰炸，无论是否愿意，我们都是信息接收者，同时也是信息的发送者。在发送者与接收者之间，存在着复杂多变的要素。同时也必须看到，受众绝不是被动的信息接收者，他们是作为主体而存在的能动的人，对扑面而来的各种信息和图像资讯，会根据自己的客观需要和价值立场，做出采纳或拒绝的判断和理性的抉择，即受众会加工和制作信息，进而做出接纳或拒绝的决定。因此，“最好是把传播的信息看作一种催化剂，

① 施拉姆，波特．传播学概论：第2版．何道宽，译．北京：中国人民大学出版社，2010：30.

② 同①54.

它本身力量很小，但它能在信息接受者身上激发很大的力量”①。对于不同的受教育程度和文化水准的受众而言，传播的影响力之差别是巨大的。无论是社会的经济、政治、文化信息，还是日常生活的碎片式点滴经验、社交信息，都会对受众的思想和行为施加潜在的影响。在观念和政治意识形态的意义上，这种影响往往是特定价值观的引导和调控，意图增强社会成员之间的黏合度，减少个体间的观念差异和行为冲突，以社会主流价值观来整合大众的思想和行为。为深入考察信息传播的“客观”效果，并得出具有说服力的数据材料和实验分析，以卡尔·霍夫兰为首的学术团队进行了长期的实验和追踪研究。在《传播与劝服：关于态度转变的心理学研究》一书中，他与学术界和大众分享了自己的研究成果。在他看来，“许多组织的领导者认为有必要提升他们的传播系统，使其标准和价值能够得到广泛的认同，从而帮助企业获得成功”②。企业或组织如此，政府机构和社会团体也是如此，都希望能发布和传播自己的信息。

第三，传承并弘扬民族传统文化，实现薪火相传，使民族记忆和历史回忆成为后人的宝贵精神财富。在詹姆斯·凯瑞看来，信息传播作为特殊的文化现象有着不可忽视的重要意义。与其他传播思想家的最大区别在于，詹姆斯·凯瑞从文化传承的高度认知和把握传播现象。他说：“传播的起源及最高境界并不是指智力信息（intelligent information）的传递，而是建构并维系一个有秩序、有意义、能够用来支配和容纳人类行为的文化世界。”③ 在宽泛的意义上，把传播作为文化现象并没有错。不仅如此，随着信息传播技术的革新和传播事业的日益繁荣，人类文化在整体上呈现出相互交流、相互借鉴、蓬勃发展的新格局。要承认在人

---

① 施拉姆，波特．传播学概论：第 2 版．何道宽，译．北京：中国人民大学出版社，2010：55.

② 霍夫兰，贾尼斯，凯利．传播与劝服：关于态度转变的心理学研究．张建中，李雪晴，曾苑，等．北京：中国人民大学出版社，2015：1.

③ 凯瑞．作为文化的传播：“媒介与社会”论文集．丁未，译．北京：华夏出版社，2005：7.

类文明或文化传承史上，具体的传播过程比如学校教育、电视广播、电影播放乃至互联网的普及，发挥着越来越重要甚至是无法替代的作用。以学校教育为例，几乎每个现代人，从启蒙到成长成熟，每个阶段都离不开学校教育和老师的培养，在学校里学习知识、学习做人、学会成长。学校既是文化知识的传播机构、传承优秀传统文化的基地和舞台，也是文化创造和新人成长的孵化器。也许正因如此，作为教育家的哲学家杜威对传播情有独钟，他对传播做出了在詹姆斯·凯瑞看来高深莫测的评价："社会不仅因传递（transmission）与传播（communication）而存在，更确切地说，它就存在于传递与传播中。"[①] 社会的核心和关键是人，信息传播的发送者和接收者也是人，在不断发送和接收信息的传播活动中，人的生命存在和生存意义得以彰显与升华。传播属于一种特殊的社会实践。杜威从哲学高度揭示了传播的本质，以及文化传承和传播之于人的成长的非凡意义。

第四，通过传播符号与环境元素的互动，在现实的符号化生产过程中实现对社会环境的建构和创新。在学术界看来，"符号必须传递一种社会信息，即社会习惯所约定的，而不是个人赋予的特殊意义，只有规约性质的信息才是符号的所载之'物'"[②]。以电影为例。作为传播工具的电影被发明后，人们看电影的机会越来越多了，电影给人们尤其是偏远乡下、封闭小镇的人们打开了新的视界，引发了个体丰富的联想和无限的憧憬。在论述美国早期新教伦理精神幻灭的原因时，丹尼尔·贝尔（Daniel Bell）说："电影有多方面的功能——它是窥探世界的窗口，又是一组白日梦、幻想、打算、逃避现实和无所不能的示范——具有巨大的感情力量。电影作为世界的窗口，首先起到了改造文化的作用。"[③]

---

① 凯瑞．作为文化的传播："媒介与社会"论文集．丁未，译．北京：华夏出版社，2005：3.

② 蒋晓丽，赵毅衡．传播符号学访谈录新媒体语境下的对话．成都：四川大学出版社，2017：24.

③ 贝尔．资本主义文化矛盾．赵一凡，蒲隆，任晓晋，译．北京：生活·读书·新知三联书店，1989：114-115.

人们把电影当作一所学校，从中获得新的理念和理想生活的“证据”，正是电影拓宽了大众的眼界，改变了其固有的价值观和传统生活方式。按照丹尼尔·贝尔的分析，正是电影、电视和广告等传播工具的发明与使用，以及分期付款购物法的传播，逐渐打消了美国新教徒对传统观念的坚守，从此奠定了新的资本主义消费文化的根基。[1] 必须承认，传播对大众生活的渗透和浸入是无处不在的，它注定是一把双刃剑。丹尼尔·贝尔论述的还只是当年美国小城镇生活方式的瓦解，以及资本主义消费社会来临的残酷而又无奈的现实，在当今数字化时代新媒体铺天盖地的图像信息面前，人们的观念和意识形态遭受着反复冲刷，这是需要大众进行深刻思考的沉重话题。我们常常被媒体牵着鼻子走，以其是为是，以其非为非，还会以媒体上靓丽的模特和富有的老板的生活格调，来裁决自身贫乏无聊的日常生活。在电视广告面前，很多人是虔诚的消费者和有限理性的存在者，欲求按照图像（影视）画面上的样式购物、娱乐、生活，哪里还有自己的想法、个性和创造？詹姆斯·凯瑞认为，“是传播——简言之，通过对符号形态的建构、理解与利用而创造了现实”[2]。新技术媒体的使用使传播对于环境的建构能力越来越强，不仅改变了现实的生活环境，还改变了人们对空间和时间的感知，实际上是改变了人本身。

第五，为大众提供娱乐和休闲功能，使其身心得到暂时的放松和片刻的宁静。自古至今，游戏都是人类生活的内容之一，尽管人们对游戏常常抱有偏见，即认为那是小孩子玩的把戏，与身心幼稚或不成熟有关。不过作为人类普遍的文化现象，游戏在各民族的成长成熟过程中都有自己独特的地位和功能，所以是值得重视的社会现象，应当被给予深入的学理研究。最先系统研究游戏理论的人是荷兰学者约翰·赫伊津哈(Johan Huizinga)。他在《游戏的人》一书中明确提出，文化与文明产

---

① 贝尔．资本主义文化矛盾．赵一凡，蒲隆，任晓晋，译．北京：生活·读书·新知三联书店，1989：114.

② 凯瑞．作为文化的传播：“媒介与社会”论文集．丁未，译．北京：华夏出版社，2005：13.

生于游戏之中，它们本身就是游戏。[①] 美国心理学家威廉·斯蒂芬森（William Stephenson）在《大众传播的游戏理论》一书中说，传播无意完成任何事情，其唯一目的是满足和快乐。[②] 经验告诉我们，如果不是为夸大传播的某些功能，那么这个看法无疑是有道理的。出于对这种观点的赞同与支持，在拉斯韦尔关于传播的三种经典功能的基础上，查尔斯·尼尔·赖特（Charles Neal Wright）又给它加上了第四种功能——娱乐功能。人们观看影视剧的最直接目的就是，沉浸于游戏娱乐之中，借此娱乐消遣，使身心得到放松。无论是成年人还是未成年人，都可以在网吧或者家庭电脑上尽情地畅游于游戏王国。不过，随着大众媒体的迅速普及，与物质利益捆绑在一起的过度娱乐以及消费主义文化对大众的危害也日益显现出来，引发了传播学者对娱乐社会危害的担忧。在《娱乐至死》一书中，美国学者尼尔·波兹曼（Neil Postman）对过度娱乐现象提出了严肃批评："对他们来说，电视是他们首选的、最容易接近的老师。在他们中的很多人看来，电视是他们最可靠的伙伴和朋友。简单地说，电视是新认识论的指挥中心。"[③] 家用 PC 浏览器也可以根据用户喜好，快捷地向用户推荐他喜欢的各类文章。在尼尔·波兹曼看来，如今各类游戏软件和网络传播十分普及，大众家庭游戏和娱乐的方式越来越多，如看电视、看电影、看综艺节目、玩手机游戏、看抖音短视频和直播等，虽然诸多信息都能提供一时的娱乐快感，但这些信息大多是没有文化营养的快餐。观众在开怀大笑中失掉自我存在、个性乃至灵魂，人类精神接近枯萎。虽然尼尔·波兹曼的观点不免有些危言耸听，但它对于我们理性地思考媒体娱乐的利与弊，懂得适度使用媒体无疑是有启迪意义的。家庭媒介的功能丰富多样，它能帮助我们便捷地工作、交友、学习、成长，顺利完成生活和工作中的很多任务。

---

① 刘海龙．大众传播理论：范式与流派．北京：中国人民大学出版社，2008：15.

② 施拉姆，波特．传播学概论：第 2 版．何道宽，译．北京：中国人民大学出版社，2010：26.

③ 波兹曼．娱乐至死．章艳，译．北京：中信出版集团，2015：95.

娱乐仅仅是其中的补充性功能，我们不能把它看作精神生活的全部，也不能浸入媒体而不能自拔，患上“媒体依赖症”，以完整的精神和人性的损失为代价。

第六，从国际视野来看，传播能够增进不同国家和民族之间的文化交流与互动，引导彼此相互借鉴、互通有无，使各国获得发展民族经济和社会文明的良好机遇。1980 年，联合国教科文组织的报告《多种声音，一个世界》中，将信息传播的国际功能界定为“一体化”（integration）①，即增进不同国家和民族的相互理解、相互信任、相互交流，在文化地形学的背景下，实现各民族的共同发展。文化传播主要分为纵向和横向两种模式。所谓纵向传播，主要是指在本民族、本地域内部的前后传承，世代延续。所谓横向传播，则是指跨越地域甚至民族国家的地理界限，使文化走向更多地区乃至走向全世界的过程。文化人类学研究表明，自人类产生并创制文化以来，不同地区、不同民族之间的文化交流就开始了。文化或文明不是自我封闭的孤立的存在，而是在相互交流、取长补短中共同进步的，在互补中进化是文化进步的规律。美国学者罗伯特·路威（Robert Lowie）认为，古代文明如此，“现代文明更是从四面八方东拼西凑起来的百衲衣……因为任何民族的聪明才智毕竟有限，所以与外界隔绝的民族之所以停滞不前只是因为十个脑袋比一个强”②。一个民族固然可以把自己封闭起来，拒绝接纳世界文化（文明）的优秀成果，但却无法拒绝文化本身的迁徙、采纳、流动、变迁。文化传播既是文化发展的动因，也是文化创新、变革的内在规律。无论是爱德华·泰勒（Edward Teller）、弗雷德·詹德特（Fred Gandte），还是爱德华·霍尔（Edward Hall）以及拉斯韦尔，在他们关于传播与文化关系的相关研究中，文化与传播的互动一体，传播之于文化的意义以

---

① 孙英春．跨文化传播学．北京：北京大学出版社，2015：49.

② 路威．文明与野蛮．吕叔湘，译．北京：生活·读书·新知三联书店，1984：13-14.

及文化对传播的包容，都是理所当然必须进行深究的命题。在某种意义上，马克思恩格斯在《德意志意识形态》中所说的“地方历史”向“世界历史”转变，也是由文化变迁和信息传播支持和推进的必然过程。马克思恩格斯思想的深刻之处在于，他们看到生产力才是推动普遍交往和跨文化传播的最根本动因，正是生产力发展的需要，商业和工场手工业的不断扩大，加速了活动资本的积累和集聚，刺激西方冒险者远征海外，去开拓殖民地和世界市场。“生产力的这种发展（随着这种发展，人们的**世界历史性的**而不是地域性的存在同时已经是经验的存在了）之所以是绝对必需的实际前提，还因为如果没有这种发展，那就只会有**贫穷**、极端贫困的普遍化……只有随着生产力的这种普遍发展，人们的**普遍**交往才能建立起来；普遍交往，一方面，可以产生一切民族中同时都存在着‘没有财产的’群众这一现象（普遍竞争），使每一民族都依赖于其他民族的变革；最后，地域性的个人为**世界历史性的**、经验上普遍的个人所代替。”① 关于在经济全球化、文化多元化的背景下，世界文明应如何相互借鉴、和睦相处，著名社会学家费孝通提出了“各美其美，美人之美，美美与共，天下大同”② 的基本主张。在他看来，应当立足世界文明发展的宏观视角，审视不同民族文化和人类文明的未来前景，把握不同民族文化之间的内在关系。每个民族都要看到自身文明的优势，努力做好自己的事情，把自身的优势发挥到极致；同时也要乐于成全和帮助其他民族，洞察对方文明或文化的长处，而不是一味地相互指责、自以为是。总之，各民族要以海纳百川的博大胸怀，相互包容、相互借鉴、相互欣赏，这样才能达到全人类的和平相处，实现人类文明的相互交流、镜鉴与共同发展。

---

① 马克思恩格斯文集：第1卷．北京：人民出版社，2009：538.

② 韩寿山，徐文艳．修身齐家治国平天下诗文绝唱镜鉴．北京：东方出版社，2017：244.

二、当代国外社会思潮的主要类型

（一）社会思潮及其性质、类型

信息传播与社会思潮有着复杂关联。社会思潮作为特定历史环境下反映一定阶级、阶层和社会群体的利益、愿望、诉求与思想的潮流，其意图在于通过传播或流动方式为更大的受众群体所接纳和认同。任何信息传播都被打上了思想观念的烙印，即或浅或深地受到社会思潮的影响。从哲学上看，社会思潮属于社会意识形式的范畴，即主流意识形态之外的、对社会生活发生广泛影响的思想趋势或倾向性。① 在国内，梁启超较早涉及对社会思潮问题的研究，他在《清代学术概论》一书中说："今之恒言，曰'时代思潮'……因环境之变迁，与夫心理之感召，不期而思想之进路，同趋于一方向，于是相与呼应汹涌，如潮然。"② 在他看来，时代变迁和社会环境的变革都是社会思潮形成的现实根源。"凡'思'非皆能成'潮'，能成'潮'者，则其'思'必有相当之价值，而又适合于其时代之要求者。"③ "思"是"思"，"潮"是"潮"，二者不可混淆。这里的"思"可被理解为思想、看法、观点；"潮"原本是海水受日月引力而定期涨落的现象，俗话说"潮涨潮落"，意味着海水的变动性及其背后的自然动因。"思"与"潮"合并成思潮，作为一种社会文化现象，其背后的动因是特定阶级或阶层的利益关系，在特定时代背景下凝聚而成的看待和解决问题的方法。它既然有"相当之价值"，又与主流意识形态发生重要关联，有着自身生成、演

---

① 中国大百科全书编辑部．中国大百科全书：哲学．北京：中国大百科全书出版社，1987：253.

② 梁启超．清代学术概论．北京：中国书籍出版社，2006：2.

③ 同②.

化和衰落的规律，那么也就必须被当作重要的学术问题和实践问题加以研究。

社会思潮有正确和错误之分。一般而言，顺应历史进步要求的属于正确社会思潮，悖逆历史发展规律的属于错误社会思潮，介于二者之间的属于灰色地带，也有与之对应的社会思潮类型。无论什么样的社会思潮，都在通过不同的传播方式或渠道，极力寻找自己的受众，以期对他们施加影响并改变其思想观点，乃至引发与之相应的行为。不同的社会思潮对大众和社会的影响是不同的。这种影响力的大小、强弱、久暂与思潮之正确或错误并无直接关系，而与思潮发出者的威望、思潮内容、传播载体以及其他诸多变量有关。社会思潮信息源越是具有权威性、受众群体规模越大、传播过程越深入持久，其影响力也就越大。这种影响力表现为不同社会思潮相互争夺话语权和主导权，潜在操控、暗示与引导受众对自己的信任和认同，进而把握他们的思想乃至命运。如果受到正确社会思潮的影响，个人分享新的知识和信息，确立正确的价值观和人生观，那么，对于个人、国家和社会来说就是幸事。马克思曾在《摘自“德法年鉴”的书信》中说：“新思潮的优点……希望在批判旧世界中发现新世界”①。这里的“新思潮”，是指作为新世界观萌芽的辩证唯物主义。在当时，马克思主义还仅仅是众多社会思潮中的一种。面对种种社会主义思潮的争夺与较量，马克思恩格斯依据对资本主义发展规律的深刻认识，在批判地继承德国古典哲学、英国古典政治经济学和法国空想社会主义理论的基础上，创造性地提出了剩余价值学说和唯物史观。马克思主义是无产阶级正确认识资本主义制度的思想武器，是武装全世界无产阶级、推翻资本主义与建设社会主义的科学世界观和方法论。随着社会主义从空想到科学的发展，在马克思主义科学理论的指导下，世界范围内的社会主义运动蓬勃开展，人类从此开启了新的历史篇章。

① 马克思恩格斯全集：第1卷．北京：人民出版社，1956：416．

(二)当代国外社会思潮的形成背景与主要类型

本书之所以把重点放在对当今国外社会思潮传播的研究上，主要是基于这样一种考虑：中国共产党第十九次全国代表大会郑重宣告，中国特色社会主义进入新时代，我国社会主要矛盾已经转化为人民日益增长的美好生活需要和不平衡不充分的发展之间的矛盾。新时代预示着新的发展阶段、新的发展环境和新的发展理念。在社会主要矛盾转化的宏观背景下，我国的“思想文化建设取得重大进展。加强党对意识形态工作的领导，党的理论创新全面推进，马克思主义在意识形态领域的指导地位更加鲜明，中国特色社会主义和中国梦深入人心，社会主义核心价值观和中华优秀传统文化广泛弘扬，群众性精神文明创建活动扎实开展”①。在看到思想政治教育领域取得的巨大成就的同时，我们也必须直面其中存在的矛盾和问题。一是当今世界正处于大发展大变革大调整时期，伴随世界多极化、经济全球化、社会信息化、文化多样化的深入发展，世界各国、各地区之间的相互联系和相互依赖日益加深，“你中有我、我中有你”的局面势必不断深化。与此同时，不同文化理念和意识形态之间的冲突与博弈势必呈现白热化局面，比如西方的“民主化浪潮”、后现代主义思潮以及新自由主义、历史虚无主义、民粹主义、逆全球化浪潮等，都可能通过各种渠道、以不同方式传入我国，对我国社会主义核心价值观建设造成巨大冲击和严重危害。因此，防范与化解国外不良社会思潮和意识形态侵蚀的任务会越来越重，难度会越来越大。二是随着互联网和数字化转型的来临，网络传播将成为未来社会思潮碰撞和交锋的主战场。网络社会思潮传播凭借先进的技术优势，由分散的个体到聚合的整体，文字叙事与图像传播并存，时时刻刻威胁到我国社会主义意识形态的安全与巩固，也在无形中加大了马克思主义引领多样

① 中国共产党第十九次全国代表大会文件汇编．北京：人民出版社，2017：4.

化社会思潮的难度。习近平指出："大国网络安全博弈，不单是技术博弈，还是理念博弈、话语权博弈。"① 要想在不同思想和价值观的博弈中取胜，并有效预防和化解网络社会思潮的复杂冲击，就必须对国外社会思潮及其传播的新动向有清醒的认知和深入的学理研究。

这里的"国外"主要是一个地理概念，是我们研究和区分社会思潮的基本依据之一。"国外"与"国内"是按照地理疆域做出的划分。在世界多极化、经济全球化、社会信息化、文化多样化时代，单纯的地理界线已无法成为防范国外社会思潮尤其是不良国外社会思潮入侵的天然壁垒。不同民族、国家之间的经济文化交流日益频繁，这就使那些不良社会思潮可以打着文化的幌子，"名正言顺"地侵入其他民族国家的疆域领土，竞相争夺受众群体，或者发展更多自己的拥趸。而对于各种披着"新"的外衣的社会思潮，我们身边的一些人缺乏最基本的辨识能力。与普通人生活息息相关的互联网是没有国界的，这里更容易成为社会思潮的发源地和集散地。因此，"意识形态领域斗争依然复杂，国家安全面临新情况"②。改革开放四十多年来，国外（尤其是发达资本主义国家）形形色色的社会思潮，以各种途径和方式输入我国，对普通大众尤其是涉世未深的青少年产生了深刻影响。从国际上看，西方社会思潮以磁铁般的吸引力及潜在的价值引导和思想操控，持续地塑造着受众的认知、思想、情感和态度，挑战并入侵其他民族国家的思想文化空间，导致国际传播领域的话语权争夺愈演愈烈。我们把研究重点放在国外最新社会思潮变动的新趋势、新动向上，意在防患于未然，对那些未来可能输入国内并威胁到我国主流意识形态安全的新思潮，通过深入研究其形成根源、演化轨迹、传播规律、未来走向、主要危害、防范对策，来建立科学有效的预警机制和系统，提前做好防范和化解的预案，努力将其消灭在萌芽状态，以维护我国社会主义意识形态的安全，巩固

① 习近平．在网络安全和信息化工作座谈会上的讲话．北京：人民出版社，2016：19.

② 中国共产党第十九次全国代表大会文件汇编．北京：人民出版社，2017：8.

我国主流意识形态的主导权和话语权。在关于意识形态和社会思潮问题的研究上，我们必须确立坚定不移的政治立场：在中国共产党坚强有力的领导下，在实现中华民族伟大复兴的宏观背景下，我们必须毫不动摇地坚持四项基本原则，坚持改革开放的基本路线，坚持马克思主义在意识形态领域的指导地位不动摇，旗帜鲜明地反对和抵制各种错误思想思潮。无论这些社会思潮是来自国内还是源于国外，都必须坚决抵制和彻底消灭，不能有任何退缩、犹豫和含糊，要在内心深处筑起一道坚不可摧的防火墙。

20 世纪 80 年代，中国共产党带领中国人民拉开了改革开放的历史性大幕。中国社会从此开始走向世界舞台的中央，中国人民用自己的智慧和辛勤的汗水，踏上了探索中国特色社会主义道路的新征程。为弥补自身的不足，我们广泛学习世界上先进国家的科学技术和管理经验，吸引优秀人才参与到中国特色社会主义建设中来。在中外文化交流和互动过程中，大量西方文化典籍和理论著作被译介过来，国外大量社会思潮也乘机涌入中国，对文化知识如饥似渴的中国人竞相阅读和吸收着这些文化“大餐”，如存在主义思潮、权力意志思潮、自由主义思潮、市场经济思潮、西方新马克思主义思潮以及后现代主义思潮，等等。粗略统计一下，相继涌入我国的国外社会思潮不少于三十种。从专题来看，包括哲学思潮、文学思潮、政治思潮、艺术思潮、经济思潮、法学思潮、宗教思潮、道德思潮等。这些思潮的形成和传播，与当时世界社会主义运动、资本主义面临的矛盾困惑和科学技术革命的蓬勃兴起紧密相关。20 世纪 80 年代末 90 年代初，东欧社会主义阵营发生剧变，苏联社会主义制度走向坍塌，预示着世界范围内的社会主义运动走向低潮。一些西方学者以嘲讽的口吻断言社会主义死亡了，美国社会学家丹尼尔·贝尔宣扬意识形态“终结论”，各种批判和评论社会主义的新思潮也甚嚣尘上。随着苏联解体和冷战结束，发达资本主义国家依托新一轮科技革命的成果，整体进入相对稳定的发展时期。当然这并不意味着其根本矛盾得到了解决，相反，诸如生态环境持续恶化、失业率居高不下、福利制度遭遇危机以及男女不平等、新的难民潮等问题都指向了资本主义制度内部不可解决的矛盾，与之相应的社会思潮纷纷发出自己的声音，如未来主义、新自由主义、生态社会主义、女权主义、反智主义、第三条道路、民粹主义等，竞相为资本主义“向何处去”开出自己的药方。这些不同的社会思潮表现在经济、政治、文化、生态等领域，并通过各种方式被介绍到中国。从内容和性质来看，其中不乏一些正确的成分，不过总体充斥着大量错误观点，有的与马克思主义的主要观点比较接近，有的则是以反马克思主义、反社会主义的面目出现的。对此我们需要仔细甄别、辩证分析。下面重点介绍几种当时在我国影响较大的社会思潮。

20 世纪 60 年代以来，后现代主义作为西方的主流话语和社会思潮，在短短三十年间跃居众多社会思潮的首位，并演化成具有世界性影响力的重要文化思潮。鉴于它对于美学、艺术、哲学、科技、宗教、政治、伦理、经济以及社会生活的深刻影响及其引发的广泛争论，甚至有学者认为这是一种西方文化整体的“后现代转向”，一种新的“后现代范式”①。该思潮的核心议题是对西方现代文化与社会的批判性反思，作为“现代”的对立面，被学界命名为“后现代”，也有人称之为“现代性”与“后现代性”。这里的“后”（post）可被理解为“批判”“超越”，既有对旧事物的继承，也有对新事物的创造。我们由此不难看出它们之间的渊源关系。“后现代转向包括从现代到后现代众多领域理论的一种变化，此变化指向一种考察世界、解释世界的新范式。”② 后现代主义的代表人物主要有：利奥塔、德里达、福柯、德勒兹、杰姆逊（Fredric Jameson）、罗蒂（Richard Rorty）、哈贝马斯等。在这些后现代主义思想家看来，现代世界已经走到了尽头，无论是理论、文化还是社会制度，都已无路可走，必须探索未知的新领域、大胆提出新想法。在我们身处其中的后现代世界，有许多新鲜刺激的生活景观和社会现

---

① 贝斯特，科尔纳．后现代转向．陈刚，等译．南京：南京大学出版社，2002：序言与致谢 3.

② 同①.

象，是现代文化和理论范式无法解释的，其中就包括新技术的应用及其带来的一系列挑战。当然也正如有学者所指出的，后现代主义并非铁板一块，“并不存在什么统一的后现代理论，甚至各种立场之间连基本的一致性也没有”①。那为什么它们会被统称为“后现代主义”或“后现代思潮”呢？这与学术界对历史时期的描述方法有关。“‘现代性’一词指涉各种经济的、政治的、社会的以及文化的转型。正如马克思、韦伯及其他思想家所阐释的那样，现代性是一个历史断代术语，指涉紧随‘中世纪’或封建主义时代而来的那个时代。”② 循着这种逻辑，我们认为后现代主义指的是现代性时期终结后一些理论家对现代性的制度、话语和实践所做的反思与批判的总称。

后现代主义形成的社会历史背景，大体可归结为四个方面。一是与资本主义物质文明进步、物欲释放对应的越来越多领域的商品化，人的主体性和意义世界趋近丧失，非理性主义和历史虚无主义蔓延与流行开来。随着工业文明和现代化进程的加快，资本主义社会的生产力获得快速发展，大众的经济状况和生活条件有了明显改善，社会整体的物欲得到前所未有的释放，经济主义和物质主义价值观深入人心。在当代资本主义的资本逻辑支配下，表面看似繁荣的社会生活景观背后隐藏着精神世界的巨大危机。用丹尼尔·贝尔的话说，在美国，就是新教伦理的传统美德被损耗殆尽，“社会失去了超验纽带的维系”③，大众无法找到终极意义的来源，只好沉浸于消费主义的盛世狂欢中，或体验非理性和虚无主义的乏味与无聊。二是不断加剧的对自然环境的掠夺和破坏，有毒有害物质的肆意排放，导致生态环境急剧恶化、人与自然的关系严重失衡。在大自然面前，资本逐利的本性表现得淋漓尽致，资本家为满足一己私利和贪欲，不惜疯狂地开采、掠夺甚至破坏自然资源，同时又把各

① 凯尔纳，贝斯特．后现代理论：批判性的质疑．张志斌，译．北京：中央编译出版社，2006：2.

② 同①2－3.

③ 贝尔．资本主义文化矛盾．赵一凡，蒲隆，任晓晋，译．北京：生活·读书·新知三联书店，1989：67.

种废物、有毒有害物质倾倒给自然，导致自然灾难频发、生态整体失衡。三是技术理性和科层制的极端化发展，导致了两次世界大战的爆发、对人性和生命财产的肆意摧残，加剧了世界整体上经济社会的不平衡。在现代社会，科学技术是第一生产力。资产阶级依靠现代科学技术的成就，不仅在国内建立起庞大严密的工业体系，从工人身上榨取更多剩余价值，而且运用先进的技术武器，侵略与剥削落后国家和民族，获取廉价的自然资源和劳动力，疯狂榨取高额垄断利润。① 四是现代性对普遍化和整体化的追求，采用科层化的、线性的、统一的思维模式，宣称自己能够提供“绝对的真理”“不变的本质”“永恒的基础”，极大地束缚了人们的内在活力和创新精神。

由于后现代主义的代表人物众多、思想观点复杂，前后延续了三十多年的时间，理论观点凌乱庞杂而又多变，故而很难用统一的标准对其进行准确归纳。简单来说，其理论特质主要表现在以下四个方面。

第一，反对启蒙运动和理性主义，主张反理性、非理性和相对主义。在法语传统中，启蒙包含着光明、明亮等意蕴，有给人以光明和希望的意思。在一些西方学者看来，作为继文艺复兴之后的第二场思想解放运动，欧洲启蒙运动反愚昧、反专制和反宗教迷信，为新兴资产阶级带来理性、民主、自由的光辉事业，把人类引向看似光明的前景。然而，在科学技术进步和社会制度化的进程中，理性不仅成为裁决一切知识和行为的绝对标准，而且由于是“以忽视乃至贬斥、压抑人的非理性、情感和意志为代价的”②，故而导致了理性主义的极端化和肆意泛滥的后果，即理性主义的极端化走向，导向它自己的反面和不曾预料的严重恶果。恰如单世联所说，“理性的情景化、非先验化导致对理性的怀疑，由此产生对理性的批判不断升级，直到将理性与压制等同，从而走向悲观主义、历史宿命论”③。在《非理性的人：存在主义哲学研究》

---

① 段忠桥．当代国外社会思潮．北京：中国人民大学出版社，2001：105.

② 陈嘉明，吴开明，李智，等．现代性与后现代性．北京：人民出版社，2001：13.

③ 谢立中，阮新邦．现代性、后现代性社会理论：诠释与评论．北京：北京大学出版社，2004：318.

一书中，威廉·巴雷特（William Barrett）基于对存在主义思潮的全面阐释和透彻分析，深刻揭示了欧洲文化陷入非理性主义危机的根本原因及危害。在他看来，对于原子时代危机的深重忧虑以及人类职能的专门化发展，导致“人已经不可避免地变得更加依恋尘世所许诺的东西，而不是那超越自然界的彼岸世界的目标”[①]。换言之，作为现世的人更看重现世的“存在”，从以往的漠不关心到如今的过度关心，理性主义和自我算计极端化发展，到头来必定是非理性主义、虚无主义的盛行。这是众多后现代主义思想家切入现实的基点，构成后现代主义的思维方式和价值取向。

第二，反对“逻各斯中心主义”，主张用文字符号构造我们的生活。源自古希腊哲学的“逻各斯”（logos），主张我们之外的某种本原性、始基性的东西，比如存在、理念、上帝、本我、绝对精神，作为世界的本原和宇宙万物发生的根基，规定与支配着大千世界和我们生活中的一切。我们的经验、思想和语言不过是“逻各斯”的某种表达与具体呈现方式。在后现代主义思想家眼里，形而上学这些所谓的本体论、“基础”、“原则”等传承已久的观念是根本不存在的，也不可能支配我们的经验、思想和语言。[②] 为了消除“逻各斯中心主义”“语言中心主义”的影响，德里达提出了著名的解构主义策略，所谓解构（deconstruction），就是破坏、消除、瓦解、颠覆。这种解构不是对外部的分解，而是在事物和现象的内部进行的，目的不是消除诸如边缘/中心、在场/缺场、言语/文字、主体/客体之类的二元对峙，而是彻底消除这种客观存在的等级结构，以便于延续文本自身的生命与活力。在德里达看来，每个文字的意义都不可能孤立地得到确证，而必须在与无数不在场的符号的差异（即包罗万象的文字各有不同，这种不同恰恰是文字存在的条

① 巴雷特．非理性的人：存在主义哲学研究．杨照明，艾平，译．北京：商务印书馆，1995：20.

② 谢立中，阮新邦．现代性、后现代性社会理论：诠释与评论．北京：北京大学出版社，2004：导言5.

件）中得到确定。因此，不在场同样规定着在场，构成在场的一部分，可见将在场与不在场对立起来是不适当的。① 通过这种方式，类似于“逻各斯中心主义”的东西就被彻底解构了，我们处于无中心、无立场的中介地带（混沌状态）。

第三，反对统一性、连续性，主张历史的“断裂”和“终结”。后现代主义认为，“后”意味着鲜明的“断裂感”，如今的社会景观与以往的历史时期完全不同，它意味着现代性已经“终结”，走到“历史的尽头”，我们需要一个新的开始。“我们现处在一个新的后历史阶段，在此阶段过去的理论、政治和世界观均过时了。”② 这些表述看起来固然非常新颖、时尚，具有独创性和特异性，但却是对历史与传统价值观的公开否定和无情弃绝，斩断了当下与传统之间的纽带，否认了历史本身的连续性和整体性。在利奥塔看来，传统文化是一种“元叙事”、一种“宏大叙事”，在后现代社会景观下，它已经完全失去存在的价值，必须为“小叙事”所取代，即必须被无情地解构，成为若干“小叙事”“小片段”，即零零碎碎的片状存在。对于詹尼·瓦蒂莫（Gianni Vattimo）来说，“进步的理念最终被暴露为某种空洞的东西，因为它的终极价值就是在永远是新的伪装中创造持续进步可能性的条件”③。一旦失去传统文化和价值观的内在支撑，剥离出革命、发展和进步的理性目标，连接后现代与现代的那根纽带就消失了，后现代也就变成了无根的历史，只能建筑在虚无缥缈的空中楼阁之上。因此，只有“解构”而没有“建构”的历史和文化，最终只能走向文化沙漠，走向历史虚无主义。

第四，反对整体性、系统性，主张多元、差异和碎片。与理性主义对世界的整体性、规律性把握不同，后现代主义思想家否认世界是相互依存、相互作用、不可分割的有机整体，否认不同事物之间的内在同一

① 谢立中，阮新邦．现代性、后现代性社会理论：诠释与评论．北京：北京大学出版社，2004：47.

② 贝斯特，科尔纳．后现代转向．陈刚，等译．南京：南京大学出版社，2002：2.

③ 瓦蒂莫．现代性的终结：虚无主义与后现代文化诠释学．李建盛，译．北京：商务印书馆，2013：61.

性，意在摧毁中心、消灭主体，以提升非中心、非主体的地位。他们创造了如间断、异端、倒错、变形、延异、零散化、断裂、不确定性、消隐等新的话语范式，力图以此来消解对整体、系统和中心话语的运用，以达到彻底消除理性主义话语，对抗整体性、确定性、规律性的目的。例如，“在利奥塔看来，知识产生于歧见，产生于对现存范式的怀疑和对新范式的发明，而非产生于对普遍真理或共识的赞同”①。以新知识的创造和发明为借口，利奥塔从一个极端跳向另一个极端。固然，在后工业社会时期，人们需要新范式、创造新知识、推进新实践，不断推动社会生产和生活方式的变革，然而，毫无基础的、建立在沙滩上的创新无疑是空中楼阁，是根本不可能实现的。尽管后来的思想家也发现了这个问题的偏颇之处，对利奥塔的极端化思维做了某些调整，但后现代亲近多元、差异和碎片的思维取向是无法改变的。“近来的后现代转向个体感觉、美观化、愉悦和放纵、差别和碎片化，推进了当代资本主义创造出更美观化和情欲化的世界的进程。”② 也就是说，在总体上后现代主义与市场化和个体多样化的需求更贴近了。

值得注意的是，进入 21 世纪以来，新民粹主义成为一种非常流行的国际性政治思潮，在美国、英国、德国、法国、意大利、奥地利等发达资本主义国家的表现异常抢眼。populism（民粹主义）最初源自拉丁文 populus，意思是人民。据说古罗马时期的“古典民粹主义”作为执政手段和民众动员方式，归属于狭隘的政治生活领域。③ 法国思想家卢梭的人民主权论和自由平等学说，成为后来民粹主义的思想渊源和理论支撑。民粹主义作为一种思潮的正式登场，可追溯到 19 世纪后期俄国的民粹派和美国的人民党激进运动。马克思对民粹主义思潮进行过深刻

① 凯尔纳，贝斯特．后现代理论：批判性的质疑．张志斌，译．北京：中央编译出版社，2006：192.

② 贝斯特，科尔纳．后现代转向．陈刚，等译．南京：南京大学出版社，2002：188.

③ 程春华，张艳娇，王兰兰．当前西方民粹主义研究述评：概念、类型与特征．国外理论动态，2020（1）.

批判。列宁也指出，要严格区分民粹主义的反动实质和进步意义，指出民粹派改造社会的计划是“空洞而有害的空想”[①]。按照一些学者的理解，民粹主义的核心是平民诉求，拥护平民掌权，反对精英和贵族政治，是“人民中心主义”和“反精英主义”。[②] 然而，民粹派的“人民”概念是极其模糊的，它到底是指国民、选民、农民、公民，还是指底层劳动者，并没有清晰明确的界定。它的反精英主义理念，表面上是反对一味推崇精英政治、忽视人民地位和权力诉求的思想，实际上是把“精英”和“人民”区别开来、对立起来，制造二者的不和与矛盾，号召人民反对精英，以此与现行政府对抗。从历史上看，民粹主义思潮又有善变的特质，不仅区分为左翼势力和右翼势力，而且随着时代的更迭不断改变其理论内涵和表现形态。在近代以来的历史上，民粹主义思潮的时隐时现与资本主义内在矛盾的激化程度密切相关。有时候，它与逆全球化思潮相互勾结，打着贸易保护主义的旗号，以关怀落后地区和民族的百姓为己任，认为导致本民族和其他落后民族经济衰退的原因是全球化。有时候，它又以虚伪的民生关注为托词，高呼民众的权利和自由高于一切，不切实际地鼓吹高福利、高标准，号召民众为自己的经济、政治和文化权利去抗争，激发大众对政府和社会的不满情绪，借以实现自己的意志和影响力。

近年来，欧美一些国家此起彼伏的民粹主义运动，如 2011 年 5 月西班牙的“愤怒者”抗议运动、2016 年英国的“脱欧”公投事件、2018 年法国的“黄马甲运动”，不仅意味着西方民众对现实和政府的不满情绪的加剧，而且深刻反映出资本主义制度不可克服的内在矛盾的激化。从理论上讲，民粹主义与新自由主义有着千丝万缕的联系。新自由主义崇尚所谓的自由和民主，强调代议民主制和多党轮流执政。经济自由化与经济全球化一方面加速了世界范围内资本和贸易的自由流动，

---

① 列宁全集：第 10 卷．北京：人民出版社，2017：48.

② 程春华，张艳娇，王兰兰．当前西方民粹主义研究述评：概念、类型与特征．国外理论动态，2020 (1).

形成了几十年的经济社会繁荣局面；另一方面又造成财富向极少数人转移和集中的趋势，扩大了不同社会阶层之间的鸿沟，引发了普通民众的焦虑、不满甚至反抗，各种打着仇富、仇外旗号的政治领袖粉墨登场，不遗余力地煽动各种反对精英政治、排外的社会情绪，加剧了经济与文化的失衡和社会整体的分裂。

逆全球化是指与全球化的趋势相背离，重新给国家和地区赋权的社会思潮。在西方经济、政治和文化的变迁过程中，一些国家和地区自身不能适应现代化的要求，或者由于种种原因错失了经济全球化的良好机遇，导致长期的民生凋敝、福利困局得不到有效解决。那些社会地位低下、受教育水平不高的社会阶层的民众，认为是经济全球化导致了他们的这种处境，失望、不满情绪与日俱增。世界经济复苏乏力，难民潮、债务危机、地区冲突和国际安全存在太多的不确定性，加上不断加重的全球新型冠状病毒感染疫情，导致了欧洲中下层平民生活窘迫、人们的收入差距过大以及失业严重等突出的经济社会问题，这些都凸显出资本主义国家治理体系和治理能力的严重不足，导致质疑和反对全球化的声浪此起彼伏。一些民粹主义者把它视为自己发声的绝佳机遇，他们在国际舞台上公开叫嚣抵制全球化，鼓吹民族利益和国家利益高于一切，力图恢复旧的全球化时代的秩序，维护资本主义霸权的利益。

民粹主义与种族主义的合流逐渐成为一种常态。起源于 19 世纪末列强瓜分非洲时代的种族主义思潮，把人类不同种族之间的差异视为种族优劣的根源，把人类分成“优等种族”和“劣等种族”，认为前者应该统治后者，主张繁殖“优种”，淘汰“劣种”，以确保“优等种族”的统治地位。在西方发达资本主义国家尤其是美国，白人对黑人的种族歧视尤为严重。尽管美国的法律禁止种族歧视，然而即使在奥巴马就任总统期间，美国的种族歧视问题依然没能很好地得到解决。2020 年 5 月，在美国新型冠状病毒感染疫情持续蔓延、感染人数高达 400 多万的情况下，白人警察暴力执法导致黑人青年死亡的事件，引发了明尼苏达等多个州黑人的持续性骚乱，暴力、纵火、偷窃在几个州持续蔓延。其根源在于特朗普总统上台后推行的白人优先、压制黑人的政策，由此酿成持续不断的骚乱和动荡。美国疫情期间的统计数字表明，黑人的死亡人数远远高于白人。欧美新民粹主义者借口黑人的权利和地位被忽视，不断向地方政府施压，到处散播自己的政治主张。在欧洲，移民问题已经成为民粹主义左翼和右翼对峙的导火索。左翼的总体主张是接纳移民、包容移民；右翼则借口反对外来文化的混入，实现文化纯粹化发展，拒绝外来移民及其文化，宣扬白人优先论。二者的对峙使难民陷入身份危机和认同危机。总体上，当代欧美的新民粹主义不是孤立存在的，而是与其他众多社会思潮合流共生、共同发挥作用；同时，这些组合思潮如同变色龙般不断变换自己的形态，以各种方式共同发挥对政治和社会的影响力，力图以此来缓解社会矛盾和来自内部的压力，恢复旧政治秩序和资本主义对于世界的霸权优势。

从实质来看，民粹主义首先是一种社会思潮，同时也是一种政党意识形态和政治策略。它是“假民主之名行‘暴民’政治之实”①。它由于借用人民的名义发出号召，故而很容易迷惑大众的认知和情绪，点燃他们内心积蓄的对现实政治和社会的不满的怒火，从而导致了打砸抢烧等非理性暴乱行径。无论是寻求变革的民粹派左翼势力，还是以守旧为主、号召回归传统价值理念的民粹右翼势力，都在看似积极正确的政治理念和行动策略的推动下，不知不觉地走上了极端化的、危险的发展道路。例如，俄国的民粹派运动反对沙皇专制和农奴制是有进步意义的，但俄国民粹派对于实现落后俄国的村民自治却抱有不切实际的幻想，寄希望于通过刺杀沙皇亚历山大二世来清除专制君主的统治，以一劳永逸地解决革命的前途问题。观念上的盲动主义最终导致大革命惨败。2011年，欧美民粹主义政党崛起后，就开始策划大规模的暴动和社会骚乱。到2020年，美国白人暴力执法导致黑人在多个州发动暴乱，社会整体

① 布成良．当代中国民粹主义的表现、实质与应对．山东师范大学学报（社会科学版），2020（3）：94.

局势动荡不安。然而，有学者提出：同为资本主义制度，也同样遭受着收入不公、就业机会欠缺、经济全球化等弊端的考验，为何日本和加拿大未曾出现民粹势力的崛起?① 这个问题的确引人深思。人们很难找到民粹主义思潮的生成、变迁和演化规律。如果仅仅把它理解成“一种对现代化批判反思而形成的世界性社会思潮，是以非理性的方式表达社会下层人民大众的利益与愿望”②，那么，我们就无法解释以特朗普为代表的剥削型（威权型）民粹主义存在的理由。另外，也有学者的研究表明，民粹主义和民族主义的相似度极高，以至于很多人分不清自己到底是民粹主义者还是民族主义者。对于那些受教育程度或文化水平低的人来说，他们可能会以自己的民族主义情绪实施民粹主义行为。③

借助新媒体平台特别是互联网，欧美民粹主义获得新的滋长和传播空间。在各种国际社交媒体和国内资讯媒体上，信息传播者运用自己对用户的使用习惯、偏好和倾向性的深入挖掘，在进行全面分析和精准计算的基础上，适时向用户推送能满足其潜在需要和真实需要的各类信息。传播学中的“智能推送”一词，表达了大数据时代现代传播工具对用户的诱惑和侵蚀。有学者指出，在以互联网为主要交流场域的语境下，网络空间的意见聚集和观点极化，已经成为某些民粹主义肆意传播的技术和人文基础。④ 按照现代传播学的观点，媒体受众是依照个人偏好、立场和价值观，有选择地接受那些自己喜欢的信息。也就是说，受众更容易接纳和认同那些与自己的政治立场、态度和观念一致的媒介内容。对媒体受众接受内容的精准研究，使“智能推送”的准确性和有

① 程春华，张艳娇，王兰兰．当前西方民粹主义研究述评：概念、类型与特征．国外理论动态，2020（1）.

② 布成良．当代中国民粹主义的表现、实质与应对．山东师范大学学报（社会科学版），2020（3）：90.

③ 同①.

④ 马立明，万婧．智能推送、政治极化与民粹主义：基于传播学的一种解释路径．理论与改革，2020（4）.

效性得以不断强化。对于受众来说，持续不断的“信息偏食”会导致眼界狭隘、认知单一，甚至陷入完全以自我为中心的认知模式，形成某种偏执狂的人格类型。在大数据时代，媒体技术不仅加快了民粹主义的传播速度，拓宽了其传播范围，增强了其影响力，而且导致了受众的非理性和偏执狂热。媒体通过实时推送信息，利用大量文字和煽动性图像反复吸引观众，激发了他们的非理性和狂热行为。例如，在电视上看到街道上的打砸抢事件后，有人可能会出于一时的冲动不自觉地加入其中，成为民粹主义极端化行为的蛊惑者、牺牲品。在这个意义上，媒体和网络之于欧美新民粹主义，无疑是助纣为虐、为虎作伥。从大趋势来看，欧美新民粹主义正日益走向极端化，我们将对其未来的发展、新特征、新动向和变化规律做出持续的追踪考察与分析研究。

三、当代国外社会思潮的传播学考察

传播是社会思潮发送的过程和途径，也是获得受众的认知和理解、实现价值认同的综合实践活动。任何社会思潮都力图向更大范围、更多受众传播自身的能量，实现自己的特定目的或历史使命。进入 21 世纪后，世界面临百年未有之大变局，一系列重大事件的发生及其伴随的严重后果，引发了学术界对世界向何处去、人类向何处去、资本主义向何处去等问题的担忧和思考。一时间，各种新旧思潮涌现，竞相发表自己的话语体系，争夺信息受众对自己的理解和认同。从传播学视角来看，当代国外社会思潮的新动向大致可归结为以下五点。

第一，传播主体多元化。传播主体是信息源的发出者。以往国外社会思潮的传播主体大多是孤立的个人或组织，其凭借自己的能力生产信息，然后寻找合适的方式和渠道把信息传播出去。整体来看，当时社会思潮的影响范围较小、力量较弱、持续时间较短。如今随着新闻传播事业的蓬勃发展，生产和传播信息的组织机构日益多样化，信息传播的手段和技术水平不断提升，加之新的信息媒介和网络飞速发展，使进入传播领域的门槛越来越低，加速了社会思潮传播主体的多元化发展趋势。“除了传统的大众媒介外，商业网站、政府部门、各种社会组织与机构，甚至一些个人，都可以利用网络进行制度化的传播。这些传播也可以达到与传统媒体相当的传播效果。”① 近年来，各种各样的自媒体如雨后春笋般涌现出来，它们不受时空限制、灵活多样，为提高自身的劝服效果千方百计地提供证据，比如借助图像和大数据增强自身的说服力。当今国际舞台上，各种政治思潮、经济思潮、哲学思潮、艺术思潮你方唱罢我登场，构成一幅相互叠加、群雄纷起的场景，为多样化社会思潮的传播创造了极其便利的条件，同时也使对信息传播的监控变得越来越困难。网络使用者随意点击鼠标，就能浏览自己感兴趣的文字和图片信息，但方便快捷和极高的效率也为国外社会思潮的网络传播埋下了巨大隐患。即使不考虑隐匿在“智能推送”背后的不良企图，单纯使用文字信息或滚动播出图像资料，就足以吸引受众的眼球，使受众成为大数据捕获的对象和某些社会思潮的俘虏。在信息多元化的环境里，国外社会思潮可以跨越语言和地理障碍，瞬间传遍全世界。我们尽管采取了有力的网络监督和控制措施，依然无法完全阻挡它造成的消极影响，因此多样化的传播主体给我们防范和化解消极影响提出了巨大挑战。

第二，传播符号视觉化。在通常意义上，传播符号仅仅被视为信息传播工具或手段。然而随着电影、电视和互联网的出现与普及，图像（尤其是动态化图像）越来越显示出其在传播学方面的独特优势。从文字走向图像，或者从以文字为主导转向以图像为主导，已经成为社会思潮跨文化传播的大趋势。在当今读图时代，人们约 70%的信息是通过读图获得的，牵住“图像”这个传播的“牛鼻子”，也就抓住了 21 世纪信息传播的灵魂。1998 年 5 月，联合国把互联网确定为“第四媒体”，

① 彭兰．网络传播概论：第 4 版．北京：中国人民大学出版社，2017：77.

时任联合国秘书长的安南说，在加强传统的文字、声像手段的同时，应当利用最先进的第四媒体——互联网，加强新闻传播工作。[①] 一个著名球星签名的足球、衬衫或其他类似实物，对球迷的影响胜过千言万语，甚至永久铭刻在众多球迷的心中。图像相比文字的优势在于，在文化输入方面更容易通过审查。事实上，作为动态影像的电影、电视所负载的价值观和思想元素，比文本的威胁更大、更具破坏性和杀伤力。马修·弗雷泽（Matthew Fraser）在《软实力：美国电影、流行乐、电视和快餐的全球统治》一书中讲到一件发人深省的事：2000 年秋天，美国国务卿马德琳·奥尔布赖特（Madeleine Albright）在对朝鲜的正式访问中，发现美国流行文化对朝鲜有着惊人的影响力。出访前曾有人告诉她，金正日是美国篮球明星迈克尔·乔丹的球迷。马德琳·奥尔布赖特为此准备了一个有芝加哥球队大明星迈克尔·乔丹亲笔签名的篮球送给金正日。此外，她还了解到，金正日对好莱坞电影十分了解，显然看过许多好莱坞电影录像。[②] 这个抓住软肋、投其所好的价值观渗透案例足以证明，在政治意识形态领域，人们往往对敌对意识形态侵蚀的文字保持高度警惕，而对图像则放松了警惕，其实图像与文字一样，具有鲜明的政治意识形态属性，国外的社会思潮或思想观点，可能以文字的方式出现，也可能以动态图像的方式出现，或者以文字与图像互补、互促的方式出现。电影、电视等图像视频信息能够轻而易举地征服对手。尽管和平与发展依然是当今时代的主题，但我们必须看到其背后的社会思潮暗流涌动、奔腾不息，看到经济和军事较量背后的文化博弈，进而把握新矛盾、新问题的发生和发展过程。

第三，传播过程复杂化。人类生活变得越来越复杂，需要传递的信息越来越多，传播的技术手段也越来越先进，组织机构的专业化程度越来越高。詹姆斯·凯瑞说："一旦先进的传播形式（书写、数学、绘画、

---

① 彭兰．网络传播概论：第 4 版．北京：中国人民大学出版社，2017：76 - 77.

② 弗雷泽．软实力：美国电影、流行乐、电视和快餐的全球统治．刘满贵，宋金品，尤舒，等译．北京：新华出版社，2006：引言 1.

摄影）被创造出来后，就会产生更加复杂的劳动分工，而且还会同时出现知识的生产者与消费者。”① 如今专业从事信息生产和传播的庞大组织机构，其政治倾向就是服务于特定意识形态的需要，强化并巩固这种意识形态的影响力和说服力；同时，作为特定社会建制的传播机构，必须通过为社会提供服务的方式赢得自己的经济利益和社会利益。由于受众群体的分层化、多元化以及语言、习惯、信仰、种族、地域和性别的差异，传播者必须充分考虑信息接收者的特点，努力满足不同受众群体复杂多样的需要，以实现特定的政治意图和经济利益。在网络化媒体时代，社会思潮的传播“除了 Web 网站和客户端，网络中的大众传播，还可以利用 BBS、电子邮件、博客、微博、微信等多种方式”②，这意味着传播的门槛在不断降低，每个社会人（无论其是否成熟）都可以是信息的发送者，按照自己的爱好、兴趣和意愿，在现实的和虚拟的空间发布文字乃至图片和视频，这里既有成就分享、对观点商榷的意蕴，也有对现实的不满牢骚，乃至反社会情绪的酝酿，传播过程越是复杂多样，对相关信息进行过滤、筛选和监控的难度就越大。一方面，在社会思潮传播平台上，受众在信息源的选择和获取方面，表现出更大的自主性和能动性，他们可以更多地决定自己的信息消费行为。③ 另一方面，对于各种类型的社会思潮和观点倾向，他们可以直接发表赞成或反对意见，信息传播空间的民主意识提高了。排除数字鸿沟因素，无论是社会思潮信息的拥有者还是匮乏者，无论是信息的发送者还是接收者，都是地位平等的主体，享有同等的权利，承担同等的义务。因此，在“网络＋自媒体”时代，大众实现了信息共享和共赢。当然，大众总是从自己的立场出发，对事件做特定的价值评判，这会导致对某些问题的争论不休，进而降低达成价值共识的可能性。

---

① 凯瑞．作为文化的传播：“媒介与社会”论文集．丁未，译．北京：华夏出版社，2005：131.

② 彭兰．网络传播概论：第4版．北京：中国人民大学出版社，2017：77.

③ 同②.

第四，传播方向国际化。在经济全球化背景下，不同国家、不同地区、不同社会制度之间的相互依赖日趋加深，它们都希望在国际舞台上发出自己的声音，引起更多人的关注和重视，分享现代化进步的成就，甚至在某方面取得领先优势。因此，对外传播就成为它们不遗余力努力的方向。借助互联网和融合媒体技术平台，国际跨文化传播和交流已经成为势不可挡的潮流。一个国家的国际影响力除经济、军事等硬实力外，就是作为文化和价值观的软实力。社会思潮的输出和意识形态的吸引力、辐射力，无疑是国家获得竞争优势的核心要素，即所谓文化软实力的重要组成部分。哈佛大学教授约瑟夫·奈（Joseph Nye）率先提出了“文化软实力”概念，声称软实力是“在国际事务中运用媚惑替代胁迫实现所渴望结果的能力”①。在他看来，美国要想取得全球性的巨大影响力，始终保持自己的世界霸权地位，不能仅仅依靠美国的经济实力、军事实力和威慑力，还必须依靠美国的文化、娱乐、价值观等软实力，通过生活方式的引诱和迷惑，让其他民族国家的人民向往美国，倾心于美国生活方式的优越性，以达到彻底征服人心的目的。那么，该如何实现文化软实力的战略图谋？在约瑟夫·奈看来，必须依靠严密的传播组织和先进的传播工具，把“优越的”美国文化像好莱坞大片一样传遍全世界。正如马修·弗雷泽所说，美国的好莱坞不仅造就了一大批富翁，而且“也正在成长为一股政治力量”②。电影拥有很强的宣传目的和蛊惑人心的影响力，曾任美国总统的伍德罗·威尔逊在一次战时演讲中说：“电影的层次已经达到传播大众思想的最高境界”，“由于电影使用的是世界语言，更有助于它表达美国的计划和目标”③。赤裸裸的演讲充分暴露了美国称霸世界的文化野心。艺术家迈耶·夏皮罗（Meyer Schapiro）深刻指出：“好莱坞出品正在获得一种高级文化从未有过的影

① 弗雷泽．软实力：美国电影、流行乐、电视和快餐的全球统治．刘满贵，宋金品，尤舒，等译．北京：新华出版社，2006：引言3.

② 同①31.

③ 同①31.

响力，它们创造了全球范围的观众，这些观众具有相同的趣味、相同的偶像，乃至相同的反应。”[1] 意大利、英国、德国纷纷效仿美国的做法，创办了属于自己的“好莱坞”影视基地，倾力打造自己的明星团队和影视编制机构，将自己的价值观和意识形态灌注进去，试图在文化软实力反复较量的国际舞台上占据一席之地。

第五，传播效果多样化。关于如何评价以及强化信息传播的效果，学术界的看法向来不同。效果不同于功能，后者是基于宏观视野的一种考察，前者则是微观状态的描述，即落实到个体层面的、可量化的、具体的描述性结论。在传播学发展的早期，拉扎斯菲尔德通过对美国总统选举中投票的生态分析，把选民区分为两大类：一是保持稳定者，二是立场改变者。后者又可被细分为结晶者、动摇者和改变党派者。[2] 这个结论启发我们，社会思潮传播的效果因个人的经济地位、宗教信仰、风俗习惯、民族传统等因素而不同。换言之，传播效果必定是多种多样的，并不存在千篇一律的好或不好的客观标准。不过，信息发送者并不满足于这些论证，而是寄希望于通过自己的不懈努力，取得令其满意的效果。在通过什么方式、在什么程度上、对多少接收者、在多大范围内产生吸引力和劝服力，怎样才能改变接收者的情感、态度和价值观，进而使其向信息发送者的观点靠拢、接近甚至取得一致，也就是在多样性中求得统一性等方面，卡尔·霍夫兰等人的实验无疑取得了有说服力的成效。借助实验数据和大量第一手经验材料，他们反复证明，受众接受传播者观点的程度，受到传播者的专业性、智力、信誉度、权威性、角色扮演等多重因素的制约。[3] 在社会思潮传播效果问题上，受众很难取得完全一致的意见。以此为理论依据来评价国外社会思潮视觉化传播，我们不难发现，拉扎斯菲尔德、卡尔·霍夫兰以及其他学者对传播效果

---

① 夏皮罗．绘画中的世界观：艺术与社会．高薪，译．南京：南京大学出版社，2020：242.

② 刘海龙．大众传播理论：范式与流派．北京：中国人民大学出版社，2008：168.

③ 霍夫兰，贾尼斯，凯利．传播与劝服：关于态度转变的心理学研究．张建中，李雪晴，曾苑，等．北京：中国人民大学出版社，2015：33.

的研究，已经深入受众个体的心理层面，全方面地把握了受众的传播心理、接受机制和态度的变化规律，并且为在思想观念上操控受众个体提供了坚实的理论基础和现实依据，然而，要想彻底征服受众的思想和观念，从根本上操控他们的行为仍并非易事。相反，多样化的效果倒是不争的事实，因为我们不能忽视受众的主观能动性，即受众对信息进行选择的主动权，以及不同的环境条件对于接受效果的影响。2020 年新型冠状病毒感染疫情全球肆虐期间，国外各种社会思潮的持续散布和流传，各种悲观论调以及彼此之间的激烈辩论，足以证明传播效果多样化发展的趋势。每个人都可以从自己的立场出发，对同一件事发表不同甚至完全相反的看法。上述卡尔·霍夫兰的实验结果也告诉我们，在互联网和融合媒体不断发展的今天，一些传统的实验数据和理论结论已经过时，必须结合新技术时代传播实践的特点做出全新的研究和评判，比如发挥网络“意见领袖”的影响力，以其立场、能力和价值观来潜移默化地改变受众的态度和意见，才有可能达到比较好的传播效果。

第三章　从文本叙事到图像叙事：国外社会思潮传播新动向

前面关于国外社会思潮传播新动向的诸多论述中，传播符号视觉化、图像化无疑是最具特色的、最典型的发展趋势。从历史角度来看，传播符号主要经历了由文本叙事主导向图像叙事主导的转向。前面主要从宏观视角分析了这种转向的历史必然性和学理依据，之后我们主要从微观视角即从文本叙事（传播）和图像叙事（传播）的优劣比较，论述二者的传播学特质以及由文本叙事主导走向图像叙事主导的成因与发展过程。

一、文本叙事及其传播学特质

（一）叙事与叙事学

简单来说，叙事就是讲故事。在文学语言中，叙事通常是依据一定的体裁如散文或诗歌，叙述一个真实的或虚构的人物或事件。叙事通常由两个部分组成，即叙述者和故事，或者说“谁来讲”和“讲什么”。

历史学家撰写和评判历史的过程，也是刻画人物和描述事件的叙事过程，它构成历史叙事。罗兰·巴特认为，“叙事是与人类历史本身共同产生的；任何地方都不存在，也从来不曾存在过没有叙事的民族”①。叙事以各种不同的体裁和方式，记载着一个个体或集体（民族）的生命经历或历史变迁，无论是宏观视角还是微观视角，无论是殊死搏杀的战争场面还是点点滴滴的生活琐事，都是人类历史的重要组成部分，展现出人类独有的历史意识。既然叙事无处不在、无时不有且变化无穷，那么我们就可以把叙事界定为“对于一个时间序列中的真实或虚构的事件与状态的讲述”②。那么，叙事有哪些载体呢？罗兰·巴特举例说：“叙事承载物可以是口头或书面的有音节语言，是固定的或活动的画面，是手势，以及所有这些材料的有机混合；叙事遍布于神话、传说、寓言、民间故事、小说、史诗、历史、悲剧、正剧、喜剧、哑剧、绘画（请想一想卡帕齐奥的《圣于絮尔》那幅画）、彩绘玻璃窗、电影、连环画、社会杂闻、会话。”③ 叙事存在的普遍性和多样性，意味着叙事价值和功能具有广泛性。叙事渗透于人类生活中，与生活相互交织。无论是神话传说还是电影故事，都不仅是叙事作品的类型，还是人们精神世界的基本元素，不同民族都是在自己的叙事中成长起来的，叙事就是人类生活本身。

1969 年，法国学者茨维坦·托多罗夫（Tzvetan Todorov）创造了“叙事学”一词，开启了关于叙事的内涵、要素、结构、本质、功能等的专门学理研究，奠定了经典叙事学的理论基础和学科体系，也引发了来自不同学科的众多学者的关注，这预示着叙事学研究法国学派的正式登场。也有学者指出，德国的叙事学传统更久远，走在了法国的前面。德国学者埃贝哈德·莱默特（Eberhard Lämmert）和弗朗茨·斯坦泽

---

① 普林斯．叙事学：叙事的形式与功能．徐强，译．北京：中国人民大学出版社，2013：导言 1.

② 同①导言 2.

③ 同①.

尔（Franz Stanzel）早在1955年就对叙事形式做出了广泛研究，领先法国约10年之久。[①] 从叙事到叙事学的演变，意味着学科本身的成长与成熟，理论研究纵深挺进，叙事学科体系趋于完善，也开创了叙事学家群星璀璨的时代，当时出现了如朱莉娅·克里斯蒂娃（Julia Kristeva）、热拉尔·热奈特（Gérard Genette）、罗兰·巴特、A.J. 格雷马斯（A.J. Greimas）、范·迪克（van Dijk）等一大批熠熠闪光的叙事学名家。20世纪60年代以来，叙事理论广泛渗透于哲学、心理学、文学、历史学、语言学、电影学、民俗学、神学等学科，作为一种思维方式和认知世界的过程，它在实现不同学科交叉、渗透研究的过程中，不断实现自身意义的散播和价值增值。不同特色的民族文化、不同时期的叙事材料，经过叙事学家的归纳和提炼，在“抽丝剥茧”中上升为一般意义上的叙事共性、意义存在和社会功能，形成关于叙事现象和叙事规律的认识，以便于人们能够站在新的角度去认知碎片化叙事的存在，把握导致其生活特质和意义差别的主要原因，反过来去深入透视人类生活实践的变迁，在抽象化过程中对各种叙事做出新的阐释和解读，实现对生命的更高程度的自觉和觉醒，以利于更加准确地丰富和完善人的存在。因此，叙事学的成熟和不断进步是叙事生活得以完善与发展的先决条件。

近年来，在历史学、社会学、艺术学等学科中十分盛行的生活史、口述史研究，便是叙事学新范式的发掘和运用的尝试。“讲故事”实质上是一种“口述史”，它是采访人与受访者之间的交流和互动，被称作“口述叙事”。采访者对于采访的对象、内容、目的、要求以及相应的机器设备等物质条件，做了充分的前期准备。一问一答的过程仿佛制造了一种氛围，对话者好像回到了事件发生的那个特定场景，对话双方瞬间变成历史的“参与者”，它会唤起被采访者的诸多历史记忆，谈话过程大多采取边回顾、边叙述的方式，由被采访者讲述自己的切身经历，或

---

① 张新军．数字时代的叙事学：玛丽-劳尔·瑞安叙事理论研究．成都：四川大学出版社，2017：2.

目睹的重大历史事件，以及对此的体验、感受和评价，包括了鲜活的人物、完整的细节和详尽的发展过程。采访者通过录音、录像的方式，一点点地获取真实的历史文献——口述文献资料。口述的内容作为历史凭证、档案材料，对其进行记录和整理，对于抢救与保护民间文化资源至关重要。采访人通过记录口述内容，可以搜集、整理并挽救那些深藏于村镇的祖传技能、冷门绝学、独特家学等富有地方特色的非物质文化遗产。口述材料内容丰富，个性突出，主观性很强，其真实性大多无从考证，因此将其作为史料来使用有利有弊，但它的存在是很有必要的。“必须用我们自己的经历把这些形象转变为现实，否则我们就无法正确地理解事物……所有的历史都必须是主观的……任何观念都必须懂得它的发展历程——必须经历整个过程。凡是没有看到的、凡是没有经历过的，都无法被感知到。”① 不过，相比于文本叙事资料，口述史更关注受访者的日常生活实际，从其切身经历和经验出发，发掘故事的缘起、演进和变化的整个过程，在“无限贴近”受访对象时，能够使其放下戒心，在轻松自由的交谈氛围中获得珍贵的第一手材料。口述史既有个人的生活故事，也有共同体的故事，或者是对某事件的所见所闻。口述过程是具体的、个别的、有条件的，能反映出受访者内心世界的微妙变化，及其情感、态度和价值观。在这个意义上，口述史是对文本叙事的超越，更贴近真实的、鲜活的、原生态的生活实践。就叙事内容而言，口述叙事可弥补文本叙事的某种不足，丰富和完善叙事史料的内容以及获得史料的途径。口述与文本相互补充、相互交织，为叙事学的未来发展拓展了新的思维空间。

叙事活动主要包括了叙述、被叙、叙事语法、阅读叙事等要素。叙事主体是叙事者，即信号的发出者，中文区分为第一人称（“我”）、第

---

① 克兰迪宁．叙事探究：原理、技术与实例．鞠玉翠，等译．北京：北京师范大学出版社，2012：23.

二人称（“你”）和第三人称（“他”），不同人称对信息的发送和接收，有着不同的意义和旨趣。在许多理论性阐释中，更多是为了表达一种思想观点，而不是凸显特定人称对于思想观点的重要性，所以“我”的人称常常被隐匿。然而，“无论叙述者是否被称为‘我’，他总是或多或少地具有介入性，也就是说，他作为一个叙述的自我（narrating self）或多或少地被性格化”[①]。不过，第二人称和第三人称是必须要明确指出的，否则读者就无法得知叙述者到底是谁。比如，“你下午必须过来一趟”“他一定心情不好”等表述，比较完整地再现了叙事者的具体诉求和真实意义。对于叙事听众（或观众）来说，叙述者的可信度非常重要。这里的信任不是虚伪做作的结果，也不是因故事编织得多么离奇，能够蒙骗人们的眼睛和耳朵，而是通过真诚的语言和行为表露出来，为读者（听众、观众）所认同和接受，它能瞬间拉近读者与作品之间的距离，甚至让读者沉浸其中而无法自拔，这在优秀的文学作品中表现得尤为明显。虽然叙述者所呈现的信息有的明确，有的比较模糊，有的甚至是（想象中）预设的，但是无论是哪类信息，都表现着叙述者的思想感情和价值取向。读者对这些信息的理解、把握和认同，除受制于自身的知识水准和领悟能力外，还与叙述者的话语方式直接相关。叙事话语区分为自由直接引语、一般直接引语、自由间接引语和一般间接引语。[②]根据特定叙事的要求，叙述者会采用不同的话语方式或话语风格，因为使用不同的话语方式或话语风格会营造完全不同的“距离感”；究竟是缩小了彼此间的距离还是拉大了彼此间的距离，与叙述者对话语的把握和运用有关，最后会影响到叙事效果。人们为什么要讲故事呢？西恩·霍尔认为，主要是“指引方向，给予希望，约束行为，以一种令人难忘的形式传递思想，增强社会凝聚力，同时让人类以一种更好的方式了解

---

① 普林斯．叙事学：叙事的形式与功能．徐强，译．北京：中国人民大学出版社，2013：10.

② 同①49.

自身和他人的需求、欲望、动机和行为”①。

叙述者讲述的事件通常称为“被叙”，可区分为两种情况：一种是行动性的（active）事件；另一种是状态性的（stative）事件。② 二者对读者的吸引力是不同的，所获得的信任度和认同感也不一样。行动性的刻画更容易牢牢抓住读者，吸引他们慢慢进入故事的深处，细细品味婉转曲折的情节，去感受叙述者所制造的酸甜苦辣的生活情调。相反，冗长的、令人乏味的状态性的事件描述，则很容易使读者昏昏欲睡，产生厌倦甚至反感的心理体验。因此，叙述者更愿意采用行动性的故事叙事模式。这里涉及叙事的语法技巧以及“故事思维”的灵活运用。必须明确，一个成功的叙事可以有多种呈现方式，比如语言、舞蹈、电影、哑剧等，至于要采用哪种方式来呈现，取决于叙述者对主题和内容的把握及其想要达到的直接目的和想要取得的客观效果。从逻辑结构的安排来说，叙事有自己恰当的语法规则，巧妙安顿核心叙事的重要成分，有效处理核心叙事与非核心叙事之间的关系，努力凸显所要表达的主要成分，以方便读者从文化符号中提取意义。读者阅读的过程就是读者与文本（或图像）互动的过程。在这里，读者不是被动地听从叙述者的安排，被叙述者“牵着鼻子走”，以至于沉浸其中忘记了自己的存在，而是运用自己的理解力和阐释力，重新组织符号的内涵和意义，即重构文本意义。“阅读一个叙事并理解它，暗含着在几个符码意义上组织它和阐释它。”③ 在经典叙事学看来，这才是阅读叙述的本质。不过，任何符号的组织和应用都需要按照特定的语法规则与逻辑思路来构造，以便读者或观众把握叙事要点、领悟叙事定向，所以阅读叙事的被动性唯有在这个框架内才能获得理解。因此，读者或观众在叙事中倾向于简单接受，信息选择的主动权被压抑乃至于被剥夺了。

---

① 霍尔．符号崛起：读图时代的意义游戏．皮永生，段于兰，译．重庆：重庆大学出版社，2019：147.

② 普林斯．叙事学：叙事的形式与功能．徐强，译．北京：中国人民大学出版社，2013：64.

③ 同②125.

在当时的法国和德国学术界，叙事学在总体上被视为属于结构主义和符号学范畴，主要模型是索绪尔的语言学和符号学理论。在《普通语言学教程》一书中，索绪尔区分了“语言”（langue）和“言语”（parole）之间的差异。他指出，前者是一个人言语活动的社会部分，不受个人意志的支配和控制，为某个共同体的所有成员所共有；后者表现出个人的独特性，由个体意志支配和主导，主要表现为发音、用词和造句上的差异，甚至是不同文化之间的鸿沟。这种言语活动的二分法，为我们认识人类的语言交流和信息传递提供了比较清晰的思路。在索绪尔看来，语言和言语共同构成言语活动过程。也有学者指出，既然在言语方面不同主体往往有着鲜明的个体差异——选择和使用不同的词语、发出不同的声音、造出不同的句子，即有着较大的随意性和不确定性，那么，为什么人们能够相互沟通、交流思想感情呢？索绪尔认为，因为有语言这种共性作为由此达彼的桥梁，所以人们能够超越言语的个性差异，实现对对方的理解、认知和认同。在日常生活语境下，语言作为方便实用的工具，其存在价值不可否认，因此我们必须关注对语言的深入分析和研究。语言学研究实际上是研究语言的系统，即对语言的结构和功能进行分析，因此也有人称之为语用学。在此种意义上，索绪尔开了结构主义语言学派的先河。几乎与此同时，美国哲学家查尔斯·皮尔斯（Charles Peirce）也在进行关于“符号”的研究。他们各自独立进行的研究以及他们对符号与内容之关联的认识，为后人所广泛地接纳和推崇。

对于符号学派而言，符号就是人们传递信息的方便实用的工具，是一种传递信息的载体。“根据索绪尔的研究，语言是由一个个叫作‘音素’的单位构成的。即我们用各种组合构成单词的发音。这些发音只有在想要表达一个意思时才能算作语言。”① 语言是一种符号系统，图像也是一种符号系统，从功能性意义上讲，语言与图像并无实质性区别。人们无论是选择语言还是图像或者其他表达意义的工具，都是为了实现

① 克罗．视觉符号：视觉艺术中的符号学导论：原著第3版．宫万琳，译．北京：中国建筑工业出版社，2018：16.

特定的目的性要求——相互沟通和表明主张。然而，无论是语言还是图像，作为符号被使用，都必须实现自身与生活的有效衔接，以及对衔接的方式及其效果的正确考量，否则其存在就失去了意义。在索绪尔看来，这里的符号涵盖“所指”和“能指”两个部分。“一个单词作为能指为人所知，而它所代表的事物就是所指。”① “所指”通常就是概念本身，一种看似抽象化的结论。“能指”是声音响动，或者具体的音响形象。就二者的关系来看，能指与所指是相互依存、不可分割的整体，各自从不同视角承担着信息传递的基本职能。作为概念的所指，其心理属性是众所周知的，所指是对同类事物（现象）共性的反映，是大脑思维的创造物。后者不是常人理解的物质性存在，它属于人们心理联想的一部分，有人称之为特定的心理印记。只是在相对意义上，尤其仅从二者的关系来看，所指比能指更为抽象晦涩。索绪尔也承认，语言作为符号系统不过是文化的个别案例，在现实生活中有很多类似的现象，诸如风俗习惯、礼仪礼节等同样发挥着文化表征的功能。因此，我们有必要建立一门符号学，对此类现象做出系统完备的研究，同时把符号与其他复杂的社会文化现象严格区分开来。

为进一步阐释自己的能指和所指理论，使读者能够深入理解他的原创性观点，索绪尔举了一个关于“树”例子：拉丁文 arbor（树），用图式来表达就是如下结构：

树形图（所指）：思想、概念

arbor（能指）：声音、图像

索绪尔以这种方式表达能指与所指的关系及其意义。然而在拉康看来，这无疑是一张错误的图式表，原因有三：（1）这是一种形式主义的二元论思想，存在着把复杂多样的人类语言简单化、机械化的倾向。（2）能指的树形图总是指向某一具体对象，而所指却是多种多样的，二

① 克罗．视觉符号：视觉艺术中的符号学导论：原著第 3 版．宫万琳，译．北京：中国建筑工业出版社，2018：16.

者显然不是同一逻辑层面的存在。(3) 索绪尔的错误实际上是由来已久的历史错误的延续，即大众社会始终抱有这种词与物之间的一一对应的看法，尽管少数人对此有过明确的批判，但没有引起索绪尔的重视，他也没有及时对此做出修正，导致了以讹传讹的后果。索绪尔作为语言学专家而非普通大众，不应该犯此类简单化的形而上学错误。稍有生活经验的人都知道，并不存在词与物之间的“一一对应”，比如我们说“桌子”概念，它所指向的并非某一张固定的桌子，而是对饭桌、课桌、电脑桌等一类存在的总称。桌子与其所指之间不是“一对一”的关系，而是“一对多”的关系。大卫·克罗（David Crow）也指出：“在以英语为母语的国家，我们四条腿的朋友被叫作‘dog’（狗），然而在法国它被叫作‘chien’，在西班牙被叫作‘perro’，在意大利被叫作‘cane’，在德国被叫作‘Hund’。这表明能指的‘狗’与那个所指的‘狗’之间的关系是完全任意的。”① 就唯物辩证法来看，它们之间是一般和个别、普遍和特殊的关系。索绪尔的错误在于混淆了一与多的关系，将一与多简单等同起来。在批判地继承索绪尔符号理论的基础上，拉康对索绪尔的所指/能指图式进行了修改，提出了自己的S/s公式，即能指在所指之上。看上去拉康只是把索绪尔的树形图颠倒了一下，即把所指/能指关系颠倒为能指/所指关系，不过是位置的重新排列而已，并没有做出实质性的改变。然而拉康却认为，这里存在着常人未见的革命性变革。一个概念负载着无限多的指向和对象，从而构成开放性的能指/所指结构。也就是说，其寓意是不言自明的，凡是对语言有起码认识的人，都能悟出其深刻的意蕴。当然，拉康也强调指出，切勿按照索绪尔的所指/能指的简单化思维，来裁决和评价他修正过的能指/所指的结构图式。他沿用索绪尔的“能指”“所指”概念，是对索绪尔符号理论的充分肯定，而对能指和所指做了结构上的颠倒则是拉康本人对于符号理论所做的贡献。

---

① 克罗．视觉符号：视觉艺术中的符号学导论：原著第3版．宫万琳，译．北京：中国建筑工业出版社，2018：17.

拉康对索绪尔符号理论的批判，标志着经典叙事学时代的终结，也预示着后经典叙事学时代的开启。从形式主义语言学中走出来，我们能够发现，“事实上，即使在我们出生之前，我们就被打上了语言的烙印，因为我们出生在世代之中，在开始开口说话之前，就浸染于语言中。我们开始说话时，也产生了独一的自我的幻影”①。把语言的思考与自我相联系，通过语言来思考自我的本性，是拉康心理分析的特色，也是把叙事引向哲学和心理分析的起点。对于拉康而言，语言与主体不是简单的主从关系，也不是笛卡尔自我反思的主体的一部分，必须换个视角深究自我与语言的内在同一性，因为“除了语言，我们没有办法来描述或者提及自我”②。主体的建构与语言的存在，不是时间上谁先谁后的问题，也不是逻辑上的因果联系，因为我们没有办法回答，语言仅仅是表达自我的手段，还是说语言建构自我的存在。无论如何，语言都不能仅仅被看作符号的工具箱，我们也不能仅凭语法就对语言进行简单化分类，无论何时何地都必须明确，自我是语言的主人，语言和自我是相互建构的过程，既有心理建构也包括社会建构。从拉康对索绪尔符号理论的批判中不难看出，弗洛伊德的心理无意识的观点无疑是拉康提出关于能指和所指之关系的新洞见的理论依据。换言之，拉康“使得指示物而不是被指，成为第一位的。而且，我们使用声音来描述事物，这些声音与它们所指示的相隔离或者相分离”③。

后经典叙事学以跨学科研究为其特色，这个特色首先体现在拉康对叙事所做的心理分析上，后人称之为“叙事心理学”。对于拉康而言，叙事和心理分析的交叉与融合，意图揭示人际交流中那些“不可言说之处”，它是人们说话过程中“无处不在的无意识”④，通过对这种无意识的耐心倾听和深度揭露，去逐步抵达叙述者的心灵深处，描述语言与自

---

① 克兰迪宁．叙事探究：原理、技术与实例．鞠玉翠，等译．北京：北京师范大学出版社，2012：35－36.

② 同①36.

③ 同①37.

④ 同①26.

我及主体性之间的内在关联。其实在拉康之前，就已经有人在心理分析中运用叙事研究了，不过，由于人们对自我的描述完全出于“自然主义”的倾向，即以为自我的存在是自然而然的过程，与后天的社会塑造和实践无关，故而这种运用遭到了社会建构主义者的严厉批评。社会建构主义者认为，“叙事者（与叙事）不能够从社会情境中分离出来。这种立场使得心理学、人类学以及社会学的传统的学科界限变得模糊”①。毫无疑问，这种批评对于心理学的进步是有重要意义的，对于叙事学走向新的生命历程也非常重要。作为社会化了的人和人类社会，并不存在自然而然的过程，即使马克思把社会历史看作“自然历史过程”，用“自然”一词揭示社会生活的真谛，这里的“自然”也绝不能被简单理解为自然界，而是指社会规律的客观性——不以人的意志为转移的特性。固然，作为一种新的心理学流派，社会建构主义与马克思主义唯物史观不可同日而语，不过，从社会实践和特定历史文化中人们互动与协商的视角来透视和把握人的心理变化，社会建构主义无疑具有一定的合理性。社会建构主义不仅击中了以往心理分析的要害，也推动了叙事学与更多学科之间的交融，拓展了叙事学的发展空间。拉康推动了叙事与心理分析的结合，进而创造性地提出了“叙事心理学”，他在社会建构主义的发展过程中发挥了不可替代的作用。

1936年，拉康提出的“镜像阶段”（mirror stage）理论进一步证实了主体性发展的阶段性。所谓“镜像”，就是自己通过镜子的反射形成的影像，是一种虚幻的图像。拉康在研究中发现，婴幼儿初次从镜子中看到自己，内心会感到莫名其妙的欣慰和狂喜，因为他（她）认出了自己的形象，并对这个形象十分留恋，会反复观赏。分析镜像效应我们不难发现，它蕴含着自我与主体之间关系的丰富联想，对于6～18个月大的婴幼儿来说，第一次这样清晰地看到自己的存在，然后把虚幻的镜像

① 克兰迪宁．叙事探究：原理、技术与实例．鞠玉翠，等译．北京：北京师范大学出版社，2012：30.

当作真实的自我，具有某种哲学本体论的原初意义。尽管这种本体论还不具有理性反思的特点，与后天成熟的哲学本体论理论完全不同，但它毕竟是人类在自我认知道路上迈出的可喜一步。换言之，“要成为社会的人，婴幼儿首先把自己放置在镜子前，然后，错误地把自己重新创造为无意识影像，这是一个想象中的完整的人，生活在统一的躯体中”①。婴幼儿开始有“我”的初步意识——朦胧的，旁人无法知觉的、无法理解的意识，他（她）开始关注“我”的（影像）存在，尽管此时还不知道什么是“我”，但这不妨碍他（她）对“我”的朦胧的思考和体验。同时，他（她）也会好奇地思考“我是谁”这样的根本性问题。保罗·维利里奥同样从婴幼儿对持续性交际图像的依赖感中看到了人天生具有对图像的心理和情感渴求。② 在如今这个数字化影像时代，在各种智能机器面前，几乎所有人都喜欢读图，人们停留在光怪陆离的影像世界面前，紧盯着飘忽不定的、流动的图像，以至于忘却了自我的存在和肩负的使命，这恐怕与婴幼儿时期的“镜像阶段”有某种生理上的渊源，或者说与婴幼儿时期的图像依赖感有关。无论后天的主体性如何成熟，被技术塑造成何种形态，人都无法摆脱婴幼儿的某些天性，即读图的天性会伴随人一生。拉康的“镜像理论”对于深入探究读图时代个体的心理倾向和认知特点，把握图像之于传播文化知识特别是价值观的意义，无疑具有重要的启迪作用。

或许受到“镜像理论”的启迪，或者说二人［这里特指拉康与保罗·利科（Paul Ricoeur)］在学术旨趣上有异曲同工之妙，保罗·利科在创作《作为一个他者的自身》的过程中，把自身视作外在的、陌生的、异己的他者，用他者作为镜子反观、映照、省察、思考自己，形成了独到的个人同一性的考察视角。采取“换位思考”的视角，从另一个角度看待自己，能够透视以前尚未发现的、真实的自我存在的细枝末

① 克兰迪宁．叙事探究：原理、技术与实例．鞠玉翠，等译．北京：北京师范大学出版社，2012：38.

② 维利里奥．视觉机器．张新木，魏舒，译．南京：南京大学出版社，2014：16.

节，能够得出某些别有洞天的结论，给自己画一个“另类的图像”。事实上，自我不是孤零零的、异己的存在，也不是超然世外的弃绝主义者，而是混杂在他人的叙事中的，是他人生活的一部分。换言之，他人也非自我之外的世界，而是融入我的生活、与我一起同甘苦共患难的存在者。因此，关于自我的叙事注定不会“自话自说”，作为舞台演出中的某种偶像剧，自我标榜为完美的生活目标，给人以无限久远的遐思和无限追溯的意义空间。他者是我的一面镜子，我也是他者的一面镜子，人们是在相互映照中存在并成长起来的，它涵盖现实的矛盾和理想的场景。在保罗·利科看来，既然这样，“叙事就是为各种思想经验（其中，道德判断是以假说的方式做出的）展现一个想象的空间”①。这不是一般意义上的文学虚构，即作为形式存在的、没有差异的样态，尽管有时候文学家需要这样的创作经验，以便于沉入日常生活的最深处，去追寻“善的生活”的条件，发掘人生意义的无限可能性。作为人生的常态，叙事不仅映照人生的喜怒哀乐，同样也是映照大千世界包括人生在内的一面真实的镜子。

（二）文本叙事的内涵与特点

从传播学历史来看，文本叙事是重要的话语方式和传播方式。所谓文本（text），是具有完整意义的句子或句子组合，通常被称为书面语言。除书面语言外，在日常生活中使用最多的是口头语言。“语言是作为人们交际工具的音义结合的符号系统。”② 这是一种功能性定义，侧重于解读语言的社会作用。严格来说，唯有人类有语言，其特点是符号明确，发音清晰，逻辑严谨，结构完整，且随着生活实践而不断完善与丰富，增添富有时代特色的新内涵。例如，在当今这个网络时代，几乎

---

① 利科．作为一个他者的自身．佘碧平，译．北京：商务印书馆，2013：253.

② 戚雨村，王超尘，赵云中，等．语言学引论．上海：上海外语教育出版社，1985：7.

每年都有数不清的新鲜的网络用语补充到原有的语词系统中，使语言文字宝库变得日益丰富。这些新鲜词语中，有的是原创的新词语，也有的是旧词语被赋予了新内涵。从语言的起源来看，它是人类实践和交往关系的产物。在改造自然、改造社会的实践中，人们为协调彼此的行为动作，沟通和交流思想感情，联合起来形成集体组织，就必须用特定的符号作为媒介来传递和交流信息，此时语言就产生了。马克思恩格斯在《德意志意识形态》中指出："语言也和意识一样，只是由于需要，由于和他人交往的迫切需要才产生的。"① 用语言来表达人的所思所想才能形成意识，意识是用语言来表达的人的思维活动。动物没有语言，也不可能用语言来表达心理活动。即使那些高级动物能够发出"咿咿呀呀"的音符，甚至有愤怒、狂躁、痛苦等情绪体验，这些也都只是出于生理本能的反应，其思维仍局限于心理活动层面，无法上升到人类意识的高度，因此动物不可能有意识。语言是人类的专属名词。

任何语言都是为了记录特定思想、传递相关信息、表达某种意义，因此文本成为特定的叙事形态和交往符号。自发明语言文字后，数不清的历史文献和文化资料主要是用语言文字记载并传承下来的。索绪尔在谈到语言问题时，创造性地提出并使用了"共时性"和"历时性"概念，这对于后人理解语言的功用非常重要。共时性可被理解为某个时代的横向语言交流，如同时代的人们相互传递信息，沟通思想感情；历时性是纵向的历史延伸，如用文本叙事把历史人物或事件记录下来，写在纸上或刻在竹简上，以长久保留并实现文化的世代传承。"语言把人们思维活动的结果、认识活动的成果用词和句子积累并存储起来，记载并巩固下来。这样，在语言里保存和反映了前人全部的劳动和生活经验，后人通过学习就能掌握前人积累下来的知识，而不必一切从头做起。"② 作为人类文化的基本元素，语言是文化的基础单元和必要部分，对人类

---

① 马克思恩格斯文集：第1卷．北京：人民出版社，2009：533.

② 戚雨村，王超尘，赵云中，等．语言学引论．上海：上海外语教育出版社，1985：8.

历史和社会实践的影响是包含在历史文化的宏大场景里，并通过文化整体的传承和创新发挥作用的。理解文本叙事的内涵，必须深刻把握语言的形成及功能。语言不是形式，不是为表达某种内容而存在的单纯载体，而是与其内涵一起构成完整的表意系统，因此不可脱离思想、意义、内涵而孤立地考察语言。

无论是口头语言还是书面语言，都由“音”和“义”两部分组成，即通过发音来表达意义。“音”和“义”是对语言结构的描述。其中，“音”是媒介、渠道、手段，“义”是结果、归宿、目的。“音”和“义”的有机结合，表明语言是动态的、有机的生命过程，而非死板的、凝固不变的符号。读者看重的不是它的发音（尽管发音很重要，也必不可少），而是要表达的确切含义（意义），一种知识性、精神性的内涵。“音”和“义”是相互依存、相互支撑的关系。在批判费尔巴哈唯物主义之严重缺陷的同时，马克思恩格斯明确指出：“人还具有‘意识’。但是这种意识并非一开始就是‘纯粹的’意识。‘精神’从一开始就很倒霉，受到物质的‘纠缠’，物质在这里表现为振动着的空气层、声音，简言之，即语言。语言和意识具有同样长久的历史”①。包括费尔巴哈在内的一切旧唯物主义者，都把物质看作纯粹的物质，没有看到“纠缠”物质的精神，是缺乏对物质世界理性反思的表现，缺乏辩证地看问题的思维和眼光，说到底是没有意识到实践的伟大作用。紧接着，马克思恩格斯谈到语言与实践的关联，强调指出：“语言是一种实践的、既为别人存在因而也为我自身而存在的、现实的意识”②。无论是物质还是意识，以及语言或文本叙事，只有把它置于人类实践过程中，才能精准地把握其理论内涵和实质。在“音”和“义”的关系中，“音”就是振动着的空气、声音，“义”就是它要表达的内容；相比之下，“义”才是根本，而这里的“义”就是语言或者文本叙事之于实践的真实意义。

---

① 马克思恩格斯文集：第1卷．北京：人民出版社，2009：533.

② 同①.

在语言学领域，研究文本之“音”和“义”的关系的学科，被称为语义学。语义学属于语言学的一个分支，研究具体词语的意义、命题形成的条件、自然话语的运用等，其中意义是核心内涵。“语义学主要研究意义。”① 西方诠释学理论认为，文本叙事的意义因诠释者的立场和视角不同而不同。例如，某问题在张三看来有意义，在李四看来则无任何意义，或者意义不够充分等。必须承认，文本是有意义的存在，至于有什么样的意义，则受到多种因素的制约。“在语言中，我们必须思考两件事：它的内在性和它的超越性。今天我们会说是：语言的内在结构和表现层次，在这个地方，语言的意义效果是用来咬住实在。”② 正因为如此，意义问题成为哲学、叙事学、逻辑学、历史学、社会学、认知科学等多个学科关注和重视的对象。它们从不同学科的视角揭示意义与主体、意义与世界、意义与语言的关联，试图对现实世界和可能世界的意义进行全方位的解读，从而获得各自关于意义问题的比较完满的解答。

关于意义的实质，有学者认为，“意义是语言使用者通过使用语言符号所传递的信息”③。这无疑是有道理的。不过需要指出，信息分为字面信息和隐喻信息。例如，“他在黑夜里行走”，从字面意思来看，这句话描述的是一个夜行人，在周围没有灯光或者灯光昏暗的环境里前行；其隐喻意思却是，他的生活里缺乏指路明灯，前进的方向不明朗，或当时的社会环境非常严酷，或理论研究者缺乏明确的指导思想；还有一种可能，他本人是一个盲人，看不到前方的道路状况，只能一个人在黑暗中摸索前行。无论何种文本叙事，意义都不可能只有一种，而是多种意义的叠加与复合。因此，关于意义的语义学研究必须具有多个层面、多重指向，从多个角度切入文本的内涵，才能获得较为全面的把握。不同的信息或意义对于读者而言，会有完全不同的影响。这种影响

---

① 朱跃．语义论．北京：北京大学出版社，2006：11.

② 利科．解释的冲突．莫伟民，译．北京：商务印书馆，2017：101－102.

③ 同①12.

可能表现为性质的不同，也可能表现为时间的久暂不同，或者影响范围大小有差异。“严格地说，多义性是一个共时性的概念；在历时性当中，多重意义被称为意义的变换，意义的转移。”[①] 文本叙事意义的模糊性，还引发了关于意义的跨学科、综合性研究。目前学术研究主要有两个基本视角：一是向内用力，通过研究意义与语境、意义与认知、意义与搭配、意义与逻辑等的关系，探索意义的实质与作用；二是向外拓展，即通过研究意义与环境、意义与社会、意义与文化交流等的关系，探究意义的传播与影响力。无论是认知语义学，还是社会语义学、历史语义学等，都有助于深入挖掘意义的不同属性，丰富和完善人类对意义的认知，促进人类文化交流和文明进步。当然也不能排除多重视角下的意义阐释会得出各不相同甚至完全相反的结论，导致解释的冲突。在保罗·利科看来，这些相互对峙的解释具有同等的效力，彼此之间不可化约的多元性，恰恰意味着彼此沟通和相互理解的重要性。[②]

在文本叙事理论中，政治叙事无疑占有非常特殊的地位。无论是在人们每天看到的《新闻联播》中，还是在相关的报刊上，政治报道、政治事件和政治类谈话都占据相当大的篇幅，并被放在醒目的、重要的位置，因而受到大众的关注和重视。从时间维度来看，政治叙事强调时新性、敏感性、冲击力，然后才考虑文本的叙事技巧和表达方式。无论是国内新闻还是国外发生的重大事件，无论是人物采访还是事件报道，都强调绝对的“新鲜”，第一时间报道出来为大众所知晓。政治叙事通常是实话实说加严肃评论，而不是一般性的讲故事，不允许有任何虚构的成分，也不能掺杂个人主观意愿或情绪化元素。即使是政治评论，也多以严肃的口吻、精练准确的文本，对人物或事件进行客观真实的评说。这些都是由内容的思想性和作者的政治立场决定的，有着鲜明的意识形态属性，对大众的思维方式和行为选择具有明确的指导意义。从空间维

① 利科．解释的冲突．莫伟民，译．北京：商务印书馆，2017：82.

② 同①80.

度来看，对政治叙事的理解和把握大多采取地理参照坐标形式，严格区分“本地”与“外地”。在经济全球化时代，关于本地政治事件的报道与关于外地政治事件的报道，对于身处“地球村”的读者来说具有同等重要的意义，甚至大众更关注世界各地发生的重大事件以及这些事件所导致的多种关联性后果。诸如此类的政治叙事构成一张特殊的“政治地理图”，在这张地图上，叙事者明确自己的立场和价值取向，对读者的观念和思想进行引导与暗示，因此对于外来的政治叙事要保持足够的理性和警醒，不能被对方“牵着鼻子走”。

简言之，文本叙事主要具有如下特点：

第一，叙事主体的介入性。叙事主体简称叙事者，从语法上看，区分为“我”“你”“他”（“我们”“你们”“他们”）等不同人称和主体类型。在具体叙事过程中，主体既可以现身，也可以隐身，无论以何种方式呈现自己，都不会影响读者对文本叙事的理解。文本叙事的创作者结合当时的时空情景，采取恰当的方式处理主体呈现的方式，始终保持主体对叙事的某种程度的介入性。所谓介入性，是指“他作为一个叙述的自我（narrating self）或多或少地被性格化”①。这里的“性格化”，是主体在心理和态度上表现出来的典型的、凸显的个性特征。例如，在雨果的《悲惨世界》一书中，有一段对妇人的生动描述：“妇人抬头一望，她那咆哮如雷的嗓子突然沉寂下去了。她目光颓丧，面色由青转成了死灰，浑身吓得发抖。她认出那人便是沙威。”② 从文本叙事创作的意图来看，叙事主体适当地介入不仅能增强叙事本身的可信度，诱使读者一步一步深入故事情节内部，逐渐沉浸于其中而“成为”叙事的剧中人，而且能通过主体的态度、行为和曲折离奇的情节变化，不断缩小读者与事件之间的心理距离，通过“凸显生命的个体性和复杂性”③，找到阅

① 普林斯．叙事学：叙事的形式与功能．徐强，译．北京：中国人民大学出版社，2013：10.

② 雨果．悲惨世界．李丹，译．北京：明天出版社，2001：40.

③ 克兰迪宁．叙事探究：原理、技术与实例．鞠玉翠，等译．北京：北京师范大学出版社，2012：95.

读文本的真正价值所在，从而触动读者的心。如果我们完全去除性格化的要素和故事化的情节安排，那么文本叙事就会部分地缺少可读性，变得枯燥生硬、刻板乏味，无法吸引读者的注意力，无法激发其阅读兴趣，最终失去文本写作和论证的意义。所以，要增强文本的可读性、可信性、吸引力，就必须添加必要的副词或形容词，把故事编写得更加生动有趣、曲折动人。这些副词和形容词也被称为介入性要素，可进一步提高故事的可读性。文本讲述的内容无论为实（真实的事件）还是为虚（虚构的故事），都不妨碍阅读对于读者自我满足和意义获得的重要性。典型的人物性格和事件的激发效应，暗示读者必须紧紧跟随叙事实践，进入深层介入和无限遐想的创造思维模式。

第二，被叙事件的因果性。大凡典型的文本叙事，总是关注因果联系的恰当运用。从逻辑结构上讲，对于两个或多个事件的叙述，时间先后的顺序和空间秩序的安排是确定不移的，然而它们都比不上因果之于叙事的重要性。E. M. 福斯特（E. M. Forster）曾说："情节也是叙述事件，不过重点放在因果关系上。"① 为何因果关系如此重要？在文本阅读过程中，读者不仅想知道发生了什么事情，而且想了解事情的原委，即搞清楚、弄明白事情的来龙去脉，这对于读者来说有着巨大的诱惑力。例如，最近张明心情沮丧、情绪低落，因为他考砸了。富有好奇心的读者，不仅想知道沮丧这个客观结果，还想进一步了解他为什么变得沮丧，即变得沮丧的原因究竟有哪些，到底是个人主客观原因所致，还是不可抗的外力导致的。这是叙事过程中的一种巧妙的心理秩序安排。无论是哲学、社会学还是其他学科，都非常重视因果联系的理论价值和现实意义。不过在比较抽象的文本叙事中，心理秩序安排是以逻辑结构来凸显的。马克思曾说："理论一经掌握群众，也会变成物质力量。理论只要说服人［ad hominem］，就能掌握群众；而理论只要彻底，就能说

① 克兰迪宁．叙事探究：原理、技术与实例．鞠玉翠，等译．北京：北京师范大学出版社，2012：67.

服人［ad hominem］。所谓彻底，就是抓住事物的根本。”① 理论能够掌握群众的根本之处，就在于理论是彻底的、完备的、透彻的，即把握了事物和现象之间的联系。俗话说“有因必有果，有果必有因”，因果联系是事物和现象相互联系的普遍形式之一，现实世界中的一切事物和现象都处在普遍联系的因果链条之中。各种各样的文本叙事不过是这种普遍联系的呈现方式，深刻反映了事物的内在必然性。因此，因果性在文本叙事中具有不可替代的意义。人类长久的生活实践对因果性做出了反复验证，并且在不断深化的人类活动中逐渐建立起了相应的因果观念。读者阅读文本的过程，也是其头脑中的因果观念与文本叙事相互印证的过程。因此，读者重视因果联系实际也是对哲学秩序、生活秩序的内在诉求。

第三，叙事方法的规范性。尽管不同的叙事类型有着不同甚至相反的叙事原则和叙事方法，以求得最佳的叙事效果，但是作者在建构文本叙事之前必定要首先搭建行动的“脚手架”，这既是谈话双方（作者与读者）沟通交流的平台，也是叙事得以顺利进行的先决条件。“脚手架”意味着事先为叙事确立的规范与结构。“文本根据这些规范与限制展开自身，并产生意义；它们为它的解读提供了示范；它们提出一个解码方案。”② 例如，一个完整的文本叙事必须由如下要素构成：叙述者、受述者、被叙内容、核心叙事、叙事结构、叙述定向、表达成分、叙事结论。固然，不同类型、不同性质和目的的叙事，对叙事的构成规范和阐释功能在理解上有较多的分歧，具体到对某个叙事元素的处理，叙事程度的强弱、持续及隐显情况，也会因时因地而发生变化，或者有所侧重，或者有所忽略，同时，对读者的知识面及其对人情世故的理解和把握也提出了不同的要求。不过，它作为一个信号，能够引导读者缓步获得对信息的领悟，从而实现对叙事整体的把握和理解。从历史上看，设计巧妙的叙事往往不留痕迹，却又处处符合规矩，即既在意料之外又在

---

① 马克思恩格斯文集：第1卷．北京：人民出版社，2009：11.

② 普林斯．叙事学：叙事的形式与功能．徐强，译．北京：中国人民大学出版社，2013：124.

情理之中，于无规矩中存规矩，将规矩与效果巧妙结合起来，是叙事设计的最高境界。按照结构主义的理解，历史是由“广阔的结构和过程改变的，而不是由个体的行动改变的”①。它所强调的是叙事规矩的重要性。我们要在反复阅读历史中获得启迪，讲述历史的故事、现实的故事乃至未来幻想的故事，从个人经验角度解读作为历史碎片的文本叙事，就不能不探究“不变的”叙事规范与结构，它们引领我们用心智来阅读文本叙事，基于个人的经验和世故而获得认同，在阅读中进入人的生命历程之中，以他者的经验不断提升和完善自我。

第四，叙事内容的经验性。在克兰迪宁（Clandinin）和康纳利（Connelly）看来，“叙事探究是一种理解经验的方式。它是研究者和参与者在特定的社会背景中，在某个场所或一系列场所中的长期互动”②。普通文本叙事主要是以往经验的集合体，它既表现了个体碎片化的经验，也表现了某个集体的经验积累。即使是以小说、散文、诗歌乃至图像视频的方式表达的知识，都透射出人类对经验的理解和掌握，并且以特定的方式传递给后人。宽泛地讲，家庭史、口述史、编年史、对话、信件、自传、档案等都是自己的故事或别人的故事，或者是团体组织的故事。在一定意义上，经验就是故事，或者是我们自己的故事，或者是别人的故事。换言之，我们要讲述的故事或者取材于自身的经验，或者来自书本记载，或者是人们实地调研获得的第一手素材。把这些文本叙事讲述出来的过程，不是自说自话，而是自己与叙事内容交流、与读者互动的过程，或者可被理解为经验的交流与互补。叙事内容的经验构成他人理解的前提和桥梁。历史上伟大的思想家们也非常重视经验的意义，马克思恩格斯指出：“我们开始要谈的前提不是任意提出的，不是教条，而是一些只有在臆想中才能撇开的现实前提。这是一些现实的个人，是他们的活动和他们的物质生活条件，包括他们已有的和由他们自

---

① 克兰迪宁．叙事探究：原理、技术与实例．鞠玉翠，等译．北京：北京师范大学出版社，2012：9.

② 同①5.

己的活动创造出来的物质生活条件。因此，这些前提可以用纯粹经验的方法来确认。”[①] 人本身就是经验性存在的事实，这就决定了叙事无论多么抽象，都必须回归经验世界，在经验中找到叙述者与受述者的交汇点。在读者的世界里，他者的经验不仅是一笔财富，而且在进入自己的情感和思想世界之后，能够与自己的生活实际和经验相结合，以“情节化”（emplotment）的方式实现经验的重构和再创造。

第五，叙事目的的针对性。无论何种形式的叙事，都有明确而具体的目的性。叙事目的的设定和构思，与读者的阅读行为直接相关。阅读是读者从可视化表现的语言符号中提取意义和价值的过程，即读者与文本的互动过程。文本叙事的前提性价值在于满足读者对意义的诉求，这里除了文本自身的意义蕴含，还有外延的意义——持续叠加和不断生成的新的意义系统，而后者才是文本叙事的重点。“叙事经常基于某个结尾而展开自身，该结尾起到其（部分）前提、其吸引力、其组织原则的作用。阅读一个叙事即等待结局，这种等待的性质即该叙事的性质。”[②] 根据叙事者安排叙事思路和结构的过程，不难看出叙事目的的生成规律。指向特定结局的叙事安排（喜剧或悲剧），仅仅是出于文学叙事的要求。实际上不同类型的叙事，如历史叙事、图像叙事、艺术叙事、寓言叙事等，各有其不同的目的和诉求。若将叙事中的文本视为手段，意义视为目的，那么手段与目的之间是相互依赖、相互成就的关系。按照阐释学的传统，理解是一个敞开的系统，理解者和文本都是历史性存在，因此理解具有历史性，正是这种历史性构成了理解的创造性和生成性。对于同一种文本叙事，不同的读者会有不同甚至相反的理解，这是由时代变迁和人类生活方式、思维方式的变革等导致的，读者在体验中感悟、揭示作品的意义。读者理解的效果显然也不是终极结论，而是一种“效果历史”（伽达默尔）。然而，无论后人如何解读原始（经典）文

---

① 马克思恩格斯文集：第1卷．北京：人民出版社，2009：516、519.

② 普林斯．叙事学：叙事的形式与功能．徐强，译．北京：中国人民大学出版社，2013：154.

本，文本自身的目的指向性都是不会改变的。要实现经典文本的创造性转化和创新性发展，文本叙事就必须是开放的体系，从它创制之日起，就为后人解读和诠释留下了广阔的空间，这是在更高的意义上保存、延伸、发展文本，实现文本价值的实践路径和基本诀窍。

第六，叙事功能的传播性。以往的叙事学研究大都忽视了叙事的传播学意义。实际上，叙事作为“讲故事”的一种方式，就是说给别人听，即向更大范围的受众进行传播的过程。从学理上说，循着固定的逻辑格式、语法规则，以文本形式把故事记载下来，不仅是在记录某种个人经验、一个历史场景、某项重大社会活动，书写自己（或他人）的历史故事，同时也与更为广阔的社会空间发生了联系。记载历史就是为了保留、继承和传播，这种传播主要在纵向与横向两个视域内展开，表现为时间与空间两个基本向度。文本叙事的横向传播（共时性传播），表现为在某个特定时代，跨越地理或地域的局限“讲故事”，而为更多人所知悉，甚至跨越语言、习俗、宗教等的差异去实际地影响更多受众，为他们增添生活乐趣，丰富他们的知识和阅历，甚至改变他们的认知、思维和行为方式。文本叙事的纵向传播（历时性传播），则是按照历史线索，跨越时代的阻绝，将前人的生活故事或实践经验以文本形式记载下来，然后留给后人阅读、思考、理解和认同，或者作为之后不同世代的文化资源和研究对象，它表现为文献资料的历史继承性。马克思恩格斯在《德意志意识形态》中说：“历史不外是各个世代的依次交替。每一代都利用以前各代遗留下来的材料、资金和生产力；由于这个缘故，每一代一方面在完全改变了的环境下继续从事所继承的活动，另一方面又通过完全改变了的活动来变更旧的环境。”① 物质生产是这样，精神生产也是如此。每一个故事（人物、活动）都是人类历史的一个纽结、元素、环节，当它转化为故事被讲述的时候，就构成了个体（群体）的历史。无数个体（群体）历史的融合与

---

① 马克思恩格斯文集：第1卷．北京：人民出版社，2009：540.

互动，构成了人类历史的宏大场景。换言之，在精神生产领域看似微不足道的细节，由于故事的不断传播和拓展影响，却能够构成人类文明进步的重要元素，推动人类交往历史的发展。因此，无论是社会实践还是日常生活，都是特定的叙事过程和传播过程。各种历史的书写既保留了历史的原貌和遗存，同时也成为叙事内容的传播过程。文本叙事作为不同民族的文化要素，与其他相关要素共同参与历史进程，借助纵向或横向的文化传播过程，不断推动着“地域性历史”走向“世界性历史”。

（三）文本叙事的意识形态功能

作为一种普遍的社会文化现象，文本叙事是人类生活实践的反映和产物，即日常生活和多样化的实践是叙事的源头，决定着叙事的素材来源和内容构成，其无论是对生活实践的忠实反映，还是对生活实践的片面甚至扭曲的反映，归根结底都来自生活实践本身，或者说在客观世界有自己的“原型”。在谈到文学创作时，鲁迅曾形象地说：“天才们无论怎样说大话，归根结底，还是不能凭空创造。描神画鬼，毫无对证，本可以专靠了神思，所谓‘天马行空’似的挥写了，然而他们写出来的，也不过是三只眼，长颈子，就是在常见的人体上，增加了眼睛一只，增长了颈子二三尺而已。”① 在鲁迅看来，文学作品原本是作者的创造性实践，无论叙事创作者的主观想象力有多丰富，综合运用素材和资源的能动性有多强，都只是对现实生活的折射或反映，任何脱离现实生活的坚实根基、离开沸腾的人类实践的文学艺术创作都是不可想象的。在这个过程中，创作者的立场、观点和思维方式直接决定着叙事内容的选择与叙事的呈现方式。与叙事创作者的社会性及其作品的时代性相伴的是特定意识形态的制约性。正如有学者所说，“社会意识形态环境对叙事

---

① 鲁迅．鲁迅全集：第 6 卷．北京：人民文学出版社，1981：219.

生产有着至关重要的影响，它在总体上规范着‘讲什么’和‘怎么讲’的问题”①。从广义上说，所有叙事都被打上了历史发展、文明进步和社会变迁的烙印，这些烙印或深或浅，形态不一，特点各异，然而它们都以文本、图像或者其他多样化的符号形式，述说并发挥着自身的价值和意义。

叙事源自生活、关注生活，而又超越了生活。它有想象力的参与和个性化的判断元素，生活是现实的元素，想象和价值判断是超越诉求。叙事与个体的关联及相互影响是通过社会环境这个“大中介”实现的。在马克思主义看来，如果把社会比作一座宏伟的大厦，那么经济基础无疑是大厦内部最稳固的基石，建立在此之上的政治结构和文化结构构成社会大厦的上层建筑。我们把上层建筑严格区分为思想上层建筑和政治上层建筑两个部分，政治、法律、宗教、艺术、哲学、道德和大部分社会科学作为思想上层建筑的主要内容，因其鲜明的阶级性而归属于意识形态的范畴。而军队、警察、法庭、监狱、国家机关和社会团体等这些被恩格斯称为“思想的物质附属物”的东西，则归属于政治上层建筑的范畴，发挥着为思想上层建筑保驾护航的作用。总体来看，上层建筑中的这两个部分是相互依存、相互支撑的关系，它们如同一辆车的两个轮子、一只鸟的两个翅膀，彼此不可分离。归属于历史文化范畴的各种叙事，看上去零碎纷杂、不成系统、难以做严格区分和明确界定，但本质上却是社会意识形态或思想上层建筑复杂结构中的砖瓦和木料，作为意识形态的构成性要素，它们不仅与意识形态有着复杂的关联，而且以独特的方式与社会整体发生着结构性联系，以此对经济基础和社会文明进程产生影响。从历史的进程来看，人类经历了不同的社会发展阶段与所有制形态，“在不同的所有制形式上，在生存的社会条件上，耸立着由各种不同情感、幻想、思想方式和世界观构成的整个上层建筑”②。因

① 陈然兴．叙事与意识形态．北京：人民出版社，2013：导论 3.

② 马克思恩格斯全集：第 8 卷．北京：人民出版社，1961：149.

此，文本叙事的创作过程同时就意味着特定的意识形态实践，与其说是意识形态在向文化创作领域渗透，不如说是点点滴滴的生活与实践以其特有的方式再造意识形态。仅就文本叙事与意识形态的关系来看，二者是内在渗透、相互交织的整体性存在。

就叙事的创作而言，创作者根据自己对人物或事件的独特理解和个性化判断，赋予叙事本身某种思想观念和价值判断的依据，并希望借助叙事这种独特的文化形式来表达自己对生活的理解、认知和情感，进而去引导、改变和塑造听众（观众）的思想观念，实现叙事价值观的对外传播。然而，叙事创作者的情感、观念和价值取向，既不是纯粹自发形成的，也不是与生俱来或外在神灵赋予的，而是特定社会关系和交往实践的产物，是从直接生活的物质生产中形成的。在《关于费尔巴哈的提纲》中，马克思明确指出："人的本质不是单个人所固有的抽象物，在其现实性上，它是一切社会关系的总和"①。通过批判费尔巴哈将人的本质宗教化、神秘化的错误观点，马克思旗帜鲜明地反对任何脱离社会关系，孤立地、静止不动地考察人的本质及精神生产的错误观点。在马克思恩格斯看来，无论是宗教叙事、哲学叙事、道德叙事还是文学作品，不管其描述的是"自我意识"还是某种"怪影""幽灵"等神秘莫测的东西，都必须将其置于现实历史中进行深刻的揭露和批判，这样才能彻底根除各种唯心主义学说的不良影响，回归叙事生成与发展的正确道路。关于各种叙事作品的创作，表面上是创作者天才般想象力的流露和独创性的发挥，归根结底仍然是社会关系的产物，尤其无法脱离社会意识形态所起的决定性作用。这种决定性作用主要表现为叙事内容的社会制约性，即"故事"可以讲哪些内容、哪些人物，哪些是讲授的重点，哪些需要粗略涉及，哪些问题必须回避等。换言之，对于什么样的内容是允许讲的、可以讲到什么程度以及采用什么样的讲述方式，什么样的内容不允许讲，创作者必须有明确的是非界限。因此，任何类型的

① 马克思恩格斯文集：第1卷．北京：人民出版社，2009：505.

文本叙事，其标准都不是创作者自己随心所欲地制定的，而是特定社会意识形态安排和规定的结果。

叙事的意识形态属性为其发挥意识形态功能奠定了基础，具体而言，文本叙事的意识形态功能主要表现在如下五个方面：

第一，思想传播功能。经验告诉我们，任何文本叙事都承载着特定的思想意识，归属于语言文字载体的范畴。在不同学科的叙事中，尤其是在思想政治教育叙事中，为获得晓之以理、动之以情的说服效果，顺利实现思想理论教育的灌输意图，文本叙事的"故事性"获得了前所未有的关注和重视。同时，这也意味着文本叙事的思想与叙事方式关系密切。运用文本的方式"讲述"一个故事，或者探究专业学习中的某些问题，看似是以简洁的语言、曲折的情节、委婉的形式来表达某种喜闻乐见的故事，但其实在它背后总是隐含着某种道理，叙事者通过耐心述说自己的观点，引导或启迪听众接纳特定思想倾向和价值观念，以拓展对方的视野和思维方式。无论是直接明了地劝说，还是循循善诱地启迪，都是为了把思想灌输到对方的头脑中，从而达成一种思想教育的目的。那些高明的文本叙事创作者，会根据自己对受众的特点和偏好的认知，灵活选择、巧妙安排叙事表达的方法和技巧，试图牢牢抓住受众的心理，引领读者（受众）循着自己的思路前行，通过在讲述中不断设置悬疑、释疑解惑、启迪智慧，层层剥开其思想外壳，获得对于思想的真切理解和深刻认同，以达到彻底"抓住"对方、说服对方的目的。较之于其他类型的叙事，文本叙事的优势在于能透过现象，通达事物或问题的最深处，获得深刻且精准的说服力。马克思曾说："理论一经掌握群众，也会变成物质力量。理论只要说服人［ad hominem］，就能掌握群众；而理论只要彻底，就能说服人［ad hominem］。所谓彻底，就是抓住事物的根本。"① 在这里，马克思对思想理论教育的实质做出了精辟的剖析。鉴于思想（理论）的普遍性和抽象性，在具体阐述思想的过程中，

① 马克思恩格斯文集：第1卷．北京：人民出版社，2009：11.

必须采用恰当的形式和语言，这就要求文本叙事的表达必须扬长避短，充分发挥自身优势，同时还要采取大众喜爱的表达方式，寓深刻的思想于简洁明快的载体之中，以此来完美地呈现自己。

第二，情感激励功能。在任何地点、任何时候，任何类型的文本叙事的主体和客体（受众）都是人，讲故事的过程就是人与人交流和互动的过程。“叙事”反而成了载体或媒介，一种桥梁或工具性的存在。无论是叙事的创作者、叙事主体还是叙事客体，都是有感情的存在者，彼此间的交流和互动是充满情感因素的。列宁曾说：“没有‘人的感情’，就从来没有也不可能有人对于真理的追求”①。没有感情也就没有文本叙事的讲述。文本叙事诉诸情感色彩，依靠情感渲染，情感是触动受众、进入其内心世界的桥梁。在叙事诸多元素和功能的构思上，不只是人与人之间，人与物、物与人之间均有着内在知觉和情感的引发与互动的影响。在梅洛-庞蒂看来，这叫作物体的“情感意谓”（une signification affective），即物质的性质与人的相应感官的情感意向的联系，从而引发出来的人的愉快和不愉快的情感体验。“举例来说，正如给房间挑选过壁毯的人都知道的，每种颜色都会氤氲出一种情绪氛围，都会使这壁毯或忧郁或明快，或阴沉或昂扬。”② 上述的描述在文学叙事中司空见惯，使人产生触动，即激发出情感沉浸的力量，牵引着读者（受众）一步步走向叙事的中心地带，甚至使读者不知不觉进入角色扮演，成为叙事故事的“剧中人”，似乎与叙事主体同喜同忧、休戚与共，获得一种“不识庐山真面目，只缘身在此山中”的感受和体验。在参与中体验、在认同中升华，是叙事者想要达到的极致境界。人的喜怒哀乐爱欲恶，发自本真的自然属性的流露，对它们的激发是成就个体的开始，也是实现叙事者意图的主要途径。

---

① 列宁全集：第25卷．北京：人民出版社，2017：117.

② 梅洛-庞蒂．知觉的世界．王士盛，周子悦，译．南京：江苏人民出版社，2019：30.

第三，道德教化功能。不同类型的文本叙事都有着鲜明的道德教化功能，或把道德教化功能作为编写主旨，它惯常利用寓言故事、神话传说、宗教故事、逸闻趣事、谚语掌故、歌曲警句等叙事文本素材，劝人积德行善、扶助他人、刻苦求学等，这已经成为某种普遍性的叙事规律。在我国历史上，众所周知的神话故事如“大禹治水”“精卫填海”“后羿射日”等，反映了中华先民坚强的意志品质和不屈不挠的奋斗精神。“苏秦刺股”“车胤囊萤”“匡衡凿壁”等劝学类的历史典故，进入教科书并成为经典叙事样本，表达了社会大众对知识的渴求与尊重，以此涵养社会正气、淬励百姓意志，强化中华民族的自尊心和自豪感。数不清的中华传统美德典故以浓缩的方式讲述着德教为本的治国理念，强调处己修身、节俭廉洁、励志图强、见利思义的重要性，引导人们从规范、德行、教育和名言等方面入手，实施道德教化和身体力行道德实践。在古希腊也有许多类似的传说、叙事、典籍。《塔木德》和《米德拉西》古经作为犹太民族留下的经典，饱含丰沛的道德智慧和民族文化经验，它们富有诗意、语言鲜活、机智灵活、风趣幽默，具有深刻的启迪和道德内省力量，通常以拉比博士聚集众人、宣讲《圣经》故事的方式，使人们在欢乐和笑声中获得生活的信念与力量。此类道德叙事往往深入浅出、循循善诱，对受众的知识水准和接受能力、理解能力没有特殊要求，读者、听众或观众倾听故事的过程，同时也是学习和传承道德文化知识、获得道德启迪和生存智慧的理性实践。

第四，信仰阐释功能。信仰不仅是特殊的个体精神现象，也是维系社会群体存在的观念性力量，是一种不可或缺的意识形态要素。以文本叙事的方式阐释信仰，激发个体对信仰的理解、亲近、追求和崇奉，强化群体成员的信仰共同体意识，是信仰弘道者的责任和使命。无论是故作高深、体系宏大、晦涩难懂的宗教信仰，还是民间简易质朴、通俗易懂、俯拾即是的碎片化信仰，都由特定的主体（信仰者）与客体（信仰的对象）组成，形成“信仰主体对信仰客体的由衷相信和自觉追求”①。历史上的诸多叙事类型中，运用文本叙事方式来阐释信仰、论证信仰、传播信仰、创新信仰，争夺受众、扩大信仰的地盘、强化信仰的力量，一直是特定意识形态关注的焦点。如果对信仰构成要素进行区分，大概可将之分为理性因素和非理性因素。文本叙事在设计上巧妙兼顾二者的整体性，分别从理性阐释和非理性激发的视角切入信仰叙事文本创作实践。信仰类文本叙事发挥自身的逻辑论证和说服优势，以彻底的、不可辩驳的证明能力，向世人阐释某种信仰对象的真实性及其对于解除人类苦难、使人获得俗世拯救的非凡意义，引导人摆脱世俗欲望的痛苦，恪守信仰对象给予人类的永恒规训，在世俗生活中逐渐将“神的理念嵌入他的本性”②，从而获得某种精神上的优越性和实现超越的无穷力量。由于人的信仰心态和情感因素是复杂多样的，需要借助外力的激发和诱导、劝诫和说服、暗示和指引，以实现由不信走向相信、由相信走向信仰。多样化的信仰文本叙事能够发挥信仰传递的媒介和桥梁功能。它有助于强化信仰认知，以彻底的逻辑论证强化自身的说服力，变疑虑为相信。它有助于激发信仰情感，使热爱、愧疚、负罪、崇拜等情绪都被纳入信仰心态体系。人们在接受故事讲述的过程中，慢慢体会和感悟信仰的力量，强化对于信仰的意志力，坚定自身对信仰持之以恒的追求，并在一定条件下将之转化为虔信的行为实践。在人类的诸多信仰中，马克思主义是唯一科学的信仰，与那些虚幻的、超验的宗教信仰有着根本的不同，它是“资本主义矛盾尖锐化和阶级斗争激化的必然产物，是无产阶级解放的现实需要和马克思自觉服从这一需要的直接结果”③。它以现实的人类实践为基础、以科学性为依据、以崇高的人类理想为使命，具有最大的物质价值和精神价值。作为意识形态叙事，马克思主义信仰

① 刘建军．马克思主义信仰论．北京：中国人民大学出版社，1998：80.

② 勒维纳斯．塔木德四讲．关宝艳，译．北京：商务印书馆，2002：81.

③ 同①6.

"不是自欺欺人的自我安慰和自我麻醉，不是让人迷恋彼岸，憧憬来世，无所作为，而是催人奋发，给人以鼓舞"[①]。它告诫无产阶级和全人类劳动者，唯有双脚踩在现实的土地上，用自己的双手努力奋斗，才能在改造旧世界中发展新世界，创造幸福生活和美好未来。

第五，政治动员功能。政治动员是指特定政治集团及其代表人物，为实现某种政治目标而进行的宣传教育活动，目的在于启发群众的政治觉悟，明确全体或组织的奋斗目标，凝心聚力，提升号召能力和治理能力，完成某种政治任务或历史使命。中国共产党在领导革命斗争的过程中，依据斗争形势发展的需要以及革命的对象和任务的不同，进行了广泛深入的群众性政治动员，积累了丰富的关于政治动员的宝贵经验。政治动员的方式多种多样，如发布政治训令、政治宣言、政党声明，提出标语口号，组织报告会，举办文艺演出，等等。在落实政治动员的过程中，究竟采取何种形式和途径，运用什么样的灵活手段，要视教育对象的特点和当时的客观形势而定，其中，文本叙事是经常被采纳的、不可或缺的重要方式。受限于传播方式和其他客观条件，为获得更大范围受众的理解和认同，政治动员者大多采用受众感兴趣的、娱乐性强的、通俗易懂的方式来进行动员。政治动员者尝试把严肃的政治路线和政策问题，编写成生动有趣而又耐人寻味的故事、小品、快板，或编排成歌曲、舞蹈、戏剧等，以激发人们参与的热情和积极性，通过宣传鼓动，激励更多人参与进来，在热烈欢快的气氛中感受严肃的政治法令的深刻意义，强化对党的路线方针政策的认同和接受。大卫·科泽（David Kertzer）说："现代国家的民众是通过参与仪式来认同那些更大的政治势力的。"[②] 重视活动的仪式感，就是依托场景、语言和氛围的烘托，激发参与者的内在感受，实现情理交融以及价值观的内化。随着故事的广泛传播和讲授的不断深入，大众的热情和斗志会得到极大的鼓舞，政

① 刘建军．马克思主义信仰论．北京：中国人民大学出版社，1998：6．

② 科泽．仪式、政治与权力．王海洲，译．南京：江苏人民出版社，2015：2．

治信仰会被强化，行动的积极性会提高，对政治行动的意义和目的会有更深刻的理解，进而越来越积极地参与到政治运动中来，结成坚强有力的政治斗争群体，为取得斗争的胜利奠定坚实的群众基础。政治动员效果的优劣与叙事的技巧有直接关联。高超的叙事技巧加上动人的故事情节，往往能够击中受众内心深处的“触点”，取得立竿见影的效果。此外，应准确把握叙事的“度”——恰当的时间和空间的节点。在1949年新年献词《将革命进行到底》一文中，毛泽东引用“农夫与蛇”的寓言故事，深刻警示全党同志不要为暂时的假象所迷惑，要戳穿敌人的阴谋诡计，将革命事业进行到底；在革命取得完全胜利的前夜，不能心存任何侥幸、犹豫和彷徨，不能给敌人任何可乘之机，必须看清方向、一鼓作气、斗争到底，直到取得革命的最后胜利。文本叙事让受众有身临其境的参与感，以“在场”状态加深了对形势和任务的理解与认同，形成自觉自愿融入的决心、意志和行动力。

二、图像叙事及其传播学特质

（一）图像叙事溯源

据有关学者考证，图像叙事的使用是20世纪60年代以后的事，且散见于少数艺术家和摄影家的论著中。[①] 图像叙事是借助图像来表达事件的功能和意义的文化实践。为清晰表达图像叙事的内涵和目的，人们首先要确立明晰的阐释坐标——从时间和空间两个方向持续拓展。如果说文本叙事侧重于时间的延续性，那么图像叙事则侧重于空间的广延性。作为一种古老的叙事形式，图像叙事实践远远早于后人对它的研

① 龙迪勇．图像叙事：空间的时间化．江西社会科学，2007（9）．

究。因为人们站在图像前面，细心揣摩图像的意蕴和旨趣，寄希望获得某种灵感或启示，切实感悟其“形象表现性”之谜，或者向他者（尤其是后人）传递隐含信息，实现彼此心灵世界的沟通和交流，早已不是什么新鲜事了。

然而，对于图像能不能“讲故事”，即图像能否像文本叙事那样呈现“故事”，以及在何种意义上呈现“故事”，学术界曾有过不小的分歧。约翰·萨考夫斯基（John Szarkowski）曾说：“摄影艺术本身是没有办法来叙事的。”[①] 因为它无法将事件完整地串联起来，给读图者一个明晰的认知线索，从而使读图者获得意义启迪和价值依托。因此，摄影充其量只是凝结的故事碎片而已。乔治·迪迪-于贝尔曼（Georges Didi-Huberman）也批判过一种类似的符号论假设，这种不完整的符号学否认图像的叙事性，在其看来，“图像之有效性并不在于其仅仅传达了知识——无论是可见、可读抑或是不可见的知识，正相反，在被传授和被分解的知识、被生成和被改变的非知识的交织中，甚至杂乱中，图像才有效”[②]。对于争论中的诸多分歧，我们必须要理清思路。首先，需要根据不同的类型和功能，对纷繁复杂的图像进行分类，如静物素描和人体肖像只具有单一的表征性功能，不具有完备详尽的叙事性功能，用它们来“讲故事”显然是说不通的。其次，连环画、影视作品和组合摄影图片总是与某个人物活动、事件或历史场景相关联，无论是表达现实的存在还是表达幻想的故事，抑或是表达神话传说等虚构内容，都带有鲜明的“叙事性”，所以认为这类图像无法用来叙事显然是说不通的。要正确把握图像叙事方面的争论，必须先明确争论的前提和问题究竟是什么，切忌一概而论。最后，关于“图像如何生成叙事”，要有方法论上的考察，它涉及叙事本身的建构过程以及读图者与图像的互动，即读图者作为主体与图像之间的交流、互动和意义的生成。例如，一本激动

① 龙迪勇．图像叙事：空间的时间化．江西社会科学，2007（9）．

② 迪迪-于贝尔曼．在图像面前．陈元，译．长沙：湖南美术出版社，2015：20．

人心的连环画故事书会极大地吸引我们的注意力，让我们津津有味地一口气读完，然后获得关于故事的完整叙述。观看一部电影或电视剧也是如此，它们都能让人回味许久，甚至产生“余音绕梁，三日不绝”的感觉。图像创作者或导演已经为我们编织了完整曲折的故事，作为读者的我们用心去看（读）就行了，然而这仅仅是表面现象。实际上，读图者作为主体，图像是其认知的客体，读图的过程即是（读图者与图像）双方的互动、交流与交融，它潜在嵌入的主客体“二元分析框架”，并不能全面阐释双方的复杂互动与内在影响，迫切需要进行深刻的哲学反思。

图像的叙事性受制于图像的类型和性质，不同类型和性质的图像所呈现的“故事性”是不同的。一幅图片的背后可能隐藏着一个不为人知的秘密、一段重要的历史进程，或某种深刻的科学结论，然而读图者未必完全知晓。人们多是看到了图像的线条、色彩、轮廓等，获取的是外在呈现的直观信息，然后依靠自己对图像的联想和想象，进入图像内容所触及的内在世界。也就是说，作为主体的读图者凭借自身与图像的互动，实现与图像内在实质的碰撞和交流。即便如此，读图者从图像获得的信息依旧是零碎的、局部的、不完整的。换言之，图像作为文化符号能够传达信息、交流思想，但其言说方式和效果依然有很大的局限性与不完备性。比如，小时候看过的故事书《鸡毛信》，在纸质的信封上插鸡毛，代表“事情紧急”或“非常重要”，要求信使在最短的时间内把信件送达目的地，交给当事人。这种彼此约定的暗语（一根鸡毛）只有制图者和读图者知晓，旁人是无法明白的。若在送信过程中发生意外，或信件不幸落入敌人手中，或信件不幸遗失，那么捡到者仅凭信封上的鸡毛是无从获取信息的。所以，零碎的、静态的图像也限制了人们对内容（思想、价值）的意会。为增强图像的故事性和讲述的连续性，需要以连环画的形式——若干静态图片的叠加组合，形成一个完整的故事情节和动态事件的表述，以此丰富叙事的内涵，拓展信息含量和思维空间，实现由“空间”向“时间”的转换和递进。读图者翻阅故事书的过程，就是人为实现图像连续叠加的过程，在迫切想了解“下一步究竟发生了什么”的愿望的驱使下，在头脑中编织“动态的”影像阅读过程。

从考古学来看，几千年甚至上万年前人类留下的岩石画、洞穴画，如在西班牙阿尔塔米拉（Altamira）洞窟发现的动物画、我国举世闻名的敦煌莫高窟壁画等，出现的时间比文字叙事早得多，是记录人类生活实践、保留特定文化形态的重要方式，能够让我们以客观真实的佐证材料来研究人类的史前史或文明史，推动图像历史研究不断向前追溯和延伸，从而把握人类文明乃至更早时期的故事。列维-布留尔试图借助“集体表象”概念来挖掘原始思维的内在心理根源，揭示诸如图腾、图谶、占卜、神话等重要的原始图像对于后人的历史文化意义。那么，古人为什么要在坚硬的岩石上作画，是不是因为岩石经得住风吹日晒、岁月的反复剥蚀和风化，能够保留更长的时间？还是因为这些画作的内容非常重要，以这种方式能够让古老的智慧以图像形式传递下去，使更多的后人受益？无论是日常生活实践的再现，还是对外在神秘力量的认知，在后人看来这些原始图像都让人觉得是在“欲说什么”。后世的读图者想要“读出”图像所要表达的意思，想知道有哪些高超的人类智慧蕴藏其中。不过凭借这些支离破碎的材料，后人得出的结论往往是不完整的，甚至带有粗糙的猜想的性质。如果这些材料能够成为连续的整体或者“活化”——如当今的 VR 或者 AR 技术的应用，那么后人对历史的解读无疑会更加逼真和全面，感受也会更为深刻和持久。为实现信息的连续呈现和完整表达，制图者不断思考、反复研究、勤于实践，终于实现了无数张图片的不断叠加和延续传递，在人的视觉中呈现为连续滚动的、历史的图像场景，如电影屏幕般让图片“活（动）起来了”，这是图像叙事方式的巨大进步。不仅图像的制作本身是具体的、历史的，图像叙事的生成、解读和意义传播也是具体的、历史的。

图像叙事是如何生成的？要回答这个问题，首先应当从图像本身说起。在古老的文化类型中，象形文字独树一帜。古汉语“手”的象形文字就是依照手的外观描绘而成的，后来不断演化为我们现在看到的字形。即使如此，如今的“手”字依然保留着手的外形轮廓，只是与古文相比相似度降低了，这意味着图形与意指的叠合。当代国外考古学家对远古的埃兰（Proto-Elamite）楔形文字的考证和翻译①，都进一步证实那些后来用于陈述和表达的文字起源于对事物形象的描述，最初表现为图形符号。文字不过是从图形中分化出来的符号系统，与图像一样，是表达与呈现人类知识和思想的符号。所以，图像具有“标志性”和“象征性”就不足为奇了。相比之下，图像符号更能引起读者的关注，因为它具有直观性、可视性的特征。这种直观性、可视性被理解为“视觉语言”，以自己特有的方式向读者述说自己，而不必过多地动用理性思维能力。也有人把这种视觉语言称作形象②，形象本身并无表意功能，它不过是图像创作者以娴熟的技术手法，按照自己的理解所创造的特定形象而已。然而，图像叙事价值的实现却离不开形象，因为它既是图像构成的基本元素，同时也是叙事的某种载体。在与读者相遇的那一刻，形象能够激发人观看的欲望和热情，或发挥某种视觉动员的功能。③ 具有立体感的图像更容易激发人的感知和探求欲望，引导人们进入如诗如画的境界，与生命本身达到高度契合，获得心灵的慰藉和意义的满足。图像之所以比文本更贴近生活，是因为它依靠自身的叙事特色建构起了与生活的联结。这种联结如同一根纽带，引导人们进入图像世界，去感知、体验和把握其中的人物或事件，从而在心理上产生共鸣和认同。关于图画的象征性，我国汉代曹植曾说：“观画者，见三皇五帝，莫不仰戴；见三季异主，莫不悲惋；见篡臣贼嗣，莫不切齿；见高节妙士，莫不忘食；见忠臣死难，莫不抗节；见放臣逐子，莫不叹息；见淫夫妒妇，莫不侧目；见令妃顺后，莫不嘉贵。是知存乎鉴戒者，图画也。”

---

① 埃尔金斯．图像的领域．蒋奇谷，译．南京：江苏凤凰美术出版社，2018：122.

② 周宪．当代中国的视觉文化研究．南京：译林出版社，2017：17.

③ 孟伏琴．图像叙事的视觉动员功能论析：基于新冠肺炎疫情防控的思考．理论导刊，2020（9）.

(《六朝书论笺注》卷七《画品》) 因此，图像不仅具有“象征形式”，也具有“象征价值”。

在历史图像传递过程中，图像作为一种思想文化载体，与文本资料同属被保护的重要资源。虽然在不同的时代，大众甚至知识界对待图像的态度不同，但图像一旦生成，其“形象”就被固定下来，便有了某种稳定性和连续性。尽管社会环境在变，不同的人从图像中读出的意义不尽相同，但这并不影响图像流传的价值。正是后世多样性的解读赋予了图像持续的活力和生命力，图像的价值不断延伸与提升，发挥着文化传承和价值延续功能。在浩如烟海的图像资料中，少数图像艺术精品更具代表性，例如我国北宋画家张择端的《清明上河图》。这幅巨画卷长528.7厘米，宽24.8厘米，绢本设色。作品以长卷的形式、采取散点透视的构图手法，生动展现了我国12世纪的北宋都城——汴京——社会各阶层的生活状况和经济文化繁荣的景象，具有极高的史料价值和叙事学意义。全图以一座漂亮的拱形大桥和桥两端的集市为中心，展开全面的叙事性讲授。大桥上有抬轿的、骑马的、挑担的、赶着毛驴运货的、推独轮车的，等等，人来人往，熙熙攘攘，绵延不绝，呈现出一幅极具活力的动态画面。与桥头相连、继续向两端延伸的道路旁是生意繁忙的茶楼、酒馆、作坊、当铺。在前面的空旷地，小商贩撑起大大小小的伞，摆着地摊，期盼着南来北往的客人光顾自己的摊位，他们有的在精心帮顾客挑选商品，有的在与顾客讨价还价，有的左顾右盼，注视着路过的行人。图画中那些赶集的人，有的挑着担子，有的推着独轮车，有的父女携手前行，有的赶着毛驴车，有的停下来欣赏汴河美丽的风景，赶集的队伍一直绵延到郊外，很远很远……汴河水面上，来来往往的船只鱼贯而行，其中一艘船由于载货过多，吃水很深，船夫用力地撑着篙，正在小心翼翼地通过桥洞。总体上看，《清明上河图》构思精巧，用笔细腻，主次分明，秩序井然。仅用一幅人工绘画，就将清明时节汴京的生活习俗和汴河繁忙的运输景象尽收眼底，将热闹嘈杂的城市景观、生动逼真的生活细节表现得淋漓尽致。每当看到此图此景，人们仿佛身处熙熙攘攘的北宋集市，感受到了富有乡土情调的中国传统农耕社会，体验到了汴京人的真实生活。图像如同传递知识的“语言”，负载着多样化的主体诉求和人们对未来的期盼。

当然，图画也有可能被质疑、被误读。所谓误读，只是意味着读图者对图像的理解没有满足制图者的要求，或忽视了时代留在图像上的“烙印”，导致对图像意义的理解有偏差甚至扭曲。少数人因为认知能力或专业素养有限，不能对某些图像做出正确的理解，但这并不妨碍图像的意义生成及其社会影响力。读图者的图像解读能力与图像本身的意义寄托，是两个完全不同的问题。历史上，人们通过读图而深受启发，进而付诸行动的案例不胜枚举。例如，“孔子造访周代太庙时观赏了绘有古代善恶男女肖像的壁画，因此受到启发而思考过去发生的事件，并从中吸取教训。孔子在凝视一幅描绘周公抱着年幼成王接受周朝官员朝拜的绘画后，声称这幅画中所体现的美德正是周朝兴盛了几百年的原因”①。人们在读图过程中，基本的视觉分析是必要的，色彩、构图、故事情节显然是图画的“第一吸引力”。然而，无论是画家选取的创作主题，还是影视剧所倡导的核心价值观，在图像资料和视频文件中都是非常明确的。读图者不能走马观花、敷衍了事，也不能蜻蜓点水、浅尝辄止，仅从表面去解读其意蕴，而应当给予图像足够的关注和深刻的思考，在凝视中洞察其意义和价值。它要求读图者发挥自己的想象力，将图像与自身的困惑、生活经历和人格成长联系起来，把感受到的意义内化为自己的智慧，然后付诸行动。在这个意义上，读图的过程与读书的过程其实是一致的。图像更有助于唤醒人们内在的生命力，引导人们探索个体与宇宙生命的内在关联，进而促进个人的成长和自我提升。因此，我们不可因为少数人的误读而断然否认图像本身所具有的实际功能。

---

① 孟久丽．道德镜鉴：中国叙事性图画与儒家意识形态．何前，译．北京：生活·读书·新知三联书店，2014：43.

（二）图像叙事的传播学特质

自古以来，图像作为文化载体，其最重要的功能就是传播。各种图像资料的传播功能是与生俱来的，如道德教化、知识传承、偶像崇拜、族谱传递等，换言之，图像内蕴的思想性和观念内涵，要以自己特有的方式告知旁人（后人）。在中国传统文化中，以绘制影像、图形的方式“昭告天下”的案例比比皆是。“昭告”“展示”“告诉”“通知”“公布”等，都是向世人传播（传递）消息的方式或途径。古代社会发布的告示，有的是文本格式，有的是图像格式，或者文本与图像兼有。出自《尚书·周书》的《酒诰》一文，据说是中国的第一篇禁酒令。周公将《酒诰》送给康叔，意欲告诫其吸取商朝灭亡的教训，周公认为切莫经常饮酒，唯有在祭祀时才能饮酒，因为酒是丧德亡国的根源。后人为醒目起见，在文字的旁边加注一些图像，作为进一步的解释说明，便于延伸文本的意义旨趣。在传统农业社会，大众受教育的程度普遍较低，采用文本与图像互补、互释、互促的方式，更有利于不同层次的读者准确理解《酒诰》文本的真实意图，发挥道德劝诫和法治警示的作用，起到淳化社会风气、改造不良风俗、提升社会文明的作用。《春秋左传·成公十三年》记载：“昭告昊天上帝、秦三公、楚三王。”这里也用到了“昭告”一词，意思是向普天下所有主宰者告知自己的想法和愿望，祈求得到对方的宽恕和理解。由此可见，在历史上的不同时期，人们（主要是历代王朝的统治者）使用不同的语言符号，向世人以及外在的超自然存在表达自己的意见、主张和政策，以及在某些事情上的具体做法，希望得到对方的同意和谅解。这种表达就是后来的传播。不过在很多时候，图像（图形）发挥着沟通的功能，即图像（图形）仅仅是一种双方或多方都能理解的符号，在相互表达意见、传递情感、沟通心灵的过程中，有这类中介因素存在，就能顺利沟通、达成默契。在特定情形下，图像还可作为陌生人之间的联络暗号，图像就是彼此约定的象征物，见物如见人，判断对方属于“自己人”，疑惑和矛盾顿时化解。当然这种沟通涵盖了人与人、人与自然之间的沟通，在宗教中表现为人与超自然的存在物之间的沟通。此时，图像（图形）具备对于人类的绝对权威性，人们把对超自然的崇敬转化为对图像符号的膜拜，在很多宗教文化中都很常见。

对于绝大部分的视觉表现方式而言，图像都是传播与表达知识和价值的工具。这里以我国少数民族东巴族的文字为例，来透视图像的认知意蕴和信息传递功能。有学者研究指出：“纳西族象形文字，事实上与人类早期洞穴或山岩上的岩画没多大区别。纳西族东巴称自己的象形文字为‘司究鲁究’，即‘专象形，人则图人，物则图物，以为书契’的图画象形文字，其含义为‘留记于树木岩石上的印迹’，这一称谓正好指明这一文字符号的古老程度，它同人类早期的洞穴壁画、山崖岩画一样，当属人类文化艺术长廊的第一抹智慧闪光。”① 人们习惯于肯定文字对于信息表达和传递的意义，而往往忽略了图像在这方面的功能，但这并非图像本身导致的结果，而是由人类认知的缺陷和偏执所导致，与图像或图形的实际功能无关。从最初描摹的刻板图像，到后来抽象派的、看上去似乎不伦不类的绘画，到如今的虚拟图像、数字图像等，图像形态的变革折射出社会经济文化的变革，包含着某种规律性的存在。图像的演变自有其规律，只是到目前为止，探究图像变迁规律的成果极其少见。回溯古老的文字和图像，不难发现，图像原本就是作为传递信息的符号而被使用的，我国古代东巴族的象形文字便是其中的典型代表。从个案出发进行深入研究，不难发现此类古文化图像的一般规律，即早期人类绘制图形的动机，除了表现日常生活和劳作过程之外，还用于记载收获的果实数量，用来讲述凄楚动人的爱情故事，记录儿童嬉戏游玩的场景，等等，还原真实的生活和普通人的喜怒哀乐。只不过随着时代的变迁，制图工艺不断变革，图像形态呈现出多样化的发展趋势。

---

① 李丽芳，杨海涛．凝固的旋律：纳西族音乐图像学的构架与审美阐释．昆明：云南人民出版社，2002：38.

无论什么类型的图像，它都是人类生活中必不可少的元素，承载着自己特殊的使命和责任。

近年来，学术界关于“汉画”文化载体的研究，吸引着海内外众多艺术家的关注，且渐趋成为一个集中的学术热点。汉画是我国汉代出现的一种图画形式，顾森认为它涵盖“画像砖、画像石，是指汉代建筑壁面上、棺椁表面上镌刻及窑烧出来的画面。这些画面主要包括线刻和浮雕”①。从考古出土的汉画像来看，其分布极为广泛，遍布山东、河南、安徽、陕西、四川、重庆等许多地方。尽管各地汉画的分布并不均匀，表现的主题和内容也不尽相同，各地出土的汉画体裁、风格、图式各异，但仔细考究不难发现，其核心内容是儒、释、道文化的传承与弘扬，或者说以儒家文化为主流的价值内涵是汉画制作的深厚文化渊源。汉画是一种镌刻在石头上的集体记忆，是华夏精神文明传承的重要载体。有学者在分析徐州汉画像石艺术馆收藏的《炎帝升仙图》后指出，以斗笠、蓑衣和耒耜装扮的炎帝，恰似一个普通的华夏农人，平易近人而又真诚朴实。画面的左上部是引凤升天，右上方有玉兔和蟾蜍，显示出帝王的尊贵、威严与神圣。在画面的底部，刻画有口衔灵芝草的神牛。整幅图画表现出炎帝的三重身份：皇帝、神农、药神。该雕刻图画又以圣贤为譬喻，意图阐明董仲舒的“君权神授”论，其中的意识形态教化和宣传的寓意甚为明确。② 现代艺术家张道一的《汉画故事：刻在石头上的记忆》一书，选取 211 个中国文化故事进行阐释，每个故事都对应一幅汉画，涉及人们生产和生活的方方面面。张道一以深厚的学术功力、细致入微的考证、鞭辟入里的分析解说，阐释了中华上下五千年文明的历史故事，其背后蕴藏着博大精深、魅力无穷而又生生不息的中华文化精神。由此可见，图像离不开时代，时代也离不开图像，二者密不可分。

汉画雕刻是我国图画历史上的一座高峰，颂扬家庭美德往往是汉画

---

① 顾森．秦汉绘画史．北京：人民美术出版社，2000：104.

② 唐建．汉画蕴含的儒家文化思想．兰州大学学报（社会科学版），2016（5）.

雕刻的一个重要题材与核心内容。在武梁祠的后壁上雕刻有一幅《邢渠哺父图》，讲的是汉代著名的孝子邢渠，尽心尽力孝敬父亲的感人故事。对于此故事的细节，《太平御览》中有详细记载："邢渠失母，与仲父居。性至孝，贫无子，佣以给父。父老齿落，不能食，渠常自哺之，专专然，代其喘息。仲遂康休，齿落更生，百余岁乃卒也。"由这个传说改编成的"邢渠哺父"的美德故事，成为我国美德史上的经典，在许多地方的汉画中都有细致生动的刻画。从画面中我们可以清楚地看到，邢渠的老父端坐在卧榻上，邢渠则双膝跪在榻的左侧，一只手握着碗筷，另一只手搀着父亲，正在小心翼翼地给父亲喂饭。这些细节在汉画中表现得尤为生动。看到这幅汉画，读图者仿佛看到了当年的邢渠，感受到了人间挚爱大孝的温暖。据说在邢渠无微不至的关怀和照料下，父亲虽然年老体衰，但生活得幸福快乐，活到了一百岁。故事不仅能让人们体悟到子女之孝是人间大爱大德，能够延长长辈的生命，而且还会促进人们身体力行地弘扬中华传统孝德。在汉代诸多孝子画像中，"邢渠哺父"的故事被反复传颂，成为中华传统孝德经典中的重要内容。从图像叙事的角度来看，汉画所宣扬的儒家优秀道德传统，不仅仅被雕刻在坚硬的石碑上，历经千百年风雨冲刷而不衰，更是被雕刻在普通百姓的内心深处。通过线条、静物、隐喻相结合的方式，汉画讲述了一个个感人的美德故事，给予读图者强烈的心灵震撼和价值引领。借助图像的视觉影响力来激发读图者的情感，改变其态度和价值观，引导大众对特定意识形态的理解、接纳和认同，才是汉画艺术的根本价值取向。汉画以图像的形式发挥视觉动员的功能，对于在全社会传播传统美德，并使其转化为普通百姓的社会道德实践，以及在日常生活中持续传承优秀传统道德，发挥着不可估量的作用。通过文本纪实和图像叙事等方式，"邢渠哺父"的故事在民间广为流传，邢渠也被奉为历史上的孝德楷模，成为世世代代家庭美德教育的极好素材。此外，汉画中所表达的"仁爱""礼""诚信""中正"等儒家文化主题和内容，俯拾即是，不胜枚举。正如有学者所说，"汉画像以其丰富的象征形式，表现了汉民族审美的意识形态，其中包含着汉民族文化的原型结构，更接近民族精神的核心”①。

据学者朱存明研究，汉代画像不仅指美术意义上的画像，而且还有象征意义上的刑罚功能。他以《汉书·武帝纪》为例，论证了这个结论的真实性和现代价值。《汉书·武帝纪》诏贤良曰：“朕闻昔在唐虞，画象而民不犯。”他还引用《尧典》中“象以典刑”以及《皋陶谟》中“皋陶方祗厥叙，方施象刑惟明”等句子来证实这个结论。在他看来，汉时的“画象”含有某种“权力意志”，“象刑”是贤明的政治家治国理政的一种追求，同时也是社会和权力机构对于不合法行为的一种惩罚。② 在这个意义上，图像（画像）发挥着道德教化和法治规约的效力，即上述道德教育的目的，在于引导民众提升自我修养、积极向上；而这里的“画象”刑罚，则旨在劝诫和约束民众的不法行为，为社会确立基本的法治底线原则——对不法行为与现象的规诫和惩处，具有强制性的规劝和约束效果。就功能而言，劝善和抑恶双管齐下，共同发力以实现社会的有效治理。由此看来，图像叙事的传播功能不可谓不强大，它不仅向社会各界传递有益的文化知识，还上升到国家治理的具体实践层面，裁决人的观念和行为，成为社会良序不可或缺的构成性元素。

在解读汉画的过程中，我们不难透视图像叙事的强大生命力之所在——深深扎根于民众的现实生活中，反映社会矛盾、百姓困惑和未来期冀，同时又以自己独特的引导与调控方式，为国家治理和社会进步助力。当然，汉画的内容和性质不同，服务现实的方式也各不相同。透过这些汉画，我们看到了三皇五帝、忠臣良将、市井商贾、侠义刺客，也目睹了日月星辰、风雨雷电、崇山峻岭、长江黄河，还有人们的日常劳作、生活礼仪、龙虎凤猴、鸡鸭鱼鹅等。各具特色、异彩纷呈的汉画，

---

① 朱存明．汉画之美：汉画像与中国传统审美观念研究．北京：商务印书馆，2011：3.

② 同①4－5.

简直就是一部中国传统社会的百科全书，从不同视角、不同方位展示了华夏民族的生活全景。可以说，图像里的世界不再是简单的雕刻作品，也不是普通的红瓦蓝砖、人物故事，而是一个个凝固了的生命存在，这些生命在后人反复解读的过程中被发现、被唤醒、被激活，这些历史图像也成为活着的“教科书”。所以，这些汉画的生命力不在画像本身，不在它的审美情调和艺术趣味，而在其背后的深厚历史积淀、文化依托。汉画是中华民族生生不息的精神象征，流淌在每个中华儿女的血液里。人们在仔细欣赏每一幅汉画作品的同时，实际上也是在还原历史的真相，继承和弘扬中华优秀传统文化。习近平说：“要系统梳理传统文化资源，让收藏在禁宫里的文物、陈列在广阔大地上的遗产、书写在古籍里的文字都活起来。”① 以汉画为代表的中华图像叙事，以逼真的形态、流畅的线条、空间铺陈的立体感，构成我们现代生活的活力因子，成为推动现代社会进步的力量源泉。

图像叙事对制图者有特殊要求——制图者需要掌握构图绘画的基本技能，无论是素描、剪纸、油画，还是汉画、雕塑、图章，以及当今的摄影和影视制作，都需要经过专业的技能训练和积累相关实践经验此外，还需要使用特制的工具、材料和设备，才能进行图像制作和图像叙事活动。同时，制图者还应具备基本的道德素质和人文素养，以及为艺术锲而不舍的匠人精神。以往我们把优秀的图像制作者称作画家、艺术家、雕塑家、摄影家。天赋异禀或才华出众的创作者生产出的图像产品自然不同凡响。比如出现在阿尔塔米拉、拉斯科（Lascaux）洞穴的壁画，15 世纪意大利的复杂多样的徽铭，达·芬奇举世闻名的作品《蒙娜丽莎》，我国敦煌莫高窟的众多壁画杰作，都是技术高超的工匠精雕细琢的心血之作，兼具艺术性、欣赏性、文物性，具有非凡的表现力和历史文化价值。换言之，图像制作者作为特殊的传播主体，是一群特殊

① 习近平．习近平谈治国理政：第 1 卷．北京：外文出版社，2018：161.

的人（匠人、艺术家、摄影家等），尽管人们很少把这些人与传播主体进行比较，或者说很少有人从传播学角度去考察和论证这个特殊群体的职业生涯实践。实际上，他们制作的图像及实践活动，本身就担负着文化（文明）传承的职能，制图者连同自己的作品都是传播的使者。这里的文化传播，包括对内传播和对外传播两个视角。在《唐蕃古道上的金银器和丝织品》一文中，霍巍说："现在我们通过研究古代粟特都城阿弗拉西阿卜的宫殿壁画内容，结合唐代内库织造的'瑞锦'、流行蜀地的所谓'对雉''斗羊'锦，推断唐代蜀郡很可能是设计与制造适合向西方销售的各类对兽纹锦的丝绸中心之一。"① 通过对若干图像内容进行缜密分析，以及将实物资料进行比对，霍巍发现了一个重要的历史线索。在唐代中西文化交流过程中，图像不仅是一种文化符号，还是经济繁荣和朝代进步的重要物质载体。在考古发掘过程中，不断发现的历史图像产品及其内容，为我们展示了一段段鲜为人知的重要史料，让我们重新认识历史和文化交流，也开启了"高原丝绸之路"的崭新视野。由此看来，一幅图、一个雕塑图形、织锦上的一个汉字，都可能隐藏着久远的历史故事，都在向世人诉说美好的情感和寄托。

伴随着视觉时代的全面来临，图像叙事的价值被重新发现并焕发出勃勃生机，无论是在日常生活中还是在专业技术实践中，各种各样的图像和影视作品以及拥有特定用途的视频资料，如潮水般向我们涌来。究其原因，在于社会进步以及人们生活水平的提高，百姓对于新生活的期待日益迫切，对表征方式多样化也提出了新要求。一方面，新的实践领域的开拓和相关研究的不断深化，积累了大量图像数据资源，源源不断地充实着人类精神文化的宝库；另一方面，移动互联网、大数据、云计算、人工智能等新技术的广泛应用，推动人类进入数字时代、智能时代，文字符号的载体发生了转换，由原来的纸张、简帛、口述等转换为视频和音频，获得新的数据链表达方式。在此背景下，文字符号表征因

① 霍巍．唐蕃古道上的金银器和丝织品．光明日报，2020-12-19（10）．

其过于抽象单一，已无法满足技术时代的视觉诉求，图像叙事的凸显已成为必然趋势。在詹姆斯·凯瑞看来，“符号既是现实的表征（of），又为现实提供表征（for）”[①]。图像作为符号系统也是如此，作为沟通供需关系的现实桥梁，受到复杂的商业元素的牵引和调控，利益动机作为一只“看不见的手”，在背后牢牢左右着图像文化的未来走向。现代社会的复杂性、多样性、多元化，人们个性化需求的无限增长，使符号表征方式呈多样化发展趋势。新媒体技术及其成果的广泛应用，无疑为图像叙事的繁荣提供了坚实的技术支撑和有效的传播渠道。按照后现代“绝对地新”的理念，大众的审美情调、欣赏口味和精神需求的满足方式，必须被置于“新”的定位上才能得以实现，这就离不开媒体的创造和再创造。“虽然文化是语言的产物，但是每一种媒介都会对它进行再创造——从绘画到象形符号，从字母到电视。和语言一样，每一种媒介都为思考、表达思想和抒发情感的方式提供了新的定位，从而创造出独特的话语符号。”[②] 当今影视剧的空前繁荣，既是大众文化时代的必然产物，又是这个时代进步的客观诉求，体现了需要和满足的相互贯通、辩证统一。正如詹姆斯·凯瑞所说：“一座房子的设计图为现实提供了一种表征模式：以设计图为指导并对照现实，也就是说设计图表现了一种缩小并简化了的关系，房子由此而建造。”[③] 无论如何，图纸（图像）不是现成的房子，不是客观的实物，它不过是精神走向物质的中介，然而人们却在图纸上（以虚拟的、图像的方式）看到了希望的曙光，看到了未来理想大厦的雏形，甚至它本身就是人们所追求的目标，一种理想和信仰的寄托物。在物质欲求得到充分满足的基础上，能够唤醒大众兴趣的更多是精神产品，比如图像视频所提供的丰富多彩的精神文化作品，不断更新的、充满趣味的、富有吸引力的视觉性存在，这就是时下“眼球经济”一词的主要来源。

---

① 凯瑞．作为文化的传播：“媒介与社会”论文集．丁未，译．北京：华夏出版社，2005：17.

② 波兹曼．娱乐至死．章艳，译．北京：中信出版集团，2015：11.

③ 同①27－28.

三、新动向：由“文本叙事主导”转向“图像叙事主导”

前现代社会的叙事方式，以文本叙事为主导，在理性主义框架内表达人类的认知与情感、价值与选择、意图与行动，以及无数代人不断积累的实践成果。尽管不乏图像叙事形式的表达方式，甚至在特定环境或专业领域内，图像叙事占相当大的比例，但总体来说，文本叙事仍然占主导地位。以图书馆馆藏文献为例，我们不难发现：采用文字描述的书籍数量特别巨大，而纯粹以图像视频方式存储的文献资料明显不足。一般意义上，人们常说的读书学习，主要是阅读文字类作品，通过读书汲取前人（或当代人）创造的大量文化知识、精神财富，感悟人类精神文明所蕴含的非凡智慧和生生不息的创造精神。在绝大多数人看来，读“有字”之书，品味历史文化精粹，是享受有价值人生的必要前提，也是指导人类实践的基本条件。中华五千年文明史，为我们留下了浩如烟海的文化典籍，数不清的优秀文化遗产，仅以古文典籍为例，如《大学》《中庸》《论语》《孟子》《诗经》《礼记》《易经》《春秋》等，这些典籍是我们民族的“根”与“魂”，是人们心灵深处的价值依托和价值源头。正是这些以文字为代表的优秀作品的接续传承、不断发扬光大，熏陶、激励和教化着一代又一代中华儿女，自觉承担起历史赋予的重任，不断陶冶情操、砥砺心志、涵育德行，建构中华民族的精神家园，发扬爱国主义优良传统，为民族为国家尽责任、做贡献。在西方，自古希腊以来的历史文化、科技成果，也主要表现在文本资料中，仅就人文社会科学为例，有亚里士多德的《政治学》、柏拉图的《理想国》、希罗多德的《历史》、荷马史诗《伊利亚特》和《奥德赛》、黑格尔的《哲学史讲演录》《逻辑学》，以及马克思主义经典《马克思恩格斯全集》等不朽巨著。如果对学科领域做详尽的划分，那么不同专业领域的人类文化典籍更是汗牛充栋、数不胜数。总览这些精神文明成果不难发现，绝大多数都是以文字来表达人类对于世界的认知和精神原创，虽然书中不乏图表和图画，但在文字与图像的编排和处理上，始终坚持以文字为主的原则，图像大多是作为文字的解读、注释和辅助资料出现的，不可能取代文字的核心意义。如果我们把每一篇优秀的经典都看作某种特殊叙事的话，那么人类历史上的任何文本材料，无论是生动活泼的故事，还是抽象晦涩的哲学著作、高深难懂的科技文献，都是在向人类“诉说”某种故事，都属于文本叙事的类型，都希望吸引读者耐心地倾听、吸收和利用。

文本叙事既有自身的优势，也有其明显的不足。无论是优势还是不足，都与文本符号的运用和结构有直接关系。文本以字母或象形符号为浓缩形式，表征人类的认知与见识、发明与创新、感悟与收获、过程与经验，高度凝练，隐喻性强，内容深刻，韵味无穷。文本叙事主要按时间顺序铺陈展开，以线性方式排列推演，随着事件或故事情节的延伸而逐步深化，强调历时性维度及描述性意义，有着鲜明的目的性和价值导向性。每个字母或文字都承载着特定的意义，它们是独立的符号单元。在使用这些符号时，我们首先需要准确理解它们的含义。此外，为了形成连贯的概念，我们需要将不同符号的意义结合起来，并通过读者或听众的逻辑思考，使它们在思维中相互关联，从而获得全面而深入的理解。因此，文本对读者的抽象思维能力、理解能力、想象能力和创造能力都提出了较高的要求。要理解文本，必须具备一定的知识储备，懂得专业的语法规则。不同文化水平的读者或听众在读书或听讲过程中，对文本内容的理解和把握存在较大差异，甚至会做出截然相反的评价。例如，古希腊诗人荷马的著名长诗《奥德赛》，描写的是英雄奥德修斯在特洛伊之战后胜利归乡的动人故事。阅读该文本的读者，需要对特洛伊之战有全面的了解，对“木马计”的提出背景和实际功效有更多的认知，还要了解雅典智慧女神对他的全方位庇护。这个文本叙事牵涉到广泛的古希腊文化知识背景，换言之，读《奥德赛》实际上也是在读懂一部古希腊民族战争史。否则，只能看到一个英雄故事的表层，得到暂时的神经兴奋和满足，无法深入历史的深层去把握英雄与古希腊的关系，不能正确评价奥德修斯的两面性。当然，如果读者或听众仅仅沉迷于故事的生动有趣，而不去把握故事讲述者的真实意图，不明白荷马为什么要"讲述"这个故事，那就失去了读书的根本意义。荷马是以故事为依托宣扬古希腊的传统美德——智慧、勇敢、节制、正义。奥德修斯正是智慧的化身、勇敢德性的突出代表。当然"奥德修斯的勇敢、忍耐和智慧又是服务于他对家族、故土的眷恋的，这就成就了他的家族、祖国之爱"①。至于史诗所宣扬的宿命论色彩，以及对于宗教的独一无二的虔诚和信仰，人在神的意志面前无能为力的被动性，这些糟粕在荷马史诗中也表现得异常鲜明，读者或听众必须对此有所分辨。受限于文化水平和理解能力，大多数人恐怕无法真正懂得这一点，浅尝辄止往往是绝大多数读者的误区。由此看来，文本叙事的局限性是十分明确的。这种局限性部分源于文本叙事本身的表达局限，即语言有时难以完全传达深层含义或真实感受，导致"言不尽意"或"言不由衷"的现象；同时，读者或听众的文化素养和理解能力也对准确解读文本或进行创造性思考构成了影响。

传统叙述主要是文本叙事，文本叙事主导地位的获得与确立，与文本在社会发展中的突出功能密不可分。即使在信息发达的智能时代，文本的描述、记载、传授和存储功能依然不可或缺，甚至无法替代。例如，某人在临出门前，把一些注意事项告知不在场的家人，最简单的办法就是留一张便条。工作场所发布的通知、告知等，也常常使用简洁的文字说明。读者只要有基本的阅读能力，就能在看到字条后马上明白其想要传递的信息。至于那些高深的哲学理论，更是需要专门的学习者（如哲学专业的大学生）才能懂得。当然，不理解晦涩的哲理并不会影响大众对文本的阅读，不会影响他们的生活与工作。有时候，我们更愿

① 宋希仁．西方伦理思想史．北京：中国人民大学出版社，2004：14.

意坐下来，静静地阅读那些富有哲理的、晦涩难懂的文本材料，它们引导我们进入超越世俗的、纯粹的精神世界，我们可以在其中尽情地、自由地沉思遐想，去感受阅读带来的特殊乐趣和精神慰藉。此时，文本叙事所调动的不是视觉器官，而是大脑的逻辑思维能力，如推理能力、判断能力和创新能力。也许，求知欲就是在这个过程中形成的。当读书成为人的某种社会本能的时候，离开文本叙事人们就感到无所事事，精神生活失去了皈依和指引。虽然我们每天睁开眼，看到的是一个五彩缤纷的具象世界，但是要把“心”之思、之想表达出来，还是要借助语言和文本的形式，无论表达用的是疑问句还是祈使句，是表达狂喜、悲伤还是表达郁闷、宽慰，以及各种复杂的情感体验，语言和文本无疑是首选的也是最重要的叙事方式。吉尔伯特·赖尔（Gilbert Ryle）曾说：“小说阅读者和爱看戏的人会感到发自内心的真正的痛苦和真正的鼓舞，正如他们会流出真正的眼泪、露出真正的怒容。但是他们的抑郁和愤慨是虚构的，这类激情并没有影响他们对于巧克力的胃口，也没有改变他们交谈的语调。”① 唯有文本或语言才能显示人的理性能力的独特优势，确立人之存在的最佳证据。能够运用文本叙事，讲述大千世界包括自己的生活故事，是人脱离动物界而成长为人的根本。

既然文本叙事之于人类生活如此重要，那么在当今时代，为什么会发生社会思潮传播的图像化转向呢？或者由原来的“文本叙事主导”转向“图像叙事主导”呢？这里需要对文本叙事与图像叙事进行比较，以社会乃至世界百年大变局的宏大视野把握信息传播的历史大趋势，然后才能洞察问题的实质，理解当今社会思潮图像化传播转向的根源。

（一）文本叙事与图像叙事之比较

1. 文本叙事与图像叙事的差异

文本叙事借助话语、文本、表意、词汇、句法、语法等传递信息和

① 赖尔．心的概念．徐大建，译．北京：商务印书馆，1992：128.

思想观念，形式复杂，结构严谨，内涵丰富。无论是纯粹的文学作品，还是历史叙述、科学技术文献，抑或是日常生活中的讲述，它们都需要遵循一定的语言和语法规则。这些文本对“讲述者”和“听众”的理解力、判断力以及其他综合能力提出了较高的要求，并且强调了双方互动的重要性。相应地，形成了语义学和语用学两个独立学科体系。任何文本都是抽象的、理论性较强的结论，不仅概括人类的某种经验事实，而且以特定的符号形式和载体表达个体或群体的思想、意义、价值观，需要通过心理联想和思维想象才能准确理解并把握其内涵。即使是简单的名词或句子，由不同的讲述者“说出来”，也会表达出不同的甚至截然相反的含义，对于听众来说也是如此。它的多义性或者歧义性，导致了理解上的纷乱和冲突。文本不是单一的文化元素，也不是孤零零的精神产品，而是与宏观的人类认知和实践连为一体的结构性存在，与思维方式和价值观相融合的精致的知识产品，历经千百年的认知积淀和文化实践逐步形成的、牢不可破的结晶体。“我们生活于其中的世界，可说是一个预先理性化了的世界。它是秩序和理性，如同那个设计出它并使它运动的智力是秩序和理性的一样。我们的日常生活，甚至最无足轻重的细枝末节，都要求对自然规律的不变性的冷静而完全的信任。”① 列维-布留尔称之为“智力稳固感”，即无论外界环境如何变化，都不会被打破且越来越成熟、越来越稳固而持久的思维模式。在普遍理性化的世界，文本及相应的逻辑思维才是最重要的认知工具，也是实践过程的基本诉求和必备环节。离开文本叙事，我们就失去了方向，变得寸步难行。文本已经渗透进我们的骨髓和血液，成为我们习惯化的思维方式和行为方式。无论它有什么样的缺点，我们的内心都钟情于它、依赖于它，将它作为方便实用的、区别于其他存在的工具理性。当然，阅读文本并非易事。伽达默尔在《真理与方法》中说过，读者唯有在与作者取得“视域融合”的前提下，才能获得对文本意义的真实理解。

① 列维-布留尔．原始思维．丁由，译．北京：商务印书馆，1981：350.

图像叙事以图像、影像、形象、景观等为传递信息和观念的载体，读图者在看到这些图像时，首先获得的是视觉的刺激，会有一种立体视野和空间延伸的感觉。在发生学视角下，图像思维更接近“原始思维”的本质，也就是人类思维的初级形态。在长期研究所罗门群岛土著的思维后，杜恩瓦尔德（Thurnward）得出了这样的结论：“在观察任何事物时，他们从来没有超越过对事实的简单记录。从理论上说，他们根本没有深刻的因果联系的观念。不懂得现象之间的联系——这就是他们的恐惧和他们的迷信的根源。”① 思维停留在感性的世界里，专注于事物和现象的表层，缺乏深度思维和抽象思维，就是低级的原始思维的最突出特征，正是这种智力样式塑造了原始人独特的“象形思维”。原始人愿意生活在现象的世界里，以图像来表达自己对世界的感受、认知和把握。如今大众对图像的热捧和崇拜，也许与人类祖先的原始思维遗存有些许关联，甚至可以说是思维进化中的“返祖”现象。固然，任何还原现象的发生都是有条件的、历史的。图像以其感性知觉的特质，直观、生动而具体地将“图像里的世界”一股脑地抛给读图者，大大缩短了读图者与“对象”之间的距离，给人一种鲜活的视觉生命体验。然而，我们不能简单地把当代认知思维向图像世界的回归视作回复，它是更高意义上的“回归”。因为在现代人的头脑中，表现最多的是抽象思维和图像思维的复合物，而非单一的抽象思维或具象思维。经历长久的理性主义时代后，在抽象复杂的逻辑思维（对应文本叙事）占据主导的前提下，对因果联系的把握、对必然性的深度思考、对本质和规律性的探索，使人们感到劳累、压抑和枯燥乏味，似乎掉进了一个深不可测的深渊。此时，大众更愿意放下内心的理性负担，代之以轻松、愉悦、活泼的图像思维——以浅尝辄止的心态，摆脱现实生活的压力，获得身心的解放。因此，图像思维不过是对过度化理性思维的纠偏，以纠正过于偏执的、近乎极端化所导致的空乏玄虚的世界。

---

① 列维-布留尔．原始思维．丁由，译．北京：商务印书馆，1981：351.

因此，充斥在当代生活世界中的影像视频，表现为一种“活态”的文化和历史，它试图消弭影像与现实之间的界限，将读图者直接拉进影像世界，使“看风景的人”转化为“风景的一部分”，这更像是思维进步途中的突然“逆转”——向原始图像思维（象形思维）的某种回归，一种形式上的类似与模仿。就思维的整体取向来看，图像叙事与文本叙事相比，前者无疑在社会思潮传播方面有着独到的形象优势。传播的实质是符号流动和意义交换，社会思潮传播的意图在于争夺受众，以诱导和劝服的方式促成其态度与心理的改变，使其认同传播源所主导的价值观，从而获得高效率的传播效果。图像叙事借助自身的优势制造热点话题，以活泼形象的思维放大舆论效应，吸引观众（读图者）的注意力，塑造人们的思维结构和价值取向。

第一，文本叙事属于显性传播，图像叙事属于隐性传播。文本叙事和图像叙事均为特定的信息传播方式，在传播学意义上并无根本区别，不过从性质来看，前者属于显性传播，后者属于隐性传播。显性传播就是在明确目的的指导下，选择恰当的媒介或载体，在公开场合有计划、有步骤地实施的价值传播方式。例如，思想政治教育专题讲座、报告会、演讲会等，即是文本叙事的显性传播方式。文本叙事以逻辑论证和理论说服的方式，向受众传播或灌输特定阶级的意识形态，以教育、引导、熏陶、同化社会大众，塑造受众的思维结构和价值观念，引导受众向主流意识形态看齐，以价值趋近与价值黏合的方式实施有效的人生观和价值观教育。在目前各国的高等教育中，文本叙事大多以显性教育方式呈现出来，为大众社会所熟知和认同，它是高等教育实践的主导性模式。当然，作为显性模式的文本传播，其运用实践是有条件的、具体的、历史的，其中，我国思想政治教育所倡导的“灌输”，对于文本叙事的显性传播具有典型意义。列宁曾说：“阶级政治意识**只能从外面**灌输给工人，即只能从经济斗争外面，从工人同厂主的关系范围外面灌输给工人。只有从**一切**阶级和阶层同国家和政府的关系方面，只有从**一切**阶级的相互关系方面，才能汲取到这种知识。”① 究其原因，是因为工

① 列宁全集：第6卷. 北京：人民出版社，2013：76.

人阶级社会地位低下、经济收入微薄、受教育程度较低，使其难以产生自发的科学社会主义思想，而没有科学社会主义思想的灌注和输入，就无法抵御工联主义、改良主义和机会主义等资产阶级思想的侵蚀，无法担当起改造旧社会、建设新社会的历史重任。因此，在特定历史条件下，以“灌输”为代表的文本叙事传播是有重要意义的。

随着网络信息技术的飞速进步，受众获取知识的渠道日益多元化，阅读习惯、思维方式和认知方式发生改变，传统文本叙事传播模式趋于式微，为更加符合受众心理规律、更趋完善成熟的隐性传播所取代。隐性传播强调人的思想、观念和习惯的养成，大多来自个体实践的点滴积累和自我成长，就像润物细无声一样，以含蓄的、隐喻的、潜在的方式产生影响。图像叙事传播是隐性传播的重要表征。例如，识字期的婴幼儿阅读绘本的过程，就是非常有说服力的一个证据。那些识字不多的婴幼儿，随意翻阅绘本，看似毫无目的的玩乐、嬉戏式的浏览，甚至还谈不上是浏览，只是随天性地把玩或撕扯，有时有意、有时无意地睥睨，那些精美的图画无形中渗入其幼小的心灵，给他们以示范、熏陶和引导，为其今后的人生道路划定了坐标。相比于文本叙事，五颜六色的图片、画像更能引发孩子阅读的欲望和兴趣。在保罗·维利里奥看来，目不转睛地凝视图像，从中得到些许愉悦和满足，是儿童的天性之一，他说：“这里有一种基本的东西，因为新生儿正在形成一种持续交际的图像，就从他的目光移动开始。”① 作为隐性传播的图像叙事，以更加开放灵活的姿态呈现在大众的世界里，例如，公交车上的公德图片、街头矗立的广告牌上的商品信息、公务大厅里滚动播放的招聘广告、电视荧屏上的化妆品宣传等。图像的传播效果虽然有延迟，甚至无法直接达成目的，但却能够与幼儿时期遗存的图像交际诉求对接，内在地、含蓄地、累积性地发挥潜移默化的功效。在目力所及遍地图像的时代，图像叙事的传播学效应是无处不在的。以往一篇抨击性的言论，会引发广泛

① 维利里奥．视觉机器．张新木，魏舒，译．南京：南京大学出版社，2014：16.

的争议和讨论。如今一幅图画艺术作品或一份视频资料，更容易彰显自身的视觉动感和非凡冲击力，在它面前真理和正义得以捍卫，虚幻不实的谣言不攻自破。那些原本枯燥乏味的文本，一旦进入图像生活领域，配上生动的身体语言和夸张的漫画动作，瞬间就能被激活，焕发出强劲的生命力。图像"活化"的不仅有画作本身，还有读图者的思维细胞和环境元素。"无声的摄像机让环境说话，正如人工记忆的实践者的做法，能让自己居住的住所说话，让自己演出的戏剧场景说话……观众并不从他们立刻看到的物体中制造他们的精神图像，而是从记忆中制造图像，就好像在他们孩提时代，用他们以回溯方式制造的图像填补空白，填充大脑。"① 图像叙事一反文本叙事的枯燥说教，代之以丰富多彩的视觉效果和动人魅力，对于读图者更具吸引力和诱惑力，也更符合社会思潮之牢牢抓住观众并试图劝服观众的意图。

第二，文本叙事传播的受众群体小，图像叙事传播的受众群体大。传播学意义上的受众，指传播能够影响的群体数量，有广义和狭义之分。广义的受众，包括直接传播的对象及后续的间接受影响者。狭义的受众，即直接传播的对象。比较而言，文本叙事传播的受众群体较小，原因在于受众的文化水平、理解能力不同，加上还有来自语言文字方面的壁垒。例如，在当今跨文化传播中，对传播语言的要求相对较高。这里的"跨文化"主要是指不同的政治国家和民族之间的文化交流。据有关资料统计，目前全世界大约有 3.75 亿人以英文为第一语言，有 3.75 亿人以英文为第二语言，二者加起来共有 7 亿多人。这些人能够用英文读写，理解英文传递的丰富信息，把英文作为传播和接收信息的桥梁。尽管如此，他们也仅仅是全世界 70 多亿人口中的较少数，因为还有约 63 亿人不懂（或略懂）英文，或无法使用英文顺畅地进行交流。这样看来，语言壁垒直接导致了对外交流（传播）的困境。此外，还有文化水平和理解能力的局限，风俗习惯、宗教信仰的差异和思维方式的不

① 维利里奥．视觉机器．张新木，魏舒，译．南京：南京大学出版社，2014：9.

同。即使在同一个民族国家内部，不同民族之间也存在语言、文化和风俗习惯上的差异。一些少数民族使用的方言俚语，如果从文本叙事传播来看，也是对外（超越地域和国界）文化传播中难以逾越的障碍。因此，原本区域性的文化现象难以获得广泛的传播。在宗教文化背景下，信仰的差异也是导致传播受阻乃至发生价值冲突的重要原因。当某种信仰根深蒂固的时候，其特定的受众会很难理解与接受"他者"对世界的理解和认同。尽管全球化已经作为文化纽带，将世界各国联结为相互依存的整体，但在思想文化和价值取向上，却表现为全球性与地域性、本土与外来之间的差异和冲突。

相反，图像叙事传播能够扩大受众群体。例如，商业活动持续引入了很多异域文化产品，特别是一些电视剧和电影，即便观众听不懂剧中的语言，这也不妨碍他们理解剧情或对内容产生共鸣。我们可以借剧中人的动作、姿态以及行事方式，面对纠结、矛盾、困惑时的态度，当时的场景和氛围等，来揣摩和理解剧情。随着我国对外开放步伐的不断加快，越来越多反映中华优秀文化的影视剧作品被输送到世界其他国家和地区。当地的观众也许不会说中文，也不一定了解悠久的中华历史，但对于中华民族辉煌的文化艺术成就，如京剧、武术、中药、文字、丝绸、折扇等，却能够心生向往和陶醉其中，进而感受到中华文化的博大精深、源远流长。从积极意义上说，图像具有跨越种族、地域、性别、信仰甚至风俗习惯的传播功能，以其巨大的穿透力、辐射力、影响力，推动异域文化的交流与互动，增进不同民族、不同国家、不同宗教背景人民的相互了解和认同，为人类文化交流和互鉴、吸纳和认同，创造了方便有利的条件。图像甚至成为人类的某种"共同语言"，为全世界不同肤色、地域、风俗、种族、语言、信仰、制度的人们架起了一座沟通的桥梁，拉近了彼此之间的心理距离。从消极意义上说，以图像视频等资料为符号的社会思潮传播，可能会以特殊的方式跨越国家地理界限，引发国际传播界的话语之争和权力之争，甚至导致"图像文化霸权"，从而加大防范和化解不良社会思潮风险的难度。当代国外社会思潮的传播，正是把握了当代人的图像思维和行为取向，以及信息化时代跨文化传播的规律。在《符号崛起：读图时代的意义游戏》一书中，西恩·霍尔强调指出："从电视中发出的声音比电话中发出的声音让人感觉起来更为遥远，并不因为其发音的方式有不同的特质（发音也许是一样的），而是由于电视中发出的声音并没有交流互动。"① 图像叙事强调电话与电视在传播信息方面的差异，批评电视画面不顾及观众的真实体验，一味作为"说教者"的"单向性"缺陷。要真正打动观众，进入他们的内心世界，获得他们对电视节目的心理和情感认同，就必须像普通人打电话那样，在随时随地的信息反馈中接纳对方的喜怒哀乐，在娓娓道来的深入交谈中强化彼此间的情感互动，以实现对话双方"交互主体性"的双赢局面。

第三，文本叙事传播速度慢、时间长，图像叙事传播速度快、时间短。一种叙事的传播速度与效率，往往取决于许多因素的复合作用，如社会交往的成熟程度、媒体技术水平、信息本身的影响力、信息发送者的权威性等。其实还有一个重要因素被忽视了，那就是信息符号的形态是文本还是图像。通常意义上，一些叙事类型，如"小说、电影、戏剧、歌剧、漫画、电视剧、卡通、传记等形式是我们最熟悉的"②。然而，阅读一部小说或传记作品，与观看一部电视剧相比，其过程存在着较大差异。读书必须专门抽出时间，安安静静地坐下来，聚精会神地专注于书中的文字，循着故事演进的内在脉络及转折起伏的场景，慢慢领悟书中讲述的内容和表达的意义。在阅读那些专业性很强的文本叙事时，内容的抽象度、专业性也会加大阅读难度，读者需要花更多的时间去理解和领悟。相比之下，我们可以边干活边听广播或看电视。听广播和看电视对知觉的集中度要求偏低，推进速度较快，耗费时间相对较

---

① 霍尔．符号崛起：读图时代的意义游戏．皮永生，段于兰，译．重庆：重庆大学出版社，2019：12.

② 同①147.

少。加夫里尔·萨洛蒙（Gavriel Salomon）曾说："看照片只需要能辨认，看文字却需要能理解。"[①] 对此尼尔·波兹曼的解释是："照片把世界表现为一个物体，而语言则把世界表现为一个概念。即使最简单的命名，也是一个思考的过程——把一样东西和其他东西进行比较，选择共同的某些特征，忽略不同之处，然后进行归类。"[②] 文字作为符号的表征意义，需要在眼球的密切注视下，将文字信息不断注入大脑皮层，再经过大脑的分析加工、提炼升华，形成对符号内涵的理解和认同。之所以如此，按照西恩·霍尔的理解，是因为它涉及故事的两层结构——从"表层结构"到"深层结构"的过渡和转换。故事的表层结构由具体的、细节的、特别的、经验的、字面的元素构成；而其深层结构则由抽象的、普遍的、一般的、观念的、隐喻的元素构成。[③] 对于显而易见的表层结构，人们在漫不经心的浏览中即可获取其中的主要信息，明了故事的梗概和主要情节；而对于深层结构，人们则必须借助抽象思维和想象力以及归纳提炼才能深度把握。

事实证明，影响叙事传播的最重要的因素是媒体技术的飞速进步及其成果的广泛应用。在麦克卢汉看来，自进入电力时代以来，信息传播的速度日益加快，传播的范围急剧扩大，根本原因是电的发明和广泛使用，不仅改变了信息传递的动力机制，而且更新了信息传播的渠道、质量和效率，使信息惠及的受众越来越多。电话的普及使远程信息传递（文本）变成现实，电影、电视将原本静态的图像"激活"，变成在银幕或屏幕上鲜活的画面，持续刺激着人们的视觉愉悦感和对新愿景的期盼，开启了透视世界的新渠道、新窗口。在这个意义上，"电"就是交通运输的轨道、桥梁，也是信息符号向世界传播的根本驱动力。无论是文本叙事还是图像叙事，作为信息传递的微观要素，都受益于以电力为

① 波兹曼．娱乐至死．章艳，译．北京：中信出版集团，2015：89.

② 同①.

③ 霍尔．符号崛起：读图时代的意义游戏．皮永生，段于兰，译．重庆：重庆大学出版社，2019：147.

基础的新技术时代的变革，从而得以不断拓展自己的价值和意义空间。不过，文本叙事与图像叙事在传播过程中的内在分化，归根到底与符号的形态相关。人们对文本资料的理解和应用，是无法从根本上脱离图像而孤立进行的。在希拉里·普特南（Hilary Putnam）看来，思想家大卫·休谟在其心灵理论中已经预设了一种所谓的"图像语义学"（pictorial semanties）。[①] 因为休谟已经洞察到事实与价值之间的分裂，并且想以自己的方式填补这个理论鸿沟。概念如果仅仅停留在理性认知层面，被作为抽象思维的工具使用，就无法应对来自多彩生活的挑战，实际上就是无用的存在者。"在休谟的心灵理论中，概念是'观念'的一种，而'观念'本身是图像式的。"[②] 因此，人们头脑中的观念比概念更有价值。遗憾的是，休谟的研究到这里就止步不前了，如果继续推进的话，休谟本可以解决事实与价值的两难选择的问题，即解决概念如何转化为观念的问题。当年休谟苦苦求索的难题，被如今的图像叙事轻而易举地解决了。必须承认，无论何种具体的文字形态，由于它本身的"概念性""抽象性"特质，都会导致"识字"远远难于"看图"，也就是说"看图"要比"识字"节省脑力，所以世界各地在开展儿童早期的识字教育时，通常都是让儿童用"看图"的方式来"识字"。这也告诉我们，相对而言，文本叙事传播速度慢、时间长，图像叙事传播速度快、时间短。

第四，文本叙事传播影响范围小，图像叙事传播影响范围大。范围的含义是边界、界限。传播范围是指信息可能达到的最远地理位置，这里的范围包括受众数量的多少、传播时间的久暂、传播空间的大小等，传播范围的大小是有条件的、相对的。如果将信息传播置于上层建筑的视域来看，那么信息传播范围在根本上就取决于特定社会的经济基础，特别是生产力的发展水平和性质。历史上，在前资本主义时代，低下的

---

① 普特南．事实与价值二分法的崩溃．应奇，译．北京：东方出版社，2006：16.

② 同①.

生产力水平、简陋的生产条件、落后的交往工具，决定了生产关系在总体上的落后状况。在封闭落后的小农经济时代，人们之间的交往单一、狭隘，交往对象相对固定，交往范围也非常有限，表现为获取信息的渠道非常闭塞。“鸡犬之声相闻，老死不相往来”是对这种狭隘人际关系的经典描述，背后起支配作用的是单一僵化的思维方式。在那样的时代，无论是文本叙事还是图像叙事，都只能在特定区域内流传，信息传播的速度很慢，要延迟很长的时间才能为更多的人所知悉。一些重要信息或重大事件，要经过很长的时间才能传播到更远、更广大的人群中去。正是在这个意义上，马克思恩格斯在撰写《德意志意识形态》时，把生产关系称作交往关系。文化能否跨越原生地理界限以及在何种意义上跨越，归根到底是由生产力的发展水平决定的。人们的思想观念、思维方式、实践领域也要受到交往关系的发育程度和交往形态的制约，因此“意识［das Bewuβtsein］在任何时候都只能是被意识到了的存在［das bewuβte Sein］，而人们的存在就是他们的现实生活过程”①。从根本上说，社会生产力的发展水平决定了人们的交往水平，决定了信息传播的范围。

如果说文化知识是后天教育培养的结果，那么人类对图像的依赖和对象形思维的运用，则是由人类先天携带的生理基因决定的。撇开原始人思维中的神秘因素不谈，单单把它作为人类思维发展过程中的特定阶段，就其作为“纯粹的”人类认知起点而言，那些研究原始人思维的人类学家所提供的素材和证据，也许比后天的科技成果更有说服力。世界首先是作为表象而存在的，“由于我们的意识简单地就是拥有什么客体的映像或心像，所以表象是被理解成认识的现象”②。这里的“表象”不是心理学的情感性，而是智力运用中的归纳与抽象，是一个作为哲学范畴的概念。它从另一个视角解释了在面对文本和图像时，为什么人们

① 马克思恩格斯文集：第 1 卷．北京：人民出版社，2009：525.

② 列维-布留尔．原始思维．丁由，译．北京：商务印书馆，1981：26.

会更乐意接纳图像，或者说在同等条件下图像传播范围更广、传播效率更高。旅行是许多人怀揣的美好梦想，也是个体的一种自主选择。广袤的平原、秀丽的山川、残垣断壁上的历史遗存，以及土著民族的舞蹈、篝火晚会，让旅行者既感受了不同的风俗习惯和宗教信仰，也了解到人类生活方式的多样性，而一幅幅活的“影像”也会永久地铭刻在旅行者的记忆中。这种身临其境的感性体验，是文本资料无法提供的。据说拉布吕耶尔（La Bruyere，Jean de）翻译古希腊泰奥弗拉斯托斯（Theophrastus）的《品格论》后，自己也写了一部同名作品，之后他解释道：“事实上人类就其心灵和情感而言，一点都没变；他们至今仍是那样，和泰奥弗拉斯托斯的时代没有区别。”① 他这样做是想通过写作体验的方式来揭示某种亘古的普遍性，满足自己认识人性的渴望。马克思主义认识论认为，认识是一个由感性认识到理性认识再由理性认识回到实践的上升的、前进的运动，在“感性-理性-实践”的认知上升链条中，感性阶段必须直面生动形象的实在，即“包罗万象”的大千世界。理性认识在抽掉“像”的多样性特质后，提炼出属于本质规律层面的“理”，即某种万变不离其宗的“一”。不过，这个“一”不是最终的目的和归宿，而是走向新的实践的桥梁，是可以更好地指导实践的工具。因为人们最终要回归生活、推动实践，继续面对不断变革中的“像”的世界。

第五，文本叙事传播间接作用于受众，图像叙事传播直接作用于受众。从文字创生的动机和结果来看，它与图像确实存在较大差异，且这种差异主要是“人为制造的”。图画是先天的、具象的，文字是后天的、抽象的。图像存在于经验世界，文本存在于理性世界。两种不同叙事模式作用于受众的方式存在较大差异。文本叙事进入读者的内心（精神）世界，首先，需要读者用眼睛去“看”或听他人讲授，即通过视听感官

① 托多罗夫．我们与他人：关于人类多样性的法兰西思考．袁莉，汪玲，译．北京：北京大学出版社，2014：3.

（眼睛、耳朵）和视网膜接收语言文字信息，这些信息传送到读者的大脑皮层，读者借助大脑对信息进行加工，之后才能“获悉”产品——文本叙事转换为读者可以理解、认同的内容。由于文本表现为纯粹概念、思想范畴和内在规律的抽象，转换为经验性的具体是一个复杂的思维过程，这个过程需要持续一定的时间，即表现为受众接收信息的延迟和滞后效应。在人脑复杂的思维运动中，要实现一系列“思维具体”向“感性存在”的时空转换，必须借助线条、轮廓、颜色、比例、明暗等图像化的形式和质料，以满足视觉思维“成像”的初级需要，它是文本传播走向大众的一系列“间接”要素。其次，作为理性的文本对外界事物的多重反映，有可能是正确的、恰当的，也有可能是扭曲的、错误的。即使是那些正确的反映，也不是简单的照搬照抄，而是深思熟虑后的理性化（rationalization），“这一过程是对被抽象化的细节的明显孤立状态的本质联系的再认识。因此，就抽象能在意识领域中被反转而言，理性化就是对抽象的反转”①。意识形成的复杂性及其成熟过程的矛盾性，决定了其作为文本转化为受众的接受效果注定是复杂曲折的反馈过程。关于人类意识的起源和进化过程，以往的生物学家和哲学家有过很多论述，他们从不同角度提供了许多有说服力的证据材料。与偏执于理性主义的一端相对立，经验主义更多看到问题的反面，对此福尔迈（Vollmer）认为，英国历史上的经验主义认识论传统已经对人的心灵的偏见有充分认识，例如弗兰西斯·培根就曾说过，“人的理智就像一面镜子，它不是从平面反映发光的物体，而是将自己的天性同事物的本性相混合，从而歪曲和损伤事物的本性”②。弗兰西斯·培根的结论不无道理，但也有极端化的倾向，事实上我们不能由于感性的缺点而因噎废食，也不能由于理智可能的误区就完全排斥它的存在。

图像叙事属于经验的范畴，当图像直接作用于受众的视觉器官时，

① 怀特海．思想方式．韩东晖，李红，译．北京：华夏出版社，1998：112.
② 福尔迈．进化认识论．舒远招，译．武汉：武汉大学出版社，1994：7.

眼球看到图画或视频影像，直接切入“主题”而无须附加其他条件，也不必经历转换过程的中介性因素。对于感官而言，直接感知是认识的起点和基础，然后才能进入表象和更高的层次。不过这里不是对“物”的感觉或直觉，而是对“图像之物”的感觉或直觉，我们姑且称之为次级感觉。人类经验的生动性和丰富性在这里发挥着主要作用。它摆脱了理性的枯燥乏味，代之以鲜活的、有强大生命力和感染力的立体形象，似乎眼前就是真实的存在，因而得到受众的青睐和追捧。此时，受众得到的是临场的“现实感”。恰如怀特海所说，“对现实的感觉就是对效果的感觉，对效果的感觉是朝向欲望满足的驱动力”①。心性欲望激荡着心灵内部的东西，如希望、恐惧、渴望、仇恨、企图、忧虑等复杂的情绪体验混杂在一起，把它们逐一引发出来，以期获得心灵深处的情感共鸣。图像给予受众的是细节式的碎片化体验，它引导人们专注于细节的清晰性，在某些具体情节上保持连续性，无视整体存在的意义究竟是什么。当然，亲近图像并不意味着“走进”事物，像当年睡梦中的庄子一样，迷失于庄周与蝴蝶之间，搞不清到底是庄周变成了蝴蝶，还是蝴蝶变成了庄周。无论是世界名画还是著名的电视剧，都是感性经验层面的文化成果，而非感性存在和对象本身——不是真实的存在，而依然是“第二性的”存在，是对真实存在的摹写和反映，归属于意识经验的范畴。不过，对于受众来说，丝毫不必顾及它是静态的图片资料，还是动态的影像连续剧，只要能够满足欣赏和沉浸的需求，就具有同等的价值。所以，图像叙事重视“效果论”，比如一些电视剧在播放过程中，关注的是收视率的高低、观众的态度及其欣赏趣味的变化。只要能够有效满足观众的欣赏需求，收视率高的就是“好节目”。因此，就媒体舆论来说，“劝服”观众的最佳方法就是不断制作出更加悦目的节目，来吸引更多人的眼球。图像产品的创作及其所取得的成效，与人们大脑思维的兴奋点有密切关系，与枯燥的文本相比，观众感到图像产品更具体

---

① 怀特海．思想方式．韩东晖，李红，译．北京：华夏出版社，1998：110.

生动、更实在，“但是意识，作为最生动的经验，并不满足于被遮蔽在面纱后面的对意义的无言的感受，它还要在自己的意识领域中寻找本质的联系”①。文本叙事讲究的是时间的延伸性秩序安排，让读者感觉到逼仄而压抑。与之不同，图像叙事的新颖之处在于，它不断转换思维视角，追求空间上的广延性和方位性的扩张，即提供另一种意义上的精神自由的发展空间。所以，对于受众来说，图像显得更新鲜、更有趣。在日常生活中，我们在阅读小说和观看电影时的种种体验，已经为此提供了实实在在的佐证。

2. 文本叙事与图像叙事的互补和交融

考察文本叙事与图像叙事的差异，并不是人为割断二者的内在统一性。从文字和图像各自的创生史来看，二者都是在人类交往实践中形成和发展起来的，不仅循着相同的线索逐渐推进，而且有着共同的演进规律。这一点可以从文字的发明中看出来。

自古以来，我国民间就流传着仓颉造字的传说。据说仓颉是黄帝时期的一名史官，平时负责记载史事、编纂史书等，在掌管和记录史料的过程中，他切身感受到结绳记事、刻木记事、图画记事的烦琐，决心发明一种更简便、更实用的记事符号。在黄帝的支持和鼓励下，仓颉通过洞察自然万物的变化特点，提炼人类实践和生活经验的精华，发明了以线条来阐释意义的符号系统，表达了人类对宇宙万物的感受和对意义的理解，伟大的汉字体系由此诞生了。仓颉被尊为中国汉字第一人，他对于华夏文明的贡献受到后人的颂扬。汉字的发明大体经历了从模仿外物到象形再到汉字三个阶段。从考古出土的甲骨文可以看出，商朝王室用于占卜记事，在龟甲兽骨上镌刻的文字，就是中华民族最早的文字形态。先民造字的方法主要是象形，还有指事、会意、形声、转注、假借等，显示出中华文明的独特魅力。《周易·系辞下》曰：“易者，象也；象也者，像也。”象即相像、相似，取物（人）之形的意思。像即物像、

① 怀特海．思想方式．韩东晖，李红，译．北京：华夏出版社，1998：112.

人像。象形即“比类取象”，对同一类事物（或人）的联系、性质和运动状态进行归纳提炼，分别归入不同的项目类别，每个类别有共同的名字，如将苹果、梨、橘子、香蕉等统称为水果，学理依据是不同的个体、状态或过程存在的相同点，或具有某些方面的共性，是对于共性或普遍性的反映。“夫象，圣人有以见天下之赜，而拟诸其形容，象其物宜，是故谓之象”（《周易·系辞上》），便是对这个过程的描述。寻求普遍性是科学和哲学研究的重要目的。在怀特海看来，寻求普遍性的思想习惯正是文明社会的本质特征，“世外桃源中的画眉鸟和夜莺能发出最美妙的歌声，但它们不是文明的存在，因为它们缺乏那种关于其行为及周围世界的普遍性的观念”①。文字的发明不仅构成文明的精神成果，而且极大地推动了人类文明（文化）整体的进步。无论是汉字还是其他字母形态，作为传递信息的成熟的文明符号系统，都不可能是某人在某时某地独创的，而是在几千年的历史演进过程中，无数代人不断总结自身实践和社会交往经验，反复修正、不断完善和补充后形成的，是人民群众集体智慧的结晶。

按照怀特海的标准，图像无论如何也不能被归入文明的范畴，因为图像并不寻求普遍性，而是描述某一具体的事件或场景。尽管图像存在于经验世界，缺乏完满的理性观照和重视，但我们依然认为，图像并不是实在（实物）本身，而是关于实在的经验性认识，它既存在于经验世界又超越了经验世界。在文字的创造和演进历史中，图像不仅是文字过渡的一个阶段，同样也是文字的一种特定形态，是人类文明的产物。你能说达·芬奇的《蒙娜丽莎》不是文明的成果吗？你能否认我国宋代画家张择端《清明上河图》的非凡历史意义吗？现实生活中的每个人，既离不开文字语言思维，也离不开视觉图像直观，因为我们对世界的理解是一回事，而我们的世界包括生活过程又是另一回事。康拉德·洛伦茨（Konrad Lorenz）曾说：“思维和直观形式同自在的现实之间的关系，

---

① 怀特海．思想方式．韩东晖，李红，译．北京：华夏出版社，1998：7.

完全类似于感官同外界、眼睛同太阳、马蹄同草地、鱼鳃同水等等关系……在图像与被反映的对象之间，在简化了的模式思维与现实事态之间存在的关系，或多或少是一种类推关系。”① 如果说文本叙事与图像叙事之“互补”来自人类抽象思维的一种特定表达，那么，现实中的双方则是相互交融、难分难解的整体，因为“互补”只是为了与“差异”对立，从而更清楚地表达人们对它的认知结论。社会化了的人和人类社会，无论是发明语言符号还是运用逻辑推理规则（在直接意义上，它们都是方便实用的工具），目的都在于对对象和事物或复杂的社会矛盾进行正确的梳理与推演，以此导出预期的结论。因此，“我们的认识能力是天赋的世界图像装置（Weltbild apparat）的效能，这种装置是在人的种族史中发展起来的，并且是对外在于主体的现实的一种事实上的逼近”②。无论是生物学研究的最新结论，还是现代心理学的争论和辨析，意图都是不断逼近对客观真理的把握。这里的真理不是神秘莫测的存在，而是客观世界的本来面目，即原本它“是其所是”——我们的世界是文字与图像相互交融的世界。离开文字或脱离图像，世界是无法存在的。不过，与文字符号相比，图像符号更为生动活泼，更加逼近宇宙和人类生活的原生态。

供儿童阅读的连环画，恐怕是世界各民族普遍认同的启蒙读物。从结构的安排来看，无论是人物故事类连环画，还是科学普及类、未来幻想类连环画，都由图画和文字两部分组成。每页占最大篇幅的是栩栩如生的图画，下面配有几行简洁的文字，以帮助介绍图画的主要内容和故事梗概。显而易见，图画与文字互补的叙事模式，是所有启蒙类读物版式设计的共同特点。“图文并茂”的版式设计，与儿童（特别是学龄前儿童）的年龄特点、心理诉求和认知规律相匹配。首先，绝大多数儿童识字量很有限，对文本阅读不太感兴趣，也无法依靠文本叙事进入内容

---

① 福尔迈．进化认识论．舒远招，译．武汉：武汉大学出版社，1994：29.

② 同①.

描绘的新天地。五颜六色的图案、栩栩如生的人物、生动活泼的故事，加上带注音甚至音响效果的文字解释，能够吸引孩子们的注意力，进而激发其阅读兴趣。其次，对图像资料的阅读和理解，需要具备基本的善恶评价能力、艺术鉴赏能力和审美能力，考虑到孩子们涉世未深、经验不足，辅助性的文字材料能帮助他们逐步深入解读图画的深刻内涵，在阅读与理解中获得人生观和价值观的启迪，所以图文并茂合乎他们的阅读心理和自然天性。最后，从认知规律来看，“儿童学习任何事情的最合适的时机是当他们兴致高、心里想做的时候，那时他们的精神既不懈怠，心思也不别有所注，不至于使得他们感到别扭与憎恶，这是无可怀疑的”①。随着科技进步和社会繁荣，最初黑白的连环画为色彩斑斓、造型别致、种类繁多的绘本书所取代，各种儿童学习类电子产品（如学习机、随身听等）琳琅满目、层出不穷。除了在学校读书之外，很多孩子回家后做的第一件事就是玩自己的电子产品或者打开电视机，调到自己喜欢的少儿频道，目不转睛地看动画片或童话故事。在绝大多数儿童的成长过程中，图像（甚至影视剧）和文本共同塑造他们的理想王国，给予他们无限的想象力和创造力，引导他们向往美好的未来世界。日常生活本身是图像和文本相互交织、相互叠加构成的世界。或许受制于社会条件或技术因素，或许为了某种特定的目的，人们有时候偏重文本叙事的意义，有时又偏重图像叙事的价值，但总体上不外乎图像和文本互动互补、相互为用。

费孝通曾说：“我们不断地在学习时说着话，把具体的情景抽象成一套能普遍应用的概念，概念必然是用词来表现的，于是我们靠着词，使我们从特殊走上普遍，在个别情境中搭下了桥梁；又使我们从当前走到今后，在片刻情景中搭下了桥梁。”② 在一般意义上，成年人的世界是理性的、思想的世界，也是经验的和习俗的世界，理性需求及其满足

① 洛克．教育漫话．傅任敢，译．北京：教育科学出版社，1999：52.

② 费孝通．乡土中国　生育制度．北京：北京大学出版社，1998：18-19.

与经验习俗相互交织，难分难解。不过总体来看，文本叙事在他们的生活中占据着绝对的主导地位，频繁的语言互动和文字交流成为常态。人在成年后，如果还一味盯着小人书看，会被看作幼稚（身心不成熟）的表现。这不仅是对读图（图像）文化的误解，也是对人性内在需求和身心发育规律的无知。语言文字交流的水平取决于个人的受教育程度，具体表现为识字量的多少、语言表达能力的高低。经济和教育落后的国家与地区的文盲会很多，若要求他们都用文字书写来表达，是不现实的。在与文盲交流时，对方除了能用语言表达，还会借助画图或其他方式来表达那些“说不出”的东西，虽然这种表达方式实属迫不得已，但只要对方能够理解图画的寓意，就能促成彼此间的正常交流和情感表达。必须承认，“文字所能传的情、达的意是不完全的。这不完全是出于‘间接接触’的原因”①。如费孝通所说，文本的意义与当时当地的环境相关，如果境遇转换到异时异地，可能会引起误解甚至完全相反的理解。为有效克服这个缺陷，有必要在文字旁附注图像，或以其他象征性的解说工具（如肢体动作、情绪表达等），作为对原有文字的注释或补充。“语言只能在一个社群所有的相同经验的一层上发生。群体愈大，包括的人所有的经验愈繁杂，发生语言的一层共同基础也必然愈有限，于是语言也愈趋于简单化。”② 尊重文字语言的社会地位和重要功能，并不是认为它能解决一切交往难题。在这里，虽然费孝通没有提及图像符号的地位和意义，也没有深入分析未来图像是否可能超越文本、取代文本，在信息传播中跃居主导地位，但鉴于他对文本叙事不完善性的深入分析以及对人类信息传播规律的超前认知，可以说他对未来技术时代的人际交往和信息传递已经做出了某种预见。费孝通指出：“当我们有了电话、广播的时候，书信文告的地位已经大受影响。等到传真的技术发达之后，是否还用得到文字，是很成问题的。”③ 在当今时代，各种现代化的通信

① 费孝通．乡土中国　生育制度．北京：北京大学出版社，1998：15.

② 同①16.

③ 同①.

工具日新月异、层出不穷，信息传递方式也越来越多，各种读图类文化产品兴旺发达，文本叙事走上了一条逐渐被边缘化的道路。此时，信息传播由文本叙事主导转向图像叙事主导也就成为一种历史的必然。

（二）历史性跃迁：由“文本叙事主导”走向“图像叙事主导”

1. 新媒体时代的“读图游戏”

新媒体（new media）是 1967 年由美国哥伦比亚广播电视网（CBS）技术研究所所长 P. 戈尔德马克（P. Goldmark）率先使用的概念，至于其确切内涵是什么，目前学术界并没有得出一致性的结论。一般来说，“新”与“旧”是对立的概念，就媒体而言，“旧”专指传统媒体，即报纸、杂志、广播和电视四大类媒体。在现代人的生活中，这四大类媒体逐渐退潮、被新媒体占据大部分市场份额。新媒体是在现代技术（如数字技术、网络技术、移动技术等）的支持下，借助互联网、卫星、无线通信网等新的传输渠道，以及电脑、手机和数字电视接收终端而出现的新的媒体形态，表现为数字杂志、数字报纸、数字广播、移动电视、网络视频、手机短信、桌面视窗、数字电视、数字电影、触摸媒体等。简言之，新媒体也可被称为“数字化媒体”。由于新媒体是在传统媒体基础上发展而来的，是对传统媒体的某种突破和创新，所以有人把它称作“第五媒体”。本书赞成使用“第五媒体”概念，因为它突出了“新”与“旧”之间的传承关系和发展脉络，以及媒体进步与技术进步的内在关联。作为信息传递的工具和平台，“第五媒体”与四大类媒体并无实质性区别，即在“第五媒体”时代，报纸、杂志、广播和电视依然有存在的必要性与合理性，只是大众对媒体的偏好和阅读趣味发生了变化，在互联网极大普及和人人使用智能手机的今天，“第五媒体”更受大众青睐。

与传统媒体相比，新媒体究竟“新”在哪里？是技术手段新、载体形式新，还是传播理念新？或者说这三个方面兼而有之，是一种综合性的创新产品？学界有人对新媒体提出了如下观点：

第一，价值。媒体首先具备信息传递的价值，新媒体也不例外。不过与传统媒体相比，新媒体改变了受众的接受方式、传播的时间与空间，创新了传播条件，提高了传播效率，等等。无论是受众、时间、空间还是条件等因素，都不是单一地存在于媒体中，而是在具体的传播过程中相互交融、共同作用的。在商业社会，媒体是好是坏，首先要看其能否经得起市场的考验，即能否真正为消费者（受众）所认同与接纳，成为他们生活的一部分。消费者（受众）才是评判各类媒体好坏的根本因素。被评判为好的媒体，必定是能够正确认识消费者（受众）的心理诉求，准确把握其心理节律、个体喜好而又能够不断与时俱进的媒体。这就要充分考虑外在社会环境和内在需求两个方面，媒体的消费者（受众）作为社会存在物，其心理变化的特点和内在精神需求，归根到底受社会大环境变革的影响。外在环境的变动投射到个体心理层面，激发或塑造了其心理变化和需求的变革，从而形成消费者（受众）对媒体价值的评判，甚至导致在生活方式等细节上的追随。比如，一部热播的电视连续剧，收获的不仅是大量观众的喜爱，还有他们对剧中人物的褒贬，对剧情的评价，甚至对主题歌的传唱，以及随之而来的“造星”运动。表面上这是电视剧本身的成功，背后其实是媒体价值的充分显现和不断增值，这正是新媒体的独特优势。

第二，原创性。新媒体之“新”，最主要体现在与时代合拍，即持续性地反映时代进步、技术革新和社会发展的客观诉求，并通过媒体文字或视频及时准确地表现出来。能够体现时代进步的作品，才是真正的“原创”。按照后现代的理解，“绝对地新”是一种时代需求，也是新媒体义不容辞的职责和使命。例如，分众传媒、聚众传媒、框架传媒等被视为富有原创性的新媒体，之所以能够引发舆论界的广泛关注和受众的重视，不仅仅是因为它们在形式上的巧妙嫁接，更是因为其在媒体理念上的革命性变革。它们之所以能够切中市场的脉搏，走进受众的内心，最重要的是踩准了信息技术进步的节拍，在准确“把脉”的基础上做到了“对症下药”。

第三，效应。受众才是媒体的生命，也是媒体的根本着力点，只有抓住受众、凝聚受众、引导受众，才算得上是成功的媒体信息传递。抛开其他媒体要素不谈，单纯对“媒体-受众”进行二元分析，不难发现二者之间是互为因果的关系。良性的媒体运营能够有效吸引和影响受众，进入受众的生活（生命）世界，实现媒体设定的价值目标。反过来，受众生理和心理上的细微变化，感知能力和理性判断水平的提高，都会对媒体及其运营提出更高的要求，推动媒体从形式到内容的全方位变革。丹尼尔·贝尔告诫我们，“印刷文化是线性的，视觉文化是同步发生的”①。这对于我们理解视觉图像的影响力非常富有启迪意义。

第四，生命力。这里的生命力被理解为媒体价值的周期，即媒体生命力的时空范围。在特定的媒体技术条件下，市场需求无疑是最大的变量，因为受众的认知和偏好是不确定的，如何在复杂多变的市场环境中取胜，将是新媒体的生存之道与发展方向。如今面对百年未有之大变局，保持不败的业绩，做到以不变应万变，将是新媒体未来发展的关键点。

上述观点无疑是非常有道理的，然而它们却忽视了一个显而易见的问题，即新媒体时代符号指称方式的变革。消费者（受众）接受媒体信息的个体偏好与趣味，与视觉符号的呈现方式有直接关联。在西恩·霍尔看来，新媒体时代的显著特色是符号的崛起，严格来说是图像符号的崛起。文字是一种符号，图像是另一种符号。在最原始的意义上，文化是图像与意义之间关系的解说实践。从词源学来看，符号学来自希腊文 semeiotikos 一词，原义为“符号的解说员”，“符号对人类生活至关重要，因为它承载了人类所有的沟通方式”②。只要稍微用心去观察，人们就不难发现自己周围的一切都直接或间接与图像符号发生着关联。比

---

① 贝尔．资本主义文化矛盾．赵一凡，蒲隆，任晓晋，译．北京：生活·读书·新知三联书店，1989：121.

② 霍尔．符号崛起：读图时代的意义游戏．皮永生，段于兰，译．重庆：重庆大学出版社，2019：前言 1.

如，某人眼球上有一块小黑斑，这预示着身体的相应部位患了某种疾病，而苹果表面上的黑斑，则预示着这个苹果部分地坏掉了，不可食用了。符号（图像）的意义不仅取决于我们看到的内容，而且还取决于它使用的环境或组织起来的结构，以及我们阅读它的不同的语境。那么，究竟为什么视觉图像文化能赢得大众的青睐，或者说，为什么当今图像符号在人类的交往和信息沟通上大有取代文字表达之势？必须从两个角度进行深入分析：一是生活本身的视觉化态势，二是新媒体呈现方式的变革。

人原本就是一种视觉性存在，在人的面前通常有三类现象：事物、文本和图像。人对三类现象的把握，首先是通过视觉感知实现的。事物的外形、颜色、质地、大小、长短等要素，作为信息刺激人的眼睛进而使人形成感觉。文本主要是文字形态，无论是西文的字母还是方块形的汉字，都是人类理性思维抽象化的结果。人们阅读这些（字母、汉字）文本时，需要借助眼球的反射机能，逐字逐句地捡取其中蕴含的信息，再经过大脑的加工制作，最后得出完整的感性认知结论。图像类似于客观事物，不仅存在于开放的空间环境，而且富有形象和逼真的特点，自1895年卢米埃尔兄弟发明电影以来，人们对这种新鲜的、动态的、充满活力的表现形式趋之若鹜，其中似乎隐藏着某种魔力。相比于枯燥乏味的书籍，绝大多数人更愿意沉浸在电影之中，它天生的魔力、魅力和吸引力，并不来自电影本身的信息传播方式，而是来自人类对长久理性主义说教的厌倦和对新的认知模式的渴求。20世纪初，美国匹兹堡出现了全球第一家“镍币影院”[①]，它采取全天候滚动播出的形式，满足了大众对电影的渴望。“到1910年，‘镍币影院’的生意达到了顶峰，年收入达到了9 100万美元，每周平均有2 600人光顾。”[②] 视觉化（图像化）的魔力由此可见一斑。继美国之后，丹麦、荷兰、意大利以及俄

① 镍币影院，电影业发展初期美国电影院的通称，因入场费只需一枚五分镍币而得名。

② 康军民，刘金洁．欧美时尚100年．济南：山东画报出版社，2009：21.

罗斯等国开设了多家影院，同时电影制作技术也日臻完善，原来的无声电影变成有声电影，黑白影片变成彩色影像，随着立体电影的问世，荧屏上的画面更加逼真、更加精美。后来发明的电视机，被人们形象地喻为“家庭影院”。只要经济条件许可，人们都愿意付出相当的财力购置一台电视机。电视的优势在于，个人对于频道调节、节目选择拥有绝对的支配权，满足了个性化时代公民的需求。人们可以利用茶余饭后的闲暇时光，坐在电视机前，静静地观看自己喜欢的节目，与剧中人物无声地交流。电视机的广泛普及标志着视觉化时代的来临。

新媒体彻底颠覆了以往的信息传播模式。它以数字化的崭新形态将尘封已久的历史文物、枯燥乏味的文本、即时发生的事件、世界各地的新闻、娱乐明星的绯闻等转换成数字模式，并通过网络传输送达每个人的智能手机。知识变得越来越廉价，获得它不费吹灰之力。一切都变成某种流行“时尚”，大众在日常生活的每个领域，随时都可以追逐这些时尚并以此为荣。按照马歇尔·伯曼（Marshall Berman）的理解，现代性是一种情绪体验。它给大众承诺的是快乐和幸福的美好理想。① 当体验作为新的认知范式时，它就会转化成一面透镜，过滤生活中一切有碍体验的元素，倾向于将体验对象作为中心。当今时代，与文本相比，图像、图片和视频资料更能激发个人的强烈体验情绪。波德莱尔（Charles Pierre Baudelaire）用“短暂、瞬间即逝和偶然”来隐喻资本主义现代性；在西美尔（Georg Simmel）看来，没有什么比“时尚”更能体现转瞬即逝的“流变”了，因此，利奥塔使用“流变”一词来指称现代性的特质。从最一般的意义来看，“时尚”即“潮”，“潮”是悬浮在社会表层的、瞬息万变的东西。“在 20 世纪 50 年代的欧美国家，随着大众生活条件的不断改善，越来越多的人认同时尚的价值，追随流行时尚急速变幻的步伐，各种各样的‘时尚达人’‘时尚弄潮儿’也迅速

---

① 伯曼．一切坚固的东西都烟消云散了：现代性体验．徐大建，张辑，译．北京：商务印书馆，2003：导论 15.

崛起。从初创于美国的《时尚》杂志陡然间获得热捧，到令人炫目的'巴黎时装周'上的定期发布会；从流行的服装款式、家居风格、美容美发，到休闲度假、娱乐购物等，时尚似乎已成为人们急切想要拥抱的、主导性的崭新的生活方式。"[①] 大众体验的目的是获得快乐和幸福，哪怕是转瞬即逝的快感，这是一种社会表层化的发展趋势。对于诸如此类的图像化、视觉化体验的诉求，数字化媒体统统都能满足。因此，在"技术-娱乐"的现代资本主义社会，图像文化的兴盛与社会整体的表象化趋势是分不开的。

2. "游戏说"与图像认知新模式

在西方思想史上，"游戏说"是作为艺术活动的本质而被提及的，它构成席勒《审美教育书简》的核心思想。在席勒看来，人类的艺术活动是无功利无目的的自由游戏。究其原因，人先天具有游戏的本能和冲动，无论时代如何变迁，技术条件如何发达，这种本能都会以各种方式显现出来，艺术便是由此产生和发展起来的。由于游戏具有自由和审美特性，发自人性的最深处，所以席勒把游戏贯穿于审美教育之中，提出了独到的"游戏说"。按照这种理解，艺术家绘制图像的文化实践兼具游戏和审美的双重特性。一方面，制图者（包括艺术家）的创作活动表现为本能性游戏的延伸，即自由自在地、毫无功利目的地率性而为，无论是千奇百怪的涂鸦作品，还是世代传承的经典名画，都是人的本能的自发流露，这些作品都彰显了个人的天赋才华和创造能力。另一方面，对自己制作的图像类作品，就像自己经历千辛万苦孕育的孩子一样，制图者倍加珍爱并充满成就感，此时已经上升到心理愉悦和生活审美的高度。对于不同时代的思想家来说，人的天性是弥足珍贵、不可多得的财富，是大自然赋予人类的宝贵财富，而游戏的本能和冲动无疑是天性的最佳保留方式，教育者必须懂得它的存在及意义，努力开发和利用它的先在价值。

① 程立涛，曾繁敏．欧美波普享乐主义思潮研究．北京：民族出版社，2019：62.

在新媒体时代，随着符号文化的崛起和表征方式的日趋多样化，西方传统的“游戏说”被赋予了新的内涵。西恩·霍尔借助对符号文化的研究，提出了读图时代的意义游戏理论，形成了图像认知新模式。从柏拉图开始，人类对真理的感知就被镶嵌在“理念论”之中，强调感觉世界是对理念的反映，诸如艺术类的画作不过是理念的摹本和对真理的感知，由此艺术只能属于第二级或第三级的存在。不过，由于艺术家领悟的东西太过含糊不清，所以即使有灵感的艺术家，也无法对所见做出恰当的解释。① 为达到完整的、清晰的真理性认知，人们必须超越粗俗的、片面的、简陋的感性认知，走向更为高级的、完备的理性认知。为此，思想家笛卡尔开启了西方理性主义知识论的传统。后现代思潮抨击理性主义对人性的压制、对知识的裁决、对行为的极端化做法，要求回归情感和意志的世界，在此背景下，以利奥塔、德里达、巴拉兹等图像派学者为代表的视觉化（图像化）文化研究勃然兴起。这与其说是新的文化类型，不如说是新的图像化认知模式的建构。英国学者西恩·霍尔撰写的《符号崛起：读图时代的意义游戏》，是对建构图像认知模式所做的有益尝试。他尝试使用“游戏”概念来解读图像时代的认知实践，从理论上讲，颇有一种向人类原始认知回归的意思。这种回归不是简单的“回复”，而是在更高意义上的感性与理性重新综合的升华。法国学者保罗·维利里奥在《视觉机器》一书中另辟蹊径，运用翔实完备的第一手材料，从各种先进视觉机器的发明和使用出发，对图像时代的视觉化认知做了深入浅出的解读。

随着现代视觉技术的不断革新和视觉工具的进步，传统意义上的线性认知模式渐趋萎缩，新的视觉化立体认知模式蓬勃兴起。视觉化认知是与图像时代相适应的新的认知模式。在《视觉机器》一书中，保罗·维利里奥指出，自 18 世纪以来，图像作为主体认知和揭示世界变革的

---

① 希尔贝克，伊耶．西方哲学史：从古希腊到二十世纪．童世俊，郁振华，刘进，译．上海：上海译文出版社，2004：65－66.

重要方式，与视觉技术进步的不同阶段相适应，表现为三种不同的逻辑形态，即形式逻辑、辩证逻辑和反常逻辑，它们分别对应绘画、雕塑和建筑时代，摄影和电影时代，以及全息摄影、视频通信和计算机制图时代。① 图像的形式逻辑时代，表现为以人的先天视觉和眼睛观看为主导，艺术主体大多机械、片面、直观地描述和复制客体的创作活动。在图像的辩证逻辑时代，随着视觉机器的不断涌现及其对人类视觉的弥补、延伸与创新，时空元素发生了某种扭转、叠加与重组，主体对客体的把握呈现出视觉化的认知跳跃。当今全息摄影、视频通信和计算机制图等智能技术的广泛运用，催生了一种崭新的“机器想象”，传统人类知觉逐渐为数字化知觉所取代，开启了“人机互融”式视觉化认知的新模式，引领图像史步入反常逻辑时代。视觉图像在当今生活世界的急剧扩张及其演进的逻辑路径，是以先进的视觉技术及其成就为基础的，并围绕从“视觉认知”到“视觉化认知”的轴线逐步展开。在这个过程中，艺术家的认知（创作）主体或隐或现，以不同的方式引导着图像的功能和意义的展示。视觉新技术在给人类认知及生活世界带来诸多便利的同时，也给传统视觉认知的信仰、主体性的意义以及人机关系带来了严峻挑战。

3. 叙事的视觉化趋势与评判

在数字化媒体时代，信息传递的方式和内容越来越多样化，对信息符号的需求也在不断增多。传统意义上单一的文字或图像，已经无法适应新媒体变革的要求。作为视觉符号的各类图像视频，以游戏的、娱乐的轻松活泼叙事方式，主导着当代叙事发展的总体格局，然而这并不意味着严肃的、理性的叙事模式从此失去了存在的意义。鉴于新媒体对符号表达的复杂诉求，图像主导下的各类媒体信息大多是以图像与文本相互交融、相互补充的方式呈现出来的，这无疑是一种更高级的图像与文

① 维利里奥．视觉机器．张新木，魏舒，译．南京：南京大学出版社，2014：124.

本的叙事综合。如前所述，叙事模式的演进归根结底取决于社会发展的程度和水平，并严重依赖新媒体技术进步所取得的成果。西恩·霍尔目睹符号崛起的时代大潮，透过遍布于生活领域的图像流，分析和阐释读图时代的意义游戏，考察作为视觉符号的图像究竟因何“走红”、这种崛起意味着什么，以及可能给大众社会带来什么样的影响。毫无疑问，当今大众对图像资料的依赖（购买、消费）是前所未有的。视觉图像或电视（手机、电脑）引导人们沉浸于娱乐性的游戏和盲从之中，深刻影响和改变了人们的生活方式、生活内容甚至生活意义。无处不在的图像流，不仅使图像泛滥成灾，而且隐含着生成“图像霸权”的潜在威胁。对于大众来说，很少有人理性地关注和思考其中潜藏的诸多威胁，更谈不上自觉地防范和抵制其可能带来的危害性后果。大众在影视面前的喜怒哀乐，已然成为尼尔·波兹曼、西恩·霍尔、保罗·维利里奥等视觉文化学者洞察娱乐时代和图像危害的第一手素材。在一个高度信息化和图像化的时代，大众所热衷的图像恰恰是潜伏在他们身边的最危险的凶手。在《娱乐至死》一书中，尼尔·波兹曼对此发出了深刻预警。

不同的叙事都在抢占数字化的先机，都在利用新媒体提供的绝佳条件，发挥自身的优势去争夺媒体受众。当今西方社会，大众对政治的、严肃的、公共性的话题表现出莫名的厌倦，而对娱乐的、轻松的、私人性的话题有着极大兴趣。人们更愿意在一个自由的空间，找到那份属于自己的“私人利益”，在想象中独自地、不受任何干扰地享受精神生活的意义。这就是查尔斯·泰勒（Charles Taylor）所强调的“私人空间”的重要性。① 读图时代的到来以及图像作为生活消费品，不仅支持传统文本叙事向现代图像叙事的顺利转换，而且极大地满足了公众对“私人空间”的迫切渴求。从图像产品的供求关系来看，无论是电影、电视还是手机视频资料，以及其他媒介终端的视觉信息产品，都是以普通商品的面目出现在大众面前的，并且在叙事数量上占有绝大多数的份额。有

① 泰勒．现代社会想象．林曼红，译．南京：译林出版社，2014：89.

资料表明，当今社会约 70%的信息都是通过阅读图像获得的，图像叙事不仅主导着大众的审美情趣，塑造着他们的外在形象和思想观念，而且向大众传递多种多样的信息，以自身的方式建构人们的生活态度和生活方式。正是在这个意义上，麦克卢汉和巴拉兹等西方学者将图像媒体化视为现代与后现代的分水岭。尽管图像对于大众生活的意义自古就有，并不是什么新鲜事，但如此大规模地生产和消费图像，图像叙事媒体化呈现出来的迅猛发展态势则是前所未有的。1994 年，美国学者米歇尔和博姆率先提出了文化的“图像化（视觉化）转向”问题，强调当代文化是以图像为轴心进行建构的。1998 年，我国学者钟洁玲率先使用“读图时代”概念。来自不同国家、不同专业领域、不同研究方向的众多学者之所以在叙事图像化方面达成了普遍共识，正是因为看到了新媒体时代不可逆转的大趋势——文化叙事的视觉化、图像化作为潮流正在形成。

辩证唯物主义认为，规律是不以人的意志为转移的必然性，人们只能认识规律、顺应规律，而不能改变规律。目睹娱乐时代大众的忘情狂欢及其存在的诸多弊端，思想家凯利·詹姆斯·克拉克（Kelly James Clark）呼吁大众重返理性，试图以此作为对图像时代所造成的非理性泛滥的反动，为理性和信仰上帝做辩护。[①] 然而，这种呼吁能否得到实质性回应，以及在何种意义上有回应，目前尚看不到任何痕迹。在图像化风头正盛的新技术时代，凯利·詹姆斯·克拉克的做法无疑有悖逆潮流而动的嫌疑，因而无法得到回应是可以理解的。试想，在几乎家家户户都拥有电视机、把电视娱乐作为重要休闲方式的时代，严厉反对人们看电视、追逐视觉时尚，放弃对“美好生活”的享受注定是行不通的。也许尼尔·波兹曼的做法更可取，他虽然曾在《娱乐至死》一书中以幽默诙谐的口吻，对美国的娱乐业尤其是图像和电视文化极尽讽刺挖苦之

---

① 克拉克．重返理性：对启蒙运动证据主义的批判以及为理性与信仰上帝的辩护．唐安，译．北京：北京大学出版社，2004：17.

能事，以此警告世人在图像视频面前保持足够警惕，切莫成为它的奴隶而丧失了自我，伤害自己的个性、尊严和自由，要大众学会独立思考和理性判断，在日常生活中与媒体保持足够距离，必要时应关闭电视、走出影院，到户外享受大自然的馈赠，但没有武断地号召人们拆毁影院、砸烂电视、关闭网络，完全切断自己与媒体的关联，退回到“原始丛林”的状态。人们在任何时候都不能忘记，自己是拥有能动性的主体，是变革环境的最重要的力量。面对图像大潮的入侵，我们必须充分发挥自身的主观能动性，做到扬长避短、为我所用。

当今人类认知理论的不断创新，缘于光学技术的进步和视觉化认知实践。从“视觉认知”到“视觉化认知”的跃迁，符合人类认知进步和发展规律。与认知实践及其技术的飞速发展相比，已有的认知经验和认知理论永远不够用。现实要求我们必须直面视觉技术革命的现状，循着“视觉假肢”介入认知不断深化的轨迹，在对认知客体的把握上，实现从事物向图像、从空间向时间（瞬间）的根本性转向，逐步揭开“身体之谜”“艺术之谜”“技术之谜”“主体的碎形化”“路径存在”“机器想象”等新现象；通过变换思路、打破边界甚至反转思维，以全新的视角去认知与把握其中的矛盾、疑难和困惑。面对数字化时代的认知机器，图像化发展的时代潮流，我们必须着眼于人与机器之间的复杂关联，以“人机互融”“人机一体”的新思路去捕捉、透视其中的蛛丝马迹、现象碎片，不断激发自我灵感，通过持续积累的认知经验、升华的认知规律，在反复试错中解决视觉化认知过程中出现的诸多问题，以人为中心自觉推动技术化视觉化认知实践的进步。我们要站在马克思主义哲学主客体关系的立场上，将事物与图像、现实与虚拟、看与非看、逼真与非逼真等新的矛盾范畴，纳入哲学认识论思考的领域内，探索数字化认知的特点、规律和趋势，创造富有时代特色的视觉化认知新范式。

要密切关注并充分估量视觉化机器对主体及其精神世界的潜在风险。计算机辅助知觉和机器视觉技术的进步，已成为不可阻挡的新的时代潮流。以往只有通常意义上的世俗世界、宇宙客体，才能被认定为属于人的世界。如今新光学技术打造的新认知环境，不仅是人们从未见过的，也是人们从未想象过的异样的世界。沉浸在新颖、高效而便捷的“视觉机器”世界里，由“它”替代我们去“观看”世界图像的奥秘，开拓更美好的人类生活远景，很容易忽视技术带来的消极后果，及其不断累积的风险，如机器导致“文盲和失读症患者与日俱增”[①]，因过度依赖机器而造成的人类认知的僵化、麻痹乃至认知能力的退化。视觉认知的数字化意味着主体的抽象化和不断“退场”，以及对主体本能的“看”与“观察”的远离。人类的本能是弥足珍贵的，不可以全部为技术元素所替代，如今先进的技术工具和认知手段的反复使用，使主体对工具的依赖度提高、本能趋于弱化乃至丧失，致使“一切感觉在此化约成视觉幻象”[②]。人类感官处于一种技术性迷茫状态，原来意义上的“真实”遭到质疑甚至被虚拟化。我们虽然不能因噎废食，不能人为阻止视觉技术进步，无视它给人类带来的福祉，但也不能放任机器泛滥，给人类造成负面影响。如何在维护人的尊严和主体性、努力创造生活意义的过程中恰当地运用视觉机器，就成为学术研究重点关注的话题。

如今，图像既是大众化的社会文化现象，也是特定的价值观和政治意识形态的有效载体。保罗·维利里奥从婴幼儿对“持续交际图像”的依赖，看到人天生对图像情感具有内在渴求，多样化的图像能满足人对安全感、惬意和幸福的需要。在被图像流围困的当下，既需要尊重人依赖图像的天性，也需要对此进行正确引导。当今数字化技术时代，已经不再有纯粹意义上的绘画、素描或雕塑，各种合成的图像和影像视频不仅融合了技术仿真的机械元素，而且与世俗的利益链条紧密捆绑在一起，成为一幅幅现时代的商业广告和粗俗的招贴画。一些艺术家屈从于生存和商业目的，迫使图像成为资本主义利益集团的代言人。被利益裹挟的艺术图像越来越形式化、虚拟化，服从于自身之外的其他潜在目的

① 维利里奥．视觉机器．张新木，魏舒，译．南京：南京大学出版社，2014：19.

② 维利里奥．消失的美学．杨凯麟，译．开封：河南大学出版社，2018：165.

（如政治教化、价值渗透等），从而加剧了艺术作品和艺术家自身的异化。智能机器和图像合成系统“如今是占主导地位的统计式思想的再现方式，由于有众多的数据库，图像系统不久将促成一种最新说理方式的成长”[①]。大众的思想观念在不知不觉中受其操纵和控制。为此，保罗·维利里奥警醒世人，因视觉化而不断提高的图像透明度，远程传播的电子光学艺术作品，具有“远距离聚集个体的反常能力”[②]，通过“强化细节就能让人相信任何事情”的巨大诱惑性，极大地便利了不同时空下反社会思想的非法积聚，其潜在的政治意识形态威胁和破坏力是惊人的。无论是政治的、商业的图像，还是技术的、拜物教的图像，都不可能仅仅反映图像本身的内涵和价值。因此，在被图像流包围的宏大场景下，保持足够的警觉并努力避免图像对人的误导和腐蚀是重要的生存策略。

---

① 维利里奥．视觉机器．张新木，魏舒，译．南京：南京大学出版社，2014：146.

② 同①128.

第四章　图像叙事与国外社会思潮传播的运作机制和过程

探讨图像的跨文化传播、交流与互动，以及国外社会思潮传播的运作特点和价值，需要深入考察全球化背景下不同民族国家、不同地区之间的经济、技术、文化交流的发展脉络。当今世界，对外开放已经成为更多国家的共识，回溯人类走向现代化的足迹，不难发现：一方面，人们在相互学习、互通有无、取长补短的实践中，已经结成休戚与共、不可分割的命运共同体；另一方面，在政治意识形态领域，不同思想文化的激荡与冲突、矛盾与对峙、博弈与争夺也愈演愈烈。生活世界的视觉化、大众对图像的依赖及其构建“视觉意识形态”的能力，要求我们必须着眼细节、关注动向、自觉防范，有效巩固社会主义价值导向和思想舆论阵地，牢牢掌握读图时代国际社会思潮传播领域的话语权和主导权。

一、心理：潜在操控情感投向

（一）图像与心理相关联的方式

研究图像特别是动态影像（如电视、电影等）对现代人心理的深度影响很有必要，应当创制一个专门的学科——图像心理学，作为社会心理学的重要分支，确立特定的学术范式、方法论和基本规则，弥补普通心理学在研究人的心理与图像的关系方面的不足，拓展图像研究的范围和领域。据笔者掌握的材料，目前尚未有这样一个完整的学科，只是在一些媒体上零碎地看到有关图形心理学的资料和数据。在相关的图形心理学实验中，实验人员通常让受试者随意画一幅图画，如树木、房屋、汽车、动物，然后根据受试者所画之图的线条、色彩、构图、大小、明暗等元素，透视和推测其情绪、意向、表达、喜好、个性，进而对其整体人格状况、人际关系、心理状态、价值取向做出概括性判断。作为基础符号系统，图画（图像）的基本功能是人际表达与沟通，实现不同主体之间的信息交流。与后来创制的文字符号相比，图画（图像）具有先在性和天然性，更贴近宇宙万物的自然状态，符合人类生命的节律和本性。在人的眼里，世界就是一幅图画（宇宙图像），通过眼球的反射进入大脑。在劳动实践中，图画（图像）承载着历史故事和集体记忆，以及个人的情绪、经验和想象力，它以自己特有的方式存留下来，呈现给同时代以及后来的读图者，实现文化的横向交流和代际交流与传承。作为一种社会文化现象，图画（图像）具有时代性，构成社会整体文明的一部分。除最直接的个体经验之外，图画（图像）还能以线条、色彩、构图、氛围等元素把人的潜意识反映出来，图画过程就是心理投射过程。这样，图画（图像）与人的心理就发生了联系。它是图形心理实验得以存在的前提。

当然，利用图画（图像）透视和反映人的心理是一回事，图画（图像）本身对人的心理产生影响则是另一回事，而且是比前者更为重要的事，尤其是在当今读图时代。上述图形心理学实验无疑侧重于前者，较少对后者进行深入研究，因此，所谓图形心理学是不全面、不完善的，不能等同或替代我们建构一个系统科学的图像心理学，对不同类型的图画（图像）之于人的情感、欲望、个性、意志、信念、行为等的影响进行专门研究。鉴于目前尚未出现专门的图像心理学，我们不得不借助普通心理学的范式，采取边建构、边研究的实用策略，探讨图像符号对个体心理的复杂影响。

在普通心理学中，情感被界定为外界刺激在人的内心产生的肯定或否定的反映，具体表现为喜悦、愤怒、哀怨、悲伤、恐惧、爱慕、厌恶等情绪体验。中国传统文化中有“七情六欲”之说，即《礼记·礼运》所云：喜、怒、哀、乐、爱、恶、欲。它们是人的自然本性的流露，是“非学而能”的，是每个正常的自然人在出生后就具备的自然倾向。钱穆认为，“情”不同于“欲”，“情对外而发，欲为己而有”①。意思是说，人的情感是与他人交往的产物，欲望则完全是个体内在的诉求。二者在心理学中通常不加区分，统称为情感。实验心理学认为，“情感就是一个人的情绪状态——感觉和心情”②。在钱穆看来，情感的流露叫作“发”，先天的情感必须要“发”出来，才能为外人所知晓和理解，这里的“发”可被理解为情感（情绪）投向。无论是人与人交往，还是人与自然打交道，或者人们自己的读书修养实践，都是实现人类自身目的的过程，同时也是情感（情绪）的自发流露过程。按照儒家文化的理解，情感之“发”是有条件的，强调“中节”——合乎节制、中庸的原则，即《中庸》所谓“喜怒哀乐未发之谓中，发而皆中节之谓和”。钱穆解释道：“情之发，不违理，即是恰到好处，此即所谓中节。发而中节，即合于理。”③“理”可被理解为道理、规矩、原则，一种社会化的规范要求。换言之，钱穆看到人的情感流露过程必须受到社会规章制度的约束。中华传统伦理之“理”就是从这里引出来的。

（二）决定情感投向的主要因素

第一，环境因素。在现实生活中，人的情感（情绪）投向不是随心

---

① 钱穆．晚学盲言：上册．桂林：广西师范大学出版社，2004：16.

② 巴伦，伯恩．社会心理学：第10版：上册．黄敏儿，王飞雪，等译．上海：华东师范大学出版社，2004：337.

③ 同①.

所欲、自由自在的，而是由特定自然环境和社会环境（特别是制度安排）决定的，关于情感问题研究的相关心理学说，被称作社会心理学更为贴切。自古至今的一切人类文化，在对待与处理理性和情欲的关系问题上居支配地位的观点是，理性应对情欲加以制约、引导，大概是因为人们更多看到，情欲对于人性的毁灭、对于团体凝聚力的腐蚀等负面效应，而更少看到情感在助力人性成长和创造能力迸发方面所起的积极作用。“当然，社会心理学家知道，个体并非孤立于社会和文化的影响，或远离社会和文化。”① 一个人的情感投向大多是自己无法左右的，交往对象和环境因素发挥着主导作用。人的情感（情绪）主要是对象（客体）激发的结果，尤其会受到环境的影响和塑造。所谓“近朱者赤，近墨者黑”，以成熟的经验积累谆谆告诫世人，不可轻视环境对人的巨大塑造功能，尤其是可能导致的严重危害。我国历史上“孟母三迁”的故事，意在告诉人们在面对不利的成长环境时，必须充分发挥主观能动性，主动远离或自觉改造环境。社会心理学家深入探究情感（情绪）内部的复杂结构，对构成元素及其相互关系做出详尽完备的分析，然后具体考察不同境遇下人的情感投向及其可能性意义。作为外在因素的环境变量，以投射方式进入主体的内在情感世界，成为情感变化的结构性元素，主导个体的情感投向目标和意义生成，并在特定境遇中映衬着人的情绪变化。风靡全球的经典影片《泰坦尼克号》，以图像叙事的历史回忆方式，再现了当年那场惊心动魄的海难，刻画了男女主人公至死不渝的爱情故事。穷画家杰克与出身贵族的女主角露丝，从偶遇、相识到相爱，二人勇敢抛开世俗的偏见，双双坠入爱河。在游轮撞到冰山、下沉的生死关头，杰克毅然把生的机会让给露丝，用生命兑现了对爱的承诺。该电影叙事以此为主线，铺陈展开曲折动人的故事情节，将情感与人性、绝望与希望、自私与利他等矛盾纠葛融为一体。叙事击中人性中

① 巴伦，伯恩．社会心理学：第10版：上册．黄敏儿，王飞雪，等译．上海：华东师范大学出版社，2004：7.

最脆弱、最无助的部分，是对人的灵魂的无情冲击与反复拷问。作为近年来图像叙事的经典之作，该叙事隐喻在未知的灾难面前，命运的残酷无情与人类为了自救所做的努力，彰显了人性的自私与无私、利己与利他的矛盾斗争。

第二，情绪基础。喜悦、愤怒、哀怨、悲伤、恐惧、爱慕、厌恶等被视为人的情绪或情感状态。心理学家把情绪分为积极情绪和消极情绪。在日常生活中，每个人都有过这两种不同的情绪体验。不同性质的情绪体验会对主体的认知和判断以及生活态度、世界观、价值观造成完全不同的影响。这种影响究竟是如何发生的以及其所导致的具体后果是什么，是心理学家关注的重点。我们不能简单地依据情绪的性质，对其可能导致的后果下判断，即不可粗暴地认为，只要是积极的情绪都是有益的，会引发积极的、有益的后果；只要是消极的情绪都是有害的，会引发消极的、有害的后果。情绪的后果究竟是有益还是有害，必须结合人的动机及其结果进行综合评估。在社会心理学家看来，“积极的情感能使我们寻找和探索环境的新奇方面；同时，消极情感造成警惕性提高和必要时撤退（Cacioppo & Berntson）”①。当然，不存在绝对的积极情绪或消极情绪，二者往往是相互依存、相辅相成的。在一些电影或电视剧中，随着故事的持续推进，叙事主角的人生会出现跌宕起伏、矛盾冲突、情感波动。为充分调动观众的情绪体验，剧情大多会设置必要的反面角色，并将正面角色与反面角色置于殊死搏斗中。随着双方力量此消彼长，随着悬念和噱头一个接一个地出现，观众暗自为正义的力量捏一把汗，这种紧张感吸引他们继续观看。与观众内心期盼的大团圆和美好结局不同，剧情往往是悲剧与喜剧穿插递进、婉转曲折，扑朔迷离的剧情使观众内心撕扯不断，积极情绪体验和消极情绪体验交替出现，最终以正义战胜邪恶而迎来剧情的高潮。越是高质量的影视剧，情节安排越

---

① 巴伦，伯恩．社会心理学：第10版：上册．黄敏儿，王飞雪，等译．上海：华东师范大学出版社，2004：338.

令人难以捉摸，结局令人意外而又合乎情理。影视剧的情节越是离奇曲折，就越能激发人们观看的兴趣。西方一些现代性思想家正是透过资本主义文化工业的虚假繁荣，看到了痴迷于图像文化所导致的精神病态，因为沉浸于影视剧之中的结果是，“我们不再怀疑在电视上看到的一切，根本不会意识到电视提供给我们的特殊视角，甚至连‘电视是如何影响我们的’这个问题也被抛到了九霄云外”①。

第三，心理需求。大众社会对视觉文化的认可与依赖，从根本上说是由现代大众的内在心理渴求决定的。其一，在当代资本主义制度下，激烈的竞争和飞速的发展，给大众带来巨大的压力，看电视时人们可获得暂时的快乐和精神满足，松弛一下绷紧的神经，让疲惫的身心暂时得到休息。因此，电视是作为外在压力的必要补偿而出现的。来自职业和公共生活的矛盾与困惑，在疏解渠道缺失的情况下，个体只能回归私人生活，通过休闲娱乐寻找解脱之道，故而流行文化在当今大行其道也就不足为奇了。迈克尔·弗洛克（Michael Flocker）说：“如果你一天天放松下来，让步于美好、愉悦和自我放纵，你所能得到的不仅仅是每天的快乐，而且压力过分时，行将崩溃和爆发的可能性也小了许多。”②其二，资本主义畸形的现代性所导致的精神上的“无家可归”，致使个人主义和享乐主义思潮在大众生活中肆意蔓延、泛滥，大众陷入价值虚无主义的深深痛楚之中，迫切需要外在的精神元素作为补偿。未来是人们理想和希望的价值依托，也是大众生活动力的重要源泉。在资本主义现代性体验中，人们感受到的更多不是快乐和幸福，而是价值虚无的痛苦和理想缺失的不幸，对时代的悲观情结导致了人们对享乐主义文化的追捧，人们在生活中无法得到的东西，只能从梦幻般的荧屏上获得满足，在梦想中建构自己的精神家园。在霍克海默和阿多诺看来，这种情感的沉沦并不是技术和社会的进步，而是一种真正的野蛮状态，是资本

① 波兹曼．娱乐至死．章艳，译．北京：中信出版集团，2015：97.

② 弗洛克．享乐主义手册：掌握丢失的休闲和幸福艺术．小意，译．南京：南京大学出版社，2011：7-8.

主义文明堕落和崩溃的过程。① 其三，随着当代技术的飞速进步、互联网的普及和智能时代的来临，人们对未来不确定性的感受愈益强烈，不确定性几乎成为风险的同义语。无论是未来技术可能导致的风险，还是全球性的经济和金融风险，以及各种传染病如埃博拉病毒、拉沙热、黄热病等带来的风险，都使人类深感无助。看上去理性文明的人类，在直面各种未知的风险和灾难时，充斥于网络和新媒体的谣言充分暴露了其内心的脆弱与无助，沉溺在影视剧或虚拟网络中，也许是一种自我解脱、自我逃避的方式。大众的心理疾患成就了资本主义文化产业的繁荣，被资本家视为发财致富的良好机遇。正如有学者所说："纯粹的娱乐会使那些自甘屈就的人在各种各样的联想和毫无意义的快乐中得到放松，然而，这种快乐却被娱乐的交易打断了。也就是说，在文化工业不断提供文化产品的过程中，一种具有替代性的意义出现了，然而，人们却常常把这种意义误解成用来制造明星的借口。"②

（三）图像操控情感的方式

第一，提升选题吸引力指数。图像尤其是影视剧的叙事形式，要吸引更多受众的注意力与观看兴趣，首先需要在内容和体裁的选择上做足文章，使内容成为吸引观众眼球的首要元素。一般来说，影视剧惯用的手法就是制造一连串"矛盾"，即选择公众普遍关心的社会"热点"或"难点"问题作为切入点，逐步呈现展开矛盾、分析矛盾和解决矛盾的过程，其中会有不同观点之间的分歧、对峙、争执、诘难，以及各自所提供的解决矛盾的不同思路和对策，在诸多观点的反复较量、对比、权衡和斗争中，逐渐理出议题的头绪、找到一种解决问题的合理思路，最

---

① 霍克海默，阿道尔诺．启蒙辩证法．渠敬东，曹卫东，译．上海：上海人民出版社，2006：前言1．注：阿道尔诺即阿多诺。

② 同①128.

后达到矛盾的有效化解。在这个过程中引发受众思考、持续关注，受众随机参与到寻求解决矛盾的思考中。在电视剧研究专家约翰·菲斯克看来，电视剧往往企图解决社会矛盾。他举例说："警察剧《斯塔斯基和哈奇》要解决的是存在于美国的一对基本矛盾，即一致的必要性和个人主动性之间的矛盾，在公司等级制度下的工作与作为个体的人之间的矛盾。"① 对于善于思考的成年人来说，这类电视剧无疑是他们关注的热点，因为这些矛盾关涉他们自身的利益诉求，甚至影响他们的未来职业发展，因而受到大多数社会公众的关注和重视。衡量一部电视剧好坏的首要标准，就是看它是否提出了深刻的社会矛盾或热点问题，并且能否激发更多人的思考和解决问题的欲求。资本主义制度下的大多数电视剧，正是在这个意义上吸引观众的眼球、增强自身吸引力的。表面上看，它只是一部娱乐片或者纪录片，实际上它牵涉复杂的社会矛盾和问题，还触及社会的意识形态实践。"正如阿尔都塞所提出的，意识形态的作用是解决主体的现实的社会关系与想象的社会关系之间的矛盾。"② 所以，影视剧表演只是一个幌子、一种道具，对于那些无头脑的观众来说，它不过就是口味不错的影视剧而已，无论是主题还是内容，与大众之间都是相安无事的。实际上，它之所以能够成功地吸引受众参与，是因为编剧和主办方在选题上做足了功课，通过影视剧图像激活观众的注意力，引导其去观看和欣赏，不知不觉中使人受到价值观的牵引和渗透。因此，好的选题或体裁是图像文化成功的第一步，也是最重要的一步。

第二，击中受众的情绪"刺点"。不同年龄段的读者或观众群体，对视觉图像文化有着不同的喜好，这里的喜好是指能够真正引发其情感共鸣的、使其深陷其中而不能自拔的东西，即巴特所说的"刺点"。在巴特看来，"刺点是在图像之中的那个细节，它通过刺穿我们的记忆，

---

① 菲斯克．电视文化．祁阿红，张鲲，译．北京：商务印书馆，2005：125.
② 同①124.

打开了一扇门，一扇通向我们完全被具体化了的主体性所包含的那些深度之门”①，即图像与读者所构成的深层结构关系。它是打通二者深度关联的纽带，靠的不是空洞的说教和无聊的大话，而恰恰是人们对生活细节的持久共识、个人生活体验或对苦乐的切身感受。它像一条真实的纽带，把故事情节与观众紧紧地绑在一起，使观众与剧情发生深刻的互动和共鸣。通常来说，人们观看电影或电视剧纯属休闲娱乐活动，是想打发闲暇时光，为空虚的生活增添些许情趣和快乐。然而，那些优秀的、令人回味无穷的电影或电视剧，却能打开尘封已久的历史记忆，引发人们无限的惆怅，勾起人们的回忆，使情感的洪流倾泻而出，此时以往的冷静、理智和逻辑思维不再发挥作用，在情感的驱使下观众变成非理性的，与剧情同喜同悲，和谐共存，以此获得以往通过读书所不能获得的特殊情感慰藉。在不同的年龄段，人们对图像文化的喜好不同，比如热血青年更愿意观看足球比赛，特别是国际足球赛事；少年儿童喜欢端坐在电视机前，目不转睛地看动物王国的故事；家庭妇女对饮食类节目情有独钟，她们希望看到自己喜欢的菜肴，以便于掌握几道好菜的做法，为家人烹制美味可口的饭菜；中年男人则更喜欢富有推理性的悬疑片或战争片。由此可见，不同的节目内容之于观众的“刺点”不同。当然，巴特提出的“刺点”概念并不局限于个人尘封的记忆，还应该包括一些人对未来的畅想和希望。图像影视文化不是生活本身，而仅仅是生活的某种模仿和再创造，然而在观众眼里它不再是生活的一部分，而就是真实的生活本身。随着剧情的推进，观众仿佛进入了影视剧的世界，成为影视剧中的人。所以，这个“刺点”是人性深处的诉求与图像影视剧的结合点，它是赢得电视对于观众的“神话”地位、引领其情感走向的最重要的媒介物。

第三，间接操纵受众的潜意识。在心理学家看来，所谓潜意识就是

---

① 琼斯．自我与图像．刘凡，谷光曙，译．南京：江苏美术出版社，2013：86.

在人的心理活动中不能认知或没有认知的部分，或指人们已经发生但未达到意识状态的心理过程。尽管我们无法直观地觉察潜意识的存在，但是它却潜在地、无形地影响着我们的思想和行为，甚至关乎我们的思考和价值判断。通过弗洛伊德的心理学尤其是精神分析理论，我们进一步了解到潜意识的复杂结构，明确了意识、潜意识与无意识之间的复杂关联。在人类意识的金色大厅里，如果把思想看作高高在上的国王，那么潜意识和无意识只能是门厅的接待与守门人，它们对于每一个想要登堂入室的心理冲动，都要进行一番仔细的审查和盘问，心理冲动得到允许后才能进入内部，成为人类意识的组成部分。由此看来，潜意识是意识不可或缺的组成部分，它只是因为地位太低而容易被忽略、被轻视、被遗忘。不过，失去这个意识的初级阶梯，就无法实现底层冲动与高层意识之间的衔接，也无法攀爬到更高的精神阶段，甚至连弗洛伊德的意识金字塔都会土崩瓦解。在各种日常训练中，人们努力开发自己的潜意识宝库，以此激发聪明才智和创造性思维；同时对潜意识实施控制，避免它对自己产生不利影响；通过自我暗示、自我想象，去认识自我、提升自我等。我们不会忘记，在跨文化的图像传播语境下，不同个体的心理过程和心理行为存在较大差异，并因此而形成独特的话语方式和图像谱系。我们会产生这样的疑问：弗洛伊德的“俄狄浦斯情结”是否适用于其他文化背景下的个体？因为关于该问题的论证需要足够的社会学材料作为支撑。必须承认这种担忧是有道理的。根据马林诺夫斯基（Bronislaw Malinowski）对特罗布里恩群岛所做的田野调查，“俄狄浦斯情结”的跨文化适用性被否定了。[①] 它启示我们在研究中对于图像人类学与心理学的互动采取审慎而理性的态度，正确把握图像心理的共性与个性。

在全球化的背景下，文化交流的一个显著后果是不同文化和心理观念之间的碰撞、交流与相互认同。这种互动促使人们更加清晰地认识到

① 孙春英．跨文化传播学．北京：北京大学出版社，2015：303.

文化和心理差异，尤其是互联网和新媒体的普及，它们不断加强了不同文化背景下个体对于某些“心理渠道”和“价值共识”的认同感。新技术缩小了不同文化理解之间的“落差”，为图像符号的对外传播提供了历史性机遇。充分利用理智和智慧的力量，合理安排和调控自己的生活，本来是正常的人类秩序形成的基础，然而在电子和图像革命的巨大影响下，逐渐形成了一个具有普遍意义的现象：人们习惯性的思维和行为方式发生了某种微妙的变化，比如，“通过电视，我们才知道自己应该使用什么电话设备、看什么电影、读什么书、买什么磁带和杂志，以及听什么广播节目。电视在为我们安排交流环境方面的能力是其他媒介根本无法企及的”①。以往的独立判断和自主选择早在某种程度上被电视诱导取代了，因为它“帮助”观众做出了选择，人们只管信任它就好了，省却了自己做选择所要经历的纠结与困惑。在这个过程中，与其说电视充当着我们的“指挥中心”，不如说是我们被电视“牵着鼻子走”。我们的自我、生活方式、生活目标几乎完全交付给电视来安排。换句话说，图像和电视节目几乎主导了我们的生活，离开它们的指引我们就可能失去前进的方向，要去面对选择中的迷茫与困惑。我们不禁要问：图像和电视的吸引力究竟在哪里？电视节目如同强磁场一样，散发着莫名的磁性吸引力，从潜意识层面牢牢抓住观众的思想，实现与个体情感的“同频共振”。

二、观念：诱导受众观念内化

从词源来看，“内化”（internalization）是一个由外而内的过程。在中华优秀传统文化中，庄子最先使用“内化”一词，《庄子·知北游》

---

① 波兹曼．娱乐至死．章艳，译．北京：中信出版集团，2015：96.

曰："仲尼曰：古之人外化而内不化，今之人内化而外不化。"这里的"化"，是指人们对环境的反应。"内"是内心，"外"是态度与行为。内化是人们处理本真的精神与外界环境之关系的一种态度和行为方式。到后来，孟子的"内求说"、荀子的"外铄论"以及墨子的"素丝说"等，各自从不同的视角、以不同的方式考察客观事物和外在环境对人的道德、知识、智慧的影响，深化了对内化实践的研究。在国外，明确提出并使用"内化"概念的是20世纪法国社会学家涂尔干，他从社会学视角研究道德内化问题，认为社会意识本身具有规范体系，它以超越个体意识的形式而独立存在，借助内化的过程根植于个体意识。因此，内化就是社会意识向个体意识的转化，即"内化是社会价值观、社会道德转化为个体的行为习惯"①。至于这种转化过程需要经历哪些阶段、环节，这些阶段和环节的关系是什么以及转化需要什么条件，涂尔干没有给出详尽的论证。心理学家布鲁姆（Benjamin Bloom）从现实生活的视角拓宽了涂尔干关于内化的认知，在布鲁姆看来，"'内化'是把某些东西结合进心理或身体之中去；把另一些个人的或社会观念、实际做法、标准或价值观，作为自己的观念、实际做法或价值观"②。他虽然也把内化视为心理过程，重视个人对外在观念和规范的认同，强调与自身结合的过程性，但认为在大众的内化实践中，仅仅依靠心理或思维论证是远远不够的。因为在不同的个体实践中，同一种价值观的内化效果存在较大差异，甚至完全相反，尽管该价值观对于大众而言具有同等重要的意义。也许正是该问题在理论上的复杂性和实证难度，激发了众多学者对它的持续研究，他们从伦理学、教育学、社会学、行为主义和文化人类学等多学科切入内化问题，尝试突破内化实践过程中的关键点。这些研究成果丰富和完善了人们对内化问题的认知，推动了内化实践的不断

① 邱吉．道德内化论．北京：民族出版社，2004：12.

② 布卢姆．教育目标分类学：第二分册　情感领域．施良方，张云高，译．上海：华东师范大学出版社，1986：28．注：布卢姆即布鲁姆。

进步。不过，这些研究普遍缺乏图像符号的视角。视觉图像文化如何诱导受众内化其倡导的观念和行为标准，的确是个全新的理论问题，需要根据符号学和视觉文化等多学科的理论，独辟蹊径，发掘其全新的内化观点和实践路径。具体来说，视觉图像符号诱导受众的思想观念，促使外在的观念和行为规范实现内化的过程，主要表现为四个相互依存的环节。

（一）开启受众的图像认知

循着人类认识的基本规律我们不难发现，图像认知是实现知识或经验内化的首要环节。至于什么是图像认知，我们无法从书本上找到现成答案。辩证唯物论认为，认识是人们对于客观事物及其规律的反映，通常的认知对象都是具体事物、现象或内在规律。图像既不同于事物，也不是某种规律性存在。无论是绘画艺术还是影视剧作品，作为主体认识世界和改造世界的精神成果，或被理解为人类认知的特殊作品，都不能仅仅从有形事物的角度来把握，而要把它们视作“主体化的客体”，因为它们被打上了鲜明的人类创造性的烙印。人们欣赏绘画作品、观看影视剧的过程，实际上就是对艺术作品的认知，或对认知成果的再认知。如前所述，无论是绘画还是影视剧作品，都凝结着创作者的心血，蕴含着某种人生经验、社会规范和价值诉求。对于视觉图像文化的受众而言，它们的社会性内容往往是“预设”的——在我们认识它们之前就已经存在了。在这个意义上，布鲁姆的“内化”概念无疑更符合对图像认知的研究，因为他看到内化是把别人的经验、观念、做法和价值观，以某种方式结合到自己的心理或身体中去。别人的经验、观念、做法和价值观可以写在书本里，也可以表现在影视剧作品里。在没有发明“内化”概念之前，内化过程就已经客观存在了。而今我们只是自觉地认同和使用“内化”概念。我们打开电视机，就好比翻开一本大书，必定会受到电视节目内容的影响。中国有句古话“开卷有益”，意味着只要读书就会有收获。如今在视觉图像时代的大潮面前，“开卷”的外延无疑得到了极大的拓展，视觉图像文化也被纳入“开卷”的范畴。人们在打开电视机的那一瞬间，就自觉开启了自我教育的模式。电视剧中的人物、事件、宣传、新闻、戏剧、表演等丰富内涵，都会以各种方式启发观众的认知，引导人们接受无形的图像文化教育和影响。

对于绝大多数人来说，看电影或电视都是出于游戏和娱乐目的，尽管不排除有人通过影视剧习得人生的经验，获得思想的启迪和精神熏陶。然而与读书相比，影视剧无疑具有更大的吸引力，也能使人产生更大的兴趣。换言之，大众更愿意接受图像文化的熏陶。固然，也有一些人通过读书的方式来消遣和娱乐，如阅读武侠小说、悬疑故事或言情小说，不过那只是部分人的喜好与选择。自电视机进入寻常百姓家后，影视剧成为人们日常消遣娱乐的第一选择。读书的思维通常是线性的、一维的，观赏电视剧的思维则是立体的、多维的。对书本知识的理解与思考，需要借助抽象思维能力和想象力。所谓想象力，就是发挥感官的创造性，主观地创造事物的整体形象，实际上就是运用图像认知的概念。如果把概念视为构筑人类思想大厦的基石，那么图像认知同样也是构筑思想大厦不可或缺的元素。不过与普通概念使用的抽象思维不同，图像认知借助人脑的形象思维功能，首先在大脑中构建立体模型，然后借助这个模型与客体（影视剧的画面）进行互动，在眼睛“观看”“凝视”的过程中，实现大脑图像模型与影视剧图像之间的贯通，并借此把影视剧中的“思想”输送到大脑中，形成特定的图像认知模式。在此意义上，图像符号也具有很强的适应性。如果说“概念可用于真实存在的事物（如猫和狗）或假想的事物（如独角兽和仙女）”①，那么图像则能把这些事物活灵活现地呈现出来，贴近一个真实的存在物本身，或者说是真实存在的写照。我们可以发挥自己的想象力，画一个又粗又笨的独角兽形象，或者在半空中飘然而至的仙女。这种呈现叫作恰当的（甚至是

① 霍尔．符号崛起：读图时代的意义游戏．皮永生，段于兰，译．重庆：重庆大学出版社，2019：49.

夸张的、扭曲的）表达方式，因为在特定的场合如街道两侧的广告牌、露天广场醒目的标语、公交车上的宣传画，图像作品比文字说明更直观，也更生动。有时候，墙上的宣传画和广告牌需要图文并茂、相互补充、相得益彰，这意味着图像认知模式是不可或缺的。在现代社会，人们的生活节奏不断加快，对于行色匆匆的行人来说，目之所及都是图像，与文字相比，图像不仅节约了时间，同时也提高了宣传效率，可谓一举两得。

历史上存在两种认知世界的基本方式：概念认知和图像认知。对于习惯于概念认知的主体来说，通过阅读铅字就能获得某种明确的印象，证明某种已知结论的真伪，在西方是 17 世纪以来理性主义的认识论传统。尼尔·波兹曼曾说：“铅字垄断着人们的注意力和智力，除了铅字以及口头表达的传统，人们没有其他了解公共信息的途径。公众人物被熟悉，是因为他们的文字，而不是因为他们的外貌，甚至也不是因为他们的演讲术。”① 因为绝大多数人既没有见过公众人物本人，也没有见过他们的画像，更别提在电视上看见过他们了，因为那时候电视等娱乐机器还没有普及。了解一个人只能通过他发布的某些言论，或者其他类似的小道消息。自电力发明和使用以来，特别是电影和电视进入大众生活之后，一些人由于经常在上面“露脸”而成为公众人物，他们的头像（画面）被大家熟知。“想想尼克松或吉米·卡特，或比利·格雷厄姆，或爱因斯坦，首先进入你脑海的是一幅图像、一张图片上的脸，或一张电视屏幕上的脸（对于爱因斯坦来说，则是一张照片上的脸）。而至于他们说了些什么，你可能一无所知。”② 尼尔·波兹曼所描述的无疑是崭新的图像时代的来临。在他看来，我们通过对上述材料的阅读，来把握“以文字为中心的文化”与“以图像为中心的文化”的不同点。当图像越来越成为我们生活中的核心元素时，我们不仅不能回避图像的意义，而

---

① 波兹曼．娱乐至死．章艳，译．北京：中信出版集团，2015：74.

② 同①75.

且要深入研究图像文化给我们的思维方式和行为方式带来了什么，大众为什么会深陷图像文化而不能自拔。在社会发展和时代进步的背后，"理性的狡计"（黑格尔语）所做的安排是人力无法预知的，是一种社会历史的必然性和理性的安排。我们对文化建构中心本身进行反思时，实际上已经预先处于它所形成的环境之中了。大众介入图像文化的切入点，便是在追逐影视剧的过程中建构自己的图像认知模式。

随着图像认知模式的发展，轻松活泼的文化氛围也在形成，无论是正规的学校教育还是业余的课外培训，放弃严肃的神圣的文字阅读，引导读书学习图像化、娱乐化似乎已成为某种潮流。目前的幼儿教育和青少年的课堂教学，无论教学内容和教学要求是什么，都要或多或少配置图表或图像资料，作为辅助性读物以方便学生理解和应用。虽然"上学就意味着学习阅读，因为如果不能阅读，你就不能加入文化对话中去"①，但是孩子们显然更愿意翻阅有插图的课本，几乎每个年级的课本都有大量插图，文字与插图相互补充，使课本内容不再枯燥乏味，变得更容易理解和掌握。在这个过程中，图像认知获得了某种程序性的训练，而读者或学生在读书过程中需要在线性思维和图像思维之间来回跳跃，这样能够激发学习兴趣，转换思维方式，提升学习效果，培养读者特别是学生的发散性思维和创新能力。因此，图像认知模式的形成对于技术进步和人才培养是有价值的。不过也有人质疑，图像思维的游戏性质会不会消解知识的严肃性、权威性，不利于严谨、专注和敬业精神的培养，因为"书本一行一行、一页一页地把这个世界展示出来。在书本里，这个世界是严肃的，人们依据理性生活，通过富有逻辑的批评和其他方式不断地完善自己"②。这种质疑是有道理的。不过，历史无法逆转，也不会发生实质性的倒退。当现代文化转换为以图像为中心进行建构时，我们必须承认图像文化存在的合理性，基于这个前提去理性地考

① 波兹曼．娱乐至死．章艳，译．北京：中信出版集团，2015：75.

② 同①76.

察和评判图像文化的利与弊。如今图像影视文化不请自来，在大众认知中居主导地位，并且形成一种“图像霸权”。图像在西方社会肆意流行，大众只能把它作为精神世界的“扶手”，牢牢握在手中以让自己的生命航船继续前进，而不至于在虚无缥缈的大海上晃来晃去、失去依托。

（二）发展受众的图像情感

哲学家维特根斯坦曾说：“由于事物的浅显和熟悉，我们对于它们最重要的方面视而不见。”① 这句话用于对图像情感的考察恰如其分。宇宙间的万事万物万理，说到底都是一个“象”字，我们看到事物时，第一眼看到的是它的外观和整体形象，亦即它是作为“象”而存在的，即使是那些类似规律性的抽象的存在，如果不借助具体的“象”和“形”进行阐释，就无法得到完整的理解和把握。我们看到的各种各样的图像类艺术作品，不过是“象”的深度反映物——逻辑抽象的结果。如今视觉文化的兴起，无非是重新唤起被遗忘已久的“象”，是图像认知模式的回归与复兴。中国先秦时期的《易经》哲学以阴阳五行解读生命和宇宙，在富有大智慧的先哲看来，卦有“卦象”，爻有“爻象”，一切复杂的存在物皆可被归结为“象”，大千世界是包罗万象的整体，“象”是其最常用的学术范式之一。抛开其神秘色彩和主观臆想的成分不谈，作为哲学范畴的“象”无疑是客观存在的。到魏晋时期，王弼一反传统“象”的理论的混乱局面，在《周易略例·明象》中明确指出，“故言者所以明象，得象而忘言；象者，所以存意，得意而忘象”，为学术开启了一代新风。自“王弼扫象”之后，汉代的象数文化逐步走向衰落。实际上人们对“象”的情感不是简单的学术问题，而是深植于生活实践的每个细节，有其久远的心理支撑和生存的客观需要。就认知发展

① 克罗．视觉符号：视觉艺术中的符号学导论：原著第3版．宫万琳，译．北京：中国建筑工业出版社，2018：20.

逻辑来看，早期的人类对“象”情有独钟，比如世界上一些原始部落的图腾，作为原始人的集体表象，寓意深刻且带有强烈的神秘色彩。文化人类学家从他们的表演、仪式、舞蹈（戴面具和不戴面具的、化妆的、穿着特殊服装的、文身的舞蹈）中，发现了图腾与其日常生活的真实联系。研究者惊讶地发现：“每个个体在同一时间里是现在活着的某某男人或某某女人，又是在阿尔捷林加神话时代活过的某某祖先（他可能是人或者半人），同时他又是自己个人的图腾，亦即他是与他所冠名的动物或植物种的实质神秘地互渗着。”①

凡事必有其源头和演进脉络。如今风行全世界的视觉图像文化，归根到底是原始象形思维在新的历史条件下的复兴，深深埋藏在人类心灵深处的“象”与象形思维，借助电影电视和互联网等最先进的技术载体，重新复活并拥有全新的生命力。如果我们把人类祖先比作个体的幼年时期，那么祖先被遮蔽的思维遗存和思维习性则好比是儿时的某些童年记忆，看上去不免幼稚天真，甚至荒唐可笑，实际上潜在地伴随着人的一生。所以，现代人身上的象形思维是被“呼唤出来的”，最切实的证据就是那些还不太认字的、爱哭闹的学龄前儿童，能够安静地坐在电视机前，目不转睛地盯着电视屏幕，仔细欣赏着童话故事。似乎他们天然就对图像文化感兴趣，似乎图像视频天生具有某种神奇的魔力。无论如何，你都不能把这种行为与爱学习联系在一起。除了先天对图像的某种亲近感与嗜好，这也是由电视剧本身的独特魅力所导致的。人们看电视也是一种交流与互动，是作为主体的观众与作为客体的电视画面之间的互动，互动的媒介是影视剧内容，以及它所蕴含的深刻意义。在哲学意义上，其联结纽带可被视作主体与客体的矛盾统一性，即二者相互贯通的桥梁。无论是原始部落“图腾”对人的意志的控制，还是当今电视剧对观众的吸引，二者在本质上都并无区别。电视创造了现代社会新的神话，因此我们可以把电视之类的媒体视为“现代新图腾”的制造

---

① 列维-布留尔．原始思维．丁由，译．北京：商务印书馆，1981：84.

者。在原始人眼中，图腾是神话时代的精神范式，个体人是祖先的化身，图腾与每个人直接同一，化为个体存在的内在整体性。由于祖先精灵似乎是存在的，后人与祖先便有了某种“亲属关系”。同样，观众在电视剧中看到自己的化身，里面的生活故事似曾相识，仿佛是自己的亲身经历一般，以至于在看到动情之处时不免流下热泪，在影视剧的引领下不知不觉代入角色，成为影视剧的“剧中人”，在观赏过程中与电视故事和主角同频共振、同喜同悲。图像文化以这种方式唤起观众的图像情感，对影视剧的情感专一正是图像叙事的初衷和目的。

与文字相比，视觉图像信息更容易激发人的情感，实现心灵与外物之间的“感通”，这与视觉图像文化的特质有关。铅字印刷的书本通常是线性排列，遵循形式逻辑的思维进路，读者因情节逼真而感动，是因为读者与作品实现了心灵感通。在凝视图像时，观众会情不自禁地热泪盈眶。首先是因为图像视频更加形象、逼真，让人有亲临现场般的感觉，观众在不知不觉中成为“参与者”，这种临场感是通过阅读无法获得的。其次是因为图像有助于激发思维，打破时空壁垒，瞬间回归某个历史场景，或身处于陌生的疆域，给心灵以巨大的震撼，图像的鲜活生命是铅字无法企及的。梁漱溟说过，生命的本性在于流畅，人生苦乐的情感变化与此有关：“生命得其畅快流行则乐，反之，顿滞则苦闷。是故文学作品（小说、戏剧）引人嬉笑固俗所欢迎，其使人堕泪悲泣者乃具更大吸引力。”① 无论是喜剧、悲剧还是闹剧，都能引发情感的充分流溢，令人顿感身心畅快淋漓，内心无比欣慰和自豪，也就是实现了生命的贯通或感通。在这个意义上，图像是一种视觉语言，一种能够诉说生命本性的表征方式。图像比文章包含的视觉元素更多也更复杂，当然也更具临场感和立体感，对观众的视觉刺激更强烈，劝服的效果自然也更明显。图像的色彩和空间既可满足眼球的欲望，也可满足身心滋养的需要，而非大脑理性思考的欲求，所以在心理上感到更亲近、更自然。

---

① 梁漱溟．人心与人生．上海：上海人民出版社，2005：201.

尽管它不是真实的物质存在，但在读图者眼中它已经非常接近真实世界了，“凝视”与“观看”也随之转化为现代哲学的新主题。人们在图像世界里发现了以往看不到的新东西，即瞬间定格为永恒，腐朽转化为神奇，图像的艺术性和美感是文字所没有的，也是其独特的生活魅力所在。对于追求诗意栖居的当代人而言，生活之美亟须图像作品的装点，需要“眼”与“心”的协调统一。就此而言，图像无疑比文字拥有更大的优势，去满足现代人对美好生活的追求。我们看到一个标题“骑自行车的人”，和看到一幅其中有骑自行车的人的画，就我们的认知及反应来说，二者引发的效果是截然不同的。文本叙事需要记忆和理解，它能让人获得知识性的结论。图像叙事诉诸视觉直观，引发大脑的无限想象和跃跃欲试的感觉。按照皮尔斯的分类法，图像符号与其所指代的事物相似（物理层面的相似），一些拟声词如“汪汪”也被视为图像符号①，是因为类似的词也能引发听者丰富的心理联想，触动其情感神经。不过，皮尔斯也发现，许多象征符号与其代表的意义之间并无实质性的联系，比如“红十字”或“旗帜”等，它们的象征意义是人为赋予的而非它们本身固有的，所以象征符号不能被简单归入图像符号的范畴，而是与之并列的新的符号类型。② 我们不难发现，现实生活中的图像符号和象征符号，多数情况下是很难孤立存在的，不过为了某种目的常常把它们混同使用，并不加以明确区分。

（三）激发受众的参与意志

作为媒体的观看者，受众所看到的是各种类型的图像或影像资料——再认知的作品，而不是真实的存在。从辩证认知理论来看，较高阶段的认知既是对原有认知的否定，又是对原有认知的某种超越和提

---

①　克罗．视觉符号：视觉艺术中的符号学导论：原著第 3 版．宫万琳，译．北京：中国建筑工业出版社，2018：35.

②　同①.

升。循着“肯定-否定-新的肯定”的发展逻辑，我们可以把图像认知定位于“新的肯定”，一种螺旋式上升中的高级阶段。“新的肯定”必然要重复原有“肯定”的某些特征和要素，比如形式上的相似性、前进中的回归性。文化人类学研究表明，原始部落的图腾情结、本能诉求与图腾崇拜之间的隐秘联系，都是客观存在的事实。如今的图像欲求和图像意志是在更高意义上再现原始本能的某些遗迹。梁漱溟认为，“本能之形成皆因为个体图存、种族繁衍两大问题所切需之故”①。其他还有诸如游戏、娱乐、生育、追求自由等，都是本能的基本类型和构成要素。人的本能的多样性及强大能力，引发了包括文学艺术在内的诸多领域学者的高度关注。实际上，视觉图像文化所激发的大众的参与热情和兴趣，多出自生理（或社会）本能方面的内在诉求。在现代影视剧中，这些本能经过人为的刻意修饰和反复包装，加上艺术化的处理和制度约束，已经完全失去其本来面目。“在人类生命中随个体成长，随文化之进展，理智、理性渐以升起而本能势力则降下，或受到约束。理智、理性是从反本能的倾向发展而来的，其特征在内蕴自觉有以反省回想，不徒然向外活动而已。”② 按照西方后现代思潮的理解，长久以来，西方理性主义对本能的压抑和钳制必然会以必要的释放为代价。在此背景下，图像文化使大众对视觉客体产生了前所未有的热情，激发了大众对“画像图景”的倾心向往和追求，进而进入了不惜一切代价拥抱图像的时代。表面上看，它不过是一种新的大众文化现象的出现，借助新媒体手段实现人生的艺术化、审美化，然而在其背后隐含着更为深刻的道理。一方面，技术时代的图像文化完全不同于原始的图像或图画，借助高超的技术手段和处理方法，人们可以按照自己的理解和意图，随心所欲地剪裁和粘贴图画，甚至扭曲、叠加和多次机械复制。珍贵的（珍稀的）图像资料的史料价值在多次复制中不断降低，经济价值和文化价值也大打折

① 梁漱溟．人心与人生．上海：上海人民出版社，2005：201.

② 同①.

扣。另一方面，由新媒体平台发展带来的图像叙事的繁荣，并没有否定文本叙事的存在及其意义，也没有完全取代铅字固有的叙事地位。因此，我们必须对图像认知和图像文化给予客观理性的评价，而非给予形而上学的、简单化的肯定或否定。

从绘画到摄影、再到影视剧的拍摄，涉及诸多文化艺术领域。对于大众来说，区分图像的领域归属并没有实际意义，重要的是思考它能给大众的生活带来什么。能够进入大众生活的不是大部头的理论著作，而是一切能够影响人们感知的、吸引眼球的、美的、有魅力的图画影像作品，所以有人用“泛审美化”来形容当今的艺术作品和生活取向。无论如何，这种对于视觉图像文化的评价都是恰如其分的。因为不断贴近生活、回归生活、观照生活是新近哲学发展的大趋势，也是图画和影视作品的归宿。在评价塞尚绘画的独特风格时，梅洛-庞蒂说：“绘画唤醒并竭力提供了一种狂热，这种狂热就是视觉本身，因为看就是保持距离，因为绘画把这种怪异的拥有延伸到存在的所有方面：它们必须以某种方式让自己成为可见的，以便进入到绘画之中。”① 人的眼睛在哪里，人的意志就在哪里。这是观看图像引发的意志，一种具有某种魔力的、有趣的、狂热的意志。从哲学上看，意志是达到某种目的的决心和毅力，它通过主体的语言和行动表达出来。叔本华认为，人的意志是人类存在现象的真正的本质。② 在西方哲学史上，叔本华开了非理性主义思潮的先河，与通常所说的意志附属于力量的概念不同，他把自然界的一切力量都看作意志。不仅如此，“身体中所发生的一切现象，都是透过意志而进行的，不过这里所说的意志未受知识导引，只是根据原因的盲目活动，在这种情形下，所谓原因便是刺激（Stimuli）”③。在人类生活的世界里，如果说心灵活动要受到自然的影响，那么无论思考还是行动都必须顺应自然规律的安排，这无疑是辩证的、理智的态度。不过，叔本华

① 梅洛-庞蒂．梅洛-庞蒂文集：第 8 卷．杨大春，译．北京：商务印书馆，2019：39.

② 叔本华．叔本华人生哲学．李成铭，等译．北京：九州出版社，2003：358.

③ 同②365.

完全把心灵和意志交付给大自然，甚至认为一切自然力量都是意志，于是就走向了极端的偏执和绝对化，故而不可能对意志做出正确的认知和解读。

每个成熟的社会人都有明确的意志和信念，尽管它是看不见、摸不着的精神力量，但是在它的有效支撑和鼓舞下，人们无论认识世界还是改造世界，都具备了强劲的内生动力，拥有了成功的必要保证。作为主体存在的精神性内核，内蕴于主体的意志需要外在环境的激发，刺激或激发是意志外显和发挥作用的条件，例如在观看歌舞剧的时候，作为观众的我们常常会为精湛的表演而拍案叫绝，也会为主人公的苦难处境而心生忧虑。这些感受足以表明，人的意志与外在环境关系密切。不过，外在环境（刺激物）作用于人的意志时，首先要通过对身体器官施加影响而发挥作用。在西方哲学中，身心关系是一个悬而未决的古老话题，笛卡尔的理性主义时代强调身心之间的二元平行，身心之间呈现为线性因果联系，这种绝对化思维导致了身心问题的哲学悖论。梅洛-庞蒂将“身”与“心”的关系转换为“眼”与“心”的关系，借助对绘画的分析和身体经验研究，巧妙回答了心灵和意志的来源问题，有效克服了身心二元论的缺陷。在图像世界里，观众接收外界刺激或信息激发，所借助的生理器官就是眼睛。俗话说“眼睛是心灵的窗户”，画家或艺术家对此深有体会，因为他们需要用眼睛去观察世界，而对于普罗大众来说，只有抓住人的眼球才能抓住人的心灵。无论是颜色、线条、轮廓，还是深度、面貌、立体感，诸多具象的要素都能发挥导引作用，把心灵和意志导向未知的新天地，导向一种美感和神奇的光亮之处。“眼睛实现了向心灵开启不属于心灵的东西、万物的至福之领地，以及它们的神和太阳的奇迹。”① 为什么画作（图像）令一些哲学家着迷？因为哲学家通过画家的创作过程及其产品，看到了绘画和图像作品的真谛，悟出了人的知觉与被知觉世界的关系，实现了图像作品和感性认知的理论升

① 梅洛-庞蒂．梅洛-庞蒂文集：第8卷．杨大春，译．北京：商务印书馆，2019：71.

华，那就是图像能够与观众进行交流，它以自己特有的方式向世人诉说，诉说人们希望听到而在其他场合听不到的东西，即捕捉心灵内部难以捕捉到的新奇的东西。梅洛-庞蒂深知，欲“顶天”必须先“立地”，无论是感性学还是图像艺术研究，都不是也不可能是学术研究的归宿。“立地”即面对混沌不清的现实世界，需要理清思路，找准实在的基础，透视现实的元素，才有可能实现“顶天”（理论升华）的目标。

在杰姆逊看来，与图像化（视觉化）相伴生的是全球化和商品化。既然三者是结伴而来的，那么深入考察三者的关联就必然是实证研究的诉求。在资本主义制度下，通过对大众在阅读图像文化中形成的崇拜情结的探究，不难发现其背后的商业推手和运作规律。下面以电视节目中播出的商业广告为例，论证图像对于观众的心理冲击和意志塑造。为有效吸引观众的眼球，诱导观众认同商品的价值并激发其购买欲望，各种电视广告公司挖空心思，别出心裁，设计出五花八门、花样繁多的图像。无论是将不同的图像叠加、扭曲、重塑，还是使图像与文字互相配合、相互映衬，都在努力凸显商品的特性和功能。广告公司甚至不惜重金聘请影视明星、流行歌手、篮球巨星、足球运动员助阵宣传，或者穿越时空隧道，邀请古人做客于当下，在画面上点缀起云雾缭绕的远古风景，以衬托商品本身的质量上乘、品质一流。这些宣传手段无一例外都是为了勾起观众的购买欲，满足其“眼见为实”的心理需求。眼见是主体（观众）“观看”“凝视”的过程，屏幕上的商品暂时充当客体。从泛泛地观看发展到“凝视”——目不转睛地“盯着看”，专注于商品本身的外观和形象，电视广告的首要目的达到了。“为实”是其次级目的。商品的真实性和质量的保证，在这里“实”也具有心理诱导功能，只要购买该产品，就能得到诸多实惠，如价格优、质量优、售后优。“实”不仅是目睹实物的存在，而且还能获得一连串附加值，即收获超值的实惠享受。电视广告制作得越精美、图像越有吸引力，对观众心灵的冲击就越大。须知再“实”的商品图像也是“虚”，一种不折不扣的“虚”，因为它不是实物本身，而是实物的图像化、唯美化作品。然而，一旦在观众心里扎了根，就会变成实实在在的“存在”。由此可见，电视图像的示范性和诱惑力是巨大的，几乎无往而不胜。观众无论有多强的意志力，在视觉图像的轮番轰炸下都会乖乖变成它的俘虏。究其原因，在于图像操控着受众“眼见为实”的习惯心理。输送到眼前的图像坚定了你的意志，换言之，视觉图像强化了“话语的说服力”，单纯听说的事或物我们未必相信，但“眼睛看到的”就能坚定购买的决心与信心。此时，虚拟的图像作品转化成实实在在的物品。必须承认，图像视觉化并不排斥文本（话语）的存在，也不拒斥其存在的合理性。对于影视剧和广告制作者而言，如何巧妙地利用话语的力量，充分发挥图像的说服力量，实现二者的有机融合才是正确的发展方向。因此，“话语”和“图像”何者为主、何者为次，从来就不是传播学讨论的重点。对图像的崇拜冲垮的是观众原有的独立意志，重建的是他们购买商品的特殊意志和信心。俗话说“一叶知秋”，透过电视图像广告这片“叶子”，能够透视资本主义商业社会“秋天”的企图。正如有学者所指出的，通过这种方式“工业社会的力量留在了人类的心灵中。娱乐制造商知道，即使消费者心烦意乱，仍然会消费他们的产品，因为每一个产品都是巨大的经济机器的模型，这些经济机器无论是在工作的时候，还是在闲置的时候，都会像作品那样，为大众提供有力的支持”①。因此，视觉图像文化其实是大众社会的催眠者和欺骗者，虽然这个“骗子”千方百计地掩饰自己的真实身份，但是在去除其资本主义制度的巧妙伪装后，剩下的只有一片虚无的历史幻象。

（四）坚定受众的图像信念

文化人类学认为，语言符号是实现内化的中介，循着这个思路，在

① 霍克海默，阿道尔诺．启蒙辩证法．渠敬东，曹卫东，译．上海：上海人民出版社，2006：114.

视觉图像时代，作为视觉符号的图像也是实现内化的中介。有了长期观看经验的积累，一些观众习惯于发挥图像思维的优势，长于运用图像来获取必要的信息，实现人际沟通与交流，如有人会说："我从不阅读，只是看看图画而已。"① 在时下的手机微信中，双方在聊天时，常常使用图像符号作为交流工具，例如，微信表情包中常用的有"翻白眼""666""叹气""苦涩""让我看看"等，被使用的频率很高。表情包图像简单，含义明确而形象逼真，又不失幽默风趣。它代表某些人的思维偏好与潜在趋势，甚至表明自己对于图像的某种信念。在一般意义上，信念是人类精神领域的核心元素，表征对于某种理念和思想的坚信并身体力行的态度与状态。从认知结构来看，信念在更高的层次上统摄认知、情感和意志，是三者的有机统一体。有时，信念与理想被视为整体性存在，即理想离不开信念，信念也离不开理想。实际上，信念是追求理想的内在支撑与动力系统，强大的信念能够使人们百折不挠地为特定理想而奋斗。反过来，理想也是特定信念的实践过程及其结果。

与媒体相关联的"图像社会"（society of the image）概念的形成，显然不再是一个简单的概念问题，而是由视觉图像造就的一种新的学术范式，学术界用它来指称新的社会范型的确立与巩固。在另一种意义上，它凸显的是视觉图像之于社会建构的主导性意义。作为社会建构的主体，人的信念和理想显然也具有全新的特质，这种特质与"图像社会"有着内在联系。在此意义上，我们提出图像信念的说法。在阿莱斯·艾尔雅维茨看来，视觉和图像一直是西方文明史上的重要问题，"基督教的破坏偶像运动，就试图反击这种视觉和图像的优势地位；在希伯来人禁止制造'偶像'（graven images）的精神支持下，大部分基督教思想家都极力遏制对镜像的这种无所不在的狂热之情"②。究其原因，在于图像制造了新的信念或信仰，对传统信念或信仰产生了潜在的

① 艾尔雅维茨．图像时代．胡菊兰，张云鹏，译．长春：吉林人民出版社，2003：1.

② 同①21.

颠覆性影响。甚至德尔图良发出这样的怒吼："'当魔鬼把制作雕像、图像和各种其他类似事物的匠人引进世界时'，对虚假之神和魔鬼的崇拜就立刻紧紧地迷惑住了世人的视线。"① 所以，人们对于视觉图像争论不休，始终难以取得一致性的结论。这些史料从一个侧面证明了图像之于人的信念和信仰建构的重要性，既然能够颠覆旧的信念和信仰，那么就必定能够建设新的信念和信仰——图像信念或图像信仰，这是毋庸置疑的。如果说宗教对视觉图像始终保持高度警觉，千方百计地贬低视觉图像，是出于维护自身信仰的目的，那么，到了理性主义者笛卡尔那里，图像的透视画法的不断完善与延伸就表明视觉图像获得了受人尊重的合法地位，"图画不再受制于宗教的监视，反而成了世俗的给人愉悦的对象"②。视觉图像逐渐走进普通人的生活，以图画、雕刻等方式再现实践和创造，同时越来越多地满足人们日常审美的需要。无论是家庭成员的摄影作品，还是政治领袖的严肃画像，抑或是纯粹作为装饰的壁画、墙纸和其他各种图像，都是服务于提高生活品位与格调之需要的。在一个普通家庭里，如果墙壁上悬挂一幅梵高的《向日葵》，那可能是出于整体装饰风格的需要，当然也能显示出主人的高雅品位。它似乎与图像信念没有直接关系。其实不然，对于社会大众而言，决定着他们意见和信念的因素被划分为两类：一类是直接因素，另一类是间接因素。"间接因素是指这样一些因素，它们能够使群体接受某些信念，并且使其再也难以接受别的信念。这些因素为以下情况的出现准备了基础：突然会冒出来一些威力与结果都令人吃惊的新观念，虽然它们的自发性不过是一种表象。"③ 没有人预先知道视觉图像时代的到来，然而令人惊奇的是，对图像文化的专注与图像信念的形成，却像不速之客一样，不约而同地来到了门前。

正如勒庞（Gustave Le Bon）所做的分析，"某些观念的爆发并被

---

① 艾尔雅维茨．图像时代．胡菊兰，张云鹏，译．长春：吉林人民出版社，2003：21.

② 同①22.

③ 勒庞．乌合之众：大众心理研究．冯克利，译．北京：中央编译出版社，2005：62.

付诸行动，有时看起来显得十分突然。然而这只是一种表面结果，在它背后肯定能够找到一种延续良久的准备性力量”[①]。除了长期积累的视觉图像传统，还有一个重要原因，就是视觉图像进入普通百姓的生活领域，被作为日常审美的象征和身份的标志。在工业社会里，随着机械印刷技术的广泛应用，原来的珍稀版本图画或名人画像，可被大批量地复制、再复制，作为商品源源不断地输送给不断增多的购买者。图像商品化的结果是让它自己走下神坛，由奢侈品转化为普通生活用品。随着社会交往的发展，本地文化与异域文化交流日趋频繁，打破了区域限制的图像作品及其制作技术，传播到遥远的“他者”手里，视觉图像的受众群体不断扩大。在这个过程中，越来越多的读者得到了自己喜爱的图像作品，在反复观赏和仔细品味的过程中，逐步确立起对于图像的信念。经验告诉我们：对于从未见过、只听说过的一幅世界名画，你很难建立起关于它的图像信念，即使曾在想象中有过类似的观念，也不过是虚无缥缈的海市蜃楼而已。所以，视觉图像的生活化、世俗化过程，即是大众图像信念建构和走向完善的积累过程。必须承认，现代技术的突飞猛进以及新媒体的应用，无疑成为图像世俗化的重要推手。正如尼尔·波兹曼所说，“电视为电报和摄影术提供了最有力的表现形式，把图像和瞬息时刻的结合发挥到了危险的完美境界，而且进入了千家万户”[②]。进入千家万户是技术的最大成就，兑现了技术造福人类美好生活的承诺，同时，它也将无处不在的危险带给了大众，那就是“图像霸权”对个体精神的钳制与诱导。

20 世纪 60 年代的西方，学术界对视觉和视觉中心主义进行了广泛的讨论与严肃的批评。在一些学者看来，视觉与图像导致且纵容了“新偶像的建立”，这个偶像就是大众对影视明星的盲目膜拜和对电视节目不加选择地确信，它是我们这个时代最大的悖论。无论是电子复制技

---

① 勒庞．乌合之众：大众心理研究．冯克利，译．北京：中央编译出版社，2005：62.

② 波兹曼．娱乐至死．章艳，译．北京：中信出版集团，2015：95.

术，还是无处不在的视频监控设备，包括家庭日常使用的电视机、电脑和互联网，一方面发展出图像仿真和幻象的新形式，满足了大众的多方面需求；另一方面又加剧了大众的图像信念或信仰，在其内心深处造出新的崇拜对象。视觉图像时代的到来好比是一场新的造神运动。如果说当代社会文化必须“以图像为中心”进行建构，那么，我们依然会深陷图像文化的牢笼，置自己于被支配、被控制的尴尬境地。“从传统认知的崩溃到激进的类象和内爆理论，从意义的碎形到‘意义的终结’，这一切变化太过仓促和草率，使我们仍需且必须去设定世界的道路变得昏暗。”[①] 无论如何它都不是人类的正确选择，也不是人类的唯一选择。虽然我们不能阻挡技术进步的潮流，也无法阻止图像社会的到来，但就像在电视上选节目频道一样，我们可以选择对待图像文化的态度。对新媒体技术的狂热并不可取，对视觉图像的痴迷也是极端错误的，本质上是有百害而无一利的。视觉图像对个人的操控不再是简单的痴迷，而是现代技术对人类整体的主导和支配，这无疑是非常可怕的事实。着眼于未来远景和全球性剧烈变革，没有人能阻止图像时代的到来，也没有人会放弃对新的、更加美好的未来的追求，不过前提是这种追求不能以人的主体性的丧失为代价，不能在图像信念面前失掉人的尊严和权利。

在这里，也不排除图像内化机制发挥的激发作用。从理论上说，个体由于社会影响，把外部的诸多现实转化为内部现实，变成稳定的心理因素的过程，受自身内化规律的支配和主导。它启示我们要做好两手准备：一是理性看待外在环境的变革，对其可能的不利影响做充分的评估；二是发挥“我”的自觉性和能动力量，深入把握内化的心理机制和转换规律，努力创造条件打造防御和过滤不良图像元素的坚实壁垒。实际上，不是因为视觉图像本身深度介入日常生活，引发对视觉图像未来前景的诸多担忧，而是环境变化导致艺术与生活、美与生活之间的界限趋于消失，造成人类生活新的混乱和无序状态的形成。也就是说，视觉

① 贝斯特，科尔纳．后现代转向．陈刚，等译．南京：南京大学出版社，2002：144.

图像使社会制度的“熵”变得越来越大。按照著名的熵增定律，如果缺乏人为和制度的自觉主动的调节与控制，社会整体结构的“熵”将呈无序增长的态势，熵越是增大，组织越趋于无序，整体越混乱争斗，最后必将走向消亡的悲惨结局。因此，有人说，在某种意义上，人生就是与熵增不断对抗的过程。具体到思想文化和信息传播领域，“熵”的影响力是通过对信息的理解实现的，“系统的熵越高，信息含量的可能性就越少。或者说，熵越多，对信息的理解将更加随意，误解和混乱的可能性将会越大”①。毫无疑问，个体频繁遭受图像的狂轰滥炸，由于接受的图像信息复杂多样，受众的思维和行为定向机制出现紊乱，直接威胁到其对于传统价值观及原有理想信念的坚守。因此，图像时代塑造的信念或信仰不再是正常的人类信仰，而是个体的内心世界受制于视觉图像，部分丧失或者让渡部分自我的信念而导致的变形和扭曲，是一种悖逆社会进步和人生规律的局部反常现象。它的发生发展有着各种各样的复杂原因，需要理性看待并有效解决。

三、行为：赢得特殊传播效果

（一）图像提升传播的可信度

“耳听为虚、眼见为实”，这句话一般而言是正确的，因为“耳听”大多指各类道听途说的二三手信息，其真实性不足；“眼见”则是亲眼看到，是自己实实在在的感性经历，对指证信息的准确性、可靠性更具说服力。从传播学视角来看，必须回避类似小道消息类的不良传播，而采纳能够让对方看清真相的方式，或者自己能够证实其真伪的途径，以收获最佳的传播效果。在论证过程中，引用的无论是文本资料还是图像

① 贝斯特，科尔纳．后现代转向．陈刚，等译．南京：南京大学出版社，2002：275.

视频，都是作为有效证据来使用的。例如，人们听说某名人去世了，这则消息来自微信朋友圈并且被大量转发，在读到这则信息时，大多数人是持怀疑态度的，显然它缺乏足够的证据支持。相反，如果有人能提供相关的视频资料，那么就不会再有人质疑它的真实性。因为它符合大众“眼见为实”的心理习惯，或者说视频资料为此前的信息传播提供了有力的证据支持，这意味着文本信息需要图像信息的支撑和补充。

传播信息的效果，在很大程度上依赖于传播者，也就是信息源。信息源有多种，如受大众欢迎的人、权威信息发布机构、有说服力的数据、传播的信息载体等。例如，电视播出的一些医药广告，为吸引更多用户、提高产品可信度，常常请大牌影视明星代言，暗示疗效和品牌的可靠。从心理上说，受大众欢迎之人的可信度也会更高，由他（她）代言的产品自然也不会差。这类广告宣传利用了观众对明星的某种信赖心理，通过明星反复不断地对其进行劝服、暗示和宣讲，以求达到改变其态度和行为动机的效果。只有从心理上彻底说服观众，才能树立稳固的品牌效应，激发人们的购买欲，实现商业盈利的最终目的。在这个意义上，电视节目的广告效应远远好于电台广播的广告效应，毕竟电台广播的信息只能耳闻、不能目睹，在听众看来可信度较低。为深入研究影响传播效果的因素，国外学者进行过多次实验，结果证实：“如果可观察的效果，随着受众对推荐观点认知价值的变化而变化，那么传播者和他所代表的群体可以通过隐性承诺或保证的方式，即根据信息源的可靠性来证明观点的事实和逻辑是正确的。”① 无论那些做电视广告的厂家是否熟知上述心理规律，我们都不难得出一个基本的结论：发挥名人效应的影响力以及观众的心理联想能力，达到特定的传播目的不仅是可行的，也是目前国际上大多数影视商业广告惯用的做法。

卡尔·霍夫兰关于传播心理问题的研究，尚缺少对文本符号与图像

---

① 霍夫兰，贾尼斯，凯利．传播与劝服：关于态度转变的心理学研究．张建中，李雪晴，曾苑，等译．北京：中国人民大学出版社，2015：20.

符号之传播差异的分析。作为信息源的文本与图像，在实际传播过程中对受众产生的吸引力和劝说功效存在巨大差异。在以往文本叙事主导的时代，这种差异隐而不显，缺乏典型案例的比较分析而无法为外人所知。随着读图时代的来临，视觉图像叙事异军突起，成为大众生活中极其活跃的元素。各类媒体竞相拍摄和使用图像资料，将其作为信息传播的最新工具。它引发了我们对文本与图像之传播差异的新思考。在谈及电影观赏的独特魅力时，雷·布拉德伯里（Ray Bradbury）以自己的实践证明："导演们用画面代替词语进行轰炸，通过照片和电影特技来突出细节……通过强化细节就能说服人们相信任何事情。"① 当电影表演这一新事物登台时，大众惊讶的表情和艳羡的目光是可以想象的，世间竟会有如此神奇的东西，在一块薄薄的白色幕布上，通过远处光线的投射与交织变换，瞬间呈现出一幅全新的世界图画：熙熙攘攘的人群，奔腾不息的大河，一望无际的草原，纵横驰骋的动物，一个个鲜活生动、形象逼真的存在物，在生活中是立体的多维的，怎么能够被压缩、被凝聚到幕布——一个再简单不过的二维平面——上？如果说银幕上的人物都是活生生的存在，那么为什么幕布看上去却是薄如纸片，它如何能承载那么多内容？如果不是活着的人和物，那么就只能是观众头脑中的幻觉。电影播放的核心机密在于，在放映机高速运转过程中，无数图像持续叠加、滚动播放，在连续不断的图像累积过程中，巧妙地利用观众视觉的时间差，在观众眼里形成一种完美的动感认知。它告诉我们一个真理："精神形象的获得从来就不是瞬间完成的，它是一种整合的知觉。"② 正因如此，保罗·维利里奥把当今技术同人的视觉的重合与叠加命名为"后感知视觉过程"。对于不断涌出的新技术、新载体，我们不能简单做出肯定或否定的判断，只有本着实事求是的态度，客观分析其利与弊，才能得出有说服力的科学结论。不同于齐格蒙特·鲍曼

① 维利里奥．视觉机器．张新木，魏舒，译．南京：南京大学出版社，2014：31.

② 同①18.

(Zygmunt Bauman)对图像轰炸后果的断然指责，我们从图像资料的现实应用和未来前景，看到了视觉图像对信息的反复强化和巩固记忆，以此提高观念影响和意识形态教化的说服力，不断增强思想宣传教育的效果。而这正是以往传播所追求的效果，依托新媒体技术，这种效果因图像的逼真而不断得到强化。

据保罗·维利里奥考证，西方文化中的“宣传”一词，来源于“传教”(Propaganda Fide)，即最初是指宗教信仰的传播。[①] 不得不说，这个结论意义重大。首先，作为宗教信仰的信息传播的前提是不能质疑其观念和理论的正确性。换言之，它预设了传播内容的真理性，并希望受众必须以无条件接纳的方式，接受这些信息的教导和熏陶，以便于实现与传播内容的内在契合，从而达到对外在客体（如神灵、上帝等）的虔诚信仰。其次，它还预设了信息的可信度，那就是自己传递的信息（如各种经典）是高信任度的、不容置疑的，通过阅读经典或者膜拜偶像，就能获得信仰的某种内在魔力。尽管在后来的信息传播实践中，随着人们对信息的选择和使用越来越自由，类似于宗教信仰般的潜在强制力逐渐弱化，然而它并没有完全消失，只是转换为其他存在形态。以文本叙事与图像叙事的对比为例，不难发现，视觉图像又成为当代资本主义的新“图腾”，而这种新图腾的形成与影视文化的无节制泛滥直接相关。丹尼尔·贝尔在《资本主义文化矛盾》一书中深刻指出：“电影有多方面的功能——它是窥探世界的窗口，又是一组白日梦、幻想、打算、逃避现实和无所不能的示范——具有巨大的感情力量。电影作为世界的窗口，首先起到了改造文化的作用……年轻人都喜欢聚集在银幕之前。”[②] 在原始部落中，愚昧无知的原始人对图腾的狂热膜拜，是由其心理导向与生活习性所致，也是强化团体凝聚力的合理诉求。而在当代资本主义商业社会里，在新媒体技术成果主导大众思维和观念的过程中，一些人

---

① 维利里奥．视觉机器．张新木，魏舒，译．南京：南京大学出版社，2014：29.

② 贝尔．资本主义文化矛盾．赵一凡，蒲隆，任晓晋，译．北京：生活·读书·新知三联书店，1989：115.

特别是年轻人将影视明星作为偶像膜拜，极力模仿其倡导的价值观、思维方式和行为方式，以此为时尚炫耀的标志和自我价值的体现，从中可以看到宗教信仰的影子。影视剧确实是一种意识形态的宣传和教化工具，其实际效果不仅取决于载体符号的形态（是文本还是图像），还同样取决于受众的心理需求和行为选择。后者显然更为重要，因为信息的可信度是可以改变的。这种改变一方面需要从叙事符号着手，例如将抽象晦涩的文本转化为清新亮丽的图像；另一方面能否迎合受众的心理需求和行为习性也至关重要。例如，一些人可能有偶像崇拜的心理需求，那么图像视频就可以为他们提供可供膜拜的偶像，如足球明星、篮球巨星、影视明星等。一些人喜欢为家人烹饪美食，需要掌握更多烹饪技能，媒体便制作大众厨房节目，聘请专业厨师为观众进行示范，教人们在自己家里做出美味佳肴。通过诸如此类的媒介传播技巧，视觉图像在捕获越来越多受众的过程中，实现了知名度和信誉度的双丰收。

（二）图像强化信息的确证力

要证实一个事件（活动等）往往有多种办法，比如可以通过实践，也可以诉诸逻辑推理和论证，从学术层面来看大体如此。但是对于绝大多数人来说，实践或逻辑推理和论证并不重要，他们更相信自己亲眼看到的，尽管有人会提醒说眼见也未必为实，比如街头的魔术表演，就是不折不扣的游戏性的欺骗，因为一张报纸绝不会凭空变成百元大钞，一条普通的红纱巾也不可能在转眼间化作活脱脱的大白鹅。表演者使用障眼法骗过观众，不过他自己心里很清楚，从头到尾都不过是一出戏罢了。观众知道这一切都是假的，还是愿意围观各类魔术表演，无非是想满足“视觉场域”的需要，品尝魔术带来的暂时性视觉盛宴。按照文化市场的游戏规则，有需求就会有供给，在图像文化中同样要按“供求平衡”的规则来行事。越来越多的视觉图像被作为商品消费时，实际上已经进入了消费市场，受市场规则的支配和约束。在现代市场经济条件下，用户对商品的质量、性能以及售后都有明确的要求，图像类的文化产品也不例外。如何确保视觉图像信息的质量，能够让读者或观众感到满意，不断增强图像信息的确证力量，就成为媒体重点思考的问题。

考虑到看电视剧时心不在焉会影响观看效果，图像制作者会改变拍摄方法，制造出“维系性图像”（image phatique），去努力抓住观众的“眼球”。对此，保罗·维利里奥分析认为，“维系性图像——设定目标的图像，它强迫目光并且抓住注意力——它不仅是摄像聚焦的纯粹产物，还是越来越强化的照明的产物，它只还原了一些特定的区域，而图像背景在多数情况下都消失在模糊之中”①。划分主次、区分重点与非重点，以便于观众“凝视”主题所要表达的内容，暂时略去无关紧要的其他因素，这是20世纪初西方资本主义社会图像应用的显著特色。从应用范围来看，主要集中在政治和经济领域，即满足两种不同社会制度较量的政治宣传的需要，借助图像鼓吹资本主义意识形态所取得的胜利。一幅画、一个雕塑，当矗立在街头时，首先起到的是装点和美化城市环境的作用。如果深究其生产过程，我们会有惊人的发现：它们在刻意倡导一些观念和回避某些问题，潜在引导人们去说什么或做什么。只是这个秘密被掩盖起来了，读者或观众如果不仔细思考，很难发现它。不难看到，“广告招贴和其他宣传品上的关键词常常采用与其显示背景一致的颜色和亮度，焦点与背景的区别，图像与文字的区别，在这里再次得到加强，因为证人必须使用更多的时间来解读所写的信息，或者干脆拒绝文字而偏向图像”②。在目前国际政治经济领域，越是重大的活动或事件，视觉图像的出现频率越高、所使用的手段越先进，一些国家甚至出现过“电影官员”，意在营销资本主义政治思潮和意识形态，极

① 维利里奥．视觉机器．张新木，魏舒，译．南京：南京大学出版社，2014：31－32.
② 同①32.

力吹嘘其优越性和吸引力。对于采用新闻技巧在政治上取得的胜利，美国公共舆论研究专家沃尔特·李普曼（Walter Lippmann）曾经露骨地说："如果没有现代世界中适用的新闻技术手段，民主是很难实现的。"①它从另一个侧面告诉人们，资本主义所谓的意识形态胜利成果，是新闻技巧加视觉欺骗的混合物。

拍摄纪录片是为了回顾历史，给大众一种图像中的历史记忆，在20世纪30年代的西方，它无疑在政治上取得了很大的成功，其成功不在于以摄影记录的方式"还原了历史时刻"，而是给人们提供了审视当下的新视角和新思路。回顾历史可以让观众获得自我认同，焕发内在激情，体验到当下的"优越性"，并相信命运的眷顾。在不可抗拒的视觉技术进步过程中，视觉图像增强了编故事的能力，为寻求意义的大众平添了许多生活乐趣。关注人们"视觉场域"的主体，已经不再是纯粹的绘画艺术家，尽管他们依旧活跃在艺术舞台上，为了商业利益而去迎合大众的视觉饥渴，记者和广告商也蜂拥而入，他们先入为主地要向用户表明，鲜活的视觉图像才是他们的最佳精神食粮，为此，必须不断地创造、再创造。这些用于宣传的图像类作品，被保罗·维利里奥统一命名为"公共图像"，在日常生活中发挥着特有的工具职能。为了简洁明快地说明问题，保罗·维利里奥以人的指纹的使用为例，对图像的使用价值做了简要解读。早在1888年，英国人威廉·赫谢尔（William Herschel）就发明了在文件上按手印的方法，直到后来英国政府正式采纳了指纹分类法。"指纹被视为一种潜在的图像"②，可以作为真实的证据，因为全世界没有两个人的指纹完全相同，虽然这一点在当时还未被科学证实，但它的应用依然表明，这已成为官方默认的事实。在后来的刑事案件侦查中，犯罪嫌疑人的指纹被作为重要的证据使用，它完全打破了"眼见为实"的心理习惯，揭示了人类目光存在主观性、随意性的

---

① 维利里奥．视觉机器．张新木，魏舒，译．南京：南京大学出版社，2014：52.

② 同①86－87.

缺憾，也为新技术的应用开辟了广阔前景。“眼见为实”以及罪犯的供词，也只能属于主观判断，视觉对事物和事件的反映并不一定是真实存在的。“引入指纹鉴别作为刑事诉讼的证据，标示了叙述、作证和描述模式的衰落，这些曾经是所有司法调查的基础，长期服务于从前若干世纪的小说家和作家。”① 它从另一个侧面说明了图像叙事取代文本叙事的必然性及其确证力量。

在法律上，证据就是让人相信的东西，是做出正确判断的充足而且必要的依据。图像资料作为证据的应用，随技术的进步而拓展延伸。如今遍布城市社区、商店和银行的摄像头，监控着每个过路者的行为，这些第一手视频资料均可作为证据使用。十字路口的红绿灯在疏解交通压力、维护车辆通行秩序方面发挥了巨大作用。以往在人流和车流高峰期，需要配备多名交警上岗指挥，如今摄像头 24 小时不间歇地工作，极大地缓解了交警的工作压力。在必要时这些连续的摄像资料还可作为必要的证据链使用，犯罪嫌疑人或肇事车主在它们面前无所遁形。在执法实践中，大量电子辅助工具的使用，省却了执法者的奔波劳顿之苦，尤其是遇到证人不在场或无法出席的情况时，“远程视频图像”能够解决法律判决中的关键问题。此外，视觉图像还广泛应用于医学透视、生物研究、地理遥感、大学教育等领域。例如，数字化图像设计、三维成像系统建立的模型，能给初学者带来令人惊喜的效果。如今计算机制图时代，不仅图像种类繁多，而且制作图像也变得方便快捷。随身携带的智能手机可以用来拍摄图像，记录人生的精彩画面。人们对视觉图像情有独钟，甚至到了着魔的地步。“对他们来说，录像机、迷你电话、电视机和其他电脑屏幕已经成为获取信息、交际、了解现实并在现实中运动的方法，也几乎是唯一的方法。”② 这已经不再仅仅是确证信息的事，而是人们心甘情愿让自己进入图像、成为图像的一部分。

---

① 维利里奥．视觉机器．张新木，魏舒，译．南京：南京大学出版社，2014：87.

② 同①90.

（三）图像误导受众的选择

在丹尼尔·贝尔看来，广告图片或图像是引领消费时代的风向标，“它是货物的标记，新生活方式展示新价值观的预告”①。契合消费时代大众对新生活的渴望，都市中五颜六色的广告牌、闪烁的霓虹灯、形状各异的雕塑和人工园林景观，加上川流不息的车辆和匆匆忙忙的人群，展示着都市特有的活力与魅力。对于普通人而言，都市的一切看起来都是新奇而特别的。要想真正融入都市生活圈，享受都市生活的浪漫与品位，必须全身心地投入其中。首先要从变革观念开始，从视觉图像的刺激融入，直到崭新生活方式的完全建立，图像始终发挥着引领和向导功能。如何像都市人一样过上有品位、有格调的高雅生活，最重要的就是模仿他们的言谈举止、穿衣打扮、社交娱乐，熟悉他们的生活习惯，在这个过程中“广告所起的作用不只是单纯地刺激需要，它更为微妙的任务在于改变人们的习俗。妇女杂志、家庭指南以及类似《纽约客》这种世故刊物上的广告，便开始教人们如何穿着打扮，如何装潢房子，如何购买对路的名酒——一句话，教会人们适应新地位的生活方式”②。广告的教学功能的最初设立，是因为大众有这方面的迫切需要，必须契合由此导致的市场供求关系的变化，使之趋于整体平衡。此时图像广告成了教育者，发挥着类似于教师的功能。通过这种“教”与“学”的互动式实践，强化受众对新的生活方式的认同与理解。

隐藏在资本主义消费背后的文化逻辑，是西方的新享乐主义思潮。19 世纪 50 年代，西方资本主义国家全面进入消费社会，按照波德里亚的分析，消费社会的典型特征是“人受到物的包围”。与之前物质资料匮乏的年代迥异，现代资本主义社会是物质资料充盈、产品极大丰富的

① 贝尔．资本主义文化矛盾．赵一凡，蒲隆，任晓晋，译．北京：生活·读书·新知三联书店，1989：116.

② 同①.

社会，或者叫作产品的过剩时代。令人眼花缭乱的产品不仅刺激着人们的消费欲望，而且能够满足人们多样化的精神需求，为资本主义全面进入消费社会创造了条件。对于普通人来说，直接的感受和心理体验是最重要的，吃喝玩乐虽然属于浅层次需要，但毕竟是幸福和快乐的源泉，也是他们看重的、最基本的追求。因此，物欲感性享乐主义大行其道，得到了大众社会的认同与推崇。正如迈克尔·弗洛克所极力宣扬的那样，“一个优秀的享乐主义者必然知道，休闲并非奢侈，也不是放纵，而是生活的必需，在休息的过程中，生活中最美好的事情正在发生。有意义的交谈，深思熟虑的思考，无拘无束的笑声，人与人的真正联系很少发生在单调乏味的工作之中”[①]。满足自己的物欲和情欲、遵从内心的需要，是享乐主义的基本主张，它不再考虑理性的劝告和规范的约束，也不再顾忌自然资源的有限性及长远意义。因此，享乐主义哲学的盛行必然导致个人主义和利己主义的泛滥。

在物欲得到充分满足后，个人的精神满足也很重要，西方各种不良社会思潮正是看准时机，乘虚而入，侵入人的精神世界。有学者指出，“在欧美工业化和城市化过程中，整个社会充满了竞争和压力，社会底层的广大民众往往被生活压得喘不过气来。在这种情况下，电影喜剧就以一种娱乐的方式最好地发挥了心理疏导的功能，因为人们在喜剧电影中总是可以看到比自己更倒霉的人，于是在报以同情的同时，也产生了一种归属感，个人的不幸也变成了一个社会问题”[②]。丹尼尔·贝尔对广告和图像文化之危害所做的透彻分析，意图不在于阐述图像符号本身的意义如何，而在于揭露和抨击西方享乐主义思潮的实质与危害。在他看来，视觉图像潮流极大地助推了享乐之风的蔓延，资本主义制度的一系列所谓的重要发明如分期付款、超前消费等，从根本上颠覆和瓦解了人们的节俭、自律、禁欲等传统道德观念，把人们从理性权衡和计划消

① 弗洛克．享乐主义手册：掌握丢失的休闲和幸福艺术．小意，译．南京：南京大学出版社，2011：88.

② 康军民，刘金洁．欧美时尚100年．济南：山东画报出版社，2009：22.

费原则的禁锢中解放出来。电影和广告为人们的观念更新引路，向大众反复推荐消费主义的行为方式和鉴赏方式，引导大众崇尚娱乐、炫耀、崇拜金钱，资本主义创立初期形成的以勤俭自律为主的清教教义和新教伦理精神，被享乐主义之风扫荡一空。随着社会上相互攀比、奢侈浪费之风的盛行，世俗的道德基础或超验伦理观念逐渐土崩瓦解，取而代之的是时尚的“娱乐道德观”（goodness morality）。在这个意义上，广告和图像对大众价值观的误导是非常明显的，此时的视觉图像文化不再是教育者，而是不折不扣的瓦解者和教唆犯。它瓦解了传统道德的精华，教唆人们奢侈腐化，走向堕落的深渊。

在消费文化流行的时代，青少年无疑是最大的受害者。“青少年不仅喜欢电影，还把电影当成了一种学校。”① 他们涉世未深，对外界事物缺乏成熟的分辨能力和判断力，社会经验严重不足，而且喜欢模仿自己喜爱的明星，明星的言谈举止、行为做派都是他们模仿的对象，而不去考虑这些行为可能导致的后果。电影对现实的过度美化与无端粉饰，也使一些青少年失去理性认知，不能正确看待奋斗与享受的关系，在享乐主义价值观的持续诱惑下，青少年群体成为资本主义犯罪率最高的社会群体之一。在二战后的欧美世界，对于那些性格叛逆、喜欢追逐新潮的年轻人来说，痴迷爵士乐、成为披头士，甚至吸毒、狂饮烈性酒、淫乱就是幸福生活的全部内容，这些人被称为“及时行乐和放荡不羁的一代”“垮掉的一代”。法国哲学家利鲍维斯基（Libaovisiki）深刻指出：“在享乐行为得到青睐时，个人主义便在这消费社会泛滥，以‘我’为中心的生活方式成了法国人的信条。”② 在他看来，西方古老的个人主义思潮，借助享乐主义思潮而得以复兴，二者相互支持、相互利用，成为时下流行的价值观和行为方式。多种不良社会思潮的交织作用，对社会整体及其成员的危害是极大的，尤其是在消费社会环境中成长起来的

---

① 贝尔．资本主义文化矛盾．赵一凡，蒲隆，任晓晋，译．北京：生活·读书·新知三联书店，1989：115.

② 赵念国．法国：享乐主义卷土重来．国际展望，2000（15）：36.

青少年，需要给他们更多的理解与关怀，因为他们正处在人生的十字路口，其身心健康不仅关系到国家和民族的长远发展，还关系到未来世界的走向，因而让青少年接受健康向上的文化熏陶和必要的教育引导，是视觉图像时代的紧迫任务。视觉图像不是他们成长的必备要素，也不是唯一因素。它只是一种基本的文化符号，一种外在的环境力量，自觉认知和不断反思视觉文化对青少年健康成长的利与弊，不断优化视觉图像组成的大环境，才是矫正和解决问题的根本出路。

四、受众：塑造高度凝聚群体

（一）视觉主体的分化与类型化

视觉图像对受众产生的影响之一，就是导致其分化与类型化趋势。不同的观众喜欢不同的影视节目，对一些频道和表现类型情有独钟，必定会在心理上排斥与其不相干的其他节目类型，久而久之就形成了特殊的视觉偏好。例如，老年人看电视，喜欢慢节奏的、悠闲的尤其是对健康长寿有益的医学知识普及、保健养生类节目；一些青少年痴迷篮球或足球赛事，不惜通宵达旦观看国际性赛事，比赛的胜负、球员的表现等都成为他们津津乐道的话题；那些年轻的妈妈希望多懂得一些医药知识，以便在婴幼儿护理过程中，或在婴幼儿生病时，能够采取有效的措施，及时缓解宝宝的痛苦；还有一些观众希望在节目中学到一些烹饪技术，以便为家人烹饪美味佳肴，享受家庭聚餐带来的快乐。看上去，观众的需求制约着影视节目的安排和播出，实际上，安排节目的权利最终掌握在媒介使用者手里。这里的使用者，既包括观众，也包括媒体人和媒介机构。换言之，视觉图像、媒介机构和媒介使用者共同构成视觉环境。图像影视剧作为外在的社会力量和个体生活环境，在塑造观众的主体性方面发挥着关键作用。在观赏过程中，观众看到的是影视剧，而看不到媒介机构及其他使用者。马克思曾说："人的本质不是单个人所固有的抽象物，在其现实性上，它是一切社会关系的总和"[①]。"观众"与"荧屏"作为一对基本矛盾，呈现为彼此间的交流与互动，由此形成一个特殊的媒介时空和视觉环境。只有聚焦于媒介时空和视觉环境的深入分析，才能把握视觉图像如何分化主体、建构主体、生成主体。图像视频作为新媒介的载体，在当代人的生活与工作中发挥着图像话语的无形力量，作为主体的普通观众对此并无察觉，甚至很多人认为它不过是休闲消遣的工具，并没有干扰我们正常的生活进程。大多数人只是对有形的影响（主要是危害）感兴趣，或者说，只有发生实质性的危害才能引起他们的警觉，他们才会进行反思并追问缘由。

在本原意义上，人是以生物为基础的社会性存在，生活在由物理原理支配的世界中。新技术的发明和大众媒介的普及，观照的是人的快乐和幸福的现实向度。从文字到语音，从电影到电视，从遥控器到AR、VR、MR等虚拟现实技术，新的媒介技术不断拓展着人类生活的时空范围，原有的物理边界不断被打破、被替代，绘画、摄影、网络、智能手机、数字图像等技术世界在持续延伸，深陷其中的观众在无穷无尽的链接中迷失了自我。作为主体性存在的观众，必须学会适应时空的转换、叠加和扭曲的复杂变换，在精神世界中找到明确的锚点。在影视剧所提供的海量信息中，"媒介菜单"（media repertoire）由媒体提供，方便个人自由选择和使用。然而事实上却是，在"观众"与"荧屏"的特殊时空结构中，受制于特殊的视觉环境，个体看什么归根结底由"荧屏"说了算。因为这种时空结构没有明确边界，它导致个体很容易为虚浮的表象所迷惑，不能正确实现自己的理性能力，不能改变媒体结构的客观决定性，反而容易陷入"跟着感觉走"的被动局面。"这导致假新闻、谣言以及非理性宣泄等问题甚嚣尘上，个体使用媒介完全取决于是

---

① 马克思恩格斯文集：第1卷．北京：人民出版社，2009：501.

否对自己有用、是否符合自我的价值感知。"[①] 也许有人说，新媒体时代的受众早已不是单纯盯着电视机的被动者，而是可以在手机、互联网以及其他终端设备上随意调换频道和娱乐方式的、不断游移的"新玩家"。根据其观照的视觉图像的内容差异，这些"新玩家"群体被分为工作、学习和娱乐三类。这三类人接触和使用不同的视觉图像，会受到不同的思想和价值观的影响，遵守各自时空规则的安排，在满足自我动机和其他诉求中，塑造具有较大差异的人格和行为习惯。因此，受众在图像化影响下的分化与类型化是自然发生的过程，即受某种看不见、摸不着的视觉规律支配，我们姑且称之为"图像主体分化律"。

视觉化对个体观念的颠覆性意义，可以从摄影的发明和应用中获得确证。作为反映和把握世界的特殊方式，摄影机的出现延伸了人的视觉和触觉，实现了时间和空间的"移植"与"变换"，如有学者所说，"摄影加速了世界的视觉化，真正促生了视觉革命的诞生，它不仅改变了传统艺术的模式，也因此改变了传统艺术的观念"[②]。摄影不仅制造图像，还是对图像的一种创造、升华和再发现，在它的图像世界里有心灵的投射——观念和价值观烙印。个人接触和使用摄影图像的过程，在某种意义上就是回归内心、寻找那个失落的自我的过程。无论是出于学习、工作的需求，还是纯粹的消遣娱乐，这些都只是表面的动机或欲望的表现，它们并非目的本身。视觉图像本身并不是目的，也不可能成为目的本身。然而，在表层上我们看到，图像确实为不同的群体制造了"意义"，正是对"意义"的追寻把素不相识的人聚集在某种类型的图像之下，成为以图像为纽带的特殊"类存在"。广义上说，正是大众的强烈诉求和实际需要推动了图像时代的来临，蓬勃发展的图像产业与个体需求分不开，与图像对自我的强烈吸引密切相关，它导致当今时代所特有的"视觉驱动"，正如艾美利亚·琼斯（Amelia Jones）所说，"从文艺

① 喻国明，曲慧，方可人．重新理解媒介：以受众"媒介观"为中心的范式转换．新疆师范大学学报（哲学社会科学版），2021（3）：115.

② 王春辰．图像的政治．北京：中央编译出版社，2013：180.

复兴到当代的那些视觉模式（包括柯普伊克所主张的柯拉瑞模式，以及我所要增加的穆尔维模式）似乎都在主张或渴望，使我们沉浸于图像之中和充当了图像；视觉驱动与它们不同，它是确保我们作为‘一个置身于视域之外并因此而超越它的观者’”①。实际上，远离和超越不是建构自我的方案，而是保持自我独立的特定立场，因为内心欲求的超越和无法置身事外的现实，永远处在某种不满与张力之中。正因如此，自我与图像始终保持着若即若离的关系。

被类型化了的图像个体看上去是孤独的、寂寞的，一家人围坐在电视机前，虽然欣赏着同一个频道的节目，但各自想着自己的心事。家人对图像节目的偏好不尽相同，为了家庭和睦，内心的不满必须隐藏起来，因此有人在低头看手机，有人在玩 iPad，孩子们在周围跑来跑去，还有人在聊天。一个人只有在独处时，才能完全按照自己的意愿调换频道，安静地看自己喜欢的节目。此时，也许在另一个家庭，在某个遥远的地方，会有无数“同类节目爱好者”，欣赏着同一个频道的图像节目。这个陌生的“他者”就是自己的知音，尽管彼此间毫无沟通、互不知悉。在类型化的时代，互不相识显得没那么重要，不过，图像是他们之间的纽带，把素不相识的人团结到电视屏幕前，共同享受这场“图像的盛宴”。1964 年，拉康发表了《什么是图像?》一文，在文中使用了“屏幕”这一重要概念。在他看来，屏幕是主体凝视与再现主体相见的场域，如同一个相互交往的平台，无数双眼睛在凝视着屏幕，“在凝视的视野之内，主体总是已经‘被拍摄’，而因此，它也一直既是一种观看的主体又是一种观看的客体。这种图像，一般来说，其本身就是一个屏幕，一个场域，在这里主体与客体、自我和他者相互纠缠以创造互为主体的价值”②。拉康看到的是一种自我主体的生成模式，不过它不是孤立进行的，因为除了面对的屏幕之外，还有无数个自己的同类，他们

---

① 琼斯．自我与图像．刘凡，谷光曙，译．南京：江苏美术出版社，2013：31.

② 同①197.

共同创造了自我的主体存在。因此，在艾美利亚・琼斯看来，这是一个身份认同和自我透射的复杂过程。① 不管是身份认同还是透射活动，都不是孤立进行的，而是在个人与屏幕的互动、自我与更多陌生同类的相互作用中实现的，说到底是屏幕再造了另一个自我，塑造了类型化的群体。

（二）心理认同与图像“代理人”

类型化的群体具有虚拟性，是因为群体成员之间大多素不相识，甚至不知道对方的存在，也不可能与对方取得联系。此时，“屏幕”就成为他们之间最重要的黏合剂，由于对某类节目或频道情有独钟，形成相同的爱好与达成内心的默契，而成为特定的“兴趣共同体”。这种“兴趣共同体”与现实中的足球协会、驴友俱乐部等有许多相似之处。不过，现实中的协会都有固定的建制和明确的活动章程，会定期或不定期地组织活动，其成员有机会当面交流经验和体会。而聚拢在视觉图像下的类型化群体，可能永远都只是虚拟性的存在，成员也仅仅能够凝视屏幕，而无法看到对方，他们对视觉图像的感情是建立在心理认同的基础上的。在弗洛伊德看来，“认同是个人特征在外部物体上的投影，为的是更好地理解这些特征。这是主体为了其自身的利益从潜意识中的动机出发而从事的心理活动”②。在互联网发展起来之后，这些类型化群体有了沟通的渠道和平台。我们常常看到，在“今日头条”相关影视剧栏目下的评论区，保留着观众对某部电影或电视剧的大量意见和评论，尽管这些意见或评论常常不尽相同，但总体来看，评论者都是该影视剧的忠实观众，在观看该剧之后，对剧情、主角、矛盾、总体优劣等有较为充分的了解，然后发表自己的所谓高见。当然，由于评论者的评价

---

① 琼斯．自我与图像．刘凡，谷光曙，译．南京：江苏美术出版社，2013：197.

② 菲克斯．电视文化．祁阿红，张鲲，译．北京：商务印书馆，2005：245.

大都极具主观性，未经深思熟虑，因此发帖、回帖、灌水、谩骂和争吵的内容居多。这些评论性的观点和看法反映着类型化群体的所思所想，即心理认同的某种价值趋向性。

个体对表演的认同是通过体验实现的，一般意义上的体验是在真实情境中的遭遇，而观看影视剧所获得的体验却是类似虚拟的过程。必须明确，无论何种类型的视觉图像，哪怕是反映现实题材的影视剧中的故事，也都是演员的虚构和表演过程。表演不能等同于真实的生活过程，但它要想让观众获得一种类似真实的感受或体验，就必须模糊表演与真实的差别，看上去是自然而然的，“舞台上的人和事件是为了表现意识形态上确定的行为，但却似乎是在反映真实与客观，使他们看上去是自然的产物而不是文化的产物”①。为了顺利达到这个目的，就必须在表演的魅力（真实性）上做文章，对于类型化的群体而言，表演必须投其所好，能够让其开怀大笑、陶醉其中，甚至是达到某种程度的自我欺骗，以便于从各方面满足其需要，这就是实现情感认同的需要。“认同鼓励观众去分享人物的体验和情感，从而产生一个感性的而不是理性的观众，一个倾向于认可而不是怀疑的观众，一个通过体验而不是通过社会政治框架来理解事件和表演的观众。”② 观众的情感投向，包括他们的心理认同都是可以被改造、被操控的对象。在表演与观看的交流过程中，观众在不知不觉中启动了自身的投射机制，使自己逐渐融入角色和情节之中，“这个过程的核心问题是实现某种愿望，因为观众许多未能实现的愿望（比如魅力、财富、成功等）都在有魅力的人物身上得到了体现”③。此时观众忘掉演出的虚构和表演的成分，完全把它作为真实发生的事件来理解。在快乐和幸福的体验中，一切差别都被轻而易举地消解掉了。有魅力的影视人物转化成我们诉求的“代理人”，尽管他们只是假想的图像“代理人”。

---

① 菲克斯．电视文化．祁阿红，张鲲，译．北京：商务印书馆，2005：244.

② 同①.

③ 同①245.

当把自己的愿望投射到剧中人物的身上时，观众就会时时替剧中的偶像着想，希望自己不再是被动的观众，而是剧中那个积极行动的主角或配角，作为自己理想的“代理人”，他或她是代替自己行动的一种力量，借剧中人物的行动使自己获得了某种意义，我们称之为“共享”表演的过程。实际上，观众并非不知道自己的存在，也不可能不明白表演的虚构成分与自己生活之间的距离，然而在心理上消解差异是为了得到满足、得到快乐，“观众这种联系形式往往是观众的想象：如果处在当时人物所处的境地，他/她会怎么办。这是一种积极的认同，他让读者共同承担作者的作用，因为解读所起的是与写作平行的创造意义的作用”①。如果说所有观众都有类似的图像心理，那么在它背后必定存在深厚的历史或现实动因。当然，类似心理必定是图像时代的产物，尤其是在电影和电视机发明之后，视觉图像文化进入寻常百姓家，成为寻常百姓生活的必要构成部分，这种心理习惯和思维方式才能固定下来。所以，我们必须从时代变迁的视角去追寻图像认同的印迹和“代理人”现象的缘起。新技术和消费主义的诞生，使日常生活的时空发生了扭转，互联网和电子媒介创造出了新的“三维空间”，加上大都市群的迅速崛起，推动社会飞速前进，这些现象都令人头晕目眩，几乎迷失在钢筋水泥构筑的丛林之中。按照海德格尔的说法，我们原本诗意地栖居在大地上，与生生不息的土地紧密相连，如今我们的梦想被新时空搞得支离破碎，“自我”被自己无情地抛弃，精神生活无所寄托，成为后都市时代的“游荡者”，齐格蒙特·鲍曼称之为都市“流浪者”。这无疑是一种碎片化和精神分裂症的表现，是晚期资本主义文化逻辑的真实写照。如何重新建构被毁坏的精神空间，就成为摆在图像时代的人们面前的一道难题。

从文化话语视角来看，视觉图像之被建构与被理解，只能在“受众-媒体”的视觉环境下才有可能。坐在电视机前面的观众，成为图像视频

① 菲克斯．电视文化．祁阿红，张鲲，译．北京：商务印书馆，2005：246.

的“旁观者”，目睹来自遥远的“他者”的生活苦难，“我们对他们痛苦的体验是通过电视摄像机、卫星、电缆或屏幕这些媒介得以进行的”[①]。齐格蒙特·鲍曼担忧的是反复不断的图像刺激，导致受众的审美疲惫和“同情疲劳”（compassion fatigue）。他引用卡普钦斯基（Ryszard Kapuscinski）对见（seeing）和知（knowing）之间区别的研究，强调关注图像会阻碍而不是推动对知识的理解。[②] 连续不断的图像轰炸会使人失去震撼力。当然，学者们不是否定图像的积极意义，而是告诫我们在面对和使用视觉图像的过程中要坚持适度原则，在发挥“亲眼看到”效应的同时，努力避免它所导致的负面后果。这种担忧不无道理，所有事物都有两面性，视觉图像也不例外。对于类型化的群体来说，要共享图像文化及其价值，从中获得自己所需的生命意义，影视图像就担负着生活教科书的职能。每个人各取所需，力图从中满足自己的偏好。首先，每个人是文化传播的“把关人”，如同我们对食物的卫生有要求一样，对精神食粮必然也要加以鉴别裁定，采取必要的过滤措施，防止不良视觉图像产品对人的精神世界的污染。其次，每个人是媒介本身的“把关人”。既然受众对媒体给予更多的信赖和关注，从心理上认同影视图像作品及其价值观，那么无论是个人、组织还是政府，在传播新闻图片、发布视觉消息时，都必须严格践行“把关人”的角色，努力避免虚假新闻、谣言、未加核实的消息出现在网络社交平台和媒体上，以免造成交叉传播、误导观众，甚至造成不必要的恐慌。因为它影响的绝不是某些独立的个体，而是作为类型化群体的社会大众。心理认同的实质是一种精神链接，是通过图像被唤出、被激活的从而实现“自我”与“他者”的沟通和交流的过程。如果发生谣言或虚假新闻的传播，那么这对二者沟通的阻滞和伤害是巨大的，甚至是无法挽回的。

---

① 鲍曼．被围困的社会．郇建立，译．南京：江苏人民出版社，2005：222.

② 同①223.

(三)“后视觉”时代的精神链接

按照梅洛-庞蒂的分析，电视是对电影的超越，电脑又是对电视的超越。如果把电影媒介时代称为视觉时代，那么电视和电脑的出现则可以用“后视觉”（post-visual）时代来表达。这个“后”时代可从两个方面来理解：一方面，电影是以摄影为基础的，表现为连续性的视觉图像的滚动播放，因此它对摄影高度依赖，也是摄影的延伸；另一方面，电视又具有电影屏幕的那些结构和基本功能。① 在视觉空间里这些都是我们考察观众的主体性的基本前提。无论是电影、电视还是电脑，它们都是有形的、可见的物质载体，当它们与视觉主体发生精神“链接”的时候，观众只是面对通过复杂工艺流程制作出来的某种“器物”，思想观念上不会发生明显的变化，其背后的内容才是我们要重点关注的对象。为准确表达“后视觉”时代的崭新特质，对主体与客体、图像与自我的关系进行深度考察，艾美利亚·琼斯特别创造了一个新名词——“电视性”（televisuality），意思是从电视观看和电视文化的角度进行观看与思考的方式。②

在我们看来，“后视觉”不是对“视觉”的否定，而是对视觉的超越和扬弃，因为它虽然以“后”为指称，但仍然无法回避人的眼睛的视觉功能，或者说，我们依旧必须用眼睛去“凝视”，那么又该如何理解这里的“后”呢？由于在“后”现代思潮中存在多种对于“后”的不同解读，所以我们需要准确界定“后”的内涵，才能对“后视觉”有准确把握。保罗·维利里奥用“知觉的后勤学”来概括层出不穷的光学仪器对于视觉认知的非凡贡献，他说：“我所看到的主要内容，实际上和原则上已经不再处于我的能力之内，即使它还处于我的目光能力之内，它

---

① 琼斯. 自我与图像. 刘凡，谷光曙，译. 南京：江苏美术出版社，2013：199.

② 同①.

也不再一定写在‘我能够’的卡片上。”① 如果我们将人眼的功能称为视觉，那么具有类似人眼功能的光学仪器以及其他能够扩展人类视觉认知界限和空间的新技术设备，即保罗·维利里奥所说的“移情设备”，在扩展的意义上，就只能用“后视觉”这一概念来描述。“后”不仅仅是物理或心理距离的超越，还有性质上的巨大差异，借用保罗·维利里奥的话说，叫作“视觉的生产性无意识”②。新技术（尤其是光学技术、空间物理学、航天技术等）不仅能拓展人们的认知空间，从可能性角度看它是无限的，而且能给予大众深刻的启迪，即人类认知及视觉化具有“未完成性”，当今时代只不过是暂时停留的“瞬间”。从哲学角度来看，建立在新技术基础上的新知觉和新视觉不再是单一的，而是不断整合新经验、新知识的高度综合过程，这无疑是“知觉场域”的革命性进步。它给我们审视“受众-媒体”的环境提供了崭新的思路和认知趋向。在电脑、电视和电影并存及其转换使用过程中，视觉图像带给观众的感受必定是千差万别的，对它的心理认同和“代理人”的角色影响也各不相同。然而，它们都可以用“电视性”来指称，作为视觉革命时代的哲学新范畴。因此，我们不再局限于主体-客体或者受众-媒介的线性思维，而是要把“电视性”视作一个复杂的人类精神性场域，它们彼此间发生的是一种精神链接，因为它们之间的联系表现为多要素的结构性联系，其中包括观众、商品化元素、都市空间元素和电影、电视、网络等诸多媒介的联系。

无论出现什么样的视觉新品种，观众作为主体存在都是无法被颠覆的，改变了的只有更加先进的智能机器以及主体与机器的链接方式，当然，其前提是链接的本质不会发生变化。正如电影理论家克里斯蒂安·梅兹（Christian Metz）等人所说的那样，“商业影院将观者置于一个黑暗的空间里，依据心理认同感，他的身体首先被那些设备自身（摄影

① 维利里奥．视觉机器．张新木，魏舒，译．南京：南京大学出版社，2014：17.

② 同①.

机/投影仪），或者在其叙事内部那个（些）角色所激活”[①]。不仅观者要付费观看，以首先实现电影的商业价值，满足资本家获得利润的客观需要，而且还要激活观众的内在心理需求，使他们体验到电影角色的喜怒哀乐，从而获得精神上的满足。在观看过程中，暂时的“灵魂出窍”并不可怕，因为体验屏幕场景的诱人过程必定会触及自我的心理及状态。这里的“灵魂出窍”即是忘掉本我、脱离自我，完全融入剧情之中的全身心的投入状态。在长时间观看影视剧的过程中，也许观众都没有挪动位置，但他们的大脑在不停地运转、畅游，眼球在凝视中前后（左右）移动，二者借助视觉发生某种精神链接，这才是主体与机器链接的实质。在观看过程中，观众的主体性为不断变化的人物和情节所塑造，在想象中变成了他人，与剧中人物几乎融为一体。如果说精神链接表征了某种时代需求，那么观看和凝视中的主体意识就是模糊的，因而观众到底需要什么恐怕是不明确的。因为观众与剧情的融合导致了认知变异，主体正常的需要为剧情所偷换、改写，这个过程是在不知不觉中进行的，换言之，剧情的发展脉络与主体的想象并不一致。一旦置身剧中，观众就很难摆脱剧情的牵引，不免在理性中夹杂情绪化的元素，思想观念和价值判断受其左右，这正是视觉图像特有的魔力。

固然，电影不同于电视，与电视的节目类型、播出时间、观察视野和传播距离相比，电影的局限性是非常明显的。一般来说，电影或专注于某个故事，或专注于某个专题，从拍摄、剪辑到相关机构的审查批准，再到院线正式放映，要经历相当长的时间。另外，观众也必须专门抽出时间去固定的播放地点（如影剧院）观看。电视则完全没有这些限制，不仅电视频道和节目类型众多，而且可以随时播放、灵活观看，这使其受众数量庞大。不管是出于学习的目的还是出于娱乐的目的，人们几乎足不出户，就能看到自己喜欢的节目。因此，越来越多的电影被“移植”到电视上播放，变成电视节目，而且取得了很好的收视效果。

---

① 琼斯．自我与图像．刘凡，谷光曙，译．南京：江苏美术出版社，2013：200.

在特定历史时期，由于家庭电视以及互联网的巨大普及，去影院观看电影的人数急剧减少，许多公共影院入不敷出，濒临关门倒闭。不过，最近这些年又有影院复兴的趋势，许多修葺一新的影院以其院线特色，去满足一些人在影院观影的心理需求。电影与电视在激烈地争夺观众，如今又有互联网和智能手机加入，给人以全新的认知模式和娱乐视野，传统的电视节目也面临巨大挑战。在谈到电影与电视在观看方面的优劣时，电影文化学者埃利斯（Albert Ellis）说："电视是他/她观察世界的'眼睛'。电影至关重要的是个'看'字，观众看着银幕，而看电视则是在看世界。电视观众的看只是一种'瞥'，而不是像电影观众那样的受控'凝视'。"① 在这里，我们不难察觉观众在观看心理上的某种微妙变化，这些变化又会影响二者对于主体体验方式的塑造过程。"看"或"凝视"的注意力集中于某个"点"，它对于图像变化的体验更细致入微，更加投入（所谓聚精会神），引发主体内化的成效相对明显。看电视过程中的"瞥"则是不经意的，心思不在这里或者不完全在这里，还牵挂着与剧情无关的其他事情，所谓分心分神、三心二意，因而不能全身心地投入剧情中，内化的程度就会大打折扣。从观众频频调换频道不难看出其不耐烦的情绪和态度，即没有明确目的、无所事事般地浏览电视节目，一种似看非看的随性状态，若有自己喜欢的节目就继续看下去，不喜欢就随意换频道或干脆关上电视。看电视类似于进了琳琅满目的百货商店，在众多同类商品面前挑花了眼，节目的种类繁多也让观众陷入选择困境，出现暂时性"选择失盲症"。

（四）从视觉图像到视觉意识形态

有时一篇文章的震撼力可能不及一幅图像，这无疑是有道理的。从

① 菲克斯．电视文化．祁阿红，张鲲，译．北京：商务印书馆，2005：81.

儿时的绘画故事书，到如今充斥电视和网络的影视剧作品，视觉图像一直没有离开过人们的生活。有人分析了大众对图像需求的复杂心理，认为这种心理在大多数情况下是正常的，有些则是不完美的，具有明显的缺陷，甚至是畸形变态的。有些图像满足了大众审美和艺术的高雅心理需求，有些图像满足了他们参与现实的强烈愿望，也有一些图像满足了少数人的变态心理。在现代西方社会，尤其是在大众文化日益深化的背景下，艺术家利用新技术载体创造的视觉图像（如电影、投影、数字摄影、数字录像、复合图像等），被称为顺应变革创新的时代潮流。这些多样化的图像类型，就像在平静的水面上投入的一块块巨石，不断地在大众心理上激起冲天的巨浪。它所引发的巨大震荡和冲击波，已经蔓延到大众生活的每个角落，甚至“正以不可思议的速度蔓延于全世界”①。现代图像文化的大潮奔涌而来，至今仍看不到平息下去的迹象。从精神食粮的供求规律来看，视觉图像的总体趋势是从短缺逐步走向充裕乃至过剩，甚至发生某种程度的“内爆”（波德里亚语），富有激情活力的图像四散开来，持续向更多的领域延伸、扩散，制造出“拟像-内爆-超真实”的三位一体的世界景观。大众对于视觉图像文化的趋之若鹜，如同对于牛奶、水和面包等食物的渴求一样。必须承认，现代大众对视觉图像的欢迎与接纳程度，确实出乎所有人（包括观众本人）的意料，无论是绘画艺术家还是影视工作者，都未曾想到视觉图像商品会取得如此惊人的成就。图像一旦进入百姓的日常生活领域，即使是高雅的艺术图像也必须尽量放低自己的身段，努力迎合社会大众的多样化需求。这是一个由视觉主导的新世界。当然事情还远不止于此，视觉图像被视为西方文化后现代转向的表征。大凡历史进程中的“标志性”事件，必定有其深远的影响和非凡的意义，图像也不例外。

当然，也有与大众文化对立的主张及意识表现，比如二战后流行于

① 贝斯特，科尔纳．后现代转向．陈刚，等译．南京：南京大学出版社，2002：247.

美国的抽象表现主义美术思潮。它最初是由来自欧洲的移民画家和艺术家所推动的，纽约是他们的首选地，主要代表人物有安德烈·布勒东（André Breton）、马塞尔·杜尚（Marcel Duchamp）、汉斯·霍夫曼（Hans Hofmann）、约瑟夫·阿尔伯斯（Josef Albers）等。看上去，这只是一种由纽约的学生艺术联盟推动、以抽象和再现为主要标志、采纳模仿前辈大师作品的方式实现原创的艺术思潮，这些新艺术家倾向于创造新的美学载体，他们似乎不关注现实、不关心政治，用巴尼特·纽曼（Barnett Newman）的话说："画家必须从头开始，对他来说就意味着彻底疏离世界、全然略过日常世界的事物和纯化的自然形式化的理想世界，以便于去探索色彩、面、线条和形式的新主题。"① 然而，这种想法未免太天真、太浪漫，因为心理上对现实的超脱并不意味着行为上能够摆脱现实的约束，没有人能够完全挣脱社会生活的复杂网络，去过一种离群索居的生活。社会中的每个个体都在被塑造，包括自己的身体、思想和作品本身。因此，看上去作为"纯粹"艺术的抽象表现主义思潮，它对现实世界的"反叛""疏离""抛弃"等，也只能是一种表象或者假象，实际上却发挥着与其本意相反的社会功能。有学者一针见血地指出，"虽然抽象表现主义在意识形态上是反全体性和大众文化的，是有着它自身精神上的主张的，不过它倒挺适合于美国资本主义在全球市场中的胜利的"②。潜藏在内部的敌人是最可怕的，它来无影去无踪，看不见摸不着，像是掺杂在食物中的有毒元素，在不知不觉中被人食用，等到毒性发作时，人已经病入膏肓、不可救治了。

由"视觉图像"概念衍生出视觉意识形态是自然而然的事情。与常见的意识形态类型不同，视觉意识形态是人们在读图过程中感受到的某种特殊气质，也就是这幅图所携带的某种民族的、国家制度的气息，在读图中人会不知不觉受它诱惑而无处逃脱。从美国抽象表现主义的绘画

---

① 贝斯特，科尔纳．后现代转向．陈刚，等译．南京：南京大学出版社，2002：218.

② 同①220.

作品中，斯蒂芬·贝斯特（Steven Best）和道格拉斯·科尔纳（Douglas Kellner）看到了隐藏其中的“强力、侵略性、勇气、创新、纪念碑式、冒险和极端个人主义是典型的美国性格，正是它们创造了第一个得到世界承认的美国艺术运动”①。必须明确，资本主义意识形态是无孔不入的，它会以各种方式向人们的工作和生活领域渗透，哪怕是标榜与现实无涉的抽象表现主义绘画，也不能例外，无法成为政治意识形态的旁观者。也许对于艺术家（这里指画家）来说，较少有人谈论绘画与意识形态的关系，或者用图像来谈论与政治相关的问题，在他们眼里艺术归艺术、政治归政治。相反，文化研究学者和政治家在图像中看到了意识形态教化的潜力。实际上，图画中的色彩、线条、比例、图案、姿态、质感等元素，无一不反映出时代的印记和大众的诉求。单独来看，它们可能只是孤立的线条和色彩，但从整体上审视，却能“流溢出精气神”。画作和图像的个性、气质、情感，无论如何都无法掩盖其内在的生命活力和价值取向，正如斯蒂芬·贝斯特和道格拉斯·科尔纳所说的，“抽象表现主义是美国全球资本主义霸权的艺术表现形式，表达了能量、冲动和美国全球化力量的主宰性”②。视觉图像在骨子里是与意识形态相通的。换言之，抽象表现主义绘画就是视觉意识形态的典型载体，它不同于一般的说教文本，因为文本很容易被读者识破，使其产生抵触心理，视觉图像在给大众带来艺术审美愉悦的同时，隐藏了其意识形态的教化的实质，因而具有超越文本的欺骗性和蛊惑人心的力量。

对于视觉意识形态如何捕获大众，建构其精神世界和视觉主体性，电视文化学者无疑更有发言权，当然这种权利建立在深入持久的研究基础之上。如果说早期的艺术家仅仅看到了图画对于时间停留、空间凝滞的意义，那么建立在摄影的连续性和动画基础上的图像则是在不断抓住观众眼球的瞬间进一步激发观众的想象力，引导他们在脑海中形成精神

---

① 贝斯特，科尔纳．后现代转向．陈刚，等译．南京：南京大学出版社，2002：220.
② 同①.

图像，以保留之前对于图像的认知和经验。以往遥远的宇宙图景常常引发人们无限的遐思和幻想，如今看来这种遐思和幻想是人类宝贵的天赋，也是媒体技术时代的稀缺资源。按照保罗·维利里奥的分析，技术越是进步、视觉假肢越多，个人的想象能力就越差，在社会进步中二者呈现为某种历史的悖论。我们尽管不会像保罗·维利里奥一样悲观，但依然要感谢他向人们发出的警示，提醒我们要注意防范和化解视觉假肢可能导致的不利于人性进步的后果。在电视影像几乎横扫一切的年代，视觉图像是不断复制和再创造的成果，这个过程有哪些元素、以何种目的渗透其中，观众是完全不知情的，也不可能知情。

从演员的视角来理解表演的真谛，也许能够懂得影视剧能够给予人们什么。约翰·菲克斯（John Fiske）说："表演和解读一样，在很大程度上是一种意识形态实践。'体验派'表演强调个体的资产阶级意识形态的特点；然而，布莱希特的表演风格是最大限度发挥个人主义，强调人物的社会和政治维度，因而具有左翼或比较激进的意识形态立场的典型特征。"① 观众对表演和演员的认同越强烈、越真挚，个人受到的意识形态的影响也就越大，资本主义视觉文化如同无处不在的牢笼，一旦进入其中就很难摆脱，即人注定会成为它的精神"猎获物"。从演员的表情、步态、眼睛、声音等细节来看，似乎只是某种生活习惯和生活方式的再现，剧本以此为桥梁进入观众的内心世界。随着剧情在时空上的延伸与展开，通过不断激活观众的内在欲望，表演开始对特定观念和价值进行预先解读，点点滴滴渗透进其内心世界。从实质上看，表演不过是特定意识形态的"文化推手"，即依靠这只"看不见的手"来主导观众的思维和情感走向。当年亚当·斯密所说的是经济学意义上的"看不见的手"，这里的"看不见的手"则是精神文化层面的，这也是对亚当·斯密关于资本主义制度研究的发展与完善。

---

① 菲克斯．电视文化．祁阿红，张鲲，译．北京：商务印书馆，2005：238.

第五章　读图时代国外社会思潮视觉化传播的严峻挑战

我们可从两个方面来理解全球化背景下的视觉文化：一是全球化的不断发展为文化的全球性传播创造了机遇和条件；二是视觉图像的跨文化传播优势成为新媒体时代的最大亮点。以图像为载体的社会思潮的跨文化传播，已经成为无法遏制的时代潮流。在国际传播领域，不同性质的社会思潮融入视频图像、产品商标、写实图集等，以隐性的、潜在的、类似于“生活化”的方式发出自己的声音。它们大多以粉饰掩盖真实、以艺术激发幻觉、以偷运贩卖价值，悄然入侵其他民族国家的思想文化空间，导致国际传播领域争夺图像话语权和优势地位的斗争愈演愈烈。视觉图像文化对大众文化市场和媒体景观的主宰，诱惑大众沉浸在由视觉创造的美好幻觉中，严重干扰了受众的价值选择和行为定向机制，扭曲了个人对于自我与他人、自我与社会、自我与规则等之间关系的正确认识，不仅严重阻碍了个体正确价值观的建立，不利于其思想观念的成熟发展，而且潜在发挥着操控受众的思想和引导其行为的功能，最终实现培植自己的代理人和传播者的险恶目的。

一、表层：引发价值选择的困惑

（一）图像的价值传递及其效应

图像与文本一样，有价值传递（传播）功能，这种功能自图像创制之日起就已存在。然而从符号学来看，最先对图像符号的意义进行学理研究的是皮尔斯，与索绪尔一味关注文字的符号学意义不同，皮尔斯把符号分为三类——图像符号、指示符号和象征符号，明确了图像符号的构成及意义的生成方式。[①] 当人们看到交通信号灯时，这个信号灯由红黄绿三种颜色组成，它首先是一种视觉图像符号。作为主体的人“凝视”客体时，意义的生成或价值获取大体要经历三个步骤：它首先是一种感觉，其次又是一种事实，最后是二者之间的关联，即客体对于主体的关系或意义。在行人或司机“凝视”信号灯时，上述三个步骤不是彼此独立的，而是相互组合、相互叠加的整体，依靠人的心理意识联系起来，这种联系与某种规则和长久形成的习俗有关。对于参与者来说，交通信号标志是在交通活动中形成并发挥作用的。此时，主体不是交通活动的旁观者，而是交通活动的参与者和实践者，图像符号之于主体的心理功能，在于引发其强烈的现实参与感，即感受到自己在交通活动中的存在和意义。这一点在摄影作品和影视剧中表现得最明显。无论是摄影作品还是影视剧，都是为了吸引更多受众，进而帮助他们形成感性经验并生成意义，让他们在读图过程中有所感悟、有所收获。因此，创作者必定会在作品中倾注自己的情感和价值观，以别样的方式来表达自己的价值诉求，让观众成为意义的生产者或分享者，以求得观众最佳的反馈

---

① 克罗．视觉符号：视觉艺术中的符号学导论：原著第 3 版．宫万琳，译．北京：中国建筑工业出版社，2018：35.

效应。

按照图像叙事理论，无论是图画、影像还是街头的景观，都在向人们述说着什么，它们让观众了解特定事件的来龙去脉，实现对某种价值理念的理解和认同。受众之所以更喜欢视觉图像，是因为它褪去了文字那种刻板、生硬、冷峻的面孔，代之以俏皮、轻松、富于活力的元素，通过不断激活人们的视觉快感和瞬间体验的过程，引导他们进入一种全新的时空氛围，去感受完全不一样的生活情趣和格调。上述三类图像传递价值观的方式不同，给人的感觉也大不相同。图画（图形）通常由点、线、面、体以及动作和色彩构成，典型的例子包括小人书和街头广告。但这些图画整体上可能显得较为呆板和僵硬，缺乏那种能够触动人心和情感的“刺点”。景观通常分为自然景观和人造景观：前者主要是自然界的造化物，如山川河流、森林草原等；后者是人们为特定目的而建造的，具有观赏性和教育属性，如公园、假山、雕塑等。当自然物进入人的生活，成为某种“人化自然”时，自身的文化隐喻便呈现出来，温迪·达比（Wendy Darby）说：“当风景与民族、本土、自然相联系，这个词也就具有了‘隐喻的、意识形态的效力’。”① 表面上，大众对自然风景的欣赏表现为某种心情和情绪，实质上是一种内在的认同，而认同的核心在于人与物的同一性，即所谓“知者乐水，仁者乐山”。在哲学家眼中，人与自然的同一性是由此达彼的桥梁，自然物所表征的崇高价值意蕴如坚韧、刚毅、忠诚、不屈不挠等品性会内化到人的心中。人们接近自然、拥抱自然，从中感受到做人的道理和无穷的力量。至于人造景观，原本就是为了实现特定的目的，即融观赏和教育于一体，实现人文教化的初衷是预设的，在观景过程中受到教育是不言而喻的。“风景成为认同形成的场所，依据人们如何阅读、游览、体验、实地观景或

---

① 达比．风景与认同：英国民族与阶级地理．张箭飞，赵红英，译．南京：译林出版社，2018：85.

欣赏印刷画册、谈论及绘画风景而形成认同。”[①] 一座雕塑的背后，往往深藏着一段沉痛的历史记忆；一座光秃秃的荒山，可能见证过一场惊心动魄的战斗故事。无论是出于日常审美的需要，还是为了满足特定价值接续传承的内在诉求，人造景观都凝聚了特定时期的信仰与价值观，期待在与观众的“相遇”和“沟通”的过程中，通过与读图者的视觉交流而获得真切的理解并释放自己的价值导向。

在罗兰·巴特看来，“一幅（摄影）图像的观众能同时接收到感知的信息和文化信息”[②]。不过，它依然有点像图画，需要配上一个醒目的标题，对摄影内容做出进一步的补充说明，就像连环画故事下面的文字说明。虽然连环画故事的出现要远远早于对图像主题的意识形态内涵的研究，但这并不意味着文本是可有可无的。一方面，为完整地阐释价值观点，表达摄影者对图像的理解与把握，有效地向读图者传递信息，不至于漏掉重要文化信息，图像制作者已经深思熟虑过，在这个意义上，摄影图像和其他图画的个性与价值诉求是预设的。经过一系列成熟的谋划和拍摄之后，一幅完整的作品才能呈现在大众眼前。“照片及其标题结合起来的内涵，充当着凝聚了民族个性精神的意义的传释者。”[③] 必须明确，读图者对于摄影图片和其他图像的感知，最初只是模糊的知觉和印象，无论能否看懂，知觉都是皮尔斯所说的前两个层面，即“感觉”和“事实”，第三个层面则需要经作者阐释才能明了，即图像与人之间的诸多联系——在意义和价值层面——必须通过主题被“点破”、被凸显出来，所以标题发挥着画龙点睛的重要功能。另一方面，它也显示出图画和摄影图像的某些传播缺憾。作者赋予它的文本阐释无疑是某种尝试性的弥补，对于普通的读图者而言是一种有用的好方法。此外，还有另一种方法，即用更多摄影图片的叠加，丰富和完善信息传递，求

---

① 达比．风景与认同：英国民族与阶级地理．张箭飞，赵红英，译．南京：译林出版社，2018：75.

② 艾尔雅维茨．图像时代．胡菊兰，张云鹏，译．长春：吉林人民出版社，2003：123.

③ 同②.

得对事件或过程的完备呈现。与其将许多图片摆在桌面上，倒不如采取连续滚动翻阅的方法，类似于人们翻阅一本古老的相册，让它变成动态的整体和富有连贯性的过程，这也正是电影的发明原理。在西方，从当初的无声电影到后来的有声电影、立体电影，影院场场火爆，开设影院的资本家个个赚得盆满钵满。如果把绘画和摄影视为复制的话，那么电影是真正意义上的创造，它不单是以实在为原型，再采取简单化的方式将其转换为图像，而是包括策划、编剧、拍摄、播放、收看、反馈在内的完整系列。电影实现了图像叙事的完整突破，为图像叙事潮流的形成拓展了新的空间。

视觉图像与价值表达的关系随时代变化而变化。具体来说，视觉图像实现价值传播的过程，主要表现为如下三个方面。

第一，表征价值内涵。既然现代人更愿意接纳图像，渴望从各种图像中找到自己的心理依托，那么顺应这种诉求就是理所应当的事情。图像能够激发受众的想象力，使人沉浸在艺术视觉或美学体验的氛围中，在愉悦中加深理解和认同，这堪称一种“深度介入”模式。因为视觉图像的生产和消费是动态的，它在养成个人欣赏品位的同时，塑造了个人的新感知和新情趣，通过持续不断地“凝视”培养浪漫主义的情怀，短时间内领悟其中的价值意蕴，实现价值观普及（大众化）的直接目的。与文本叙事相比，视觉图像的显著优势在于，能够超越年龄、地域、身份、性别、信仰、语言等差异，吸引更大范围的受众，实现形象思考和抽象思维的有机结合，通过强化受众对图形和人物的鲜活记忆，进而唤起他们的联想能力和记忆能力。已经有人注意到，“后现代艺术愈来愈缺少艺术（特性），而其‘文化’（特性）却愈来愈多”①，实际上这是文化价值引领的前奏，在不断强化视觉图像的意识形态属性。例如，西方新享乐主义思潮的滋长和蔓延就曾体现了视觉图像的先导与引领作用，丹尼尔·贝尔对此做过深刻阐述，他说：“电影美化了年轻人崇拜

① 艾尔雅维茨．图像时代．胡菊兰，张云鹏，译．长春：吉林人民出版社，2003：32.

的事物（姑娘们喜欢留短发、穿短裙），并劝告中年男女要‘及时行乐’。”① 影视文化不仅是学习的样板，而且它的说服力也惊人地有效，因为它能刺激人的感官，能愉悦人的耳目，把花花世界中美好的一面移植到屏幕上来，供观众反复欣赏和把玩，在它的一味蛊惑和不断怂恿下，很少有人能抵御住它无尽的诱惑。大众把幻觉当作真实，把享乐视为美好。在 20 世纪 60 年代的美国，对金钱的无限崇拜、对吃喝玩乐的向往，成为大众生活中普遍的向往和追求。男人们喜欢翻阅色情杂志《花花公子》，尤其杂志封面上性感女郎的照片，引发了他们无限的性幻想和性欲望，社会上卖淫嫖娼盛行，吸毒、纵欲和性生活混乱，突破了伦理道德的最后一道防线。“享乐主义的世界充斥着时装、摄影、广告、电视和旅行。这是一个虚构的世界，人们在其间过着期望的生活。”②

第二，传递价值理念。历史上的诸多社会思潮，往往都有自己的核心理念做支撑，核心理念位于该思潮的最深层，属于根本主张和理论精髓。多数情况下，核心理念都被眼花缭乱的概念和观点掩盖，不容易被受众发现和理解。以“图说”的方式拆解隐晦不清的价值内核，以直观外显的图像展示其存在，使其转化为具体生动的形象，是当代社会思潮传播的重要手段。以流行于 16 世纪荷兰、法国等地的艺术思潮——虚空派为例，分析一下图画传播社会思潮理念的特色。“虚空”一词源自拉丁语“vanitas”，意思是世间的一切都是无意义的、虚无的，这是虚空派绘画的核心理念，也是它的基本主张，该学派的所有画家在创作中都以此为宗旨。例如，荷兰画家弗兰斯·哈尔斯（Frans Hals）曾创作过一幅作品，题为《手拿骷髅的青年》，画中英俊潇洒的青年就是莎士比亚名剧《哈姆雷特》的男主人公——丹麦王子哈姆雷特，王子手中拿着仆人尤里克的人头，哀叹世间万物生命短暂，无论何人，无论何物，都难逃必死的命运。画作意在提醒观众，无论是人物、权力还是愉悦，

---

① 贝尔．资本主义文化矛盾．赵一凡，蒲隆，任晓晋，译．北京：生活·读书·新知三联书店，1989：115.

② 同①118.

最终都将归入虚空。所以，我们谈论生死是毫无意义的。该学派以静物画为主攻方向，从虚空派静物画所用的材料，如乐器、骷髅、沙漏、熄灭的蜡烛、枯萎的植物等，观众不难感受到生命的凄凉与晦暗，联想到生命的无常与无意义，以及死亡的不可避免。在该学派看来，一些人陶醉于尘世的葡萄美酒、纵情声色，在现实中野心勃勃、争权夺利，这些都是非常愚蠢的做法。人之所以这样做，是因为被无知蒙蔽了，不了解真正的人生就是虚无缥缈、毫无意义的。作为俗世的人，必须努力舍弃口腹之欲，不断拯救自己的灵魂。[①] 不难发现，其背后的文化意蕴是西方虚无主义思潮。然而，与虚无主义理论体系相比，虚空派的画作直击人的灵魂，很容易让人结合自己的生活经历，去联想和思考自己的存在，拷问新技术时代生活的意义与价值，滋生出人生的无意义感和虚无情绪，最后得出悲观灰暗的人生论调。当我们听到萨特的存在主义哲学，或者其中所蕴含的悲观虚无主义时，我们可能不会有太强烈的感受。这就像阅读海明威的小说《一个干净明亮的地方》，他提到“一切都是虚无，人也是一个虚无”，这样的话语对于我们来说可能无关痛痒，仅仅是一个结论，一种声音，它似乎是对所有读者说的，而不是直接触及个体生命的痛处。相比之下，直观的图像更能真实自然地捕捉到有形的存在，一下子就能触动我们的内心。到了新媒体时代，各种宣扬虚无主义思潮的影视剧作品并不少见，虽然剧本都是艺术创作的理论成果，隐含着作者的思想和价值取向——作者对人生的深入思考和复杂体验，但是作为具有意识形态属性的影视剧，它还要受制于资本主义市场机制和经济利益原则，与特定的社会思潮合拍，形成“合力”，共同作用于受众群体的思想观念。它的那种忧郁和绝望情绪的表达，与充满活力的青春气息和乐观主义是格格不入的。

第三，树立价值目标。视觉图像是一种历史记忆和历史财富，它既

---

① 布鲁斯-米特福德，威尔金森．符号与象征．周继岚，译．北京：生活·读书·新知三联书店，2014：132-133.

是以往实践经验的选择和积淀，也是之后前进道路上的价值遵循和路标，潜在地参与人生的思考、抉择和创造过程，发挥着价值坐标的引导职能。众所周知，幼年时代的事，包括读过的书、交往过的伙伴、看过的图片资料等，往往会给人留下深刻的印象，有些甚至会伴随其一生。保罗·维利里奥在提到新生儿交际能力实验时，曾用过一个名词——“持续交际图像”。在他看来，在进行视力指导训练时，婴儿的目光会不断地左右寻找，当看到抚育他的亲人的面孔时，顿时会感到莫名惬意。实验证明，人先天对图像有心理上的依赖感和安全感，这就是图像最初的定位功能。① 如果说这种功能是积极意义上的，那么，一旦出现消极意义上的图像价值引导，其所导致的后果就可能是灾难性的。在影视剧异常发达的当今时代，每个观众都会各取所需，按照自己的认知水准和审美情趣来选择自己喜欢的视觉图像，津津有味地欣赏。相比于语言文字性材料，图像更容易识别，也更能打动读者。在谈到电视符号的特殊魅力时，《娱乐至死》的作者尼尔·波兹曼一针见血地指出：“思考不是表演艺术，而电视需要的是表演艺术。”② 表演的优势在于娱乐性，表演过程要符合角色的内在要求，巧妙运用语言艺术和专业技能，千方百计地取悦观众，吸引观众去听从和认同它的说辞，因此，它不可能带给观众真正的思想。观众回馈的是热烈的掌声，掌声的热烈程度意味着价值认同的高低。这里的“表演者”，不单指某个（些）人，而是指一种观念和思想的代言者，一个明确的价值标杆，特定社会思潮体系的代理人。因为他（她）们是站在某个立场上发声，而不是去说自己想说的话，这些话必须是预先设计好的，即按照剧情要求设计的台词、语气、语调、做派和话语风格。一场成功的表演，必定是一个经过精心策划的文化事件，它需要解决表演的内容、观众定位以及表演的目的等核心问题。尽管观众可能并不完全了解这些背后的考量，但他们仍然会作为纯

① 维利里奥．视觉机器．张新木，魏舒，译．南京：南京大学出版社，2014：16.

② 波兹曼．娱乐至死．章艳，译．北京：中信出版集团，2015：110.

粹的娱乐参与者来欣赏表演。观众观看电视剧或电影的过程，就是随着剧情矛盾的转折和不断推进，被动进入角色并参与表演的过程，既然观众也是“演员”之一，那么剧情主导的价值观和潜在的意识形态导向，自然也就成为观众自己的价值坐标和行为准则，久而久之，观众就会失去自我价值定向的能力。因此，在视觉图像流行的时代，必须明确图像文化对人的影响的两面性，尤其要提防不良社会思潮乘虚而入，侵蚀个人的思想世界和独立思考的空间，甚至宰制人们的价值判断和正确选择的过程。

（二）多样化图像蕴含价值冲突

一般来说，价值冲突主要指不同价值观之间的矛盾和碰撞，这种矛盾和碰撞集中于主体内部或不同主体之间，是一种精神世界领域的矛盾与冲突。从内容来看，价值冲突主要表现为价值观念、价值理想和价值标准等方面的差异、对峙与交锋。从源头来看，它是社会生活中诸多矛盾的内在化，折射到不同主体的思想观念深处，或者对同一主体的思想观念产生多方面的影响，导致主体在不同价值选择面前摇摆不定。价值冲突是利益主体多元化的必然结果，不同主体的利益不同，其价值理想和价值诉求也不尽相同。对于共同体来说，价值冲突是内部分裂的文化根源。每一幅图像都是一种价值载体，携带利益主体的特定价值理想，坚守利益主体的价值信念，倡导利益主体的价值评判准则。读图者在“凝视”图像的过程中，自身的利益欲求被唤起，在主体与客体（隐匿的图像主体）之间构建交流的渠道，形成图像主体与观赏主体之间的矛盾。图像引导自身的价值理念导向观赏主体，形成“客体化”（图像化）了的观赏主体，这既是图像价值观潜移默化的渗透和转移，也是新的观赏主体建构和实现的过程。无处不在的、多样化的图像流承载着利益各异、差别巨大的价值取向，对观众的辐射和渗透是复杂多样的，形成不同“价值力”的牵引，涣散与化解整体的向心力和凝聚力。多样化图像所蕴含的价值冲突主要有如下四种表现方式。

第一，表现在作为个体的主体身上。比如，一幅反映存在主义思潮的图像，向读图者传递沉闷压抑的灰色人生观，让人感受到非理性主义的无序和内在混乱；另一幅反映未来主义思潮的图片，则展示了美好的理想图景，给人以勃勃生机、充满幻想的未来世界画面。两种不同的价值理想和评价准则，相互交叉而又相互冲突，导致个体在价值抉择上陷入左右为难、无从参照的困境。表面上看，视觉图像似乎只是在价值的外围流动，与个体的生活和选择擦肩而过，不会深度介入个体的精神世界。然而，对于处在人生十字路口的青年来说，每一种偶然到来的价值范式都可能点亮他（她）的生命火把，触动其内心世界并以此为行动的遵循，甚至左右其一生的生命航向。按照丹尼尔·贝尔的描述，资本主义市场经济时代的价值抉择，已经完全交付给个人，特别是年轻人。他说："今天，最大的压力都转嫁给年轻人了。小小年纪，他就受到做出坚定抉择的压力；上学时要考取好分数，要进名牌大学，要选择一个职业。在各个阶段他都要被鉴定评级。这种鉴定现在成了一张他终生都要携带的身份证。"① 在这个过程中，他（她）时时刻刻要面临价值选择，对于他（她）而言，诸多价值观发挥着生活和工作的"权威"定向功能。因此，关注个体尤其是年轻人的价值选择无疑十分重要。"因为个人已经离开了旧的依托，不再走代代相传的老路，而且不断地面临着选择的问题（选择事业、生活方式、朋友或政治代表等等的能力，对于人民大众来说，是社会历史上的一种新事物），再也找不到权威性的标准和批评家来指引他们了。"② 面对两种或多种不同甚至截然相反的价值选择，个人如果无法做出明确的判断和正确的抉择，就会导致自我存在的价值冲突。当价值冲突发生在个体精神世界内部，且仅靠自己又无法解决时，其内在的焦虑和痛苦是可想而知的。而接连不断的选择压力，

---

① 贝尔．资本主义文化矛盾．赵一凡，蒲隆，任晓晋，译．北京：生活·读书·新知三联书店，1989：139.

② 同①138.

又会使个人的负面情感体验累积，导致个人产生强烈的挫败感。日本学者大前研一（Kenichi Ohmae）在《低欲望社会》一书中所描述的时下日本青年中流行的“三不主义”——不谈恋爱、不结婚、不生育，就是年轻人在直面社会巨大压力时拒绝选择、消极逃避的典型表现，它表现了价值多元化时代个体选择的无奈以及价值颠倒与人格分裂产生的严重后果。

第二，表现在不同的观赏主体身上。在现实生活中，有人喜欢讲情爱故事的电视剧，有人喜欢时政性较强的影视节目，有人喜欢体育竞技类节目，有人热爱纯娱乐类电视节目。这些个人的视觉偏好和兴趣差异，从另一侧面折射出影视剧价值观对个体的不同影响。在家庭成员中，这种视觉偏好表现出鲜明的性别差异。以美国电视剧《美国夫人》为例：这部电视剧主要反映对女性的尊重，对女性的权利和社会地位的充分肯定，暗合西方女权主义思潮的价值诉求，它的播出有助于抚慰在现实中遭受创伤的女性观众，激活她们被隐匿的主体性，因而深受女性观众喜爱。相反，绝大多数男性观众对此不屑一顾，他们更愿意看《天龙特攻队》《速度与激情》等体现男子汉力量、激情和速度的电影，这无疑与其中暗藏的男权主义倾向不谋而合。在当今这个时代，除了极少数国家和文化较为落后的地区，男尊女卑的陈旧观念已被彻底摈弃，追求性别平等已成为时代潮流，并且是大多数国家最基本的法律制度所倡导的。然而在家庭生活中，实际上依旧是男性居主导和支配地位，女性不仅承担着繁重的家庭劳动，履行抚育子女、赡养老人等义务，而且处于服从和被支配地位，旧的习俗并没有被完全去除。即使是同一部电视剧，不同时空背景下的不同观众也会有不同甚至相反的解读。“一个整天在家里的母亲或者父亲，会把白天看电视作为他们家务劳动文化的一部分，而把晚间电视节目作为家庭关系文化的一部分，可是一个整天在外上班的人，也许会把看电视放在闲暇时间。”① 主体对影视剧的选择和偏好，首先受制于个人的文化心理需求，其次是剧情的价值导向和

---

① 菲克斯．电视文化．祁阿红，张鲲，译．北京：商务印书馆，2005：105.

价值准则。倡导某种价值理想的影视剧，引导特定的观众群体聚在自己的“旗帜”下，形成稳定的“客户”群体——特定价值观的忠实粉丝。长期接触某些类型的影视剧可能会影响观众的价值观、世界观和人生观，从而加剧家庭中的矛盾和冲突。作为社会的基本细胞，家庭和睦是社会和谐的基石，一旦家庭内部发生矛盾和分裂，不仅会威胁到家庭自身的稳定，也会危及社会整体的稳定与和谐。尽管对于不同影视剧的受众而言，一定范围内的“三观”不一致属于正常现象，人为强求绝对一致也不现实，但这种不一致不能超过一定的度，即不能走向某种偏执和极端化的结果。不同题材和类型的影视剧可能会强化特定的价值观念，这可能导致家庭成员、社会公民以及不同群体之间在价值观、世界观和人生观上的代沟或隔阂加深。这种分化有时会引发家庭不和、群体纷争和冲突，从而威胁到社会的和谐。

第三，表现在社会整体的矛盾与无序之中。人在本质上是社会性的存在物，这种本质不是与生俱来的，而是在后天的实践和生活中习得的，即在一定的社会环境下不断发育和成长起来的。这里所说的环境，既包括一般意义上的自然环境和社会环境，也包括由影视剧打造的特定文化环境。不同的环境元素对人的塑造力不同，而且这种塑造力随着时代趋强趋弱、不断变化。当今是视觉图像主导的大众文化时代，以图像为核心的视觉刺激的潜在穿透力，已经或正在改变大众的生活方式、思维方式和价值观念。在视觉图像的包围下成长的孩子，视觉图像已成为他们生活中不可或缺的一部分，深刻地影响着他们成长的每个阶段。面对碎片化的人物情节、荒诞不经的传奇故事、令人眼花缭乱的视觉印象，少数孩子宁愿读图也不愿读书，终日守在电视（电脑）屏幕前，一味跟着自己的感觉走，成为某种机器时代的“沉迷者”。一些成年人热衷于欣赏“图像快餐”，轻视文字阅读的深远意义，理解力和判断力严重缺失，个体的精神世界空洞苍白。抛开个性因素，我们发现，导致现代人的价值观趋于多元化的成因中，最突出的莫过于视觉文化的塑造作用。令人眼花缭乱的视觉图像文化，潜在塑造了差异化的价值取向，如果不进行人为干预或缺乏强制力引导，最终必定会导致全体成员的价值裂痕的扩大以及无法弥补的价值冲突。因此，视觉图像是导致当代价值冲突的最主要诱因。在现实生活中，个体意志通常体现为个人的人生理想和对未来的信念。由于每个人的生活条件不同，这些理想和信念在价值观念与信仰方面形成了差异。从观念上看，几乎所有影视剧观众都存在一个心理误区——以为视觉图像艺术就是本真的生活，它是"真实"生活经过艺术化处理后，我们从中获得高雅精神食粮的价值源头。殊不知，视觉图像艺术所蕴含的多样化价值观，以及其图像虚构、景象模拟和媒介制作的高超技巧，正在让观众越来越难以分辨真假，感到困惑。它所代表的"真实"并非源自生活本身，而是一种虚拟的"超真实"——一种不同的真实。谈到视觉文化的溢出效应，我们不妨回顾一下福柯的忠告："再现哲学——有关原发性、第一性、相似性、模仿性、忠实性——正在消融；幻象之箭正朝着我们的方向飞来。"① 视觉图像的负面影响正在从隐性转变为显性，对大众的思想观念和行为方式构成了实实在在的威胁。社会发展是不同个体的意志与力量的凝聚物，如果人们之间的价值观差异巨大，矛盾、对峙与冲突增多，就很难形成统一的意志和行动，那么历史发展的合力就会流于空谈。

第四，表现为国际领域的文化对峙与冲突。当今世界，不同国家和民族的经济文化交流势不可挡，影视剧发挥着文化急先锋的职能，利用视觉图像讲述自己的故事，越来越成为资本主义文化输出的重要手段。"这是因为在全球化的发展进程中，伴随着民族主义运动的兴起和民族国家主权意识的强化，西方资本主义国家把非西方国家强行纳入其价值体系的做法日渐遭到普遍而激烈的反对，不仅其早先的殖民化已不再可

---

① 贝斯特，科尔纳．后现代转向．陈刚，等译．南京：南京大学出版社，2002：227－228.

能，连单纯的市场化也会受到各种形式的对抗。”[①] 现实逼迫它转换思路、改头换面，以更隐蔽的手法偷运其价值观。西方后现代思潮打着艺术创新的旗号，利用视觉图像文化的便利优势，借助电脑、互联网和其他新媒体工具，堂而皇之地向其他国家贩卖社会思潮和意识形态。“后现代转换正在帮助产生一种新的全球化文化，包括建筑、绘画、媒体、电脑和消费文化及其他领域的后现代形式正以不可思议的速度在全世界蔓延。新的信息和媒介技术已经使从世界的一个角落到另一个角落的影像、观念和艺术制品的同步交流和传播成为可能。”[②] 不管是建筑学家还是画家（艺术家），都打着创新的旗号，运用美和艺术来讲述传奇的历史故事，不断吊起观众的胃口，吸引和诱惑其不顾一切地饱餐一顿，而不管它是不是垃圾食品。如果说今天的大城市正变得全球化、世界化，即世界各国的大城市在建筑风格和文化观念方面越来越趋同，那么，在它背后我们不难看出资本主义文化输出的烙印。正如一些学者所说，在当今的国际艺术舞台上，如果说二战后的十年里还有统一的大众审美标准和艺术风格的话，那么随着“后”思潮的起起落落，为迎合大众“绝对地新”的内在精神渴求，传统的优秀艺术和视觉风格已荡然无存了。[③] 在哲学、政治、文学、艺术等领域，各种打着“新”的旗号的作品层出不穷，竞相争夺国际传播领域的话语权和主导权，其所引发的不同领域价值观的对峙与冲突，就像一场没有硝烟的战争，美国学者亨廷顿称之为“文明的冲突”。也有人借“文化软实力”概念来阐述国际传播领域价值冲突与文化博弈的现状。“在当今世界，那些风靡全球的华尔兹、摇滚乐，那些让各国影迷大饱眼福的西方‘大片’，那些令全世界的小朋友如醉如痴的米老鼠、唐老鸭、麦当劳和肯德基，那些让发展中国家的学子趋之若鹜的西方国家名目繁多的奖学

---

① 陈新汉，冯溪屏．现代化与价值冲突．上海：上海人民出版社，2003：47.

② 贝斯特，科尔纳．后现代转向．陈刚，等译．南京：南京大学出版社，2002：247.

③ 同①246.

金，以及那些被非西方国家的人们奉为时髦的各种‘高雅’的西式兴趣和爱好，说到底无不是西方价值观念全球化的使者。”① 视觉图像作为便利而有效的价值载体，在对外传播民族文化长处、强调民族价值认同和文化认同、排斥其他文化认同方面，拥有独到的先天优势和充沛的能量。世界各国能否在这场国际媒体战中取得胜利，不仅取决于文化本身的吸引力与号召力，还取决于是否善于利用最先进的媒体技术，能否巧妙运用视觉图像载体来增强自身的感召力和说服力。

（三）价值取向与价值选择困境

主体在面对与处理各种关系、矛盾和冲突时，总是要从一定的基本立场出发，采取特定的态度和恰当的方式，通过理性分析和积极行动使问题得以合理解决。对于主体来说，最重要的是自己坚守的价值观，它是主体的基本价值立场和价值态度，决定主体会采取何种方式去面对和解决问题，即决定和支配主体的价值选择。在社会交往实践中，个人的价值取向对主体自身以及主体之间的关系都产生着重要影响。当今时代，价值取向之于个人和集体的重要性，也使它成为心理学、哲学、社会学、管理学等多学科关注的话题。

价值取向是历史文化的产物，表现为一个人的指导思想和行为信念。社会环境的复杂性，决定了人们的价值取向是多种多样的。不同的价值取向又左右着他们的价值立场和价值态度，以及认识和处理个人与他人、个人与社会关系的基本方式。在社会生活中，不同个体在价值取向上存在一定差异是正常的、合理的；然而，差异过大必定会导致意见分歧和价值冲突，威胁到社会整体的和谐与稳定。为协调不同个体在价值取向上的分歧和冲突，需要有一种核心价值观发挥统领和引导作用，对个体的价值思维和行为发挥定向功能。社会主流意识形态所倡导的价

---

① 陈新汉，冯溪屏．现代化与价值冲突．上海：上海人民出版社，2003：47.

值观，对个体价值取向的塑造作用最大也最明显，体现为社会的优势观念和主导价值取向。其他居于被支配地位的思想观念和社会思潮，对个体的价值取向有潜在威胁，在特殊条件下，会暂时跃升到支配和指导地位。不同价值取向之间的博弈与冲突，会导致个人在价值选择上面临困惑甚至产生方向性失误，影响到人们对核心价值观的信仰和践行。鉴于价值取向突出的实践性品格，不同民族国家都非常重视核心价值观建设，并采取各种方式积极推动价值取向的合理化发展。随着读图时代的来临，视觉图像作为新的价值传播载体，越来越多地融入大众的日常生活中，构成文化环境的重要元素。主体与这些图像“遭遇”的过程，就是唤起与被唤起、引导与被引导、评价与被评价的互动过程。对于读图者来说，通过被唤起的内在感觉，表达某种态度进而评价图像本身的价值，以此实现作为主体的人与作为客体的图像的“沟通”“交流”。图像作为叙事者同时又是教育者，对读图者进行着价值渗透和人格塑造。外在的视觉图像在对个人发挥引导和调节功能时，已经部分内化为主体的精神力量，进入人格结构的核心部分，甚至主导个人的价值立场和行为选择。因此，把价值取向作为人格倾向来探讨是有道理的。在《自我与图像》一书中，艾美利亚·琼斯通过对肖像与身体之关系的论述，阐释了身体与思想的不可分离，进而证明数字时代的图像正在塑造主体性新模式。①

不同民族对各自核心价值观的理论自觉，是随着对外开放和文化交流而得到强化的。一方面，从民族文化内部来看，不同的社会阶层、团体和组织都有自己的核心价值理念，其价值导向构成了自身凝聚力的价值基础。当然，这种核心价值理念并不否认彼此之间的差异和摩擦，矛盾存在的普遍性、持久性决定了差异和摩擦存在的合理性，并且正是这些差异和摩擦的存在使建构共同体内部的核心价值理念成为必要而紧迫

① 琼斯．自我与图像．刘凡，谷光曙，译．南京：江苏美术出版社，2013：45.

的任务。作为维系共同体存在和发展的文化基础，核心价值理念的功能在于求同存异，减少摩擦，最大限度地达成共识，强化共同体的凝聚力和整体性。因此，从矛盾的性质来看，它属于“非对抗性”。在主体与其他社会阶层、团体和组织的交往过程中，核心价值理念构成自身的显著优势和文化底色，有助于彰显自身的特殊优势和巨大感召力，赢得广泛的认同。另一方面，在当今世界，不同民族文化之间的碰撞、公开的军事对抗和经济实力之间的角逐，往往是伴随着文化与价值冲突而展开的，它从一个侧面说明了价值观的潜在渗透力和影响力。“在当今时代，文化和价值观念的影响在扩大，作用在加强，文化产业化的趋势不仅使得文化优势成为经济政治优势的一种支撑，而且成为增强国家综合竞争力的重要因素。相应地，各个民族国家对文化和价值观念的自觉性和敏感性也在普遍提高，把文化发展问题置放到国家长期发展战略的高度来思考和谋划。”① 这里面既有全球冷战思维的潜在影响，也符合不同国家意识形态冲突的客观情况，尤其受到资本主义与社会主义两大阵营之间思想文化碰撞和意识形态对抗的新趋势的影响。从总体上看，价值文化建设和价值冲突问题不再是以往那种局部性的、个别的、零碎的文化个案，如今已经上升到国家战略和文化安全的历史高度。在矛盾性质上具有某种对抗性，这种对抗性也导致了解决它的对策的复杂性和艰巨性。

在百年未有之大变局的大背景下透视价值文化和价值冲突现象，能够使我们拥有一种全新的历史思维、底线思维和发散思维，即将视觉图像文化的研究与民族国家发展和现代化建设联系起来进行思考，能够得出新的认知、新的判断和新的结论。面对不断崛起的新媒体和互联网技术，20 多年前我国学者就明确指出：“电信传媒的发展、影视业的迅速壮大、因特网的出现，更为展现不同价值观念提供了新的平台，各种价

① 陈新汉，冯溪屏．现代化与价值冲突．上海：上海人民出版社，2003：76.

值观念在超越国界地进行传播和交流的同时，也使得各种差异和矛盾广泛显露了出来。”① 如今数字技术、模拟摄影、机器义肢和机械制图技术完全改写了图像采集与制作的历史，也从根本上颠覆了人们的传统认知和情感投向，如何避免在视觉的海洋里迷失自我，就需要重新思考视觉图像主导下的价值定向机制的特点，了解图像与自我的关系，合理引导个体的价值取向，在“以图像为中心”来建构文化的实践中，有效实现自身的价值维护和文化安全。在通常意义上，文化安全问题源于不同国家之间的文化差异，以及由此而形成的文化对峙与文化冲突，涉及语言文字、风俗习惯、价值观念和生活方式等方面。维护民族国家文化安全的根本目的是，保持国家文化特质的稳定性和延续性。个体公民是民族国家的基本单位，是构成国家有机体的单元细胞，也是民族国家文化安全的基石。无论是语言文字还是国外影视剧的入侵，首先威胁到的都是个体公民的价值取向和文化认同，不管是对民族文化和语言纯洁性的伤害，还是国外影视剧的强劲渗透对价值观造成的侵蚀，首先都是在个体公民身上发挥效用，然后逐渐扩散至更大的群体和大众社会。一个公民如果对自己民族的语言丧失兴趣，热衷于外国（尤其是西方发达资本主义国家）的影视剧所倡导的文化，久而久之就会丧失对自己民族文化的认同，成为资本主义价值观的牺牲品，所以应当把维护个体价值观的安全置于文化建设的首位。毕竟个体公民才是语言的主要使用者和影视剧的忠实观众，缺乏对公民个体价值观的微观分析和深度研究，任何研究都只能流于空谈，也无法找到应对问题的有力举措。

在文化比较语境下，萨义德（Edward Said）在《东方学》中率先提出了一个严峻的问题：在全球化持续发展的背景下，东方落后国家如何应对西方殖民主义文化的挑战？尽管他所说的“东方”（the Orient）主要是指伊斯兰世界的东方，而非中国、印度或日本所在的“远东”（the East），但此书对于我们的启迪依然是重要的。作为一种新的政治

---

① 陈新汉，冯溪屏．现代化与价值冲突．上海：上海人民出版社，2003：77.

文化思潮，后殖民主义使用“文化帝国主义”概念，警醒世人必须转换落后的思维方式，直面来自帝国主义的文化殖民势力，以新的视角与方法应对文化殖民主义的危害，正如有的学者所说，“西方发达国家力图通过文化渗透来宣扬西方的价值观念和意识形态，通过用学术术语包装的价值预设、研究范式形成一整套的后殖民话语，并利用自己掌握的话语霸权来影响东方国家的知识分子，进而影响、同化其他社会大众”①。与以往直截了当的理论宣传不同，国外形形色色的社会思潮渗入影视剧作品，通过巧妙的包装掩盖其真实意图，化为具有很强的艺术性和娱乐性的视觉图像产品，干扰观众的正常思维和价值取向，无孔不入地实施文化侵略和价值渗透。在理论话语上，以往的“话语霸权”已经转换为“图像霸权”，“话语影响”已经转换为“图像诱惑”，“话语塑造观念和思维方式”已经转换为“图像塑造观念和思维方式”，我们必须对新动向有清醒认知和理性自觉。毫无疑问，视觉图像不仅扩大了受众群体，而且提供了理解文化的新途径、新样板。视觉图像不仅是价值载体，也是价值判断和价值阅读方式。与以往单纯的文本叙事相比，图像叙事更强调大众的世俗关怀，从日常审美和艺术化的新视角取悦大众，因而也会有更高的可信度和认同度。虽然目前尚缺乏有力的数字证据和研究成果，但视觉图像对个体思想的深刻穿透力，相信每个人都感同身受，所以可以说这一观点有来自个体经验层面的强劲支撑。

因此，在全球化的宏观背景下，无论是民族国家层面还是个体公民层面，都面临严峻的源自文化对抗与价值冲突的挑战。不同层面的价值冲突演化导致个体在价值选择上既无助又困惑，个人深陷文化身份危机和民族认同危机，个体与自我、与他者、与民族国家之间的矛盾加剧。从时下日本社会年轻人的“三不主义”（不谈恋爱、不结婚、不生育），到法国青年崇尚的享乐哲学、盛行于美国街头的裸体行为艺术，以及那些后城市化的自我图像，等等，资本主义制度下的大众已经无法区分哪

---

① 陈新汉，冯溪屏．现代化与价值冲突．上海：上海人民出版社，2003：79.

些是梦想、哪些是真实，因为在资本主义消费文化制造的万花筒般的迷宫中，一个人迷失自我已经成为常态。这种迷失不是穿行于大都市的钢筋水泥丛林，因为路线不熟而导致的迷路，而是思想和价值观的彷徨，是在面对相互冲突的价值观时的无所适从。它比普通意义上的迷路更加可怕、危害也更大。按照波德莱尔的说法，每个现代人都是"游荡者"，穿行于大都市的价值丛林，目睹眼花缭乱的丛林景观却感到无所适从，找不到心灵寄托和价值归宗的基石。西方学者对资本主义文化现实所做的分析，提醒我们应该保持警醒并进行深刻反思。丰富的视觉图像作品既是大众的文化食粮，也注定是价值丛林预设的陷阱，它们在重塑观众的心理和人格的同时，也在悄悄扭曲他们的生活和习性，让他们变成自己精神的牺牲品和殉道者。资本主义视觉革命导致的严重后果，就是文化言路的断裂和价值纽带的撕裂，它造成了个人生存意义的全面紧张、社会整体黏合力的丧失，正如丹尼尔·贝尔所言，"现代主义大势已去，不再具有任何威胁。享乐主义也步其后尘，嘲弄人世。然而，社会秩序既缺乏作为生命力之象征性表现的文化，又缺乏作为动机或聚合力量的道德因素，那么，靠什么才能够把社会黏合为一体呢？"① 在全球性视觉文化时代，来自不同国家、不同地区的视觉图像和文献资料，传递给受众的是不同的文化背景和价值取向，它们之间的价值差异和冲突是非常明显的，"在这些冲突中，既存在着有意识有预谋地进行文化侵略的问题，也有自发地产生影响的问题"②。它不仅威胁到个人正确的价值选择，也会瓦解大众对本民族文化的积极认同，导致民族文化安全遭到严重威胁。

学术研究既是对现实的关注、价值的澄清，也是对现实生活的理性自觉和文化提升。1978 年《光明日报》发表的关于真理标准问题的评论员文章，开启了当代中国价值论与转型期社会价值冲突问题的研究。多

---

① 贝尔．资本主义文化矛盾．赵一凡，蒲隆，任晓晋，译．北京：生活·读书·新知三联书店，1989：132.

② 陈新汉，冯溪屏．现代化与价值冲突．上海：上海人民出版社，2003：79.

年来，相关学者就价值与认识、价值论与观念变革、价值的本质、价值与发展、价值与主体性、事实认识与价值认识、价值观与社会变迁、人文精神与价值冲突、全球化与价值冲突、中国加入WTO与价值冲突、价值观教育与价值冲突、价值选择与价值困惑、价值冲突与价值整合等一系列理论和实践中迫切需要解决的问题，进行了广泛而深入的讨论和研究，发表了大量学术论文，出版了众多学术专著。这些研究成果对马克思主义价值观的内涵、价值观的人文性和人文精神、价值范式创新以及全球化与价值冲突的内在关联等问题做出了深刻阐释。学者们一致认为，发掘传统儒家人文精神的价值内涵，在坚持社会主义市场原则的同时，强调效率和公平的辩证统一，努力培育社会主义新文化，弘扬人文精神，是应对当前价值冲突的主要举措。还有一些学者认为，在关注中国社会内部价值观多样化趋势的同时，还要重视和研究在全球化背景下异域文化的输入以及不同民族之间的文化与价值冲突，不断提升对于价值冲突问题的敏感度和理性自觉，捍卫中华民族文化的尊严和纯洁性；同时深入研究缓解价值冲突、增强民族文化认同感和凝聚力的有效对策，推动经济与社会的协调发展，增进全社会人际关系的和谐稳定，为实现中国特色社会主义现代化创造良好的内部环境和外部环境。① 我国学术界在价值论研究领域的持续耕耘，对于澄清大众思想认识上的混乱局面，坚持社会主义核心价值观的引领和凝聚功能，正确把握引进国外优秀文化与解放思想的关系，引导市场经济与社会文明进步，发挥了重要的理论支撑和前导功能，成为中国特色社会主义先进文化建设中不可或缺的力量。

二、中层：阻碍正确价值观的涵育

“涵育”即涵养、化育，是一种遵循自然规律和人才成长规律的育

① 陈新汉，冯溪屏．现代化与价值冲突．上海：上海人民出版社，2003：76.

人理念。在我国儒家传统文化中，关于“涵育”的提法屡见不鲜，如《宋书·顾觊之传》有云：“夫圣人怀虚以涵育，凝明以洞照。”意思是：人的德性养成是在优秀文化的熏陶下，通过在生活中不断自我反省和积累经验，逐步提升道德修养的过程。与世间万物相比，人类生命的特殊性在于，对自然生命和人文生命有充分的理性自觉，然后在强烈内驱力的作用下，实现对正确的世界观、人生观和价值观的认知、认同以及对精神世界的拓展。一种正确价值观的涵育过程，大体需要经历感受与体验、辨识与理解、内化与服膺、认同与践行等四个环节。相应地，视觉图像文化对个人正确价值观产生的负面影响，也主要表现在对上述四个环节的具体渗透和无形消解之中。

（一）隔绝切身感受与体验

马克思恩格斯指出：“全部人类历史的第一个前提无疑是有生命的个人的存在。因此，第一个需要确认的事实就是这些个人的肉体组织以及由此产生的个人对其他自然的关系。”① 人首先是一种自然存在物，其生存和发展受到自然规律的制约。因此，我们在认识人自身的过程中，必须善于倾听来自人体内部和外部的“自然的声音”，仔细观察和思考自然智慧对于人生的意义，以自然为基础不断拓展人的生命。基于生态哲学的视野，罗尔斯顿（Holmes Rolston）曾说：“在历史上是荒野产生了我，而且现在荒野代表的生态过程也还在造就着我。”② 自然是一种本源性的存在，也是最根本、最重要的价值源头。如果说罗尔斯顿指出了一个基本的事实判断的话，那么我们还必须看到问题的另一方面，即价值判断。因为人类之外的自然原本是自在、自足的存在，离开人的存在及其价值参照系统，自然存在是没有意义的。意义或价值是人

① 马克思恩格斯文集：第1卷．北京：人民出版社，2009：519.

② 罗尔斯顿．哲学走向荒野．刘耳，叶平，译．长春：吉林人民出版社，2000：213.

类在反思中形成的，或者说，荒野也好，自然也好，其价值都是实践中的人赋予的。人类赋予自然何种意义或价值，取决于社会实践的状况以及人对自然的认识所达到的高度。因此，事实判断和价值判断都不是绝对不变的，二者在实践中实现了具体的、历史的统一。如果说是荒野及其生态过程造就了我，我赋予其存在和变化意义或价值，由此形成了特定的价值判断（即某种文化形式），那么，价值判断或文化形式则使我们以更高级、更完善的形态成长壮大。在这个意义上，人类的精神生活不仅包含荒野的“基因”，而且在这些基因的助推下不断涵育成长、发展壮大。身处浩瀚无垠的茫茫宇宙之中，个人能够切身感受到自然脉搏的律动，体验宇宙生命的灵性和多样性，实现与自然万物的沟通和交流，便是二者的内在同一性（如基因）发挥的基本职能。

在大众媒介时代，图像一跃而成为视觉文化的中心，图像建构特殊的视觉文化类型，不同类型的图像反映世间百态，装点日常生活，彼此相映成趣，彰显出技术社会所特有的生机与活力。然而，最容易被大众忽视的是，不同的图像叙事发出不同的“声音”，引导大众在图像环境下感受生活，以此实现价值涵育和对自我的认同。从形式上看，媒体将以往的“人-自然”的关系转换为“人-图像”的关系，作为主体的“人”似乎未变，作为客体的“对象”却发生了变化，实现了“自然客体”向“图像客体”的转换，因此主体对客体的感受和体验是完全不同的。罗尔斯顿说：“我们在自然面前会表现出一种本源的、天然的情感，如在凝视星空时的颤抖，或在和风吹拂的春天心跳加快。”① 那是一种基于本能的与自然的感通能力，是一种不需要后天学习就能获得的能力——本然的涵育能力。在这个过程中，它能够令人心情愉悦，体验宇宙的无穷法则，进而学会顺应自然、尊重规律，获得丰富的启迪和智慧，尽情享受大自然的无私馈赠，感悟宇宙的生生不息，从而坚定自己的德性和信仰。大自然是人类最好的老师，也是一个开放的德育课堂。

---

① 罗尔斯顿．哲学走向荒野．刘耳，叶平，译．长春：吉林人民出版社，2000：62.

中国古代思想家老子所总结的"人法地，地法天，天法道，道法自然"的认知规律，不仅阐释了人与天、人道与天道的内在关联，而且明确指出了价值判断的源头是自然事实，它预示着某种自然法则和价值观涵育规律。古人所推崇的道德价值涵育的实践，便是以此为基础而循序渐进展开的。当认知客体由"自然"转化为"图像"时，不仅客体的形态和性质发生了变化，与之对应的主体也随之发生了改变。一是因为图像不同于自然物，它归属于"人化自然"或者"第二自然"，是特定实践活动的产物，带有鲜明的社会文化烙印。二是图像作为价值载体，其特定的价值内涵和价值形态，是传播者为了特定的目的而预先设定的，具有鲜明的目的（意识形态）指向性——潜在塑造主体（观众、读图者）的观念和价值取向，引领其实现与图像的价值诉求的一致。其结果是"人类不再是图中影像的一部分，理智使人不断退出自然，以冰冷的距离感审视着一个被图像符号化的世界"①。

无论图像视频的色彩多么艳丽，图像视频都只是对自然的折射或者美化，不再是本源意义上的客观存在。身处图像的包围之中，读图者或观众无法直面自然，感受自然的存在及变化规律，实现与自然的直接联系与内在感通，而是为层层叠叠的图像所阻隔，为其中的氛围所渲染和激发，在一团团迷雾中看不清自己与他人的存在，不自觉地认同图像所主张的价值观，最终成为图像时代可悲的牺牲品。如果说观众有直接体验的话，那么这种体验也只能是对图像的体验，而不是对图像背后事实的仔细考察与求证，也不可能是正常的价值涵育过程。时下，国外各种社会思潮层出不穷，多数带有意识形态偏见和不良价值取向，它们一改往日抽象晦涩的面孔，以图像视频的形式暴露在大众视野中。例如，我们在网上看到一张描绘国外民粹主义思潮的图片，图片上方标注着英文单词"populism"（民粹主义），图片下方则展示了无数只振臂高呼的手

---

① 刘永强．感知与审美方式：论霍夫曼斯塔尔的诗剧《傻子与死亡》//冯亚琳，乌尔夫，代迅，等．感知、身体与都市空间．合肥：安徽教育出版社，2009：63.

臂，似乎在表现一群情绪激动的人聚集在一起，他们使用极具号召力和煽动性的语言，表达对政治的不满、对个人权利的追求以及反抗的决心。这类图像具有鲜明的政治动员色彩，读图者需要认真辨析真伪、理性沉思，进而采取抵制措施。

源于19世纪俄国的民粹主义思潮，在其一百多年的演化中，往往打着人民中心论的漂亮旗号，鼓吹人民利益高于一切，把平民化大众化作为合法（合理）性的价值源头，盲目反对特权阶层和精英政治，反对代议制政治，为不满现状的底层群众摇旗呐喊，希望以此来表达自己的“合理”诉求，达到改变大众生活现状、提高生活水平的目的，因而吸引了众多追随者和信仰者，导致对其思维和行为的操控。民粹主义激进的改革诉求和不切实际的盲动，最终发展为大规模的暴力冲突、流血等群体性事件。这股思潮似乎极端重视平民阶层的理想和诉求，不顾实际地一味主张民主与权利，完全按照自己的偏好感情用事，既缺乏科学的理论作为指导，又没有明确的核心价值和行动方案，且理论主张反复多变，带有强烈的自发性和随意性。自2019年以来，民粹主义在欧美国家重新抬头，频繁引发暴力冲突和破坏行为，导致多起严重事件和悲剧性后果。这种现象的出现，与这些国家持续高企的失业率、民众生活困难以及对精英阶层的不满和怨恨情绪不断增长有直接关系。在一张网络图片中，有一群不明真相的观众，有的跳到路旁停放的汽车上，有的用脚踹车或用石块猛砸车，甚至有人放火焚烧汽车、路旁的商店，借此发泄内心的不满和仇恨情绪。在另一张图片中，一名女士爬上路边的信号塔，不断挥舞自己手中的马甲，大声控诉和谩骂政府的无能，揭露某些官员的腐败和不作为，围观者群情激奋。毫无疑问，这些图像在读图者内心深处播下的是仇视他人和社会的种子。

这种图像感知和体验进入观众的心灵，不仅会导致观众的价值分歧和价值冲突，而且斩断了其与自然事实的联系纽带，使其一味沉浸在图像造就的幻觉中，仅凭主观想象和误导去认知与评判周围的世界，不能客观理性地看问题，陷入极端盲动主义和唯心主义的泥淖。通过新媒体所打造的世界视觉，国外的各种社会思潮以各种方式输入我国，对普通百姓的思想观念产生了较多负面影响，影响到我国社会主义核心价值观的涵育过程。换言之，由于图像价值观的扰乱与阻隔，价值涵育的自然过程被打乱，涵育的秩序与规律被无端打破，正确价值观的涵育实践就无法顺利开展。在当代，一方面要利用视觉图像的正面宣传与有效引导来培育和践行社会主义核心价值观，另一方面要坚决防范与有效抵制国外视觉图像文化的不良侵蚀，铸牢中华民族共同体意识和中华民族共有精神家园。“中华文化是各民族优秀文化的集大成。要在各民族中培育和践行社会主义核心价值观，弘扬以爱国主义为核心的民族精神和以改革创新为核心的时代精神，突出各民族共有共享的中华文化符号和形象，使各民族人心归聚、精神相依，形成人心凝聚、团结奋进的强大精神纽带。”①

（二）扰乱价值辨识与理解

每一幅图像都蕴藏着一种或几种价值观，生活在图像海洋中的当代人，面对多种多样的视觉图像，无法回避价值辨识这个基本问题。所谓价值辨识，就是在面对多种不同甚至相互冲突的价值观时，能够进行理性分析和甄别，进而做出正确的价值选择。“当今时代，社会思想观念和价值取向日趋活跃，主流的和非主流的同时并存，先进的和落后的相互交织，社会思潮纷纭激荡。”② 在价值观多元化且相互冲突的世界里，合理的价值辨识和正确引领对于青少年来说是极为重要的。大力培育和践行社会主义核心价值观，凝聚全党和全社会的价值共识，是我国全面推进中国特色社会主义现代化事业、实现中华民族伟大复兴的战略任务。直面世界范围内思想文化的交流交融交锋，努力凸显我国社会主义

① 习近平．习近平著作选读：第 2 卷．北京：人民出版社，2023：509－510.

② 习近平．习近平谈治国理政：第 2 卷．北京：外文出版社，2017：328.

核心价值观的独特优势，把它作为实现有效文化认同的价值标尺，进一步巩固马克思主义在意识形态领域的指导地位，巩固全党和全国人民团结奋斗的共同思想基础，就必须对各种国外社会思潮做出基本的价值辨识，构建有效的社会思潮预警机制。要实现精准的价值辨识和价值引领，除采取多种措施把社会主义核心价值观落细落小落实外，还有一项极为重要的工作，那就是在“文本叙事主导”转向“图像叙事主导”的背景下，仔细甄别不同视觉图像所蕴藏的价值取向，旗帜鲜明地抵制不良社会思潮的侵蚀，牢牢占据思想文化传播阵地的制高点，以马克思主义引领多样化社会思潮的发展方向。

不可否认，一些反映新技术发展成果的图片、科普类影片、视频数据资料对提升大众的科学素养和科学认知，提高全社会的创造能力是有益的，但不能忽略大多数社会思潮潜在的价值诱惑力，特别是那些夹杂在图像作品中的错误观念。面对视觉文化大潮中形形色色的观念论调，又被铺天盖地的视觉信息反复冲击，观众很难识别出什么是善、什么是恶，哪些是真理、哪些是谬误，自然也就无法做出终极性的价值判断，以至于最终失去正确的辨析能力，个体内在价值冲突会变得愈益严重。对于电视节目观众而言，他们通常不会带着一套价值标准去评判节目内容。大多数人是在业余时间随机选择电视节目来观看，主要是为了消磨闲暇无聊的时光。各种不良价值观对大众的渗透正是在这种不经意间悄然实现的。正如尼尔·波兹曼对美国电视节目的讥讽：“电视新闻节目提供给观众的是娱乐而不是信息，这种情况的严重性不仅在于我们被剥夺了真实的信息，还在于我们正在逐渐失去用来判断什么是信息的能力。无知是可以补救的，但我们把无知当成知识，我们该怎么做呢？”① 视觉图像也是一个文化阵地，图像对价值观的争夺是阵地战的一部分。借助电影、电视和互联网等先进载体，国外社会思潮在千方百计地争夺舆论阵地，寻找个人精神世界的突破口，伺机侵入个人世界观的中心地

① 波兹曼．娱乐至死．章艳，译．北京：中信出版集团，2015：128.

带，成为个人思想的主宰者和引领者。在培育和践行社会主义核心价值观的实践中，我们同样要面对国外社会思潮视觉化传播带来的挑战。如果遵循价值自然涵育的生成规律，每个人都能找到正确的价值定向坐标，在循序渐进的积累过程中达到社会主义核心价值观的要求。然而，纷繁复杂的视觉图像会扰乱人的心智，干扰和破坏价值涵育的正常进程，导致个人价值中心发生某种偏离甚至中断。

首先是扰乱正常的价值思维。每个主体在社会实践中都会按照自身的价值尺度去选择、对待和评价客体，实现客体主体化并产生价值，这个过程就是价值思维活动。不可否认，主体的价值思维是有条件的、历史的、相对的，因为主体的存在和实践受特定社会环境的制约，所以价值思维带有鲜明的时代烙印。视觉文化时代的主体价值思维也必定带有鲜明的时代印记。例如，在日常生活中，我们每个人都会根据自己的发质、洗发习惯和个人喜好去选择适合自己的洗发水。然而，电视广告反复播放某品牌的洗发水，且请了人们喜爱的电视巨星做代言人，大肆宣传其生发、护发和秀发的特殊功能，以及高性价比和良好使用效果，人们往往会在强烈的冲动下放弃原本喜爱的品牌，去购买广告中宣传品牌的洗发水。在声光电一体化的时代，绝大多数观众很难抵御外在诱惑，致使自己动摇或放弃原本坚守的信念和信仰。视觉刺激往往会导致大众偏离价值正道，放弃原本经过深思熟虑后做出的正确决定。因此，我们绝不能轻视视觉图像给人造成的巨大冲击。丹尼尔·贝尔曾以美国性享乐主义思潮的传播为例，对此进行了深刻的分析。他认为，《花花公子》封面上的女性裸体图片可能会激发某些潜在的欲望，引发男性读者的性幻想，甚至可能助长关于性行为的不当期望。这种影响可能会为社会性行为的放纵和性犯罪埋下隐患，同时也可能对未成年人产生不良影响。在美国有很多人尤其是未成年人，就是由于长期沉迷于性视频而走向性幻想（其中夹杂着某种好奇心），如果缺乏高度的自律和师长的正确引导，就很容易导致各种形式的性犯罪，危害社会整体的安全与稳定。①

---

① 贝尔．资本主义文化矛盾．赵一凡，蒲隆，任晓晋，译．北京：生活·读书·新知三联书店，1989：122.

在对图像的性心理进行分析时，艾美利亚·琼斯曾说："这些屏幕图像可以以这种方式被理解为一种'皮肤'，它暗示着具体化的深层内涵，也是我们自己的肉体标志。正如跨文化电影通过具体化经验的再现，唤起非视觉知识以及'非再现'的感觉，如触觉、嗅觉和味觉。"① 也许从普通认知的视角来看，各种知觉都是浅层的感性认知，远不如理性认知深刻透彻。然而，如果个体的触觉和嗅觉没有适当的约束，其潜在的危害对于个人来说就可能是极其严重的。因为在某种意义上，它们代表了某种认知的深度和高度，即那些人的理性无法从根本上改变或动摇的方面。视觉图像便具有这样的特殊功能，它以视觉刺激的方式放大某种幻想，使之"逼真"地享受文本叙事所无法得到的体验，由于"激活"而发展到深陷其中、不能自拔的地步。换言之，它助长了某种病态心理的极端化倾向。因为"图像的定义是：通过某人（有兴趣的）的感知，而从其语境中被剥离出来的东西，它受记忆的影响，并在其体内被激活"②。由此，我们也可以体会到图像叙事与文本叙事之间的最大差异，或者说可以明白图像叙事能够弥补文本叙事之不足的真正原因。

其次是影响正常的价值理解。人们对一件事、一个文本、一桩案子的正常理解，通常是以理性分析和综合研判为前提的。在哲学家看来，理性是人的本质属性，也是认知世界和改造世界的重要手段。然而，视觉图像所引发的是感觉和知觉而不是理性思维，在某种意义上图像是排斥理性思维的。几乎所有电视观众都知道，电视剧只是一组演员在"逢场作戏"，依照剧本表演给人看的，它不是真实的生活，可是在观赏过程中因某些情节过于真实，观众不免沉浸其中并洒下同情的泪水，此时观众与表演已经完全融为一体，成为不折不扣的"剧中人"。图像视频是动之以情有余，晓之以理不足。即使是出于晓之以理的目的，也必须采取动之以情的手段，结果导致手段超越并战胜了目的，或者说手段成

---

① 琼斯．自我与图像．刘凡，谷光曙，译．南京：江苏美术出版社，2013：100.

② 同①100－101.

为目的本身，原本的目的反而被遮蔽、被遗忘了。《娱乐至死》的隐喻不正在于此吗？影视剧本来是个人丰富业余生活、消磨闲暇时光、获得快乐和幸福的手段，但现在却成为剥夺人性及思考的致命机器。我们并不赞同《娱乐至死》作者近乎偏执的观点，因为无论在什么样的时代，不管面对多么先进的机器设备，人始终都是自己命运的主宰者，人的主体地位不会因图像视频而动摇。然而这本书给我们的启迪是：在娱乐机器日益增多的时代，需要发展人的理性反思和辨析能力，强化对自身主体性的认知和充分把握。人不是机器（图像视频）的奴隶，也永远不可能成为它们的奴隶。欣赏影视剧固然重要，但它们只是我们提升自我、完善自我的手段，而不是最终目的，我们绝不能被眼花缭乱的图像蒙蔽双眼，成为图像时代的无谓牺牲品。直面信息化与新媒体给人和人性带来的挑战，我们要正确认识图像视频的利与弊，把双脚踏在现实的土地上，以社会主义核心价值观自觉引领个体价值取向，始终保持强大的定力，不为外物所束缚，不为眼花缭乱的图像所迷惑，始终做自己的主人。

（三）消解认知内化与服膺

文化艺术市场的开放给国外影视剧提供了可乘之机，那些携带不同价值诉求和价值取向的影视剧、图书音像作品会趁机涌进来，以各种方式侵入我们的文化艺术市场，抢占大众的精神产品消费份额。一些艺术作品打着休闲娱乐的幌子，通过“拟像”方式无限复制、不断繁殖，以隐蔽的方式潜入观众的内心世界，悄然扭转大众感知世界的方式，潜在培育对西方社会思潮和不良价值观的认同、内化与服膺，以达到消解社会主义核心价值观的险恶意图。因此，文化交流面具下的交锋，实质上是不同价值观的较量，对于那种抱有价值颠覆意图的恶意入侵，我们必须高度警惕并坚决予以拒斥。面对图像化的各类“文化大餐”，观众感觉到的不是自然、温馨，而是冰冷的距离与空洞乏味，在价值选择中始终处于困惑状态，这种内心的摇摆不定正是异质文化入侵的结果。因为任何对于主流价值观的偏离与疑惑，都可能动摇正确的价值立场，使人们产生某种错觉甚至幻觉，以为呈现在我们眼前的图像世界就是真实的世界。当人们从“阅读”模式转向“观看”模式时，视觉文化促使人们从探索客观世界转向欣赏图像世界，引导人们更多地沉浸在娱乐消遣中。这种做法可能在无形中削弱了大众的理性思考能力，影响了其价值观的正常形成，也可能限制了大众获取信息和做出选择的机会。必须承认，“图像有一种无可替代的内在价值。而这种价值在文化和科学领域越来越强烈地进入到意识中去，则是‘图像转向’的结果”①。如果这个结论的真理性不容置疑，那么我们就必须承认，图像的内在价值对于日常生活的复杂影响也是无法抗拒的客观事实。

内化是指人们处理本真精神与外界环境关系的态度和行为。一个社会奉行的主流价值观，需要内化为个体的行为习惯和内心信念，转换为自己切实遵守的行为规则。这种遵守不是依靠外在的强制约束力，而是凭借个人内在的自觉性和自主性，即个人真正领悟到主流价值观的优越性，从而发自肺腑地服膺和自觉自愿地遵从。实现主流价值观的内化是一个长期过程，它需要通过社会实践和日常生活的不断体验，以及个人持续的思考和自我提升来逐步实现。换言之，社会主流价值观的涵育和弘扬，需要在科学原则的指导下，有秩序有步骤地推进。我国现阶段，伴随改革开放和经济社会的繁荣发展，培育和践行社会主义核心价值观成为公民义不容辞的职责。2013 年 12 月，中共中央办公厅印发《关于培育和践行社会主义核心价值观的意见》（以下简称《意见》）明确指出：“面对世界范围思想文化交流交融交锋形势下价值观较量的新态势，面对改革开放和发展社会主义市场经济条件下思想意识多元多样多变的新特点，积极培育和践行社会主义核心价值观，对于巩固马克思主义在

① 乌尔夫．感知、图像与想象．殷文，译//冯亚琳，乌尔夫，代迅，等．感知、身体与都市空间．合肥：安徽教育出版社，2009：7.

意识形态领域的指导地位、巩固全党全国人民团结奋斗的共同思想基础，对于促进人的全面发展、引领社会全面进步，对于集聚全面建成小康社会、实现中华民族伟大复兴中国梦的强大正能量，具有重要现实意义和深远历史意义。”①《意见》站在百年未有之大变局和中华民族伟大复兴的新高度，强调培育和践行社会主义核心价值观的重要性与迫切性。鉴于社会主义核心价值观的培育和践行是一项复杂而艰巨的工程，《意见》纵览全局、高屋建瓴，从重要意义、指导思想、融入途径、宣传教育、实践活动、组织领导等多方面提出详细的意见和建议，为社会各阶层培育和践行社会主义核心价值观指明了方向。

当今世界范围内的思想文化激荡，总体上呈现出交流交融交锋的显著特点。一方面，在经济全球化不断深入的背景下，不同文化之间的交流是由世界文明发展的大趋势决定的，在交流中不同文化相互借鉴、取长补短，呈现为在交融中共同发展的良好态势。我们尊重不同文明和文化之间的差异，差异体现出文明的多样性和活力，这种差异的存在是合理且必要的。“文明因交流而多彩，文明因互鉴而丰富。文明交流互鉴，是推动人类文明进步和世界和平发展的重要动力。”② 在这里，交锋是需要我们重点关注的话题。交锋的核心在于不同价值观的对立和冲突，尤其是不同社会制度下意识形态之间的对立和冲突。历史经验表明，交锋会以不同的方式、在不同的场域、借助不同的载体进行，视觉图像文化是交锋的场域之一。在新媒体时代，随着全球视觉文化的大发展，利用图像和影视剧来开展意识形态领域的斗争，越来越成为价值观交锋的主要方式。国外学者把它称之为文化软实力的较量。《意见》也强调指出，在改革开放和发展社会主义市场经济的条件下，人们的思想观念呈现为多元多样多变（即“三多”）的新特点。“三多”使思想政治教育的难度空前提高，也反映出涵育和内化社会主义核心价值观的紧迫性与艰

① 中共中央文献研究室．十八大以来重要文献选编：上．北京：中央文献出版社，2014：578－579.

② 习近平．习近平谈治国理政：第1卷．北京：外文出版社，2018：258.

巨性。精准把握“三多”变化的特点和内在规律，创造出灵活多样的社会主义核心价值观涵育机制和路径，在不同文化之间的交流交融交锋中争取主动，就“要弘扬社会主义先进文化，深化文化体制改革，推动社会主义文化大发展大繁荣，增强全民族文化创造活力，推动文化事业全面繁荣、文化产业快速发展，不断丰富人民精神世界、增强人民精神力量，不断增强文化整体实力和竞争力，朝着建设社会主义文化强国的目标不断前进”①。把社会主义核心价值观建设的主导权牢牢握在自己手中，以更加丰富多样的文化艺术产品来满足大众的精神需求，推动社会主义核心价值观建设在新时代取得更大的成效。

（四）阻碍价值认同与践行

“认同”概念源于德文“identital”，其最初的寓意是身份之证明。涂尔干从社会学视角出发，把认同界定为“社会群体中的成员产生一致的看法以及感情”②。在他看来，这种一致的看法构成集体意识，并由此形成共同体的向心力和凝聚力。循着这个思路我们认为，价值认同是个人或群体在长久的社会实践中，对凝练而出的某种（类）价值的认可与共享，这种共享的价值观表现为其成员高度一致的理想、信仰和共同的历史担当意识，并构成个体和群体未来价值定向的深厚基石。在长久积累基础上形成的个体成员对共同体的强烈感情，是价值认同形成的前提条件。个体对于某种价值观的认可与共享，是价值认同的核心和灵魂。一个民族的兴旺发达、世代绵延，不仅取决于经济社会的繁荣、文明水准的高低，还取决于有没有核心价值观作为纽带，能否凝聚人心、同心同德、共同奋斗，是否拥有强大的竞争力和文化软实力。因此，现代民族国家无不重视公民的核心价值观建设，把它作为文化建设和社会

① 习近平．习近平谈治国理政：第1卷．北京：外文出版社，2018：160.

② 涂尔干．社会分工论．渠敬东，译．北京：生活·读书·新知三联书店，2000：42.

文明的奠基性工程。在中国特色社会主义现代化伟大实践中，无论是思想宣传、国民教育还是社会治理，培育和践行社会主义核心价值观都是其着力点与实践路径。通过强化思想政治教育的主渠道、主阵地建设，发挥榜样人物和时代楷模的引领功能，提升社会治理体系和治理能力，进而夯实价值认同的现实基础，强化公民对社会主义核心价值观的情感认同、思想认同和理论认同，提升社会主义核心价值观建设的实效性和针对性，为全面建成富强民主文明和谐美丽的社会主义现代化强国服务。

尽管使用图像进行道德教育和传播意识形态有着悠久的历史传统，但图像在思想教化方面的功能及其独特性，尚未成为深入研究的课题。在视觉图像不断膨胀的现代社会，必须引入新的学术范式和研究思路，努力破解图像范式下的价值观认同难题。刘永强通过分析霍夫曼斯塔尔（Hofmannsthal）的作品《傻子与死亡》指出："现实风景的图像、引文图像、幻想图像互相叠合，共同构建着他所感知的世界。他对现实世界的感知和理解不是基于现实经验，而是取决于阅读和艺术体验，外在眼睛（das nnere Auge）和内在眼睛（das innere Auge）共同作用于其感知过程，图像媒介塑造感知，决定着现实。"① 它给我们的深刻启示是，以往文本叙事下的社会主义核心价值观建设思路，已经无法完全适应视觉图像文化的挑战，这种挑战主要来自两个方面：（1）图像建构了一套新的价值认同模式，这套新模式与传统意义上的文本认同模式在本质上存在显著差异。在一个各类图像相互叠加的环境里，读者的认同必定会因为思维的立体化而改变，换言之，传统价值认同模式为图像所改造或重塑。（2）对于重视体验的现代大众而言，国外图像资料的大规模输入与反复使用，导致读（图）者不同视觉经验的叠加重组，会不同程度地妨碍大众对主流价值观的认同与践行，阻碍社会主义核心价值观建设的

① 刘永强．感知与审美方式：论霍夫曼斯塔尔的诗剧《傻子与死亡》//冯亚琳，乌尔夫，代迅，等．感知、身体与都市空间．合肥：安徽教育出版社，2009：68.

顺利推进。

首先，在图像认同形成过程中，客观性的真实已经被取代，波德里亚所说的“拟像”肆意泛滥，观众对“图像流”趋之若鹜，从心理上说是由于厌倦文本的烦琐而追求新鲜感，因为“相比于制造影像（在这件事上，画家和摄影家早就在进行了），摄影机更是在操纵与伪造空间”①。观众由此获得了超越日常生活的、完全新奇的体验，求“新”正是现代人不断增长的生活诉求。在图像时代成长的认知者，由于持续接触影像，可能会遇到真实认同的障碍。感知范式的快速变化打破了传统的价值认同模式，要求我们重新考虑价值认同问题。图像促使观众不得不暂时放弃旧的认同模式，在反复接触和“凝视”客体的实践中，逐渐训练和培养新的图像认同模式。价值认同的核心在于，对世界的真实认知与正确理解，以及对某类价值的认可与共享，因为这个世界不是虚幻的，而是真实的存在，有其内在的本质和运行规律。然而，作为影视剧观赏主体的观众，一旦意识到其所接触的图像世界是华而不实的虚构存在，就会对认知对象产生疏离和厌倦情绪，进而妨碍正常价值认同的实现。另外，一些人喜欢构想缺乏现实基础的美好未来，并期盼得到外界的有效回应，影视剧所虚构的理想境界（保罗·维利里奥所谓的即时性假象）能够满足这部分人虚无缥缈的奢望，诱惑他们沉浸于其中而不能自拔，形成虚假的价值认同模式，以此摆脱现实中的痛苦与不幸。换言之，在核心价值观涵育和培养过程中，图像认同之于它不是亲近，而是一种远离，即在认同者与对象之间筑起图像屏障，图像以虚幻的方式把现实无情地屏蔽掉了。因此，传统文本叙事建构的价值认同，与当下建构起来的图像认同，是两条模式各异的平行线，二者没有交叉或者重叠，这也导致了图像认同排斥文本认同的结果。因此，试图借助图像来实现认同（原来意义上的认同）是不现实的。除非在确立新的认

---

① 维利里奥．战争与电影：知觉的后勤学．孟晖，译．南京：南京大学出版社，2011：34.

知范式的基础上，以新的图像认同模式建构读图时代新的价值认同体系。

其次，国外输入的形形色色的视觉文化产品，与我们培育和弘扬的社会主义核心价值观存在根本差异。社会主义核心价值观的意识形态属性，决定了我们在进行思想政治教育的过程中，必须严格防范和有效抵御不良价值观的入侵，牢牢占据社会思潮传播领域的制高点，坚决捍卫社会主义核心价值观的纯洁性。中共中央办公厅印发的《关于培育和践行社会主义核心价值观的意见》明确指出："加强社会思潮动态分析，强化社会热点难点问题的正面引导，在尊重差异中扩大社会认同，在包容多样中形成思想共识。"① 有一块肥沃的土壤，如果我们不在上面种庄稼，这块地势必会杂草丛生、荒芜不堪。人的思想观念的领地也是如此，如果我们不去占领这块阵地，就必定会为其他思想（如敌对势力）所侵占。国外影视剧的反复冲击和渗透，会潜移默化地改变观众的思想观念，从内部打开主流价值观认同的缺口，导致个体的世界观、人生观和价值观发生倾斜，从开始在两种价值观之间徘徊，到最后成为异域文化和价值观的俘虏。因此，在不同领域价值观的斗争中，"新闻媒体要发挥传播社会主流价值的主渠道作用。坚持团结稳定鼓劲、正面宣传为主，牢牢把握正确舆论导向，把社会主义核心价值观贯穿到日常形势宣传、成就宣传、主题宣传、典型宣传、热点引导和舆论监督中，弘扬主旋律，传播正能量，不断巩固壮大积极健康向上的主流思想舆论"②。除各类媒体要适应分众化、兼容性的新特点，努力发挥自身的价值传播优势，强化自身的思想政治责任和使命以外，每个公民都要对价值认同、思想认同和理论认同有明确清醒的意识，要以理性的辨析能力和高度的政治觉悟，防范国外视觉图像文化对自己的侵袭，牢牢守住内心世界这个价值高地，不给异质文化和价值观可乘之机。

---

① 中共中央文献研究室．十八大以来重要文献选编：上．北京：中央文献出版社，2014：582.

② 同①582－583.

三、深层：实现思想操控的企图

（一）读图时代的“和平演变”图谋

从国际上看，1917年的俄国十月革命是人类历史上开天辟地的重大事件。在布尔什维克党的正确领导下，俄国工人阶级联合贫农取得了伟大的社会主义革命的胜利，建立了世界上第一个无产阶级专政的新型政权。它是马克思主义科学理论在俄国的成功实践，在国际共产主义运动史上产生了重要影响。十月革命的胜利不仅验证了科学社会主义的科学性和真理性，也为世界各国的无产阶级革命、殖民地和半殖民地的民族解放运动指明了方向。新的社会主义制度的建立及巩固，也遭遇到包括资本主义在内的各种反动势力的围攻和剿杀。社会主义制度与资本主义制度之间的反复较量，表现在政治、经济、文化各领域和诸多方面。在20世纪50—60年代的冷战时期，“和平演变”成为资本主义阵营分化和瓦解社会主义制度的主要手段。所谓“和平演变”，是指资本主义对社会主义国家采取的“超越、遏制战略”，以此诱使社会主义国家向西方民主制度演变。1957年4月，美国国会议员杜勒斯（John Foster Dulles）在纽约发表演讲，明确提出和平演变社会主义的六项政策，主张采取非暴力的、“和平取胜”的战略，分化以苏联为首的社会主义阵营，实现社会主义制度的自由化（即复辟资本主义），并把“解放”社会主义国家人民的“被奴役”状态作为美国对外政策的主要任务。苏共二十大和“波匈事件”后，作为美国国务卿的杜勒斯在艾森豪威尔政府的支持下，公开叫嚣“共产主义将从内部瓦解”，把和平演变的希望寄托在共产党第三代、第四代人身上。为达到这个险恶目的，美国政府打着人权、民主和自由的旗号，在欧洲设立两个电台，向苏联东欧和全世界传播西方的生活方式、意识形态、价值观念，企图诱惑和改造社会主义国家的人民，引诱其逐步亲近和认同西方的自由世界，进而瓦解社会主义思想观念、动摇其根基。

在新民主主义革命即将取得全国胜利的前夜，毛泽东以无产阶级革命家的卓越睿智、战略家的高瞻远瞩，对即将到来的新中国的前途和命运以及社会主义和资本主义两种不同社会制度之间的较量做出科学预见。在党的七届二中全会上，他谆谆告诫全党：当前的主要危险是党内的腐化、懈怠和骄傲自满情绪，为此我们必须牢记“两个务必”的宗旨，在胜利面前始终保持头脑清醒，在夺取全国政权后要经受住执政的考验。1958 年 1 月到 1959 年 11 月，毛泽东在多篇文章和谈话中反复提到要防范帝国主义“和平演变”战略。在他看来，美国国务卿杜勒斯搞的那一套“和平演变”，实质就是要改变社会主义国家，使社会主义国家人民的思想符合美国的要求，并在社会主义国家实行资本主义制度。我们和我们的后代都要时刻提高警惕，努力做好社会主义思想教育工作，不断提高人民群众的思想政治觉悟，培养无产阶级革命事业的接班人，保证各级领导权始终掌握在马克思主义者手中，时刻防范资本主义复辟的危险。

在我国改革开放新时期，邓小平继承和发展了毛泽东关于防止“和平演变”的战略思想，结合新的时代背景和国际局势的复杂变化，反复警醒人们要筑牢思想防线，牢牢坚持四项基本原则，防止资产阶级自由化思潮的入侵，把防止资本主义对社会主义制度的“和平演变”当作大事要事来做。他告诫全党同志：“西方国家正在打一场没有硝烟的第三次世界大战。所谓没有硝烟，就是要社会主义国家和平演变。”① 因此，我们必须始终绷紧思想政治这根弦，在大是大非问题上立场鲜明、毫不动摇、绝不妥协。1991 年 7 月 1 日，江泽民在《在庆祝中国共产党成立七十周年大会上的讲话》中指出：“在新的历史条件下，我们党不仅要继续经受执政的考验，而且面临着改革开放和发展商品经济的考验，

① 邓小平文选：第 3 卷．北京：人民出版社，1993：344.

面临着反对和平演变的考验。”把反对和平演变与继续执政、改革开放并列起来，作为新时期必须面对和认真解决的重要任务来认识，表明我党对防范资本主义“和平演变”的图谋一刻也没有放松，并在改革开放的伟大实践中不断积累经验与智慧。20 世纪 90 年代以来，在以美国为首的资本主义国家“和平演变”的强大攻势下，国际上一些执政党先后下台，特别是发生了苏联解体、东欧剧变的历史性悲剧。世界社会主义运动遭遇严重曲折的残酷现实，给予我们深刻的启迪和警醒，它告诫我们在积极推进中国特色社会主义伟大实践中，必须始终警惕国内外敌对势力的渗透、分裂和颠覆活动，不断加强执政党自身的理论建设和制度建设，不断推进党的建设新的伟大工程，旗帜鲜明地坚持四项基本原则，坚持改革开放和发展经济不动摇，这是有效应对和灵活防范资本主义“和平演变”战略、巩固和发展中国特色社会主义制度的重要保障。

进入 21 世纪，国际传播领域的热点话题层出不穷，思想舆论和社会思潮的话语权与主导权争夺愈演愈烈，成为社会主义与资本主义两种社会制度较量的新战场。经历了改革开放 40 多年的跨越式发展，中国特色社会主义在经济、政治、文化、社会、生态等领域取得了举世瞩目的重大成就。我国不仅成为世界第二大经济体，对世界经济增长的贡献率超过 30％，而且在对外贸易、对外投资、外汇储备等方面稳居世界前列。由于实施了一系列创新驱动发展战略，在广大科技工作者的不懈努力下，我国在高精尖技术领域取得了天眼、悟空、墨子、蛟龙、大飞机等重大创新成果，甚至某些尖端技术由“跟跑”变为“领跑”。中国共产党领导中国人民积极发展社会主义民主政治，全面推进依法治国和以德治国，不断巩固和加强党的领导、人民当家作主、依法治国三者有机统一的制度建设。在思想文化领域，马克思主义在意识形态领域的指导地位更加稳固，社会主义核心价值观日益深入人心，中华优秀传统文化广泛弘扬，国家的文化软实力和中华文化的世界影响力大幅提升，全党和全社会实现了思想政治上的高度团结统一。在生态环境方面，普通公民的绿色发展意识明显提升，环境保护的自觉性和主动性显著增强。

随着我国脱贫攻坚任务的顺利完成，越来越多的人走上小康的富裕生活道路，人民群众的生活水平不断提高，获得感和幸福感明显增强。中国共产党始终坚守为中国人民谋幸福、为中华民族谋复兴的初心使命，团结带领全国各族优秀儿女，勇于变革、不断创新，以永不懈怠和一往无前的奋斗精神，取得了中国特色社会主义现代化建设的决定性胜利。正如党的十九大报告所指出的那样："中国特色社会主义制度更加完善，国家治理体系和治理能力现代化水平明显提高，全社会发展活力和创新活力明显增强。"① 社会主义现代化建设取得的历史性成就及其巨大的世界影响力，更加坚定了中国特色社会主义道路自信、理论自信、制度自信、文化自信。"当代中国已不再是国际秩序的被动接受者，而是积极的参与者、建设者、引领者。中国日益走近世界舞台中央，世界对中国的关注，从未像今天这样广泛、深切、聚集；中国对世界的影响，也从未像今天这样全面、深刻、长远。同时也要看到，前景十分光明，挑战也十分严峻，我国正处在从大国走向强国的关键时期，'树大招风'效应日益显现，外部环境更加复杂，一些势力对我国的遏制、忧惧、施压不断增大。"②

中国的快速崛起令全世界瞩目，也引来了国内外一些学者的批评乃至恶意的攻击。"近些年来，国内外有些舆论提出中国现在搞的究竟还是不是社会主义的疑问，有人说是'资本社会主义'，还有人干脆说是'国家资本主义'、'新官僚资本主义'，这些都是完全错误的。"③ 新的历史地位与时代坐标，昭示我们必须全面科学地把握国际局势和周边环境的变化，精准认识自身发展的有利因素与不利问题，对不良舆论采取主动出击的策略，在国际传播领域主动发出自己的声音，以不可辩驳的事实有效回击不同社会舆论的错误指责。在中国特色社会主义新时代，

① 中国共产党第十九次全国代表大会文件汇编．北京：人民出版社，2017：3.

② 中共中央宣传部．习近平新时代中国特色社会主义思想三十讲．北京：学习出版社，2018：54－55.

③ 同②27.

无论是经济实力、军事实力还是综合国力，我们都稳居世界前列，按照社会存在决定社会意识的原理，在国际传播领域和思想舆论阵地，也必须彻底改变以往那种“西强我弱”的被动局面，努力争取更多的发言权、话语权和更大的舆论主导空间，与我国的综合实力和世界影响力相匹配。事实证明，以往那种社会思潮传播和交锋的文本方式，以美国为首的资本主义阵营对社会主义实行“分化”“西化”的图谋，并没有真正奏效。舆论上的失败迫使国际文化领域的不良社会思潮设法转换传播思路和斗争策略，采取更为隐蔽的、潜在的图像视觉化方式，对社会主义制度及其思想舆论实施攻击与遏制，想尽办法唱衰中国、抹黑中国的国际形象。比如，它们宣扬所谓的“普世价值”、鼓吹“中等收入陷阱”“中国崛起必霸”等多种荒谬论调，制造所谓的“中国威胁论”，在欧美不良舆论思潮的带领下，一时间各种国际社会思潮甚嚣尘上，力图通过对话语权的控制达到煽动中国民众、颠覆中国共产党领导地位的险恶目的。对此，习近平一针见血地指出：“国际上有些人担心中国会走‘国强必霸’的路子，一些人提出了所谓的‘中国威胁论’。有这样的看法和想法，大多数人是由于认知上的误读，当然也有少数人是出于一种根深蒂固的偏见。”① 总体上看，新时代的国际传播领域呈现出分层次、发散式、图像化的新特点。所谓分层次，指的是改变以往单纯的政治意识形态说教的做法，变为从政治、经济和文化三个领域分别切入，实行不同层次的纵向渗透和间接突破。所谓发散式，指的是从一点出发向无限多领域延伸与扩张，试图达到整体碎化与分别解构的企图。所谓图像化，就是变文本叙事主导为图像叙事主导，努力发挥视觉图像的感染力和诱惑性，变换花样实现对人们思想观念的渗透与诱导。我们对此必须提高警惕，牢牢把握思想舆论传播领域的主导权，给予这些不良国际思潮有力的回击，向全世界传达中国人民珍惜和平、友谊、发展，构建人

---

① 中共中央党史和文献研究院．习近平关于中国特色大国外交论述摘编．北京：中央文献出版社，2019：124.

类命运共同体的科学理念和基本主张。

（二）图像叙事中隐藏的“陷阱”

兹比格涅夫·布热津斯基（Zbigniew Brzezinski）1928 年生于波兰华沙，10 岁时随父母移民加拿大。二战期间，苏联与德国联合瓜分了波兰，波兰成为苏联的卫星国。祖国的沦陷在布热津斯基儿时的记忆中留下了深深的烙印，并在他心中种下了愤怒与仇恨的种子，这也成为他后来致力于国际问题研究的原动力。布热津斯基把苏联及其他社会主义国家视为自己的死对头，欲置之死地而后快。1953 年从哈佛大学获得博士学位后，布热津斯基移民美国并留校任教，成为哈佛大学俄国研究中心和国际问题中心的研究员。在卡特担任美国总统期间，布热津斯基任国家安全事务助理、国家安全顾问，成为美国著名的国际关系学者和狂热的反共专家。无能的卡特政府宣告下台之后，布热津斯基低调离开政坛，去了哥伦比亚大学任教。

职业的变动并没有使布热津斯基放弃其一贯的反共立场。冷战结束后，武力征服社会主义制度的希望暂时落空了，不过在他看来，对社会主义国家的外在遏制，不仅需要动用军事力量，更要灵活运用意识形态和文化手段，即通过文化软实力的反复较量，强化资本主义意识形态与社会主义意识形态之间的对比，使大众充分意识到资本主义意识形态的“无比优越性”，以此逐步削弱共产主义意识形态的吸引力，瓦解大众对社会主义制度的好感与认同。对苏联及其社会主义制度的仇视心理，使他在多部著作中以各种方式咒骂社会主义制度，预言苏联社会主义制度的“命运”。苏联解体、东欧剧变，他的“预言”不幸成为现实，一时间他在美国声名大噪，他撰写的《大失控与大混乱：21 世纪前夕的全球混乱》《大棋局：美国的首要地位及其地缘战略》《第二次机遇：三位总统与超级大国美国的危机》《永恒的清算：苏联极权主义下的统治》《政治权力：美国与苏联》等著作也成为欧美资本主义国家的“畅销书”。布热津斯基坚持认为，美国的经济、政治利益和价值观是至高无上的，是全球利益的核心和枢纽。为维护美国在全球的霸权地位，必须以各种方式绞杀与之对立的社会主义制度，使其逐步走向分化、瓦解乃至于崩溃，打造美国资本主义主导的单极世界。“布热津斯基始终把攻击和诋毁共产主义以及对社会主义国家实施‘和平演变’作为自己的重要使命，尤其是把瓦解苏联和其他社会主义国家，作为美国全球战略的核心内容。”① 在成功演变苏联和东欧之后，布热津斯基将自己的和平演变理论进一步理论化系统化，试图诱导更多国家屈从于美国意识形态的控制，成为美国资本主义的经济和政治文化附庸。根据苏联解体、东欧剧变的事实，我们不难看到以布热津斯基为首的欧美资本主义势力的“黑手”干涉他国内政、颠覆和破坏社会主义制度的罪恶事实。

1995 年，在美国旧金山举办的一次汇集了众多全球精英的聚会上，布热津斯基抛出了其著名的“奶嘴乐战略”。会议讨论的核心议题是：面对全球化飞速发展和由地区的严重不平衡导致的世界各地贫富悬殊的严酷现实，各国（这里主要指发达资本主义国家）应当采取什么样的应对策略？精英们一致认为，“二八现象”是客观事实：全世界不足 20%的人口掌握了 80%的资源，超过 80%的人被逐渐边缘化乃至被淘汰，他们注定无法摆脱终生贫困的命运。布热津斯基认为，目睹富裕阶层的花天酒地，想想自己的悲惨处境，巨大的心理落差必定会引发穷苦人的不满和怒火，如果这种情绪为少数极端分子所利用，就很容易出现大失控、大混乱、大冲突的可怕结局。为此，布热津斯基抛出了自己的应对策略——“tittytainment”（奶嘴乐）。他解释说，哺乳期的母亲为避免婴儿反复哭闹和情绪焦虑，会让其吮吸空奶嘴以安抚他/她的情绪。我们可以仿效其做法，给 80%的世界民众嘴里塞上“空奶嘴”，以安抚其不良情绪并使之获得虚假的身心愉悦感，暂时忘记被边缘化的现实处境，同时避免其不满情绪和暴力倾向的滋长。这就是臭名昭著的

① 程立涛，曾繁敏．欧美波普享乐主义思潮研究．北京：民族出版社，2019：导论 2.

"奶嘴乐战略"。

布热津斯基所谓的"奶嘴"主要有两种：一种是发泄性娱乐工具。比如，全面开放国家的色情行业，以立法形式确立其地位，给一些人的性欲以宣泄渠道。开发各种网络游戏软件，使少数人沉迷于其中而不能自拔，暂时获得某种精神依赖和可以寄居的精神家园。鼓动网民为某些问题展开"口水战"，消磨他们的闲暇时光和过剩精力。另一种是满足性游戏节目。在家家户户拥有电视机、影视剧极大普及的时代，充分利用偶像剧和家庭肥皂剧的诱惑力，吸引大众专注于明星报道、花边新闻，把充满感官刺激的艺术产品源源不断地输送到千家万户的生活中，使大众在自我沉浸和自我陶醉中丧失思考力与判断力，忘却自己的悲惨处境，避免不良情绪的爆发。① "布尔津斯基用这样一个通俗易懂的名词，概括了他主张的美国的全球战略和资本主义意识形态全球化的意图，即引导大众沉迷于感性生活的享乐，把它作为对幸福生活的幻想和追求，在沉迷中忘却自我的存在和主体意识，忽视公平和正义问题的重要性，从而逐步走向自我颓废、自我毁灭，以实现资本主义不战而胜的阴险政治图谋。"② 以往赤裸裸的"和平演变"战略，在读图时代演化为"奶嘴乐战略"，成为进入 21 世纪后美国资本主义实现不战而胜图谋的新手段。当然，安抚 80%的大众绝不是这些富人的真正目的，而是他们保全自身利益的特定手段或权宜之计。当前社会中，大多数人之所以受到关注和重视，仅仅是因为他们构成了社会的主体。这些人一旦由于自己的悲惨命运而发威，不甘心屈服于资本主义的压迫和奴役，其奋起抗争的斗争精神就是惊人的，会令那些所谓的精英胆战心惊。唯有把这些人暂时安抚下来，让他们顺应天命、安于现状，社会的少数精英才能高枕无忧地享受富足快乐的幸福时光。

在另一层意义上，视觉图像文化是改变大众价值观的重要渠道。在

---

① http：//wiki. mbalib. com/wiki/奶嘴乐理论。

② 程立涛，曾繁敏．欧美波普享乐主义思潮研究．北京：民族出版社，2019：导论 2.

常人看来，影视剧图像不过是休闲娱乐的工具之一，个人在繁忙而紧张的劳作之后，打开电视机看一些肥皂剧、故事片似乎只是休闲娱乐，与他人的存在和想法无涉，也很难与世界观或价值观扯上关系。然而，布热津斯基的“奶嘴乐战略”却时刻警醒我们，并没有一厢情愿的影视剧娱乐产品，国外输入的影视剧作品隐藏着巨大的“陷阱”，在津津有味地欣赏图像叙事的过程中，观众被剧中人和情节牵着鼻子走，跌入人为设置的“价值陷阱”却不自知。这里的“价值陷阱”就是欧美流行的享乐主义以及其他形形色色的社会思潮。无论是热播的“韩剧”，还是所谓的“美国大片”以及日本的“动漫”作品等，图像叙事都不过是一袭华丽的外衣，其宣扬的“故事”里浸染着的社会思潮，所体现的特定价值观和意识形态取向，才是骨子里包藏的毒素和“祸心”。影视剧中的“偶像”常常成为一些年轻人追捧的对象，甚至被他们视为模仿和崇拜的“榜样”。然而，并非所有偶像传达的价值观和所谓的“成功法则”都是积极的、可行的。这一点提醒我们，在欣赏影视作品时，应该保持警惕，批判性地评估其中所蕴含的价值导向。

在智能时代，图像制作技术日臻成熟，一方面契合了时尚潮流的诉求，另一方面视觉感染力和诱惑力也极大增强，融入新媒体的价值符号的隐匿性越来越强，普通大众很少能识破。视觉图像在价值观上的非凡表现力，是其他视觉符号所不具备的，也是它的特殊优势。一些观众之所以身心陷入泥淖，与视觉图像的制作工序和独特魅力有关，这正是西方现代视觉艺术的方向。对于创作者来说，“是观众，通过一种‘内向渗透’，译解和诠释了作品的内在资质，把它们讲述给外部世界，从而完成了创造性的循环”①。让观众参与艺术创作过程，意味着观众同时也是艺术家。这样的参与使艺术作品不仅是艺术家的创作成果，也是观众的心血结晶，那么这种“内向渗透”就真的实现了价值传输的目的。换言之，当观众成为名副其实的“剧中人”，他们的体验就不再仅仅是

① 贝斯特，科尔纳．后现代转向．陈刚，等译．南京：南京大学出版社，2002：224.

外在的观赏，而是艺术主体对自身的思想和行为的操控。也许对于观众来说，这只是影视剧技术应用的特殊需要，适当参与对个体并不会产生实质性影响，然而技术背后的“黑手”和利益诉求却是观众较少关心的。我们以前卫的艺术创造为例，了解一下所谓后现代艺术的卑劣伎俩：“由纽约先锋派筹备上演的‘即景表演’令观众参与到多媒体的演出中，从而解除了观众和作品之间的分离、各类媒介比如戏剧与电影之间的分离。”[①] 西方艺术中的反叛精神和创新气质，似乎带领艺术进入了崭新的天地。实际上，它是利用观众对艺术和视觉图像的好奇心与无知，以及获得参与感和亲身体验的迫切欲望，使观众在不知不觉中落入了某种视觉意识形态的圈套，从身体到灵魂完全成为视觉图像文化的俘虏，甚至成为自己欲望的牺牲品。它不仅嘲笑观众的理性判断力，同时还抽掉了个体信仰和民族文化的根基。

（三）图像感知与思想操控

人们对外部世界的认知，通常表现为感性认识和理性认识两种形式，也叫认识过程的两个不同阶段。感性认识是在感觉、知觉和表象的基础上生成的，它有赖于眼耳鼻舌身等感官功能的综合发挥。作为认识过程的初级阶段，感性认识更多与“像”“形”发生联系。图像叙事与文本叙事的最大区别是，它能够激发观众的图像感知，调动观众的形象思维去把握对象。也有学者认为，形象思维是人类思维的第二个阶段，它既是理性得以萌芽的深厚土壤，又不同于单纯的理性认识，而是从感性认识向理性认识演化的必经阶段，这在原始文化材料中有突出的表现。[②] 如前所述，影视剧图像并不是真实的存在，甚至连真实的摹写和反映都算不上，在很大程度上它只是一种“超真实”，却成为将叙事内

---

① 贝斯特，科尔纳．后现代转向．陈刚，等译．南京：南京大学出版社，2002：225.

② 何颖．非理性及其价值研究．北京：中国社会科学出版社，2003：22.

容与观众密切连接起来的纽带，这个过程主要是借助具体形象实现的，即观众的形象思维发挥着至关重要的作用。无论是列维-布留尔提出的图腾思维，还是恩斯特·卡西尔所说的神话思维，都属于形象思维的范畴。新的电子技术支撑下的声光影电，各类变幻莫测的图像视频，究竟是如何形成迷人的魅力，诱惑芸芸众生为之痴迷，成为娱乐至死时代的圣徒的？我们可以从新时代的图腾崇拜和图像神话的角度来加以剖析。

图腾崇拜是人类最原始的集体记忆。按照列维-布留尔的理解，图腾源于人与自然之间的关系，先民用植物或动物作为自己氏族的标记，既是对氏族整体性的文化认同，也是共同信仰的价值来源。这样，人与自然之间的关系就顺利过渡到人与人之间的关系——氏族成员之间的关系。图腾被视为一种精神纽带，一种文明的萌芽和特定禁忌的象征。尽管在现代文明社会，图腾已经失去了原有的效力，退出日常生活而成为博物馆里的陈列品，但在大众的思想深处，还始终保留着图腾崇拜的某种遗存，即需要完整的价值坐标和精神共同体。视觉图像打造了文明时代的新图腾，它发挥了古老的图腾协调人伦关系的职能，因为人是需要有所敬畏、有所慰藉的。“马丁·杰提醒我们，视觉形象的理论史，实际上也是视觉自身的历史，大多是焦虑史；而形象的理论，如我在《图像学》中所说，实际上是讨论对图像的恐惧。”① 利用对图腾载体的内在渴望与期盼，资本主义制度下的影视公司推出一部部震撼人心的影视剧作品，来满足大众不断升级的心理和精神需求，在获得实实在在的物质回报的同时，实现了对观众思想观念的操控，这实在是一箭双雕的好事。在一些人看来，视觉图像是无所不能的迷幻世界，几乎能够满足人们的所有精神诉求，如情感的寄托、意愿的表达、理想的实现、本能的发泄等，总归能够满足其各种非理性诉求。视觉的魅力转化成某种离不开的偶像崇拜，对无所不能的视觉世界的信仰，获得崭新生活价值的坐

---

① 米歇尔．图像何求?：形象的生命与爱．陈永国，高焓，译．北京：北京大学出版社，2018：104.

标。实际上，读图时代的到来重新唤起了沦落已久的非理性主义思潮，如意志主义、直觉主义、存在主义、权力意志论等，这些非理性主义思潮打着“小叙事”的旗号攻击“宏大叙事”，宣扬虚无主义的人生观和价值观，以心灵鸡汤或者励志人士的所谓事迹，牵引着观众起伏不定的情感世界。电视剧图像的“治愈效应”有一种魔力，成为普通人进阶失败、进而缓解痛苦的一味良药。如今各种形式的偶像崇拜就是图腾崇拜的翻版或再版，它延续着图腾时代的思维遗迹。“偶像不过是膨胀了的图腾，更有威慑力，更有价值，因此也更加危险。”①

远古时期生产力水平低下，这限制了人们的认知范围和实践拓展，人们对自己接触到的自然现象和社会现象感到困惑，便以艺术幻想的形式进行描述和解读，这也许是神话的源头。我国古代《山海经》中描述的“精卫填海”“夸父逐日”，以及古希腊神话中的“普罗米修斯盗取天火”等故事，从根本上说，都是现实生活中矛盾和斗争的反映。这些神话体现了人类与自然抗争的决心，以及对美好理想的持续追求，它们有着客观存在的生活基础。因此，我们不能一概而论地将神话视为荒谬之谈。作为一种集体记忆，神话传说之所以延续至今、经久不衰，除其内在的演进规律之外，也是当代人的精神诉求所致。在科技发达和制度完善的现代社会，情感、知觉和想象等神话特质变得越来越稀薄，人们对此类非理性元素的诉求，只能通过影视文化来满足，以获得暂时的满足和精神寄托。视觉图像文化不仅传承神话气质，而且以艺术的方式编织新的神话，迎合大众的思维取向与艺术品位的变化，这是其取悦大众、实现价值传播的主要手段。从这里，我们不仅看到观众语言风格的巨大变化，而且觉察到其信仰心理的微妙变动，比如“那些如今已经习惯于用图画、雕塑或其他具体形象表达思想的人，会发现他们无法像原来一样去膜拜一个抽象的神”②。如果说这仅仅是对神祇的亵渎，只是表达

① 米歇尔．图像何求?：形象的生命与爱．陈永国，高焓，译．北京：北京大学出版社，2018：107.

② 波兹曼．娱乐至死．章艳，译．北京：中信出版集团，2015：10.

了某种习惯性偏好，并不能证明其中蕴含着什么深刻的道理，那么它背后隐藏的问题是：人们内心对神话的渴求并未减弱，相反，神话思维越来越强烈，无论是出于填补内心空白的需要，还是为了丰富自己的内心世界，抑或是人类的天性使然，都毫无例外在视觉文化中获得了回响。图像叙事讲述的是故事，故事是用人物、事件、情节、场景、结果的整体结构去打动人的。如果说图像本身就是神话，那么影视剧显然是精心编制的“现代神话”，意在为观众构建生活的第二环境，或者第二自然场景。“无论好坏，人类通过在周围建立起第二自然而确立集体的历史身份，这个第二自然中包含的形象不仅反映其制造者的意识价值，而且反映观者在集体和政治无意识中形成的新的价值形式。”① 因此，长期受国外影视剧熏陶和教化，价值立场和价值取向发生改变是必然的。

（四）从“晕轮效应”到“思想路标”

每个人都有自己的价值追求，不管这种追求是自发的还是自觉的。人们看问题的立场、态度和方法各异，彼此间有价值冲突也属正常。个人的立场和价值观大多是不确定的，容易在外在因素的影响下发生动摇乃至逆转。在多样化的图像世界里，视觉上的反复撞击会导致“晕轮效应”，即个人很容易迷失在多种价值观的海洋里。晕轮效应是指由于对象某一方面的突出特征掩盖了其他特征，进而导致产生认知偏差，左右着我们对其他事物的正确认知与客观评价。晕轮效应之所以危害很大，不仅因为它导致了人的认知障碍问题，而且因为它会威胁到价值原则和价值导向的坚守。日常生活中千奇百怪的图像，来自不同国家和地区的视觉文化传统，对于观众而言，必定会造成读图中的晕轮效应，即视觉时代的某种眩晕症的发作。对于晕轮效应所产生的坏的影响，我们必须

---

① 米歇尔．图像何求?：形象的生命与爱．陈永国，高焓，译．北京：北京大学出版社，2018：114.

有完备的防范和化解措施，特别是涉及人的价值立场和精神生活质量问题的，更应当慎重对待和妥善处理。在社会主义核心价值观宣传教育中，我们必须"加强社会思潮动态分析，强化社会热点难点问题的正面引导，在尊重差异中扩大社会认同，在包容多样中形成思想共识"①。牢牢坚持和深入贯彻这一原则，首先，需要把它应用于不同的生活领域和具体活动，对国外影视剧进行严格的价值观"过滤""筛选"，预先剔除那些与社会主义意识形态对立的思想观念，防范各种不良思潮的渗透，通过构筑坚固的"防火墙"将它们拒之门外，筑牢思想道德建设的第一道防线。其次，需要有效引导观众的欣赏态度和欣赏习惯，以各种方式教育观众在观赏时保持自觉和自律，学会正确选择和辩证吸收影视剧内容，在内心深处树立明确的价值坐标，懂得区分、辨析、抉择和践行。对于网络影视信息和图像资料，必须把对自身的高度责任感放在首位，有效防范和抵御其可能导致的晕轮效应，不成为不良价值观的无谓牺牲品。

加强青少年的社会主义核心价值观教育，为他们构筑坚实的思想路标基石，避免晕轮效应对他们的思想和行为的干扰与侵蚀，是教育者目前最迫切也是最重要的任务。青少年时期是人生理和心理急剧变化的阶段，也是价值观形成的关键时期。青少年的心智尚未成熟，理性判断能力不足，容易引发心理困惑和选择中的偏执。在铺天盖地的网络信息和影视剧面前，青少年无疑是非常重要的消费群体，他们中的绝大多数对图像作品情有独钟，喜欢沉浸在影视剧世界里，以此获得乐趣并寻找自己的价值。大多数青少年是以游戏心态来看待影视剧世界的，缺乏基本的防范意识和理性自觉。值得警惕的是，"在确立和改变价值的游戏中形象是积极的玩家。它们能够给世界引入新的价值观，因而威胁旧的价值观"②。而新的价值观并不一定都是正确的，值得人们高度警惕。各

---

① 中共中央文献研究室．十八大以来重要文献选编：上．北京：中央文献出版社，2014：582.

② 米歇尔．图像何求？：形象的生命与爱．陈永国，高焓，译．北京：北京大学出版社，2018：114.

种打着“新”的旗号的异域文化和价值观，最容易使青少年产生选择中的困惑，对“新”缺乏辨别能力会导致产生晕轮效应。在数字化时代，我们不可能完全隔绝图像文化的存在，也不可能将各种视觉影像拒之千里。鉴于青少年喜欢使用网络，喜欢看动漫、影视剧，要有针对性地在网络价值引领上做文章，要“做大做强重点新闻网站，发挥主要商业网站建设性作用，形成良好的网上舆论环境，集聚网上舆论引导合力”①。要坚持以正面宣传教育为主，牢牢把握正确的舆论导向，利用典型示范、主题宣传、成就体验和热点引导等方法积极弘扬主旋律，始终传播正能量，不断巩固壮大积极健康向上的主流思想舆论，抢占青少年的思想文化阵地，牢牢守护思想文化建设的胜利果实。

社会主义核心价值观是全体中华儿女的正确思想坐标，是实现中华民族伟大复兴中国梦的根本价值依托。发挥中华优秀传统文化怡情养志、涵育文明的功能，不仅有助于中华优秀传统文化的创造性转化和创新性发展，而且还能助推社会主义核心价值观建设取得新突破，有助于全面推进和深化中国式现代化实践。我国历史上长久形成的农耕文化，是中华优秀传统文化中的宝贵财富，例如二十四节气歌、天地人“三才”思想、勤劳节俭的美德、诗词歌赋等丰富多彩的内容，是与农业生产者和农耕劳作联系在一起的，深深扎根于农耕文明的沃土。在新时代社会主义精神文明建设中，迫切需要传承和弘扬这些宝贵的精神财富，推进传统农业文明的现代发展。由于绝大多数年轻人外出务工，留在家中的主要是老年人和未成年人，青壮年劳动力寥寥无几，这不仅导致农村和农业生产后继乏人，也从根本上制约着农业文脉的延续和农业现代化的发展进程。2013 年 12 月，习近平在《在中央农村工作会议上的讲话》中不无担心地指出：“我听说，在云南哈尼梯田所在地，农村会唱

① 中共中央文献研究室．十八大以来重要文献选编：上．北京：中央文献出版社，2014：583.

《哈尼族四季生产调》等古歌、会跳哈尼乐作舞的人越来越少。不能名为搞现代化，就把老祖宗的好东西弄丢了!"① 文化因人而生而长，文化与人须臾不可分离。在我国广大的农村地区，要培育和践行社会主义核心价值观，不能停留在简单化的说教和宣传鼓动上，而是要在坚定社会主义核心价值观方向性指引的前提下，着眼于"乡土性"及其文脉的延续和发展，有效推进新农村建设和农业文明振兴与繁荣发展，引导更多劳动者扎根农村，为农业发展和乡村文化建设做贡献，走出一条中国特色农业现代化道路，实现农业、农村和农民的发展与农耕文化共同繁荣进步的局面，在农业实践中增强对社会主义核心价值观的认同和内化。

2017 年 10 月，习近平在中国共产党第十九次全国代表大会上正式提出乡村振兴的重大战略。实施乡村振兴战略是关系全面建设社会主义现代化国家的全局性、历史性任务。"这其中，农业农村现代化是实施乡村振兴战略的总目标，坚持农业农村优先发展是总方针，产业兴旺、生态宜居、乡风文明、治理有效、生活富裕是总要求，建立健全城乡融合发展体制机制和政策体系是制度保障。"② 在实施乡村振兴战略过程中，要统筹推进经济建设、政治建设、文化建设、社会建设、生态文明建设和党的建设，促进农业全面升级、农村全面进步、农民全面发展。在这里我们看到，乡村文化建设是作为总体布局的一部分而被重视和强调的。"乡风文明，是乡村振兴的紧迫任务，重点是弘扬社会主义核心价值观，保护和传承农村优秀传统文化，加强农村公共文化建设，开展移风易俗，改善农民精神风貌，提高乡村社会文明程度。"③ 以制度化的方式确立和巩固乡村文化建设，推动富有地方特色乡村传统文化的保护和传承，科学规范推进农村传承和发展传统文化，积极推动富有地方特色文化的创造性转化和创新性发展，不仅能够更好地满足农民的精神

---

① 中共中央文献研究室．十八大以来重要文献选编：上．北京：中央文献出版社，2014：678.

② 习近平．习近平谈治国理政：第 3 卷．北京：外文出版社，2020：257.

③ 同②259.

生活需求，提升乡村文明水平，而且能够使“乡土性”文化获得新的生存和发展，实现中华优秀传统文化与新时代发展要求的有效对接。

四、终极：培植代理人和传播者

（一）培植代理人的新技巧

如何让别人在短时间内理解你的想法，最简单有效的办法就是把你的想法视觉化图像化。比如，我们借助 PPT（俗称幻灯片），为的是把一堂枯燥的理论课讲得生动有趣，给观众以深刻的印象和持久的回味。PPT 是 20 世纪的产物，它迎合了大众“观看”的心理需求。PPT 由图片、文字、音乐、动画等多种元素组成，在 PPT 的制作过程中，人们可以根据需要对这些素材进行灵活组合，如采用缩放、旋转或移动的方式制作出可视性强的图像（图案），以达到简洁、逼真、出众的呈现效果。随着网络时代的到来，PPT 又增加了多媒体的支持功能，可以用不同的方式播放或显示动态画面，或者引入影视剧片段、历史文献，唤起观众尘封已久的集体记忆，实现历史与现实的对比和叠加、互动和对话，以取得最佳的视听效果，强化观众的理解、移情和共鸣。有人说，如今的观众越来越没耐心了，在信息的获取上受“快餐思维”驱使，急需简单明晰、容易记忆、生动形象的高效率认知工具，如金山的 WPS、万彩的 Focusky 以及 AxeSlide 等办公软件，就非常方便实用。大众对视觉作品的过度偏好，在认知心理学中被称为视觉化效应。所谓视觉化效应，是指在认知加工的过程中，将非视觉性信息加工改造成视觉性信息，以强化人们的表象、记忆和思维方面的反应强度。人们观看影视剧和动漫的过程，也是一种视觉训练过程，即不是付诸抽象思维和理性能力，而是从图像的“形象”角度进行辨认和理解。“形象”的优势就是“变不可见为可见”，它降低了思维的深度、强度和难度，契合了受众的

“快餐思维”。

在社会思潮的传播过程中，视觉图像之所以越来越受重视，也在于它所具有的“变不可见为可见”的特殊优势。比如，某种西方社会思潮宣扬所谓民主和自由的“优越”之处，希望得到读者的关注、理解甚至认同。可是，“优越”是看不见摸不着的概念，是自发的独白。如何能够从根本上说服别人？特别是在跨文化的背景下，受众的生活习惯、思维方式、价值取向和个体信仰存在较大差异，要跨越这些障碍获得理解是非常困难的。如今的视觉图像轻而易举地解决了这个问题。它从人们熟悉的生活画面入手，采取实物与数字叠加、风景与故事互补、文本与图像结合的方式，借助夸张的手法、唯美的实物形象，不仅有效吸引了受众的注意力，而且还能激发其自由联想和想象的能力，在成功征服观众眼球的基础上，一步步深入其内心世界，实施观念的渗透和思想的改造。从某种意义上说，这是不折不扣的“攻心战”。美国前总统尼克松在《1999：不战而胜》一书中提出，美国针对社会主义国家所进行的“和平演变”，除了军事上的强力遏制，还要发挥美国独特的经济优势，以经济援助和技术转让为诱饵，不断扩散西方的自由和民主价值观，打好“攻心战”，从心理和文化上征服对方，诱使其自觉自愿地发生和平演变。为论证这套阴谋的合理性与可行性，他在书中还大段引用《孙子兵法》中的话：“凡用兵之法，全国为上，破国次之；全军为上，破军次之……不战而屈人之兵，善之善者也。”“故上兵伐谋，其次伐交，其次伐兵，其下攻城。攻城之法，为不得已。”由此可见，资本主义阵营为演变社会主义制度绞尽脑汁、想尽办法，无所不用其极，其险恶用心昭然若揭。

必须承认，视觉的冲击力是大众很难抵御的诱惑。图像在“变不可见为可见”的过程中发挥着奇妙作用。当然，“变不可见为可见”只是手段，其最终目的是“见”到“不可见”的东西，理解甚至认同“不可见”的东西。当越来越多的人因受到图像的诱惑而确立价值认同的时候，国外社会思潮和敌对势力就达到了其培植代理人的目的。从法律上讲，代理人是指受当事人委托，代表其处理具体事务或进行某种活动的人。本书的代理人，是指由于受到国外社会思潮的不良影响，观念和行为被其左右从而心甘情愿地为对方进行宣传，成为对方的忠实拥趸的那类人。这些代理人原本有自己的立场和价值观，在接触国外思想文化宣传的过程中，因为个人的认知偏见或思维上的偏执，在对不同的文化和价值取向进行对比时，发生了世界观和价值观的根本转变，成为外来文化的忠实拥护者、认同者甚至鼓吹者，成为类似于鲁迅咒骂的那种“资本家的乏走狗”。这类人站在西方文化的立场上，以抹黑、谩骂或谴责的方式，贬低、污蔑自己的民族文化和价值观系统，大肆吹捧资本主义制度和资本主义文化的所谓“优越性”。

在冷战时期，帝国主义为达到经济和文化侵略的目的，在殖民地千方百计培植自己的代理人。例如，在抗日战争时期，我国曾出现过大量汉奸走狗、日伪军以及汪精卫之流的卖国贼。这些人作为帝国主义侵略中国的内应，成为帝国主义在中国的代理人，试图从内部瓦解中华民族的堡垒。在文化和意识形态领域，帝国主义历史上采取了多种手段来为其侵略行为辩护，试图通过各种方式为其行为赋予正当性。同时，其代理人也不遗余力，大肆鼓吹侵略有理、侵略有功。在视觉图像时代，西方资本主义为实现演变社会主义制度的图谋，不断变换“和平演变”的手法和策略，然而培植代理人的图谋并没有改变，只不过手段更加“高明”，策略更加隐蔽，更难被识破。表面上看，肯德基、麦当劳、“美国大片”等资本主义输出的文化快餐、影视剧，仅仅是作为商品供大众娱乐消费的，然而，它们不仅向世界上的许多国家输出所谓的“普世价值”，收获一些人对美国资本主义的好感或认同，而且还赢得了实实在在的经济利益，使一些人成为资本主义制度的忠实代理人，对此我们必须高度警惕。因为如今的“和平演变”就发生在我们身边，它悄然进入大众的日常生活领域，在影视剧、篮球赛事、时尚服饰中，潜伏着伺机演化、改变、引导大众的价值取向，妄图对大众实施价值诱导和精神控制。当一些人成为资本主义文化的代理人并为其摇旗呐喊时，也就是这个国家最危险的时候。20 世纪末，发生在独联体国家和中亚地区的“颜色革命”，就是资本主义持续实施“和平演变”战略的铁证。它以“玫瑰革命”“橙色革命”“紫色革命”等来命名，寓意深刻，警醒世人。欧美等资本主义国家插手这些国家的内部事务，暗中在这些国家培植自己的代理人，策动不明真相的民众打着西方“民主”“自由”“国家独立”的旗号，鼓吹以非暴力的方式实现政权更迭，以抵制和反抗所谓的独裁政权为借口，引导民众追随西方自诩为文明的社会制度和意识形态。通过“颜色革命”，人们看到了西方资本主义的那只罪恶的黑手，在背后操控、策划和实施相关运动。“颜色革命”导致独联体和中亚一些国家政权倾覆，国家解体，经济和政治陷入瘫痪，百姓生活处于极度困苦的状态。这些严酷的现实正是以美国为首的西方资本主义阵营希望看到的后果。因此，“和平演变”正在以新的方式在国际社会思潮传播领域延续，对此我们必须高度警惕并采取有效防范对策。

（二）图像话语权与身体操控

按照布尔迪厄（Pierre Bourdieu）的理解，“艺术、科学以及宗教——实际上，所有的符号系统，包括语言本身——不仅塑造着我们对于现实的理解、构成人类交往的基础，而且帮助确立并维持社会等级”①。也就是说，文化符号是一种权力。以往人们在研究文化符号时，倾向于把它作为渗透在传统、信仰和实践中的无形力量，并且在文化的再生产过程中努力使其合法化。那么，同样关于作为文化符号的视觉图像，也必须进行权力关系的深入研究。在图像遍及生活各领域的今天，文化趣味对大众阅读倾向和思维方式的引领，已然成为众所周知的事实。的确，我们不能简单地认为每一幅图画作品都能代表话语权。然而，大多数视

---

① 斯沃茨．文化与权力：布尔迪厄的社会学．陶东风，译．上海：上海译文出版社，2006：1.

觉图像确实具有传达信息和激发思考的功能，它们能够激发研究者的想象力和探索精神。后人希望通过对它们的发掘和研究，还原历史真相，获得某种连续性的文化意义。在这个过程中，最重要的就是想象力。因为“想象力是一种把人类与世界相互联系在一起的力量。它起着一座把内外相互连接起来的桥梁的作用。它以交错配列的形式存在，并通过上述作用来体现其意义”①。想象本身就意味着创造，一种精神上的建构和实践，即从内心塑造世界并超越现实，追求更为美好的甚至是虚幻的理想。当然，我们对创造的理解，不能仅仅局限于某个狭隘的领域，比如科技发明或产品创造，也不能仅仅在积极意义上来理解——尽管通常它代表的都是积极意义。在思想文化领域，它也同样会引导大众走向叛逆，失去对社会主流价值体系的认同，如前面谈到的“颜色革命”，成为分裂社会整体的一种潜在力量。

图像不仅能够操控观众的身体，还能够操控与绑架他们的思想和灵魂。图像可能通过其影响力和传播的信息，对成年人的精神世界产生影响，从而导致一些人在没有进行理性分析的情况下受到激进言论的影响，参与非法集会或活动，有时甚至演变成社会动荡，如所谓的“颜色革命”。如果说在成年人的世界里，图像的话语权表现为对观众思想的扭曲、操控和绑架，那么对于未成年人而言，视觉图像的危害乃至操控则更严重。以儿童动画片中的色情和暴力内容为例，我们来探讨一下图像话语权的真实力量。对于儿童来说，动画片能够开阔眼界，增长见识，激发思维活力，其积极作用是毋庸置疑的。然而，孩子天性爱幻想，也爱模仿，但他们对于色情和暴力的危害缺乏基本的辨识能力。有学者严正指出，从日本输入的一些动漫和科幻故事，在游戏中夹杂很多血腥暴力、恋爱色情画面，并且着力渲染个人英雄主义和自我主义价值观，在某些影视动画的最后甚至出现了剖腹自杀的画面，意图宣扬其不

① 乌尔夫．感知、图像与想象．殷文，译//冯亚琳，乌尔夫，代迅，等．感知、身体与都市空间．合肥：安徽教育出版社，2009：7.

屈不挠的武士道精神。这不仅极易引发青少年的模仿和追随，而且其中打打杀杀的血腥场面、失败者的悲惨处境和自杀行为，被渲染为另一种胜利，扭曲了正确的价值辨识。把暴力当游戏，把江湖义气当正义，把打架斗殴当玩笑，不仅会影响到他们身心的健康成长，而且在“除暴安良”“善恶有报”等错误思维怂恿下，很难确立正确的世界观和人生观，对他们今后的成长、人格发育和人际关系都会带来错误的暗示。[①] 青少年正处于人生的“拔节孕穗期”，心智尚未成熟，还没有能力严格区分游戏和现实，只会以好不好玩、刺不刺激来评判动画故事。有人会把青少年犯罪视为与吸毒、环境污染并列的世界三大公害之一，青少年犯罪大多是由影视动画渲染的暴力色情导致的。从图像的话语权发展到话语暴力，是当今视觉图像泛滥的严重后果之一。

在视觉图像世界里，视觉经验往往占主导地位，虚构的感知模式、艺术的夸张、情感的渲染带领着思维盲目前行，图像的话语权（霸权）也就是在这个过程中获得的。当现实和实践转化为图像，为观众所阅读和理解的时候，在他们大脑中形成的是“虚构的现实画面”，而非真实的存在。因为依赖经验、观察和幻想形成的真实，远远不是本真意义上的世界，而是一幅被美化过的、放大的甚至扭曲的理想图画，只会引发他们不切实际的想象。“图像暴力”是图像霸权的极端化表现，一些视觉图像渲染暴力，甚至在无意间美化暴力，长期受到此类图像的熏陶，个人的暴力倾向必定会被强化，以至于习惯性地把暴力作为处理问题的基本手段。必须看到，影视剧拥有超越文本叙事的巨大话语权，反过来看，这也正是它的巨大危害之所在，因为我们对它防不胜防，正如有学者所说，“影像越加倾向于人为的、刻意的策划和刺激，其支配和霸权地位越发突出”[②]。这种霸权正是图像文化话语权（霸权）的显现，从

---

① 陈颖．影像暴力的传播//孟建，Stefan Friedrich. 图像时代：视觉文化传播的理论诠释．上海：复旦大学出版社，2005：121.

② 同①118.

以往的经济、政治霸权发展到如今的文化霸权，又具体化为视觉图像话语霸权，越来越成为国际传播领域的公害。视觉图像中渲染的暴力、色情、仇杀等不良价值取向，会不断向外扩散，它们不是仅仅贻害某一代人，而是会威胁到民族国家未来的文化根基，锻造的是与主流价值观相背离的价值取向和精神追求；它们把个体和民族引向自以为是与相互敌视的泥淖，这与我们倡导的社会主义核心价值观以及人类命运共同体的科学理念是背道而驰的。

（三）图像造就忠实的受众

目前，尚未见到专门论述图像与信仰的关系的著述，不过在读图时代的大背景下，社会“信仰热”的普遍也从一个侧面说明该研究视角的独特价值。因为图像与信仰确实存在某种特殊关联，这种关联在当下正以独特的方式广泛呈现出来，正如有学者所说，“在大众媒体和文艺领域，‘信仰’也成为一些话剧、电视剧的主题甚至标题”①。这以全新的视角启示我们，在大众化的图像阅读时代，不仅要关注信仰的原生形态，更要关注信仰的衍生形态与有形载体，探索视觉图像环境对信仰的塑造力，深入思考如何有效运用图像的力量，强化社会主义核心价值观教育，坚持马克思主义在意识形态领域的指导地位，牢固树立共产主义科学信仰，夯实中华民族团结统一的思想道德基础。另外，在跨文化视觉图像传播过程中，不同文化之间的交流、碰撞、对峙与冲突，突出表现为信仰和价值观的激烈博弈，外来的视觉图像哪些对我们有利、哪些对我们不利，如何做到扬长避短、为我所用，有力抵制乃至消除不良图像作品的腐蚀，以积极的姿态、精准有力的措施，坚守中华民族共同的信仰内核，都是我们必须思考和解决的重要理论问题。

按照《现代汉语词典》的解释，“信仰”是“对某人或某种主张、

---

① 刘建军．守望信仰．北京：人民出版社，2013：3.

主义、宗教极度相信和尊敬，拿来作为自己行动的榜样或指南”。在这里，我们看到信仰的三个构成要素：信仰者、信仰对象和信仰方式。学术界关于三个要素及其相关问题的研究有很多，但较少关注信仰的发生学依据，即人为什么会有信仰，或者说，人的信仰是如何产生的以及信仰会不会改变，为什么会改变等。任何信仰都是人的信仰，或者说信仰的主体是人。信仰首先是人的一种心理需要，历史上各种宗教信仰的存在已经证实了这个结论的正确性。从理论上讲，信仰的对象有两种：一种是观念形态，如主义、主张、宗教教义等；另一种是物象形态，如神仙、魔鬼、伟人、制度和理想目标等。① 如果说古代社会的图腾崇拜属于第二种形态的话，那么图腾崇拜所发挥的信仰的仪式功能实际上就是某种主张或教义的实现。因此，上述两种形态是内在统一的整体。对于原始群体而言，图腾就是特定信仰的象征物，见到图腾，就是见到了自己的信仰，所以图腾被赋予了话语权，后来发展为图像霸权。图腾作为信仰是联结群体的精神纽带，它能够满足原始氏族成员的心理需要，因而成为坚信和崇拜的对象。信仰者必须具有忠诚的品质，即绝对地忠于自己的信仰，在必要时能够为信仰而牺牲。现实中的信仰分为科学信仰和非科学信仰。“科学信仰的情形是：将得到科学证明的真理性认识转化为实践活动的信仰和信念。坚持相信已被证明的科学真理，将之内化为自己的信仰，并用它指导自己的行动，力图在实践中进一步检验其真理性，使理论真理变成现实。马克思主义就是如此。”②

在培育和践行社会主义核心价值观的过程中，加强马克思主义世界观和人生观教育，坚定共产主义必定胜利的科学信念，必须旗帜鲜明地反对宗教信仰的渗透。宗教信仰对人类生活的影响无处不在。在我国，国外宗教的输入及其信仰的传播，主要是以传教士为中介实现的。万历年间，意大利的利玛窦和罗明坚神父被明朝政府准许在广东肇庆居留，

---

① 刘建军．守望信仰．北京：人民出版社，2013：7.

② 刘建军．马克思主义信仰论．北京：中国人民大学出版社，1998：85.

合法地传播基督教教义、发展基督教信徒。到明末清初时，我国与欧洲各国的文化交流达到第一次高潮，其中传教士充当着文化沟通的媒介。当时人们并没有清醒地意识到，宗教信仰会对民族文化乃至个人信仰产生何种影响，以及宗教所提倡的人生观和价值观与世俗的人生观和价值观存在什么差异。如今国外的影视剧铺天盖地袭来，以视觉图像为物质载体，以讲述图像故事的方式，散播着特定的宗教意识和宗教信仰。宗教主题与艺术的结合是西方文化传统之一，随着影视媒介的不断发展，在欧美一些发达资本主义国家，表现宗教意识和宗教信仰的影视剧屡见不鲜。影视行业工作者努力发掘宗教与人生的契合点，在探讨生命主题的同时渗透宗教信仰的主题。"需要特别指出的是，随着大众传播媒介的日益发展，宗教组织也十分重视传媒在传递、推广宗教价值上的重要作用。"① 在当代国际传播领域，不仅存在不同文化与价值观的博弈，而且还有不同宗教文化之间以及宗教文化与世俗价值观之间的较量。基督教教皇若望·保禄二世曾呼吁教会充分重视传媒手段的运用，"在电影诞生 100 周年之际，若望·保禄二世再次在《1995 年世界传播节教宗文告——电影：文化与价值的媒体》中特别提到了电影对年轻一代观念、意识的'猛烈冲击'，并号召宗教人士利用电影加强对基督教理的宣扬"②。

作为亚洲国家的日本，也常常运用影视剧手法宣扬佛教和神道教，展示迥异于西方的祖先崇拜和生死情结，为大众的思维和行为方式做出示范。鉴于影视剧的巨大诱惑力和示范效应，有人惊呼"电影就是现实的宗教"③。在对影视剧宣扬价值观、塑造人的情感和思维方式的独到之处感到惊奇的同时，我们应对电影在传播宗教意识、改变人的信仰方面不可替代的优势给予更多的关注。实际上，影视剧已经取代了历史上

① 刘华宾．宗教意识的影像文化分析//孟建，Stefan Friedrich. 图像时代：视觉文化传播的理论诠释．上海：复旦大学出版社，2005：125.

② 同①126.

③ 同①126.

的传教士，成为融合媒体时代的新型“图像布道者”，因为它自身拥有比传教士更强的说服力，它常常以人性、爱和牺牲为切入点，在审美愉悦和影像浮沉中观照日常世界的细微之处，如生育、疾病、痛苦、不幸、灾难等，表现出强烈的世俗关怀和无私的牺牲精神。影视剧中所呈现的宗教仪式、宗教象征，画面所隐喻的平等、救赎和互助的图像叙事，深刻触动着观众的感知和情感，深深启迪人们去思考生与死、存在与虚无、痛苦与解脱等人生课题，表达某种神秘的力量和生命的无常，诱惑人们进入宗教体验的神秘世界，个体在感到绝望、颓废和无助的时候，心灵有所皈依而成为其忠实的信徒。必须承认，宗教题材的影视剧能够击中人的灵魂，牢牢抓住人性中最薄弱的地方，引导人们游离于社会之外，成为宗教信仰的臣服者和牺牲品。

马克思指出：“宗教是被压迫生灵的叹息，是无情世界的情感，正像它是无精神活力的制度的精神一样。宗教是人民的**鸦片**。”[①] 我们每个人都需要信仰，但需要的是科学的共产主义信仰。我们需要的不是虚幻的、彼岸的幸福，而是现实生活中的快乐和幸福，也是通过自己辛勤劳动与努力奋斗创造出来的快乐和幸福。我们要坚定地信仰共产主义，做忠诚无畏的马克思主义者，就必须同形形色色的宗教信仰划清界限。历史告诉我们，中国共产党带领全国各族人民经过艰苦卓绝的革命斗争，才实现了国家独立和民族复兴，其中就离不开坚定的信念和伟大信仰的力量。“在敌人沾水的皮鞭下，在烧红了的烙铁面前，在比死亡可怕百倍的酷刑中，是什么让他们坚持下来？是什么能让他们坚持下来？只有信仰！只有用信仰武装了的心灵，用信仰加固了的意志。”[②] 正如《国际歌》所唱的那样，从来就没有什么救世主，也不靠神仙皇帝，要创造人类的幸福，全靠我们自己。以共产主义科学信仰武装起来的中国共产党人，在任何困难面前都是无坚不摧的。无论是谁，无论在

---

① 马克思恩格斯文集：第1卷．北京：人民出版社，2009：4.

② 刘建军．守望信仰．北京：人民出版社，2013：36.

什么地方，无论遇到什么困难，都需要有科学的信仰和坚强的意志做支撑。通过认真学习马克思主义科学世界观和方法论，不断补足精神上的“钙”，从坚定理想信念上下功夫，获得进取的坚强意志和不懈动力。无论在何种场合，都要经得起权力、金钱的诱惑和考验，坚守自己的科学信仰，培养抵御影视叙事中宗教信仰的侵蚀的战略定力，始终坚持正确的政治方向。

（四）从图像代理者到思潮传播者

无论是以往的影视剧叙事形式，还是由最新的电子游戏和融媒体构成的“影像库”叙事，本质上都是图像叙事，因为它们都有赖于读图者（观众）与故事之间产生的互动①，由于影像世界为观众提供的是带有神秘感的对象，并且利用各种元素来激发观众的欲望，故而很容易导致图像沉迷的后果。这里的沉迷是指享受那种沉浸其中的愉悦感，有学者称之为“Aporia”。“所谓 Aporia，指因注意力缺失和迷失路径所产生的奇诡愉悦，这一愉悦不来自解开叙述谜团的欣喜，而出自游走于叙述迷宫之中、乐不思蜀的沉溺。”② 观众似乎参与了整个过程，成为故事高潮的当事人或见证者。换言之，作为图像的代理者，受邀而成为事件的亲历者和消息的发布者，事后津津乐道于回忆故事的开端、高潮与结尾，谈论自己的体验和内心的欣喜，以及从中得到的巨大“教育意义”和“有益启迪”。实际上，无论是影视剧制作公司还是放映公司，都没有任何授权过程的事实，仅仅是因为观众本人太过于沉迷其中，自诩为故事片的代理人。同时，影视剧的播放也没有改变观众的日常生活。然而不能忘记，在影视剧与观众的互动中，Aporia 现象的频频发生足以证明，少数沉迷图像的观众部分丧失了个性和主体意识，已经成为被动

---

① 孙绍谊．新媒体叙述//孟建，Stefan Friedrich. 图像时代：视觉文化传播的理论诠释. 上海：复旦大学出版社，2005：172.

② 同①174.

的接受者和事实上的受害者。图像的文化权力是无处不在的，能够牢牢抓住观众的眼球，使观众产生强烈的参与感，导致观众对图像的过度依赖甚至产生对剧中人物的崇拜，这是图像叙事所取得的某种成功，但这种成功是以观众主体性的丧失为代价的。“关键在于参与的主导权力不是参与者掌握的，参与者不断被激发起的参与热情总是在无限的图像变化和虚拟的虚幻中加温、升腾。”[①] 注意力缺失会将人导向非理性，路径迷失则在根本上使人成为图像的附庸，失去正确的价值坐标和前进的方向。因此，这种代理人是被塑造的代理人，被“培植的观看者”，而非法律主动授权的产物。

这里的“塑造”和“培植”，总是带有鲜明的指向性和目的性。它不仅要使大众成为“忠实”的观众，还要使其成为某种思想的附庸——实施思想教化和控制的功能。除了一些时政性、评论性强的严肃节目，故事片大多展示宏大历史场景，或者个人琐碎的生活细节，并用自然风光和人造景观来烘托，无论是以哪种影像资料为背景，都或多或少能看到它所附着的意识形态的影子。媒介拥有强大的散播力量，观众不得不看那些自己并不想看的东西，接受那些自己并不想接受的教化。在约翰·菲斯克看来，“现实”之所以加上双引号，是因为它不是真正的现实，而是被加了密的（角色扮演）现实，现实变成了文化代码，比如电视文化，只有在解密的条件下，我们才能顺利观看。“从社会角度来看，正面主角是代表主流意识形态的中心人物，而反面人物与受害者则是异化的或受支配的亚文化的成员，不能完整地代表主流意识形态，反面角色所代表的也许是与此相反的意识形态。”[②] 观众认同哪个角色，实际上就是认同或者倾向于认同哪种意识形态，虽然并没有明确的理论自觉。不过需要注意的是，在不断超越地域性、突破地域的全球化时代，观众

---

① 李岩．技术与视觉传播//孟建，Stefan Friedrich. 图像时代：视觉文化传播的理论诠释．上海：复旦大学出版社，2005：191.

② 菲克斯．电视文化．祁阿红，张鲲，译．北京：商务印书馆，2005：15.

心目中的“主角”和“配角”及其携带的意识形态不是固定不变的，会因个人的偏好而不同。基于这种变动性，以文化交流为借口，国外社会思潮往往劝诫观众突破地域，以更宏大的视野去看问题，但突破地域和民族界限实质上就是去掉立场。在视觉图像的怂恿和诱惑下，观众的立场和价值观很容易发生移位。观众会基于自己对故事情节和角色的偏好，站在某一方的立场上说话，表达自己对不同角色的明确态度。此时，观众很容易成为外来社会思潮的拥护者，并演化成这种思潮的宣讲者和传播者。

从苏联解体、东欧剧变到后来的“颜色革命”，透过这些人们能够清晰地看到西方资本主义“和平演变”的阴谋及其手法的变化。其中一个重要手法就是，在这些国家或政党内部拉拢网罗持不同政见者，通过金钱收买、政治游说、舆论欺骗、策动拉拢等方式，设法培植自己的代理人，使之成为潜伏在这些国家内部，作为内应随时听从资本主义召唤的附庸，采取里应外合的方式实现其政治投机。2003 年，格鲁吉亚爆发所谓的“玫瑰革命”，亲美的米哈伊尔·萨卡什维利（Mikhail Saakashvili）赶走了爱德华·谢瓦尔德纳泽（Eduard Shevardnaje）总统后上台执政。这位“民主英雄”受到了当时美国总统小布什的表彰，小布什赞誉这个不足 500 万人的小国为“民主明灯”。① 意识形态说教或影视剧是迷惑大众的工具，意在扩大资本主义意识形态的影响力，引导大众配合代理人的行为，进而在精神上牢牢控制这些人，以达到从内部瓦解其政治统治、控制这些国家政权的邪恶目的。这些代理人及其附庸大肆鼓噪，向大众宣传资本主义自由、民主价值观的优越性，煽动民族情绪，鼓动社会“革命”，号召这些“沉默的大多数”发动起来，向现行的政府和政治制度宣战，制造阶层分裂和社会动荡。进入 21 世纪后，以美国为首的西方资本主义国家主要是利用影视剧与文化交流来实

---

① 张维为．中国超越：一个“文明型国家”的光荣与梦想．上海：上海人民出版社，2014：180.

施对其他国家的价值观渗透和侵略，制造思想上的混乱，以达到浑水摸鱼的目的。麦当劳、肯德基等输出的不仅是食品，还有隐藏在其背后的资本主义价值观。在全球文化交流激荡的背景下，对于资本主义的文化渗透和价值观战略，必须保持高度警惕并采取有针对性的防范措施，同时要大力巩固主流价值观的核心地位，给资本主义的文化渗透以迎头痛击。

在国际社会思潮传播领域，无论是传统的媒体舆论战，还是最新的视觉图像战，无论是资本主义的“和平演变”图谋，还是“奶嘴乐战略”、“颜色革命”以及类似“阿拉伯之春”式的骗局，资本主义“西化”“分化”社会主义制度，集中力量围剿、分裂和破坏社会主义制度，改变马克思主义意识形态的险恶用心始终未变。如果说其中有什么变化，也只是演变方式和技巧在变化，即更加隐蔽、更善于伪装、更加多变、更加灵活。西方资本主义列强运用最新的媒体技术手段和网络渠道，蓄意歪曲事实、抹黑中国，编织“中国威胁论”等错误思潮，为实现其阴谋而无所不用其极。在我国全面建成小康社会后，我们踏上了全面建设中国特色社会主义现代化国家的新征程。党的十九大对“两个一百年”奋斗目标做出新的战略部署，中国共产党人领导全国人民实现中国梦的步伐更加稳重踏实，中国特色社会主义制度以更加昂扬的姿态屹立于世界的东方。不断增强的综合实力和不断提升的国际地位，中国文化对世界人民的吸引力、影响力、辐射力与日俱增，“使世界上两种社会制度、两种意识形态的对比态势发生有利于社会主义的深刻变化”①。至此我们在国际传播领域的地位发生了根本性变化。而西方资本主义社会的各类矛盾不断加剧，经济面临严重衰退，文化影响力不断走弱，社会整体上人心涣散，资本主义制度逐步走向衰落，大趋势发生了有利于我们的新特点、新变化。我们有足够的信心、底气和勇气，也有能力和

① 何毅亭．民族复兴与百年变局．学习时报，2021-04-14（1）．

魄力捍卫马克思主义意识形态的指导地位，更加有力也更为主动地防范和抵御国外不良社会思潮的侵蚀，防范社会主义意识形态面临的各种风险和挑战，为顺利实现中华民族伟大复兴创造更加有利的思想文化环境。

第六章　应对国外社会思潮视觉化传播的基本策略

关于国际传播领域社会思潮的视觉化传播，我们必须站在百年未有之大变局的宏观背景下，结合中国共产党“两个一百年”奋斗目标、融合媒体发展的新趋势以及思想政治工作的基本原则和具体要求，进行宏观分析、总体把握、精准施策，加强对国际社会思潮视觉化传播的超前预测，深入提炼视觉图像传播社会思潮的特点、规律、经验和存在的主要问题，在厘清其现实危害和潜在威胁的基础上，制定精准策略和具体实施方案。坚持马克思主义意识形态对多样化社会思潮的有效引领，牢牢占据国际社会思潮传播的制高点，在与世界各国文明的对话与互动中，不断彰显自身的文化优势和文化特色，以与中国的国际地位和国际实力相适应、相匹配的视觉符号和图像作品感染世界、影响世界、造福世界，以负责任的大国形象去赢得世界各国人民的理解和支持，在构建人类命运共同体、推进中国式现代化的伟大实践中，及时有效地清除各种错误思潮的危害及其残余影响，为全世界贡献中国经验、中国智慧和中国方案。

一、坚定文化自信，澄清价值困惑

（一）视觉图像传递文化自信

自信是指相信自己，或对自己有信心。所谓相信自己，就是对自己的存在、能力和价值予以充分的肯定。自信的反义词是自卑，自卑是觉得自己不如别人、自惭形秽。它涉及心理学的范畴——自信心（confidence），自信心是指主体成功应对特定情形的能力评估。文化自信是一个民族、国家或政党对自身文化价值的充分肯定，对自身文化的勃勃生机和美好发展前景的坚定信念。

近代以来，中华民族饱受帝国主义列强的欺凌，在对外战争中屡屡失败，割地赔款，签订丧权辱国的条约，严重挫伤了国人的自尊心和自信心。一些人为寻求暂时的心理平衡，不得不求助于天命、神恩等超自然力量，如陈独秀所说，百姓把一切都归结于“天命”。以此也许能获得某种心理安慰，但实质上这是国人缺乏自信心和创新能力的表现。与之相反，西方资本主义文化被视为强势文化，它的持续输入导致一些国人产生了盲目崇洋的畸形心态，如全盘西化论者，对西方资本主义制度和文化推崇有加，媚态百生，走向了另一个极端。九一八事变后，我国东北大好河山沦陷，中华民族处于生死存亡的危急关头，一些国民党官僚、政客和社会名流却在北京、杭州等地聚会，举办所谓的法会，祈求灵童转世、神灵保佑，企图以此解救国难。当时颇有影响力的资产阶级报纸《大公报》以发表《孔子诞辰纪念》社论为由，公开散布“中国人失掉自信力”等失败主义思潮，为国民党政府的腐败无能推脱责任。一时间，“中国人失掉自信力”的舆论甚嚣尘上，普通百姓也为“失掉自信力”的悲观情绪所笼罩。目睹这种现状，鲁迅义愤填膺，不顾肺病屡屡发作的痛苦，奋笔写下《中国人失掉自信力了吗》一文，谴责失败主义者的丑恶嘴脸，他说："我们从古以来，就有埋头苦干的人，有拼命硬干的人，有为民请命的人，有舍身求法的人……虽是等于为帝王将相作家谱的所谓'正史'，也往往掩不住他们的光耀，这就是中国的脊梁。"① 在鲁迅看来，即使真的有人失掉了自信力，也只是极少数人，并不代表社会的主流，不能成为中国人失掉自信力的借口。

在中国共产党领导广大人民争取民族独立、谋求人民解放的伟大斗争中，在中国共产党带领全国各族儿女勠力同心进行社会主义经济建设、政治建设和文化建设的伟大实践中，中国人民开启了重建中华民族文化自信的光辉历程。毛泽东在《新民主主义论》中深刻指出："这种新民主主义的文化是民族的。它是反对帝国主义压迫，主张中华民族的尊严和独立的。"② 以马克思主义科学理论为指导，在积极探索社会主义发展道路和发展模式的过程中，特别是在改革开放的新时期，经过40多年的发展，我们取得了举世瞩目的伟大成就，以昂扬的姿态屹立于世界民族之林，它是我们成功构建道路自信、理论自信、制度自信、文化自信的坚强基石，也是推动文化自信的客观条件。在庆祝中国共产党成立95周年大会上的讲话中，习近平指出："文化自信，是更基础、更广泛、更深厚的自信。在5000多年文明发展中孕育的中华优秀传统文化，在党和人民伟大斗争中孕育的革命文化和社会主义先进文化，积淀着中华民族最深层的精神追求，代表着中华民族独特的精神标识。"③ 实现中华民族伟大复兴的中国梦、推进和拓展中国式现代化，不仅要有强大的综合国力做支撑，而且要有坚定的文化自信，朝着建设中国特色社会主义文化强国的目标不断前进。

在构建文化自信方面，首先需要明确我们这里所说的"文化"主要涵盖三个方面的内容：中华优秀传统文化、革命文化和社会主义先进文化。其次需要明确以什么方式建构文化自信，即建构的具体路径和方式

---

① 鲁迅全集：第6卷．北京：人民文学出版社，1981：118.

② 毛泽东选集：第2卷．北京：人民出版社，1991：706.

③ 习近平．习近平谈治国理政：第2卷．北京：外文出版社，2017：36.

方法。中华优秀传统文化是我们的精神命脉，需要我们薪火相传、代代守护。要善于把弘扬优秀传统文化与当代实践探索有机统一起来。比如，实现中华优秀传统文化与融合媒体的有益结合，尝试采用视觉图像和综艺类节目的形式，努力展现传统文化的优秀基因和生命活力，阐释其跨越时空、跨越国界的永恒魅力，就是一种创造性转化和创新性发展的有益尝试。近年来，中央电视台和一些省市电视台录制与播放的《经典咏流传》《中国诗词大会》《国家宝藏》等综艺类节目就吸引了无数观众，获得了极高的收视率，也受到了观众的赞誉，极大地提升了优秀传统文化的热度。无论是中华优秀经典作品宣讲，还是专门的古典诗词大会，以视觉图像的方式将其精彩地呈现出来，都成为中华优秀传统文化走向大众、走向生活、走向世界的有效渠道。融合媒体时代的图像视频，采用精良的制作工艺和高超的传播技术手段，努力贴近生活、贴近百姓、贴近现代社会，以生动活泼、富有感染力的图像叙事方式使大众产生文化认同和文化自信，尤其是吸引越来越多的年轻人亲近并热爱传统文化，努力使他们成为中华优秀传统文化的传承者。在日常生活和工作闲暇之余，他们以微信推送和发送抖音短视频的方式，仔细品味优秀传统文化的韵味，感受中华智慧的无穷魅力，以各种方式自觉肩负起传承、弘扬和发展民族文化的历史重任。不断挖掘和阐发中华优秀传统文化，激活其固有的生命力和内在智慧，灵活运用影视视频方式将其展示给全世界人民，让世界全方位深入了解中国、认识中国，让中华文明与世界各国多彩文明一道，为人类提供正确的价值导向和精神指引，是新时代中华儿女义不容辞的职责和使命。

生在新中国、长在红旗下的“60后”，对中国共产党领导人民在革命斗争中创建的革命文化耳濡目染、感同身受，终生铭记在心，革命文化成为他们生命历程中熠熠闪光的价值坐标。刘胡兰、董存瑞、黄继光、雷锋、王杰等英雄模范的连环画或电影故事，自这一代人的幼年起始终陪伴着他们成长。道德楷模坚定正确的政治立场、无私奉献的忘我精神、始终不渝的人生追求，深深地烙在这一代人的脑海里，成为他们人生航程中的指路明灯，成为他们判断是非对错的根本依据。优秀的革命图像文化在传递文化自信、引导价值选择和人生追求过程中发挥着不可替代的作用。1963 年 2 月 7 日，《人民日报》刊登了雷锋生前的先进事迹和日记摘抄。同年 3 月，毛泽东向全国人民发出“向雷锋同志学习”的伟大号召。“在雷锋先进事迹的影响下，中华大地上涌现出无数个活雷锋，他们以雷锋同志为榜样，学习雷锋同志坚定的共产主义信念和伟大的人生观、价值观、生死观、荣辱观，把雷锋精神贯彻到自己的具体生活中去。雷锋精神影响了几代中国青年。雷锋精神作为一个时代的象征，是我国 60 年代社会道德风尚的集中体现。雷锋精神以其超越时空的辐射力和影响力，成为社会主义思想道德建设中最为光辉的一页。”① 无论是学雷锋热潮的迅速兴起，还是向铁人王进喜、优秀县委书记焦裕禄以及向解放军学习等群众性精神文明活动的展开，都充分证明了中国共产党锻造的革命文化的先进性和典型性，它在新的历史条件下传承和发展了中华优秀传统文化。这些英雄模范和道德楷模的涌现，是中华民族和中国人民文化自信的重要表征，也是文化认同和文化自信的有力彰显。道德楷模和先进集体为大众树立了鲜明的是非善恶标杆，告诉人们什么是对、什么是错，应当接受什么、应当拒绝什么，提高了人们对于不良社会思潮的免疫力和抵抗力。中华民族的文化自觉和文化自信就是在这个过程中逐步建立并巩固起来的。

在驳斥美国国务卿艾奇逊编织的关于中国革命发生原因的种种谬论时，毛泽东严正指出：“自从中国人学会了马克思列宁主义以后，中国人在精神上就由被动转入主动。从这时起，近代世界历史上那种看不起中国人，看不起中国文化的时代应当完结了。伟大的胜利的中国人民解放战争和人民大革命，已经复兴了并正在复兴着伟大的中国人民的文化。这种中国人民的文化，就其精神方面来说，已经超过了整个资本主义的世界。”② 坚持马克思主义在意识形态领域的指导地位，把马克思

① 夏伟东．中国共产党思想道德建设史略．济南：山东人民出版社，2006：223.

② 毛泽东选集：第 4 卷．北京：人民出版社，1991：1516.

主义基本原理同中国具体实际相结合、同中华优秀传统文化相结合，不断推进理论创新、制度创新和文化创新，在深化改革开放的伟大征途中，中国共产党领导中国人民迎难而上、开拓进取，创造了一个又一个新的辉煌，开辟了中国特色社会主义先进文化发展的新境界，中华民族的自尊心和自信心也提升到前所未有的高度。“当今世界，要说哪个政党、哪个国家、哪个民族能够自信的话，那中国共产党、中华人民共和国、中华民族是最有理由自信的。”① 习近平新时代中国特色社会主义思想是当代中国马克思主义、21 世纪马克思主义，它是社会主义先进文化建设的最新成果，也是我们从容应对当代中国与世界的矛盾、挑战和风险，全面建设中国特色社会主义现代化国家的根本理论遵循。它给予我们前行的坚定信念和不懈动力，也给予我们一往无前的豪迈气概。“有了‘自信人生二百年，会当水击三千里’的勇气，我们就能毫无畏惧面对一切困难和挑战，就能坚定不移开辟新天地、创造新奇迹。”②

筑牢我国社会主义意识形态阵地，必须旗帜鲜明地反对文化复古主义和历史虚无主义等不良社会思潮，反对和抵制形形色色的国内外社会思潮的侵蚀，尤其要警惕以视觉图像方式输入的国外影视剧中宣扬的各种不良思潮。因循守旧的文化复古主义，往往故步自封、画地为牢，盲目排斥和抵制一切外来文化，认为自己民族的传统文化才是包治现代各种疾患的良药。中华传统文化深植在中华儿女的内心深处，在历史延续中虽历经磨难却从未中断，然而，它建立在农耕文明和宗法制度的基础上，服务于特定时期统治阶级的利益和需要，所以必定有其历史局限性，也包含了某些过时的内容。在研究、学习和应用中华传统文化的过程中，采取辩证否定的科学态度是必要的，要取其精华、弃其糟粕、推陈出新，实现传统文化的创造性转化和创新性发展，结合新的实践和时代要求进行合理取舍。历史虚无主义思潮罔顾历史事实和客观规律，借

---

① 中共中央文献研究室．十八大以来重要文献选编：下．北京：中央文献出版社，2018：348.

② 同①.

“还原”“反思”“戏说”等名义，恶搞政治（领袖）人物和道德楷模，戏说历史事件，歪曲事实真相，消解主流意识形态，为相对主义和虚无主义思潮进行辩护。一些人生搬硬套西方的理论，随意解构人生理想和信仰的根基，鼓吹及时行乐的享乐主义哲学思潮，使社会大众尤其是青少年出现选择困惑和价值迷茫，可见历史虚无主义危害之大。必须采取有力措施强化社会主义核心价值观教育，引导大众明辨是非善恶，认清盲目复古主义和历史虚无主义的实质与危害，强化大众对此类不良社会思潮的免疫力。有了强有力的文化自信和文化认同，我们就有了主心骨和压舱石，就能有效抵御国外不良社会思潮的侵袭，无论遇到什么样的严峻考验，我们都能牢牢站在时代的最前沿，理性判断对错，沉着应对危机。我们要像郑板桥在《竹石》中所言：“千磨万击还坚劲，任尔东西南北风。”我们只要把文化自信转化为文化坚信，把前进的勇气转化为奋进的动力，就一定能够在国际传播领域占据主动和优势，打赢思想舆论领域的一切战争并取得最后的胜利。

（二）价值冲突及图像整合

视觉图像能够调动人的多重感官的参与，意在获得最佳的视觉效果。对于创作者而言，能够引导读者深入主题，进行严肃的“观看”实践，正确解读其独特的价值和意蕴，从中获得某种启迪和前进力量，就是在图像艺术上获得成功的标志。在《流动的图像：当代中国视觉文化再解读》一书中，唐小兵借助对王式廓《血衣》（绘画作品）的深度解析，证实了这个结论的可靠性和说服力。为了用图画表达土地改革这样一个重大历史题材和历史事件，王式廓酝酿了 9 年时间，反复修改草图，最终创作出《血衣》这幅成功的美术作品。反复修改的目的在于，努力找到观念框架和视觉表达之最佳契合点，“正是这番观念和图像之间不断地来回运动，使一幅具有丰富的象征意义和时间层次感的历史画成为可能，同时也使画面包含的叙事条理清晰，以确保不发生歧义和误读”①。王式廓创作《血衣》的过程反映了艺术创作实践的一般规律。换言之，一幅好的图像作品必定有其特定的时代内涵、观念导向和历史价值。然而在日常生活中，大众在解读（动态或静态）图像的过程中，往往是“公说公有理，婆说婆有理”，表现为某种意义上的随意性和价值冲突，这种理解上的歧义不仅背离了创作者的初衷，也容易偏离主流意识形态的诉求，导致在国际领域的图像文化较量中处于下风。图像也是一种话语权，不同文化背景下的图像艺术创作，同样存在意识形态话语权的争夺与较量。在图像传播国际化的大背景下，视觉图像不仅展示了艺术文化水准，即作品的独创性、艺术风格和形象优势，而且彰显着民族文化的自尊和自信。在当代中国颇具影响力的艺术家王广义看来，必须实现中国革命的历史向文化认同资源的转换，以此获得属于自己的文化身份，“有了这样一个充实的文化身份的支持，王广义才觉得可以有更多的自信去与欧美国家的霸权进行‘文化较量’。这个霸权力量不仅塑造了当代艺术的话语和市场，而且还有强大的势力来根据自己的形象和利益重塑历史记忆和叙述”②。尽管这种较量是反复持久的过程，但是我们不必畏惧或者回避，因为我们已经拥有足够的实力和经验去应对挑战，并在直面各种对手的非议中稳操胜券。

在图像语境下出现的价值问题，必须回归图像的世界并依靠图像的方法来解决，即借助视觉图像整合的策略，消除大众对于图像意义和价值观的分歧。中国导演拍摄的电影参加柏林电影节、戛纳电影节和威尼斯电影节，向全世界展示中国影视文化所取得的突出成就，本身就向世界证明了中国视觉文化的巨大影响力，同时也坚定回击了部分西方学者对中国的歪曲和偏见。塑造社会主义视觉经验、激活社会主义观看之道始终是中国当代艺术家不懈追求的目标。以王式廓、王广义为代表的一代图像艺术家的艺术作品和探索实践，以鲜明的社会主义核心价值观塑

---

① 唐小兵．流动的图像：当代中国视觉文化再解读．上海：复旦大学出版社，2019：109.

② 同①242.

造形象，引导影视界主流舆论的正确走向，对于习惯于冷战思维和价值预设的西方学者来说，不啻为一个有力的回击。虽然这条道路充满坎坷曲折，但中国艺术家和导演却敢于大胆说“不”。1999 年，由于和主办方出现了某种价值观上的冲突，张艺谋从戛纳电影节撤回了自己导演的《我的父亲母亲》《一个都不能少》，以表达自己强烈的不满和对主办方的抗议。他在给电影节主办方的公开信中写道：“我不能接受的是，对于中国电影，西方长期以来似乎只有一种‘政治化’的解读方式：不列入‘反政府’一类，就列入‘替政府宣传’一类。以这种简单的概念去判断一部电影，其幼稚和片面是显而易见的。”① 中国电影人坚决拒斥对中国电影的歧视，在这一点上西方必须收回傲慢与偏见。如果你不认同我的价值观，我必定坚决拒绝你的价值选择，这没有任何讨价还价的余地，这是民族的骨气、底气和志气，也是中华民族文化自尊和文化自信的表现。奉劝那些鼓吹“中国威胁论”的西方人，睁开眼睛看一看，这是一个什么样的世界：经过 40 多年的高速发展，中国已经稳稳地站在了世界发展的最前沿，从经济、政治、文化到科学技术，中国特色社会主义向世界人民呈现了一幅靓丽的画卷。“在中国共产党领导下，改革开放 40 年来中国创造了世界历史上的发展奇迹，成功走出了一条独具特色的社会主义现代化道路，打破了发展中国家对西方国家现代化的‘路径依赖’，为它们树立了发展榜样，提供了全新选择。”② 那些诋毁与抹黑中国人和中国文化的别有用心的西方学者，还停留在 20 世纪的陈旧框架和死板模式中，不能正视中国发展的巨大成就及其对世界的非凡意义，也不了解当今世界的剧烈变革，不懂得世界百年未有之大变局的深刻内蕴，他们该睁开眼睛好好看看这个新世界了。

---

① 唐小兵．流动的图像：当代中国视觉文化再解读．上海：复旦大学出版社，2019：258.

② 中共中央宣传部．习近平新时代中国特色社会主义思想三十讲．北京：学习出版社，2018：61.

习近平指出："要深刻认识新形势下加强和改进国际传播工作的重要性和必要性，下大气力加强国际传播能力建设，形成同我国综合国力和国际地位相匹配的国际话语权，为我国改革发展稳定营造有利外部舆论环境，为推动构建人类命运共同体作出积极贡献。"① 体现社会主义核心价值观的图像和影视剧，逐步走向国际传播领域的大舞台，开启国际视觉图像领域的"中国世纪"，这是彻底扭转与改变国际上对中国社会和中国文化的偏见，自豪地发出中国声音、确立中华文化自尊和文化自信的关键一步。中国文化地位的不断提升，也强化了我国人民对自己民族文化的自信和认同。在传统意义上，"民族认同往往是以文化单元为载体的，强调的是民族成员对本民族文化的忠诚和继承，进而决定了民族在特定历史情境中的选择"②。如果把民族认同放在全球化的视域下来认识，那么文化认同往往与民族认同和国家认同相结合，成为个体价值选择的核心要素。换言之，国家的经济实力和文化传播力的提升，会引导个体的文化态度和思维定式，增强其对本民族文化和道路、理论、制度的自信，从而逐渐摆脱心理焦虑和本土焦虑，在认知路线和价值选择上豁然开朗。不管华夏儿女身在何方，有着什么样的职业和社会地位，中华文化都成为把他们连接起来的无形纽带，使他们充分意识到彼此之间同根同族、血脉相连、休戚与共。作为旁观者的拉里·萨默瓦（Larry Samovar）曾说，每当遇到困难（灾难、不幸等）的时候，他们总是相互鼓励、相互支持、相互帮助，共同的历史是华夏儿女最强烈的认同感，"对中国历史的骄傲把这一文化的所有成员连接到了一起"③。从国内来说，大众内心深处存在的价值疑惑和选择焦虑，随着文化自信的不断增强而逐渐减少，社会主义核心价值观对中华民族发挥了巨大的整合力和凝聚力。人们对自己民族及其文化的热爱，对中国特色社会主义道路、理论、制度、文化的强大自信，也体现在影视剧主角的肢体、

---

① 习近平．习近平谈治国理政：第4卷．北京：外文出版社，2022：316.

② 孙春英．跨文化传播学．北京：北京大学出版社，2015：255.

③ 同②254.

动态、语言和每个细节之中，体现在对共同的理想、愿望和信念的追求之中，体现在自觉的文化认同之中。一些重大历史题材影片如《建国大业》《建军大业》的播出及其在票房上取得的巨大成功，不仅唤起了我们强烈的民族归属感、认同感和自豪感，激发了全体中华儿女爱国主义情感的全面迸发，而且作为时代的底色加深了大众对自己民族的认同，增强了中华民族的向心力和凝聚力。无论是女排夺取世界冠军后的激动场景，还是看到五星红旗升起时内心的那份崇敬，我们都能感受到强烈的主体意识和民族自豪感。

（三）图像引领下的价值自觉

每个人都有与生俱来的文化身份，不管自己对这种身份是否有充分的自觉。关于"文化身份"一词，也有人把它翻译成文化认同。在文化对个人无处不在的塑造方面，"身份"较之"认同"更确切也更逼真，因为身份是社会赋予人的存在性标志，是步入社会的成员无法选择的（被动接受的）事实，而"认同"更能体现出个体的能动性和选择性，也就是说他（她）可以接受也可以拒绝某种认同。例如，每个华夏儿女都携带着中华文化的天然基因，这种基因作为特殊的文化身份，融入中华儿女的血脉之中，走遍天涯海角，无论生活在什么样的国度，社会制度和文化背景有多么不同，都无法抹去这种文化基因的先天影响，它是华夏儿女的突出象征和鲜明文化标识。人们可以凭借这种文化身份识别他（她）的种族、信仰、语言、情感、传统等特定身份信息。学术界关于民族形成及其文化认同变迁的研究，实际上就是对族群文化身份的形成与变迁历史的考察。从考古学、人类学、社会学和其他相关史料来看，个人或族群对自身文化身份的理性自觉是在长期的日常生活和社会实践中形成的。其中，作为符号的视觉图像在价值引领和社会教化过程中发挥着至关重要的作用，对于个人文化身份的塑造和提升有着不可忽视的意义。

谈到图画书对人生的重要影响，习近平深情地回顾道："我从小就看我妈妈给我买的小人书《岳飞传》，有十几本，其中一本就是讲'岳母刺字'，精忠报国在我脑海中留下的印象很深。作为父母和家长，应该把美好的道德观念从小就传递给孩子，引导他们有做人的气节和骨气，帮助他们形成美好心灵，促使他们健康成长，长大后成为对国家和人民有用的人。"① 他以自己的亲身经历告诉家长，孩子的教育要从小抓起，重点是塑造他们正确的世界观、价值观和人生观，要扣好人生的第一粒扣子。正能量的故事书能够传播中华优秀文化，传递革命文化和中国特色社会主义先进文化，塑造人们高尚的品德情操，培养人们良好的行为习惯，激励人们迈过生活中的一道又一道坎儿，成为人们成长和成才的良师益友。在《习近平的七年知青岁月》一书中，作者以实地参访的直观朴实的形式，借受访人的回忆和讲述，回顾了习近平在梁家河的7年知青岁月，真实再现了习近平扎根基层，与人民群众同甘共苦、水乳交融的故事。习近平是"年龄最小、去的地方最苦、插队时间最长的知青"②，在他身上我们看到了他小时候读《岳飞传》留下的深刻影响，精忠报国就是要做有良知、有骨气、有血性的中国人，长大后要做一个对国家、对社会、对人民有用的人，从小就必须沉得下心、吃得了苦、耐得住寂寞，为将来做人做事打下坚实的基础。据何毅亭回忆，习近平当年插队的延川县梁家河村地处黄土高原，属于全国插队知青中自然环境和生存条件最艰苦的地方之一。"在那个动乱的年代，一个从小在北京长大的15岁少年，孤身来到那被群山阻隔、多风少雨的荒僻之地，劳动和生活中有多少困难、多少问题需要他去面对、去解决！"③ 到了1969年的冬天，大多数知青都通过应征入伍、招工进厂、推荐上大学等方式，陆陆续续、一个接一个地离开了梁家河，而习近平却在陕

---

① 习近平．习近平谈治国理政：第2卷．北京：外文出版社，2017：355.

② 中央党校采访实录编辑室．习近平的七年知青岁月．北京：中共中央党校出版社，2017：429.

③ 同②437.

北农村一直待了7年。何毅亭说，当时自己的内心十分焦虑，心情非常复杂，对未来有一种说不清的感觉，但“习近平总书记当年却不急不躁、不慌不忙，仍然是该干活干活、该读书读书，仍然是执着地一如既往地申请入党，不仅入了党还当了大队党支部书记”①。

如果说小时候读过的《岳飞传》等故事书涵育了习近平立志报国的坚定决心和远大志向，那么梁家河7年的艰苦知青岁月则磨炼了他坚忍不拔、刚强勇毅的优秀品格。在《习近平的七年知青岁月》这部回忆录中有一幅《北京知青与老乡们一起忙春耕》的插图，看着这幅图，我们似乎也回到了那个艰难困苦的岁月，仿佛看到了习近平在梁家河劳动和读书的身影，它使我们能够真切地感受到习近平说过的话：“陕北7年，最大的一个收获，就是‘让我懂得了什么叫实际，什么叫实事求是，什么叫群众。这是让我获益终生的东西’。”② “纸上得来终觉浅，绝知此事要躬行”，能够背诵这句名言的人很多，明白这个道理的人也不少，但肯付诸行动、踏实苦干的人却不多。实践不仅能够磨砺人们的思想，使人们增长见识，而且能够让人们明辨是非善恶，对塑造正确的世界观、人生观和价值观发挥着不可替代的作用。从儿时接受中华优秀传统文化的启蒙，到在梁家河插队经历的艰苦岁月，不断丰富的实践经历进一步坚定了习近平对人生道路的选择，并始终不渝地沿着这条道路前进。梁家河村所在的延安市，是中国共产党红色历史文化圣地，也是中国共产党走向新中国的出发地。耸立在陕北的巍巍宝塔山，指引着无数中华优秀儿女投身革命事业，为中华民族获得解放和人民富裕幸福奋斗终身。延安城里的淙淙延河水，养育着包容、豁达、厚道、质朴的陕北人民，那里涌现出数不清的老红军、老革命、老八路，他们拥护中国共产党的领导，积极投身革命事业。厚重的历史内涵和文化积淀、与朴实勤劳的当地人共同劳作的经历，使习近平对这片土地产生了深厚的感情。“这种

---

① 中央党校采访实录编辑室．习近平的七年知青岁月．北京：中共中央党校出版社，2017：438.

② 同①445.

精神上的滋养、心灵上的洗礼、思想上的升华，不仅奠定了他接受插队生活艰苦磨炼的思想基础，更坚定了他信仰和追随中国共产党的信念。”[①] 从最初来到黄土地时的迷茫与彷徨，到离开黄土地时的无比坚定与自信，是陕北黄土地和红色文化成就了一代伟人。从入党、提干到上大学，每一步都是靠他自己踏踏实实干出来的。习近平成长为党和国家的卓越领导人，既是中国社会和历史的必然选择，也是他自己不懈努力、持续奋斗的必然结果。

习近平的成长经历给予当代青年深刻的启迪与思考。其一，青少年要选择正确的人生价值坐标，这是个人成长和成才的基石。在当今时代，许多青少年倾向于通过图像和影视剧来寻找偶像，以此作为自己成长道路上的价值观参考。作为父母或师长，我们应该根据青少年的身心发展特点和实际需求，为他们提供丰富的精神滋养，引导他们学习中华优秀传统文化中的理想人格，如岳飞、于谦、林则徐等，革命英雄，如张思德、董存瑞、黄继光等，以及时代楷模，如黄文秀、彭士禄、肖文儒等；我们应该培养青少年的集体奉献的精神、勤劳勇敢的品质、崇德重义的道德自觉，以及追求至真至善的人格境界。通过教育和引导，帮助他们以这些榜样为人生指南，自觉培育和践行社会主义核心价值观，确保他们始终沿着正确的方向前进。其二，青少年要注意改造世界观，不断追求进步。生活中总是充满诱惑和歧路，人不可能不犯错误，可贵的是能对自己的错误进行反思，做到知错就改。遵循“活到老，学到老，改造到老”的原则，我们应该勤于学习，善于学习。通过不断反思，发现问题，深入探索自己的内心世界，并努力完善自我。无论是充满中华优秀传统文化的故事书，还是革命题材的影视剧，以及展示新时代中国特色社会主义现代化建设成就的宣传画册，都是我们宝贵的财富。它们为包括青少年在内的每个人提供了丰富的精神滋养，帮助我们

---

① 中央党校采访实录编辑室．习近平的七年知青岁月．北京：中共中央党校出版社，2017：446.

丰富内心世界。其三，青少年要勤于实践，从实践中寻找解决价值困惑的答案。实践是检验真理的唯一标准，也是鉴别思想观点善恶优劣的试金石。当代青年要坚持理论联系实际的原则，敢于探索，善于实践，勤于思考。个人只有扎根实践，密切联系群众，把自己的生命和事业融入人民群众的事业，才能找到人生价值的源头，也才能从根本上解决价值困惑之类的问题。习近平指出："无数人生成功的事实表明，青年时代，选择吃苦也就选择了收获，选择奉献也就选择了高尚。青年时期多经历一点摔打、挫折、考验，有利于走好一生的路。要历练宠辱不惊的心理素质，坚定百折不挠的进取意志，保持乐观向上的精神状态，变挫折为动力，用从挫折中吸取的教训启迪人生，使人生获得升华和超越。"① 其四，坚持用社会主义核心价值观统领思想的变迁。在中国特色社会主义新时代，时代楷模是社会主义核心价值观的坚定守护者和模范践行者。时代楷模如同埋藏在社会有机体内部的善良种子，是个人前进道路上的明灯，照耀着人生前进的航程。时代楷模指引的正确航向将有助于青少年少走弯路，即使出现了"成长中的困惑"，也能够以理性的态度反思问题的症结，然后有针对性地思考和解决问题。

二、发挥图像优势，提升传播效果

（一）图像的传播优势及其发挥

与文本相比，图像有着自身独特的传播优势。如何扬长避短、趋利避害，努力发挥视觉图像在人类社会进步和文化传播中所起的积极作用，目前已经成为传播学研究的重点。作为人类文化和文明的重要组成

① 习近平．习近平谈治国理政：第1卷．北京：外文出版社，2018：54.

部分，图像随社会整体进步而不断演进。在社会实践和日常生活中，视觉图像与物质文明、精神文明、政治文明、社会文明和生态文明都有着复杂关联，作为“五种文明”中的结构性要素，在文明演进中发生着互动、互促、互融、互成的多维关系。因此，把握图像叙事的传播学特点与优势，促进图像文化在当代的繁荣发展，就不再是传播学自身的问题，而是社会文明进步规律和文化演进规律的必然结果。思想家黑格尔曾说，凡是现实的都是合理的。人类迈进读图时代，实际上就印证了读图时代来临的必然性与合理性，以及图像之于人类文明和精神世界的重要意义。必须承认，历史上从未出现过如此多的图像制作、图像使用和图像传播的现象。与经济全球化相伴的文化全球化，也可被说成图像全球化，原本地域性的、局部的、有限的、反映本土的视觉图像资料，主动适应经济和社会飞速发展的需要，突破了原有地域和文化隔阂，在全球媒体时代实现互通与互融、交流与共享。图像全球化一方面促进了不同地区或民族国家之间图像文化的相互了解、相互借鉴；另一方面也导致了本土与外来、地方与全球、自我与他者之间图像文化的对峙和冲突。这里的对峙和冲突，对民族文化的纯洁性造成了某种威胁，同时也促成了民族文化的自我保护意识的增长。坏事与好事向来没有固定不变的界限，前现代时期，在不同民族国家自我封闭的阶段，图像文化的发育和生长多是自然而然的过程，属于图像的自发性发展阶段。异域文化的持续输入及其所导致的不同后果，强化了人们的图像文化自觉和文化自主意识，也使心理和制度层面对民族图像文化的保护意识不断得到增强。在这个过程中，有意识地防范和化解异域不良图像文化的入侵，维护民族图像文化和价值观的纯洁性，获得了高度的理性自觉和自主。“保护”与“防范”双管齐下，正是图像文化成长的理性诉求和实践导向。

视觉图像之特殊性源于它自身的超越性，即超越语言、民族、性别、信仰、学历、地域和年龄，只要有健全的眼睛和良好的视力、一定的理解力和感悟力，就能“看”到鲜活的立体图像。至于能够从图像中理解到什么主题，悟出哪些深刻的价值隐喻，那就是见仁见智的事情了。不过没有严格的准入门槛的读图实践，也使图像的理解与传播拥有超高的效率和广泛的受众。而今借助互联网、融合媒体等新技术载体，某地发生的重要事件的图片和文献资料，如地震、洪水、干旱等自然界的异常变化，领导人选举等社会政治事件，在互联网上不断被转载，瞬间就能传遍全世界，为更大范围内的受众所了解或分享。就传播的速度和效率而言，如今占据首位的是图像视频信息，或许某些文字叙事会包含不实之词、虚假陈述，但图像则强化了描述的真实性与可信度，迎合了大众眼见为实的习惯心理。与传统意义上的图像相比，融合媒体时代的图像具有全新的文化特色和表现形式，目前来看最突出的莫过于 AI（Artificial Intelligence）艺术——人工智能艺术，它在图像领域的表现即 CGI（计算机合成图像），以它为基础的作品有数字电影、数字动画、网络游戏等。如今虽然既不可能创作出吴道子的《八十七神仙卷》，也不再有徐悲鸿的《奔马图》，但是人工智能专家研发的机器人绘画系统却能够模仿吴道子、徐悲鸿、黄宾虹等著名画家的作品，甚至达到以假乱真的地步。[①] 有学者认为，就审美经验和个性自由来看，AI 绘画艺术与人类创作不可同日而语，因为它缺乏生活的历练和经验的支撑，然而我们不能不赞叹机器的学习能力和模仿水准之高。仅就图像的传播效果来看，观众不会因为它是机器作品而质疑其思想和表现力，甚至可以说，以观众的认知水准是很难分辨那些高仿真艺术图像的真伪的。即使是能够分辨真伪的图像学专家，也不得不赞叹 AI 绘画艺术的学习能力、模仿能力和创新能力。抛开艺术本身的专业性不谈，单纯从视觉图像传播价值观、输送意识形态的角度来看，AI 艺术作品从 1.0 版到 3.0 版的迭代更新，一方面为国际传播领域输送了新的图像技术手段，另一方

---

① 马立新．遵循“艺术真实”法则：AI 艺术面临的一道坎儿．光明日报，2021-04-28（13）．

面也提高了防范和化解国外视觉化社会思潮风险入侵的难度。

面对国际范围内视觉图像传播的新动向，我们必须努力顺应这种演化趋势，把握发展规律，变被动防守为主动出击，向全世界传播具有中国特色、中国气派、中国风格的社会主义图像文化，去回应（反击）来自不同社会制度、文化背景下的视觉图像的挑战，在多元文化的视觉化博弈中争取主动，赢得世界观众的信任和拥护，进而战胜多种不良社会思潮的进攻。我国社会主义视觉图像文化的底气、骨气和志气，源于中国共产党始终坚持以人民为中心的发展理念，源于中国特色社会主义强大的经济实力，源于我们不可替代的制度优势和强大的文化自信，源于我国对世界发展大势的正确把握和从容应对。习近平说："现在，中国的国际地位不断提高、国际影响力不断扩大，这是中国人民用自己的百年奋斗赢得的尊敬。"① 它是我们的民族尊严和底气的根本所在，也是提高国家文化软实力的坚强基石。一个不断自立自强的民族，一个努力奋斗进取的民族，终将受到全世界人民的尊重和重视，获得世界性的声誉和号召力。图像是话语方式和话语体系的一部分，提高我国在国际传播领域的话语权和影响力，其中就包括提高我国图像文化话语权的地位。以往被忽视的中华优秀传统图像文化、红色图像文化和反映中国特色社会主义建设的图像文化，是我国文化软实力的重要组成部分。图像叙事是中国叙事体系的重要内容，以视觉图像阐释中国实践，用中国实践升华图像叙事，必须努力提高我国的图像文化话语权，以图像叙事的方式增强中华文化的对外传播。为此"要加强国际传播能力建设，精心构建对外话语体系，发挥好新兴媒体作用，增强对外话语的创造力、感召力、公信力，讲好中国故事，传播好中国声音，阐释好中国特色"②。构建并优化对外传播话语体系，就必须综合考虑文本叙事和图像叙事的关系，根据所传播的内容和体裁的特点及要求，适合文本叙事的用文本叙

① 习近平．习近平谈治国理政：第 1 卷．北京：外文出版社，2018：170.

② 同①162.

事，适合图像叙事的则选择图像叙事，或文本叙事和图像叙事兼而用之，形成强大的传播合力。总之，要采取科学有效的方法灵活应对，力求赢得更多受众及其认同，求得最佳的理解和认知效果，努力扩大中华文化的影响力。

在谈到视觉图像的思想教育功能时，恩格斯在《新道德世界》杂志发表文章指出："请允许我提一下优秀的德国画家许布纳尔的一幅画；从宣传社会主义这个角度来看，这幅画所起的作用要比一百本小册子大得多……这幅画在德国好几个城市里展览过，当然给不少人灌输了社会的思想。"① 恩格斯深入研究图画对于社会主义思想宣传的功能，用精辟的图画案例分析向人们证明了一个事实：在向大众宣传普及科学社会主义思想时，图像比现成的文字材料更巧妙、更具启发性、更有说服力，不过要有效发挥图像的思想宣传和教育功能，必须精选图像叙事的性质和类型，还要准确考察教育对象的特点和发展要求。一种先进的理论或学说，不可能自发地在观众心中萌发，一种优秀的文化传统在未被认知前，在观众心里也是一片空白。就视觉图像而言，它不仅有助于激发观众的学习兴趣，把一个完整的故事栩栩如生地展现在观众面前，而且能够引导观众饶有兴趣地观赏和品味，慢慢领略其中的深刻寓意，形成是非分明的判断和实质性的认同。在《改造我们的学习》一文中，毛泽东用一副对子为党内的一些人画了一幅绝妙的肖像画："墙上芦苇，头重脚轻根底浅；山间竹笋，嘴尖皮厚腹中空。"② 这副对子尖锐讽刺了不懂得从中国革命的实际出发，不研究中国革命的现状、矛盾和问题，只知背诵马克思主义经典词句，喜欢做空头文章，徒有虚名、哗众取宠的工作作风和学术风气。在毛泽东看来，这种工作作风和学术风气在党内外很普遍，它对中国革命的发展产生了极坏的影响。这副对子就像一幅漫画，寓意深刻，入木三分，成为回击主观主义和唯心主义错误

---

① 马克思恩格斯全集：第2卷．北京：人民出版社，1957：589-590.

② 毛泽东选集：第3卷．北京：人民出版社，1991：800.

思潮的有力武器，也便于党内外的同志清醒地认识自己错误的实质，更认真地纠正错误的思想观念、思维方式和行为作风，踏踏实实地认真研究现状、研究历史、研究马克思主义的应用，对具体情况进行系统周密的调查和研究，深刻消化并灵活运用马克思主义理论，真正找到解决问题的“金钥匙”，推动中国革命事业顺利发展。总之，无论是正面观点的宣传教育，还是对错误思想和做法的讽刺批判，马克思主义经典作家对图像的重视和巧妙运用，都说明图像在思想政治教育中能够取得出乎意料的效果，这种效果对于我们工作的顺利开展具有十分重要的意义。

（二）在体验空间中收获即时效果

从文本叙事主导向图像叙事主导的转换，意味着从时间序列向空间序列的转换，从线性叙事向立体叙事的转换。视觉图像作为独立的思维空间，无论是漫画类的静态存在，还是影视剧类的动态形式，都能给观赏者以独特的视觉体验和强烈的心灵震撼。读图者凝视图像的过程，首先是提炼出它所蕴含的故事梗概，演绎整个剧本情节的发展过程；其次是借助图像记号获得情感的满足，以及对价值和意义的内在需要。“如果我盯着图画看超过一分钟，我发现自己在参与它们的布局关系，并试图在人物和线条之间的分离程度上找出意义。”① 如果把研究视角转换到影视剧上，我们就能更加清晰地感受到，动态图像不再是生活的机械摹写，而是生活的超越和再创造，它给受众提供了无限的遐思空间和强烈的临场体验。按照后现代文化思潮的理解，21 世纪是注重自我体验的世纪，即在当代文化境遇中“体验”已跃升为生活的主流趋向，同时也是各种新哲学、新思潮的言说主题。传统叙事方式的当代空间转向，

---

① 埃尔金斯．图像的领域．蒋奇谷，译．南京：江苏凤凰美术出版社，2018：271.

与体验世纪的来临是同步发生的。无论如何文本叙事都不能算作体验，而只能属于对文字的领悟和理解，虽然文本叙事能够让人放飞想象力，运用自己的知识背景和实践经验去感悟与设想文字构造的精神世界，即一个没有边界的、无限开放的、充满幻想的世界。图像叙事则截然不同，例如一部影视剧是相对独立的体验空间，从开始到结束，表达着一个完整演绎的故事情节，它由一个中心或主题所统率、引领，借助主角和配角各种复杂的矛盾冲突，曲折迷离的情节体验，打动观众的心，吸引其间接参与影视剧的表演过程，以便于传播新思潮、新观点、新价值，其思维边界和主导原则都是异常鲜明的。无论这种思维和原则是创作者的意图，还是社会主流价值观的传播和表达，都要通过"剧中人"而呈现出来。在这个相对封闭的、完整的循环圈子里，通过主体与客体之间的感通和互动，读图者得到的是即时性的视觉效果，在体验中获得对思潮的切身感受与直觉认同。

与无目的的舆论宣传不同，新思潮往往代表特定政党、阶级、阶层或社会利益的集团。当这些新思潮以视觉图像的形式出现在特定的体验空间时，它们可以显著增强受众的感知力和认同感。然而，这种现象也可能带来潜在的风险。例如，"高校常常是社会思潮的集散地。这是由于社会思潮的滋生和传播，往往与文化、知识的传播结合在一起，所以，社会思潮一般容易在知识分子中生成和传播"①。有针对性地分析和研判国内外社会思潮的新动向，以马克思主义科学理论有效引领社会思潮的走向，就成为高校思想政治教育的重要职责和历史使命。在另一个层面我们也看到，为了达到预期的传播效果，某些社会思潮的制造者不仅会精心选择接受对象，而且会精心选择传播载体——选择与时代趋势合拍的、最能击中大众灵魂的观念载体。当代世界视觉文化的蓬勃发展，为各类社会思潮传播提供了多样化的载体，随着以往文本叙事的式微，图像文化异军突起。"图说社会思潮"成为需要专门研究的新领域、

① 郑永廷．思想政治教育学原理：第 2 版．北京：高等教育出版社，2018：70.

新战场。虽然视觉图像已经成为社会思潮角逐的战场，但我们却很难看到思想阵地上的刀光剑影，而只能看到祥和安宁的叙事场景。由影视剧摄制组刻意打造的温柔乡，清新秀美的风景画，很容易使人放松警惕，敞开思想怀抱，去体验异国他乡的梦幻世界，或者人为编织的动人故事。在视角的盛宴和消费的狂欢背后，却是一个深不可测的“思想陷阱”。人们在体验空间收获的是即时效果，这种效果大多是不加选择的非理性的产物。正如看到美容院的宣传海报，爱美的女士们可能会产生许多联想，这可能会促使她们更加细心地照顾和投资自己的身体。波德里亚曾一针见血地指出：“身体之所以被重新占有，依据的并不是主体的自主目标，而是一种娱乐及享乐主义效益的标准化原则、一种直接与一个生产及指导性消费的社会编码规则及标准相联系的工具约束。”① 利用人们爱美的天性和对美的追求，资本主义不仅实现了商业目标，还潜移默化地推广了享乐主义思想。这种思想被分解、融入日常生活，并与审美观念相结合。经过精心的包装和改造，它转变为一个充满梦幻的消费世界，旨在丰富女性乃至所有人的生活体验。由此看来，花大力气研究消费者的喜好以及时尚潮流的变迁，做到投其所好、精准命中目标，是当今国外社会思潮传播的新特点、新动向。

视觉图像的效应具有即时性，随着当时当地场景的变换，短暂的视觉刺激会逐渐从眼前消失，刺激的效果也会慢慢减弱。但无数即时性的叠加也会导致持久的效果。按照唯物辩证法的量变质变规律，事物的发展变化是通过量变和质变表现出来的。量变是质变的必要准备，质变是量变的必然结果。唯有经过充分的量的点滴积累，当各种条件成熟时，才能发生质变，旧事物转化为新事物，即时效果转化为持久效果。循着这个规律的内在要求，在视觉图像的世界里，我们必须站在思想理论教育的制高点，从小处和细节着手，高度关注视觉图像的叠加效应，努力做到防微杜渐，严格防范国外敌对势力采取图像或影视剧的方式，散布

---

① 波德里亚．消费社会．刘成富，全志钢，译．南京：南京大学出版社，2001：143.

和传播有害的社会思潮信息，混淆善恶是非标准，制造冲突和事端，瓦解民族共同体凝聚力，威胁社会大局稳定，侵害社会主义核心价值观建设的成果。习近平深刻指出："当今时代，社会思想观念和价值取向日趋活跃，主流的和非主流的同时并存，先进的和落后的相互交织，社会思潮纷纭激荡。"① 只有正确辨识不同性质的国内外社会思潮，透过纷繁复杂的视觉图像把握其背后掩盖的文化实质，才能在思想斗争中精准施策，实施马克思主义对多样化社会思潮的有效引领，在国际文化和价值观博弈中始终占据主动。

在日常生活中，由于大量视频都是通过互联网发布和传播的，所以互联网成为舆论博弈的前沿阵地。《中国青少年互联网使用及网络安全情况调研报告》的数据显示，13～18 岁的青少年是本次调研的重点，调研发现，青少年触网年龄有逐步提前的趋势，其中 24％的青少年每天上网达 2～4 小时，影视、动漫、游戏、音乐最受关注。伴随短视频和抖音的崛起，视频和音乐成为他们娱乐休闲的兴趣点。大概 20％的青少年表示"几乎总是"在观看短视频，"每天看几次"的比例接近 10％。由此可见，青少年已经成为互联网图像受众中的主力军。然而，由于身心发育不成熟，青少年对网络色情、诈骗和网络欺凌、网络骚扰的防范意识较差，在遭遇网络风险时，多数不懂得理性选择和正确判断，也很少与父母、长辈沟通交流。② 网络风险不仅包括上述内容，更重要的是，错误思潮和价值观的误导会导致正处于身心发育期的青少年走上邪路。青少年是国家的未来、民族的希望，是中国特色社会主义现代化事业的建设者和接班人。在培育和践行社会主义核心价值观的实践中，青少年的思想教育和价值引导无疑是重点。习近平多次强调："人在哪儿，宣传思想工作的重点就在哪儿，

---

① 习近平．习近平谈治国理政：第 2 卷．北京：外文出版社，2017：328.

② 央广网．《中国青少年互联网使用及网络安全情况调研报告》发布．(2018－05－31)［2023－12－18］. http：//tech. cnr. cn/techgd/20180531/t20180531_524253869. shtml.

网络空间已经成为人们生产生活的新空间，那就也应该成为我们党凝聚共识的新空间”①。将虚拟的互联网空间建设成我们共同的精神家园，是新时代思想政治教育创新的重要任务。这不仅是构建社会主义意识形态防线的关键，也是防范和抵御不良社会思潮侵蚀的坚固堡垒。“精神家园是人赖以生存的心灵港湾，没有精神家园的庇护，人的精神便无所寄托。”② 青少年是互联网的常客，他们在网络空间学习、娱乐、休闲、交友，获得身心成长的意义寄托和精神食粮。若缺乏风清气正的网络空间，青少年的健康成长就无法得到根本保证。思想政治教育肩负着培养担当民族复兴大任的时代新人的重要使命，要不断提高青少年的思想政治素质，首先要给他们提供优秀的精神食粮，丰富他们的精神生活，教会他们识别和抵御网络不良社会思潮的侵蚀，引领他们有更高的理想信念和精神追求。

2018 年 4 月，习近平在全国网络安全和信息化工作会议上指出：“要加强网上正面宣传，旗帜鲜明坚持正确政治方向、舆论导向、价值取向，用新时代中国特色社会主义思想和党的十九大精神团结、凝聚亿万网民，深入开展理想信念教育，深化新时代中国特色社会主义和中国梦宣传教育，积极培育和践行社会主义核心价值观，推进网上宣传理念、内容、形式、方法、手段等创新，把握好时度效，构建网上网下同心圆，更好凝聚社会共识，巩固全党全国人民团结奋斗的共同思想基础。”③ 互联网治理不仅包括对网络黑客、电信诈骗和侵犯公民隐私等行为的坚决打击，还包括应对国内外错误思潮的传播和化解风险的挑战。网民大多是分散的个体，使用网络（包括智能手机）的动机和目的各异，思想素质和道德水平也存在较大差异。因此，要实施精准而有效的网络治理，首先必须强调网民的个体自律以及互联网行业的整体自律，这种自律以互联网道德和法律规定的方式呈现出来；其次是通过反

---

① 习近平．习近平谈治国理政：第 3 卷．北京：外文出版社，2020：318.

② 郑永廷．思想政治教育学原理：第 2 版．北京：高等教育出版社，2018：122.

③ 同①306.

复的思想教育和有效引导，激发和调动网民参与网络共同体建设的积极性。目前，我们应着重教育和引导青少年科学地使用网络资源。这包括正确使用抖音、快手等新兴网络视频平台，学会有效辨别网络视频内容的优劣。我们鼓励他们观看那些有益于身心健康的影视作品。同时，青少年也应该自律，不传播错误或有害的音频和视频内容，并且避免观看他人发送的有害身心健康的视频。只有每个网络主体都能有理性和自觉性，积极主动参与健康有益网络家园建设，在全社会形成合力与向心力，才能不断提升网络综合治理能力和治理水平。

（三）图像劝服的效果叠加

无论是文本叙事还是图像叙事，作用于受众的主要方式都是劝服（说服）。传播学视域下的劝服（说服）是指在一定条件下，通过传播特定的信息以改变受众的态度，从而获得受众对信息的接纳和认同的过程。一般意义上，文本叙事和图像叙事都是劝服的重要方式，因为其劝服传播的直接目的都是获得受众的接纳和认同。卡尔·霍夫兰等人的研究表明，受众的接受态度是劝服效果优劣的关键，而在个体的态度中情感起支配作用。① 生活经验告诉我们，视觉图像尤其是现代影视剧，比单纯的文本说教更有吸引力（诱惑力）。读一本古典小说如《西游记》，远不如观赏《西游记》电视连续剧来得直接、真实。尽管读书也能引发彼此的情感共鸣，作者以神来之笔所做的栩栩如生的描述，塑造了一个又一个活灵活现的形象，然而这些形象终归是头脑中的主观幻觉（想象力），远不如电视剧中由演员塑造的“类真实”角色朴实自然。如果我们不去追究图像与原作的形象差距，那么影视剧的角色也就是生活中的“活的形象”，酷似真实的“类真实”存在。更为重要的是，观众耳闻目

---

① 霍夫兰，贾尼斯，凯利．传播与劝服：关于态度转变的心理学研究．张建中，李雪晴，曾苑，等译．北京：中国人民大学出版社，2015：54.

睹的结果是共情和共鸣的即时发生。读书可被视为读者与作者之间的一种“对话”，而观看基于原著改编的影视剧则更像是观众“融入”剧情，观众仿佛暂时成了故事中的“演员”，亲身体验角色所经历的事件。这种体验让人联想到庄周梦蝶的寓言，它模糊了观众与故事之间的界限，达到了一种“你中有我，我中有你”的沉浸状态。因此，单就传播劝服能力和劝服效果而言，视觉图像远远超越文本叙事，跃居当代人生活娱乐的第一选择。生活中不爱读书的人不在少数，然而却很难找到不爱看电视剧的人，这也许就是图像传播的魔力所在。

除了能够激发观众的情感共鸣之外，视觉图像还有一个明显的优势，即符合大众“眼见为实”的心理习惯。虽然眼见的未必都是真实的，也可能是某种谎言或者欺骗，但是长久积淀形成的习惯思维是很难改变的。原因在于，眼见的“实”，在大多数情况下是为了寻求某种确定性的证据，自己只有目睹该证据才能辨明真伪，才有足够的理由相信或确信，因此“实”是说服自己的内心、走向接纳和认同媒体信息的重要步骤，法律上叫作获得确凿证据，即“实”是作为提升或弱化劝服效果的条件发挥作用的。中华民族向来以爱好和平、开放包容、睦邻友好而著称，《论语》中有“四海之内，皆兄弟也”“和为贵”“和而不同”等和谐价值取向。然而，总有一些不怀好意的西方国家或媒体，以民粹主义和保护主义思潮为理由，对我国改革开放取得的巨大成就指手画脚，极力渲染所谓的“中国威胁论”“中国强大必定称霸”等谬论，颠倒是非，混淆视听，给中国泼脏水，肆意抹黑中国的国际形象，在国际上造成极其恶劣的影响。新中国成立后，尽管我们自己的物质生活条件还很差，各项建设事业刚刚起步，百废待兴，但我们依然挤出有限的物力和财力，帮助世界上许多发展中国家如阿尔巴尼亚、越南、朝鲜、刚果、坦桑尼亚等搞经济建设。这不仅是中华和谐友善文化传统的实践成果，也是中国人民爱好和平、和衷共济的有力证据。在国际事务中，我们始终坚持独立自主的和平外交政策，强调不同制度和文明之间的互鉴、互谅。1970 年 10 月 26 日，中国援建的坦赞铁路（连接坦桑尼亚和赞比亚）正式开工建设。经过五年的不懈努力，该铁路于1975年10月23日全线通车。在建设过程中，中国建设者们克服了重重难以预料的困难，为非洲人民修建了一条连接东西方的重要交通线路。这条铁路不仅促进了坦桑尼亚和赞比亚的经济发展，还对整个非洲大陆的经济繁荣产生了积极影响。大量关于援建坦赞铁路的珍贵图片和影视文献资料，能够让我们再次回顾这一历史性时刻。这些资料是具有强大说服力的证据，是展示中非友谊和合作的典范。它不仅是我国对外友好关系的见证，彰显了中华和合文化，也粉碎了某些国外媒体对中国的攻击和污蔑。坦桑尼亚建国后，第一任总统朱丽叶斯·坎巴拉吉·尼雷尔（Julius Kambarage Nyerere）对中国的义举给予高度评价，称中国援建坦赞铁路是“对非洲人民的伟大贡献”。针对目前一些美国政客制造的“中国恐惧症”，有学者严厉指出：“长期以来，中国在国际贸易、人文交流、对外援助等各种形式的对外互动中也从未附加过涉及政治诉求或意识形态介入的先决条件，坚持不输出意识形态、不搞意识形态对抗。这与美国长期推动‘价值外交’，充当‘传教士’、自封‘教师爷’的做法是存在天壤之别的，美国某些政客不应以己度人，自欺欺人。”① 和平崛起中的伟大中华民族，始终秉承自己优秀的文化传统和正确的价值理念，努力担当起作为世界大国的责任和使命。习近平提出的人类命运共同体理念、“一带一路”倡议以及亚洲基础设施投资银行的建立等，都是中国以高度负责任的态度和务实行动，为全球治理贡献智慧、力量和方案的具体体现。这些举措已经得到世界上绝大多数国家的欢迎和支持。

单从效果来看，图像劝服有即时效果和持久效果两种。即时效果是指受众当下形成的感受力、影响力。比如，听一首歌曲或观看一部电影之后，短时间形成无法平复的情绪体验，它意味着视觉图像触及受众的灵魂深处，引发了高度的情感共鸣，以至于情绪体验特别深刻，对此古

---

① 刁大明．“中国恐惧症”：蒙不了世界　带偏了美国．光明日报，2021-05-12（15）．

人有“余音绕梁，三日不绝”的说法。持久效果是指受众能够始终保持某种感受，并且把这种感受转化为连续性的、理性的行为习惯的过程。一般来说，任何效果首先都是作为即时效果出现的，即某种临场体验或即时性刺激。由于后续反复不断的刺激，或者经由个体的理性反思和思想升华，即时效果才能转化为持久效果，实现对特定效果的认同和内化。当然，这里不讨论个体差异对劝服效果的影响。影视传播学追求的不仅仅是瞬间的吸引力，更是持久的长远影响，包括提升受众的思想道德水平，以及促进受众良好习惯的形成和人格的完善。在两种效果的关系上，持久效果必须以即时效果为前提，表现为即时效果的持续积累和升华。然而，若没有持久效果的价值旨归，即时效果也就失去了意义，成为暂时性的娱乐至死。因此，二者表现为逻辑上的因果关联。对于更多的观众来说，视觉图像导致的结果往往是即时效果和持久效果的双重叠加。即时效果体现为情感的触动和内心的激情，持久效果则是从人性内部升华出来的意义，对世界观和人生观的启迪与塑造，对人格的巨大影响力。即时效果和持久效果的相互缠绕与叠加组合构成图像视觉化传播的整体效果。

从性质来看，图像引起的即时效果有正面和负面之分。一方面，图像能够激发个体不断前进的动力；另一方面，它也可能诱发个体违法犯罪。一段蕴含特定社会思潮的视频，既可能促使观众对事件进行理性思考，也可能诱导他们不顾后果地盲目行动。实际上，由于环境变化和图像影响，不同个体的态度和观点发生变化是常有的事。在观看优秀影片《焦裕禄》的过程中，我们被焦裕禄真实感人的事迹深深打动，心情长时间难以平复。作为一名共产党员和领导干部，焦裕禄在工作中实事求是、清正廉洁、敢于担当、勇于奉献。无论是深入基层了解民情，还是雨夜抗洪、带病工作，这些看似平凡的小事都体现了他贴近百姓、心系民生的情怀，彰显了党的干部以人民为中心的宗旨和初心使命。焦裕禄始终牢记“公”字当头，心怀“干”字精神，恪守“廉”字原则，充分展现了他那颗火热的赤子之心，以及他心系百姓、公而忘私的情怀。焦裕禄为了党和人民的事业鞠躬尽瘁、死而后已的精神，让观众无不为之动情、动容。焦裕禄的模范事迹足以打动每个普通人，触动其灵魂，激发其形成见贤思齐、积极向上的强大动力，在中国式现代化伟大实践中做出自己的贡献。与之形成鲜明对照的是，在现实中也有少数人始终以自我为中心，置他人利益和集体利益于不顾，做着损公肥私、假公济私、损人利己的勾当。例如，那些为了纯粹的经济利益或其他不良意图，为博观众眼球而拍摄的影片视频，也许能够获得轰动效应，但却难以成为艺术精品。

三、精选视觉符号，引领思潮变迁

（一）图像与话语重构的互补性

历史上，图像大多被归入艺术的范畴，图像学研究的核心主题和基本内容贯穿于艺术史发展的全过程。如果不考虑这种学科归属的合理性，仅从图像与艺术之间的关系来看，那么二者实际上是相互交叉、相互渗透的关系。在叙事学视野中，图像叙事是靠形象说话，发挥情感激发和视觉诱惑的力量，表达特定的思想观念和精神追求。无论是静态图画，还是动态视频以及复合图像、数字图像，都有自己的特定主题和表现题材，创作者需要对主题或题材做艺术化处理，以满足观众娱乐和审美的需求。对于要实现的目的而言，图像叙事具有手段性、中介性的纽带职能，其中的艺术元素提升了图像的美感，放大了局部存在的意义，引导观众在思考中丰富自身。文本叙事也有同样的目的，只是文本缺乏艺术化处理，思想深度有余而可视性不足，也缺乏直接审美的内涵和元素。要实现最佳的传播学效果，究竟选择图像叙事还是文本叙事，必须以时间、地点和条件为转移，不可采取绝对化的传播策略。要想把当代不断进步的社会实践和个体鲜活的生命经历以叙事方式折射出来并得以完美呈现，那文本和图像两种叙事方式都必须与时俱进。要满足新时代国内外文化传播的诉求，符合当代观众欣赏品位和精神需求不断提升的规律，传统文本叙事需要做出新的拓展，图像叙事也要有新的突破，努力达到一定的高度和深度，全面呈现多维性、鲜活态和立体感。因此，不仅图像叙事与文本叙事需要重构自身，对二者之间的互补也提出了更高的要求。新媒体技术元素对图像制作的强劲介入，使图像作品更富有立体感和观赏性，也更富有时代感。画面构思与剧本之情感逻辑和历史逻辑的内在契合，强化着视觉冲击力和持久的劝服效果。思想观念和意识形态话语表达，从生活的表层走向现实的深层，需要更加灵活多样的表现形式才能直击人的心灵。在不同文化的图像传播博弈中，必须从气势和力度上超越对手，拥有更强的斗志和说服力，做到深入人心并发挥有效引领的功能，让受众感到刻骨铭心、印象深刻从而战胜对手。

在庆祝中国共产党成立百年之际上映的影片《悬崖之上》，就运用了以视觉图像为主导、图像和话语互补构成的崭新叙事模式。从形式上看，它似乎是一部经典谍战片，但却不落俗套、极具创新性，受到观众的普遍好评。影片以 20 世纪 30 年代伪满时期的哈尔滨为背景，讲述了四位在苏联受过特殊训练的共产党员归国后执行谍战任务的惊险故事。全剧以个性鲜明的人物塑造、扣人心弦的悬念制造、环环相扣的叙事情节、精准干练的话语风格，最大限度地实现了视觉刺激与文本阐释的有机结合，取得了优异的票房成绩。如果单纯以文本叙事呈现该故事，比如阅读剧本所依据的原著，读者就无法获得全身心的体验价值，并且读者数量也会十分有限。相反，仅有视觉图像叙事而缺乏对相关历史背景和故事情节的深入了解，缺乏文本叙事的必要支撑和深度诠释，也无法全面反映在那个特殊的年代，生与死、光明与黑暗、正义与邪恶反复较量的现实意义。剧中的主角都是无名英雄，在严酷的革命环境中，他们同其他无数革命先烈一样，抱着必胜的决心和信念，始终以民族大义为己任，不辱使命，追求真理，捍卫信仰，在特殊战线上默默无闻地奉献，甚至献出了自己宝贵的生命。全剧以图像叙事为主线，图像叙事与文本叙事相结合，完美诠释了中国共产党人的初心和使命，坚持以人民为中心，为中国人民谋幸福、为中华民族谋复兴是他们不懈的追求。剧中对反派人物的生动刻画，进一步衬托了斗争环境的严酷性和危险性，符合生活常识和叙事逻辑的要求，体现出创作者高超的叙事智慧和驾驭故事情节的能力。"《悬崖之上》揭开了被我们所忽视的历史，一段在战乱纷飞的年代不为人知的故事；影片中所表现的人物面临生死的抗争，让观众在观看影片的过程中投射了属于他们的生存体验，唤起的是观众心中的那份斗志，勇敢地迎接现实生活中的挑战。它是当下中国人集体信仰的表达，是反映时代的具有史诗般意义的作品。在建党百年这个重要时刻，《悬崖之上》的出现具有更深层次的意义和价值。"① 在图像叙事与图像传播领域，我们的作者同样有着巨大的创新潜力，在推出图像叙事精品方面有着美好的前景。高质量的图像叙事能够引导观众对剧情及其背后的矛盾进行深刻反思，在反思中有所感悟、有所收获，这本身就是电影价值观的实现方式，也是图像传播的主要目的。唯有在反思中才能洞见叙事的本质，使自己的精神世界更加丰盈。

面对百年未有之大变局，在经济全球化不断深化、文化多元化不断发展的态势下，我们必须拥有全球视野，大力实施中国文化走出去的发展战略，把中华民族的优秀传统文化、革命文化和社会主义先进文化传播到全世界，给世界发展提供中国方案和中国智慧，这是回应国外不良社会思潮挑战的必然诉求，也是在视觉图像传播领域走向主动并取得最终胜利的重要因素。当今越来越多的中国图画、电影和电视剧走向世界，得到世界各国大众接纳和认可的条件日趋成熟。习近平指出："国际社会对中国的关注度越来越高，他们想了解中国，想知道中国人的世界观、人生观、价值观，想知道中国人对自然、对世界、对历史、对未来的看法，想知道中国人的喜怒哀乐，想知道中国历史传承、风俗习惯、民族特性，等等。这些光靠正规的新闻发布、官方介绍是远远不够

---

① 饶曙光.《悬崖之上》：新主流电影的新拓展.光明日报，2021-05-12（14）.

的，靠外国民众来中国亲自了解、亲身感受是很有限的。”① 世界各国人民对中国的好奇和了解中国的迫切愿望，既为我们视觉图像文化输出创造了契机，也为中华文化走出去提供了现实可能性。小说、散文、图画、电影、戏剧、摄影、书法、曲艺、中医、武术等无数中华瑰宝，都是对外文化传播的绝佳素材和重要资源。随着我国改革开放的不断深化，中国绘画和电影业日益走向繁荣，在国际上斩获大奖的美术和影视剧作品越来越多，这意味着国产电影和电视剧的制作质量在不断提升，甚至在某些方面取得了创新性突破，这些都是中华文化走向世界的有利条件。就传播技巧来看，要做到图像叙事与文本叙事的相互结合、互补互融，需要在叙事技巧上进行创新和突破，以期取得更好的传播效果。在国际传播舞台上，用视觉图像讲述中国故事，以文本叙事发出中国声音，以雄厚的文化实力证明自己，不断提升文化自觉和文化自信，以极具特色的文化符号展示中华文明的独特魅力。

图像叙事与文本叙事的互补互融，不是将二者简单机械地进行叠加与组合，而是一种新的创造和转化提升，即结合新时代条件的持续重构的过程。这里的重构，不应当是创作者的主观臆想或头脑风暴的结果，而是牢牢扎根现实生活，紧跟时代发展潮流，顺应观众的意愿和诉求，反映人民的关切和呼声的过程，是在此基础上进行的归纳、提炼和再创造。习近平指出，对于每个文艺工作者来说，“不能以自己的个人感受代替人民的感受，而是要虚心向人民学习、向生活学习，从人民的伟大实践和丰富多彩的生活中汲取营养，不断进行生活和艺术的积累，不断进行美的发现和美的创造”②。始终坚持以人民为中心，与人民同甘苦、共命运、心连心，饱含忧国忧民的情怀，始终扎根在祖国的大地上，这是当代文艺工作者的责任和担当，也是能够创作出艺术精品的先决条件，是作品经得起历史风霜的考验、赢得更多受众认同的重要前提。在

① 习近平．习近平谈治国理政：第2卷．北京：外文出版社，2017：315.

② 同①317.

思潮汹涌、云谲波诡的国际图像传播领域，思想观念的激烈角逐和意识形态的残酷较量是不可回避的，胜负之间存在诸多变量和不确定性。我们能够克敌制胜的根本法宝，必须是立足于五千年中华优秀传统文化的沃土，坚持以马克思主义科学世界观和方法论为指导，总结、提炼和升华中国共产党领导中国人民进行革命、建设和改革的伟大实践，从人民群众丰富多彩的生产和生活中提炼新概念、总结新经验、创造新方法、开拓新境界，创作出无愧于时代和人民的鸿篇巨制。“天是世界的天，地是中国的地，只有眼睛向着人类最先进的方面注目，同时真诚直面当下中国人的生存现实，我们才能为人类提供中国经验，我们的文艺才能为世界贡献特殊的声响和色彩”①。在文艺创作实践中，广大文艺工作者不仅仅要做到“身入”，更要做到“心入”和“情入”，进而创造出激荡人心的作品，打出独特的艺术图像品牌，做出富有中华文化特色的艺术精品，用优秀的图画和影视剧作品征服观众、赢得观众，让全世界的观众在审美中感受中华文化的独特魅力，加深对中华文化的认知、理解和认同。

(二) 思潮激荡下的图像力开发

图像种类繁多，不胜枚举，且应用领域极为广阔。在当下的国际传播领域，借助新媒体平台的集中输送和快速传递，不同性质的视觉文化的碰撞和社会思潮的激荡，更多表现在能够呈现国家文化软实力的影视剧方面。必须承认，就不同国家的文化向海外推广所起的作用而言，影视剧无疑是传播载体中的首选。20 世纪 90 年代以来，承载着资本主义文化软实力的美国大片频频向海外输出，如《阿凡达》、《速度与激情》、《天龙特攻队》、“007”系列等在世界各地播出，在为美国资本家赢得巨额经济利益的同时，还把资产阶级的个人英雄主义、自由主义、“普世

① 习近平．习近平谈治国理政：第 2 卷．北京：外文出版社，2017：320.

价值”等社会思潮推向全世界，诱惑不明真相的人认同美式的自由和民主，追求所谓美国生活方式。西方敌对势力采取图像渗透和视觉诱惑等邪恶方式，对社会主义国家实施“和平演变”，加剧了国际传播领域不同思想和价值观的对立与冲突。如前所述，布热津斯基提出的“奶嘴乐战略”是美国文化输出战略的一部分，它通过家庭肥皂剧、偶像剧和真人秀等娱乐形式吸引大众，给大众提供丰富的视觉体验，诱使大众沉迷于娱乐，进而丧失理性思考和明辨是非善恶的能力。对于国际领域形形色色的社会思潮，我们必须学会正确分析和精准辨识，以马克思主义意识形态引领多样化社会思潮的变迁。习近平指出：“准确、权威的信息不及时传播，虚假、歪曲的信息就会搞乱人心；积极、正确的思想舆论不发展壮大，消极、错误的言论观点就会肆虐泛滥。”① 我们必须清醒地认识到，在思想观念和价值领域，真理与谬误、正确与反动、进步与落后的较量是客观存在的。随着融合媒体的飞速发展和新技术的应用，国际上不同思想观念的较量会越来越激烈，我们面临的风险和考验会越来越复杂，因此，我们在思想政治教育领域必须发扬斗争精神，在创新中增强斗争能力，不断提高斗争本领。主流媒体要做到方向明确、原则清晰、立场坚定，不仅仅要守土有责，更要守土尽责，要“牢牢掌握舆论场主动权和主导权”②。

习近平指出：“凡是危害中国共产党领导和我国社会主义制度的各种风险挑战，凡是危害我国主权、安全、发展利益的各种风险挑战，凡是危害我国核心利益和重大原则的各种风险挑战，凡是危害我国人民根本利益的各种风险挑战，凡是危害我国实现‘两个一百年’奋斗目标、实现中华民族伟大复兴的各种风险挑战，只要来了，我们就必须进行坚决斗争，而且必须取得斗争胜利。”③ 以各种视觉图像形式传播的社会思潮，源头多样、性质不同、内容各异，其极端化发展和肆意传播会威

① 习近平．习近平谈治国理政：第3卷．北京：外文出版社，2020：319.

② 同①.

③ 同①226.

胁到我国社会主义意识形态安全，腐蚀我国社会主义核心价值观建设的丰富成果，在人民群众中造成价值选择的迷茫与困惑。面对国外不良社会思潮的输出，我们必须敢于斗争、善于斗争，采取针锋相对、坚决回击的斗争策略，牢牢把握战略主动权。我们要通过提升文化软实力和国际形象，来应对资本主义文化软实力的挑战，在斗争中要讲究策略和艺术，努力做到习近平所强调的"三个统一"，即"在各种重大斗争中，我们要坚持增强忧患意识和保持战略定力相统一、坚持战略判断和战术决断相统一、坚持斗争过程和斗争实效相统一"①。

图像传播引发的思潮激荡和文化冲突，必须回归图像文化本身，以图像主导的方式来解决。"要采用贴近不同区域、不同国家、不同群体受众的精准传播方式，推进中国故事和中国声音的全球化表达、区域化表达、分众化表达，增强国际传播的亲和力和实效性。"② 精选中国特色社会主义建设实践中重大题材的影视剧，剧情要贴近当代、贴近生活、贴近观众的需要，充分反映改革开放 40 多年取得的重大成就和基本经验，这是走进观众的内心世界、赢得点赞与好评的关键，也是应对国际传播领域风云变幻、勇立时代潮头的必要步骤。为迎接中国共产党成立 100 周年，中央电视台特别推出电视剧《山海情》《觉醒年代》以及大型纪录片《绝笔》等优秀剧目。剧目聚焦新时代的先进人物和道德楷模，在家国视野下讲述青年成长和成才的故事，不仅给人耳目一新的感觉，而且完全契合新时代发展的文化诉求，播出后引发了青少年的热烈追捧和不间断点赞。"分析近期重大题材影视剧破圈的原因，很重要的一点就是作品中的青年形象往往成为年轻观众在看剧时的拟态交往对象，在共情、共鸣的良性互动中，剧外与剧中的青年建立起一种'共同体美学'，唤起年轻观众的自我身份认同，从而产生'这一切与我有关'的观赏感受。"③ 我们清楚地看到，能否提供与青少年身心发展相适应

① 习近平．习近平谈治国理政：第 3 卷．北京：外文出版社，2020：227.

② 习近平．习近平谈治国理政：第 4 卷．北京：外文出版社，2022：318.

③ 张凯滨．重大题材影视剧频获青年观众点赞．光明日报，2021-05-05 (7).

的视觉艺术产品，是有效发挥图像文化教育功能的关键。这些优秀视觉图像都是靠形象说话，它们以满满的正能量和积极向上的精神，满足了当代青年成长和成才的强烈愿望以及精神追求。《绝笔》是一部为英雄们再立新传的纪录片，“该片利用珍贵的历史文献材料和影像资料，通过清晰、严谨的叙事，客观、深情的语言，积极探索了一群优秀共产党员丰富的精神世界，书写了一群优秀共产党员可歌可泣的人生故事，刻画了一群优秀共产党员感人至深的生动形象，在新时代为他们再立新传，令新时代的人们铭记他们的英雄事迹”①。为观众特别是青少年提供更多视觉艺术精品，以正能量引领青少年健康成长，让他们懂得我们今天的幸福生活是无数革命先辈用热血和生命换来的。革命先辈的光辉事迹是中华民族的集体记忆，铸就并捍卫着我们永恒不移的马克思主义信仰，引领后人在革命的道路上不忘初心、砥砺前行。牢固树立马克思主义的科学世界观和人生观，就能拥有无坚不摧的磅礴力量，面对任何外来的社会思潮都能准确辨析并进行有力回击。

潮起潮落、风云激荡是国际传播领域永恒不变的规律。唯有在精准认识和深入把握规律的基础上，结合百年未有之大变局的客观现实，结合中国特色社会主义先进文化建设的实际需要，才能科学运用规律来指导视觉图像传播实践，在国际传播领域价值观和文化软实力较量中取胜。按照习近平的重要指示精神，就是要把握好国际舆论领域的“时”与“势”。这里的“时”就是时机、机遇，“势”就是大趋势、大方向。目前整体把握国际传播领域的大趋势，能够看到时与势的主动权完全掌握在我们手中，这是我们的决心和信心之所在，也是我们取胜的底气。中国共产党领导全体中国人民已经顺利实现了第一个百年奋斗目标，正在向第二个百年奋斗目标迈进。在推进新发展理念、构建新发展格局、促进高质量发展等战略任务的过程中，我们要加倍重视和珍惜时间，学会乘势而进、乘势而行、乘势而变，契合中国式现代化发展，做出独创

① 何辉．纪录片《绝笔》：为英雄们再立新传．光明日报，2021-05-05（7）.

性的视觉表达和视觉突破。

第一，以时尚元素转化和发展中华优秀传统文化。图像创意属于文化创意产业，文化创意必须牢牢抓住观众的心理。以《西游记》《三国演义》《水浒传》等古典名著为例，将这些优秀经典改编为影视剧，不仅提高了传播效率，而且使其为更多的海内外观众所熟知和认同。受知识背景和文化差异等因素影响，很多年轻人不能真正理解其中的文化蕴涵，为此，实现中华优秀传统文化的现代转化既是必要的也是迫切的。对于图像创意工作者而言，加入时尚元素、强化审美体验、尊重个性需求，是传统文化走进现代生活的必要路径。以新国风思维的应用为例："从 2019 年开始，新国风思维在中国动画、奇幻电影中已经出现。"① 初步取得的效果是明显的。我们赞赏新一代中国导演大胆的探索精神和对时代脉搏的准确捕捉，唯有进行思维创新，才能有影视业的发展和繁荣。当今国际电影市场竞争激烈，以全新的面孔传承中华优秀传统文化，把中华民族的古老智慧传播到全世界，以自身的特色占领世界影视剧阵地，在不同的视觉图像和社会思潮角逐中取得胜利，本身就是对国外社会思潮传播的有力回应和回击，也是马克思主义意识形态取得主导地位、争取话语权的关键。充分发挥自己的文化优势和文化自信力，抢先占领图像文化这个阵地进而发出自己的声音，是我们克敌制胜的必要步骤。

第二，继续拓展新主流电影的传播格局。除通常意义上的影视剧传播渠道外，互联网也成为媒体图像传播的新载体。早在 20 世纪 90 年代就有学者提出了"新主流电影"概念，以此作为主旋律和主流价值观传播的新探索。后来相继推出的《智取威虎山》《湄公河行动》《战狼》《建军大业》《红海行动》等是新主流电影中的优秀代表。在《当代电影》杂志主编皇甫宜川看来，"随着中国经济与世界经济融合的不断加深，中国电影走向世界就成为一种必然和必需。在这个过程中，'大片'

---

① 范颖，林俊彤．中国电影："国潮"带热传统文化．光明日报，2021-05-12（14）．

可能是中国电影‘走出去’的一种重要形式和策略。或者说，作为一个正在崛起的经济和文化大国，唯有创作出能为世界广泛接受的大片，我们的民族电影工业才可能在未来真正屹立于世界电影工业之林”①。鉴于国际舆论瞬息万变，充分发挥移动互联网的技术优势和传播优势，不断做大做强主流舆论，是我们在国内和国际社会思潮激荡的环境下，努力争取主动和主导地位，做到克敌制胜的关键。习近平指出：“宣传思想工作要把握大势，做到因势而谋、应势而动、顺势而为。我们要加快推动媒体融合发展，使主流媒体具有强大传播力、引导力、影响力、公信力，形成网上网下同心圆，使全体人民在理想信念、价值理念、道德观念上紧紧团结在一起，让正能量更强劲、主旋律更高昂。”② 新主流电影的拍摄正是顺应这个时代潮流，在主旋律电影叙事方面的突破与创新；它回应了时代诉求和观众期望，因而取得了不凡的业绩和良好的口碑。

（三）构建图像引领的长效机制

主动“走出去”是我们积极应对国外思想观念的挑战和未知风险、化解各种不良社会思潮侵害的积极姿态和重要举措。借鉴“御敌于国门之外”的战略战术，在目前视觉图像传播的国际舞台上，我们要用自己的话语讲好中国图像故事，提升中国特色社会主义先进文化的辐射力、影响力、号召力。当然，不可能指望用一幅图画或一部影片来做好这件事，因为这只能取得暂时性的、不稳定的效果，观众也只能获得局部的印象和感受，并不是我们期望实现的长久稳定的目标。有效构建图像引领的长效机制，才是解决问题的根本之策。这里涉及两个问题：其一，什么是图像引领的长效机制？其二，如何构建图像引领的长效机制？所

① “新主流电影”的崛起及其启示意义．南方日报，2018-04-14（A09）.

② 习近平．习近平谈治国理政：第3卷．北京：外文出版社，2020：317.

谓长效机制，必须从“长效”和“机制”两个核心范畴来把握。长效即持之以恒、长期有效，能够始终如一地发挥作用。机制是保证制度正常发挥预期功能的相应举措。机制表现为一系列具体的配套制度、规范性安排，它们与核心制度密切相关且服务于核心制度的正常运转。构建长效机制是围绕核心制度展开的，核心制度才是这里的实质和灵魂。构建图像引领的长效机制，必须有宏观视野和问题意识。所谓宏观视野，就是着眼于中华文化“走出去”的发展战略，着眼于中国经验和中国智慧向全世界传播，着眼于提高国家的文化软实力。这并非仅仅是视觉图像文化本身的问题，而是将视觉图像文化有机融入中华文化对外传播的系统性工程，与其他相关要素和叙事模式共同发挥作用。从这种文化定位出发，才能真正把握视觉图像文化的现代意义。所谓问题意识，是指图像引领长效机制的构建，关键要解决“制度构建”“凭借资源”“谁来传播”三个突出问题。

第一，做好视觉文化对外传播的顶层设计和制度安排。视觉文化作为我国社会主义文化的重要组成部分，不可能脱离文化整体而独立存在。改革开放以来，党和政府制定的发展文化事业和文化产业的科学政策及其实践，其中就包含着对视觉文化的重视和相应的制度落实措施。“我们党为顺应发展社会主义市场经济对文化建设的新要求，把文化区分为公益性文化事业和经营性文化产业，使文化产品的意识形态属性和商品属性在文化建设中都得到充分实现，这也体现了我国党和政府在文化建设中的高度自觉性和成熟性。为此，在文化政策的制定方面做到一手抓公益性文化事业，一手抓经营性文化产业。”① 党在各个时期的文化政策和制度安排，随着中国特色社会主义伟大实践的逐步推进，随着社会环境的变化而不断调整和完善，其中很多内容都专门谈到了视觉文化的发展和传播，例如，“必须坚持把社会效益放在首位，努力实现社

① 张骥，等．马克思主义意识形态引领多样化社会思潮若干问题研究．北京：人民出版社，2013：347.

会效益和经济效益的有机结合，以思想性、艺术性、观赏性相统一的优秀作品赢得群众、占领市场、占领阵地”①。与其他类型的文化产品相比，思想性、艺术性、观赏性三者的统一在视觉图像文化中体现得最充分，也是它能够赢得观众、占领思想阵地的先决条件。2013 年 12 月，中共中央办公厅印发的《关于培育和践行社会主义核心价值观的意见》明确指出，在世界范围内思想文化交流交融交锋的形势下，不同文化之间的较量集中体现为核心价值观的较量，面对改革开放和发展社会主义市场经济条件下人们思想意识多元多样多变的新特点，积极培育和践行社会主义核心价值观就是现阶段的重要任务，也是对外文化传播的根本价值导向，是现阶段文化艺术产品思想性的集中体现，无论是反映文本叙事的作品还是视觉图像文化，都必须将艺术性和观赏性置于核心价值观的基础上。为此，我们必须“建立健全培育和践行社会主义核心价值观的领导体制和工作机制，加强统筹协调，加强组织实施，加强督促落实，提高工作科学化水平”②。科学有效的文化政策和具体制度的明确落实，为中华文化对外传播奠定了坚实基础、提供了重要保障，推动了中华文化对外传播的规范化、常态化运作，能够让中华文明与其他丰富多彩的文明一起，为人类提供正确的价值归宿和精神指引。为了进一步提升传播效率，习近平特别强调，“要加强顶层设计，统筹各方面力量协同推进”③。图像也是重要的话语方式，加强话语体系建设在解读中国实践、构建中国理论方面的工作，同样包括对图像话语的巧妙运用。随着我国改革开放的不断深化，中国共产党对于中华文化的对外传播更加自觉，在政策的制定和实施上也更为成熟稳重。比如，作为中外合作办学的非营利机构，对外传播和弘扬中华文化的教育机构，孔子学院在世界上遍地开花，它致力于满足世界各国人民学习汉语的需要，帮助他

---

① 中共中央文献研究室．十六大以来重要文献选编：上．北京：中央文献出版社，2005：527.

② 关于培育和践行社会主义核心价值观的意见．北京：人民出版社，2013：19.

③ 习近平．习近平谈治国理政：第 2 卷．北京：外文出版社，2017：346.

们了解博大精深的中华文化，增进他们对中华文明和中国人民的感情，促进世界文化多元化发展与交流，在构建和谐世界中发挥着不可低估的作用。

第二，深入发掘、整理中华传统图像文化优秀资源。中华图像文化是文化软实力的重要组成部分，然而地方性的图画和视觉资源，常常因地域局限而难以为外人所知。正是地域性图像资源构成了民族文化的唯一性和鲜明特色，使人能够从中洞察民族文化的活力源头。从图像视角切入中国文化软实力建设，必须夯实软实力建设的历史根基，努力发掘和整理传统图像文化，实现传统图像文化的创造性转化和创新性发展，是当今图像文化建设不可缺少的一个环节。习近平明确指出："要系统梳理传统文化资源，让收藏在禁宫里的文物、陈列在广阔大地上的遗产、书写在古籍里的文字都活起来。"① 这是一项庞大而系统的文化工程，需要不同领域的专家学者进行深入挖掘和仔细筛选，在系统梳理和深入研究的基础上，让尘封已久的文化精粹重新焕发生机。以中华优秀传统图画为例：中国历史上卷帙浩繁的叙事性绘画，目前已经引起海外中国学者的高度重视，在孟久丽看来，博大精深的中华优秀传统文化，除人们熟知的文本及言说传统外，还有一条视觉传统，叙事性绘画是其主要内容。它以主题绘画的方式阐释特定价值观，表达特定意识形态内涵，发挥社会教化和文化引领的功能。② 包华石的《早期中国的艺术与政治表达》、乔迅的《石涛：清初中国的绘画与现代性》等专著，从视觉文化的视角发掘中华传统文化的人文意蕴和思想教化功能，获得了许多新的发现。国外学者对中华图像艺术的研究从另一个侧面启示我们，随着世界各国人民对中国的关注不断升温，无论是中华优秀传统文化，还是无产阶级革命文化和中国特色社会主义先进文化，在世界上的影响力、吸引力都越来越大。我们要承担起连接中国与世界、促进国际交流

① 习近平．习近平谈治国理政：第1卷．北京：外文出版社，2018：161.

② 孟久丽．道德镜鉴：中国叙事性图画与儒家意识形态．何前，译．北京：生活・读书・新知三联书店，2014：1.

的职责和使命，满足世界人民对中国图像文化的好奇心和需求。通过直观清晰的中华图像文化，我们将搭建起中外文化交流的桥梁。相比于巨大的市场需求而言，我们对视觉图像资源的挖掘还不够充分，大量图画资料和文物还处于沉睡状态，许多领域图像的发掘和使用甚至仍是一片空白，有些视觉图像资料局限于艺术领域，仅仅作为少数人的专业研究对象，而没有转化为人类的共同财富和文化资源。一些人对图像的价值增值效应不够重视，也没有把它作为对外传播的重要资源来利用，甚至偏好文本而贬低图像的意义。因此，我们需要一场观念上的变革，同时需要考古工作者、文物保护单位和历史文化研究者共同努力，从中华文化的整体性发掘和研究出发，做好优秀视觉图像文化对外传播的科学设计，积极探索和构建中华视觉图像文化的对外传播机制，以保证图像对外输出和传播有序进行，推动视觉图像文化取得良好的国际传播效果。

第三，推动团队型视觉文化传播和创新实践。讲故事的方式通常有多种，既可以是文本叙事、话语传统，也可以是图像叙事、形象呈现，还可以是二者的有机互补和融合穿插。当代中国视觉文化的影响力，突出体现在以读图为主、以话语为辅的融合传播模式。从具体内容来看，无论是京剧、书法、国画、诗词，还是音乐、舞蹈、电视剧，都是我国劳动人民长期实践积累下来的文化瑰宝，都能给世界人民了解中国提供独特视角，都能以其独特的魅力吸引人、感染人、打动人，也都是外国人了解中国社会和中华文明的重要途径，而各种类型的图像在其中发挥了不可替代的特殊作用。对于党的新闻舆论工作来说，在视觉图像的传播和应用上，必须坚持以正面宣传为主的原则，“要以理服人，以文服人，以德服人，提高对外文化交流水平，完善人文交流机制，创新人文交流方式，综合运用大众传播、群体传播、人际传播等多种方式展示中华文化魅力”①。要在实践中不断创新图像传播的理念、内容、体裁、形式、方法、手段、体制和机制，以马克思主义意识形态为主导，统摄

① 习近平．习近平谈治国理政：第1卷．北京：外文出版社，2018：161-162.

图像视频的娱乐性和艺术性，实现导向性、娱乐性和艺术性三者的有机协调与辩证统一。要充分发挥新媒体平台的传播职能，强化团队建设和协同创新能力，把握好图像传播的“时”“效”“度”，增强图像传播的实效性和针对性。按照习近平的指示，我们“要加强国际传播能力建设，增强国际话语权，集中讲好中国故事，同时优化战略布局，着力打造具有较强国际影响的外宣旗舰媒体”①。落实到不同的学科知识和研究领域，应当努力挖掘并体现学科自身的文化特色，比如在哲学社会科学方面，“要善于提炼标识性概念，打造易于为国际社会所理解和接受的新概念、新范畴、新表述，引导国际学术界展开研究和讨论”②。循着这个思路，在视觉图像文化领域，我们必须打造属于自己的图像品牌，使之能够为国际学术界所理解和认同，以此作为宣传和展示中华优秀文化的平台。如同哲学社会科学团队建设一样，其他各领域也要打造属于自己的视觉文化团队，在绘画和影视剧制作不断创新的基础上，推出反映中华文化特色的视觉图像精品力作，不断拓展视觉图像文化的国际影响力，以强大的团队力量，联合作战、协同攻关，“把跨越时空、超越国度、富有永恒魅力、具有当代价值的文化精神弘扬起来，把继承传统优秀文化又弘扬时代精神、立足本国又面向世界的当代中国文化创新成果传播出去”③。在一些媒体人和业界人士看来，“出海”已经成为中国优质影视剧创作的常态。自 2019 年以来，我国拍摄的科幻电影《流浪地球》在北美地区和澳大利亚同步上映，取得了非常不错的票房业绩。在第 14 届亚洲电影大奖上，王小帅凭借其《地久天长》一举夺得最佳导演奖。获得第 30 届中国电视金鹰奖最佳电视剧奖的《外交风云》，已经陆续在北美、非洲、印尼等许多国家和地区发行。这一系列视觉文化上的突出成就足以证明，我国的影视图像文化正在以全新的姿态登上国际传播舞台并全方位展示自己的风采，直观有效地建构中国国

① 习近平．习近平谈治国理政：第 2 卷．北京：外文出版社，2017：333.
② 同①346.
③ 习近平．习近平谈治国理政：第 1 卷．北京：外文出版社，2018：161.

家形象。在跨文化图像传播的语境下，视觉图像已经成为中华优秀文化走向世界、讲述中国故事、传播中国声音的典范与楷模。①

四、讲好中国故事，建构国家形象

（一）对外传播与文化身份延续

对外文化传播属于跨文化传播的范畴，它以符号为传递文化信息的载体。按照语言符号和非语言符号的二分法，视觉图像属于非语言符号。自历史上出现跨文化传播以来，图像原本作为传播载体被应用，且得到广泛认同与好评。不过从认知经验和认知习惯来看，以往人们对语言符号的重视程度远远超过图像，以至于视觉图像作为传播载体常常处于被边缘化的境地。然而，就传播渠道的通畅性和效果来看，语言符号又是传播的某种障碍，因为要了解对方的文化及其意义，前提是必须懂得对方的语言，而精通一门语言耗时耗力，为此就有了翻译这一职业，为双方沟通搭建桥梁。相比之下，视觉图像具有清楚直观的显著优势，读图者借助其中的人物、场景、活动、事件等要素，再结合相应的肢体动作和行为语言，大概能够猜到图像作品的主题和意义。电影或电视剧下方提供的字幕，仅仅是为了更详细地呈现人物之间的对话，消除理解上的歧义和冲突，是一种展示主题和价值蕴含的必要补充。因此，在跨文化传播实践中，视觉图像体现出自己的特殊优势，成为不同国家对外宣传和文化传播的首选。在经济全球化大背景下，不同国家和地区之间在经济上实现了深度融合，教育和文化交流越来越频繁，借助互联网和新媒体的便利手段，强化了视觉图像传播的必要性和现实性。从时间和空间维度来看，对外文化传播的重要目的是，使

① 丁亚平．中国影视剧用真诚和创意海外“圈粉”．光明日报，2020-11-04（15）．

自己民族的文化为越来越多的人所了解和认同，使民族的文化身份得以延续和发展。

在跨文化传播中，文化身份（cultural identity）强调不同文化之间的差异及其价值寓意。强化文化身份是对外文化传播的关键。之所以具有认同的含义，是因为在个体能动性的基础上，个人或群体对本民族文化的高度自信和自觉。有学者认为，跨文化传播就是要在不同的文化之间进行对比，就是“差异和互补、连续和非连续之间的有节奏地、辩证地互动，这最终会产生哲学不同传统间的真正的相互丰富”①。“相互丰富”固然不错，然而，前提是必须保持民族文化的身份延续，而不是“去中心化”“去边缘化”“去地域化”，消弭不同文化之间的特质和差异。中国共产党以马克思主义科学真理为指南，领导中国人民进行艰苦卓绝的革命斗争，逐步探索社会主义建设的正确道路，推进改革开放和中国特色社会主义伟大事业，不仅找到了实现中华民族伟大复兴的正确道路，而且使中国人民的文化自信心和文化自觉性空前高涨。历史告诉我们，在对外文化传播实践中，坚守和捍卫民族文化自信，增强做中国人的骨气、底气和志气，不断延续和强化民族文化身份，这是事关党性和阶级性的原则问题，事关国家文化软实力的提升，是对外传播过程中必须坚守的政治原则和底线思维，不能有半点含糊或动摇。视觉图像文化产品要走向世界，必须考虑求同存异，尊重文化的多样性，充分考虑受众的叙事模式和接受习惯，以此搭建交流、互通与合作的平台。然而，艺术作品的民族风格和文化个性不能丢，中华文明的精神内核和独特气质必须彰显，在此基础上才能谈价值诉求与商业元素、艺术性与娱乐性之间的结合问题。

习近平指出：“历史和现实都表明，一个抛弃了或者背叛了自己历史文化的民族，不仅不可能发展起来，而且很可能上演一场历史悲

---

① 沈青松．跨文化哲学和中国哲学．国外社会科学，2004（3）：99.

剧。”① 对外文化传播必须坚持以我为中心的原则，努力体现中国特色、中国风格、中国气派，始终把文化的继承性、民族性放在首位，始终以传播和弘扬中华文化为己任，向全世界发出中国声音。“我们不仅要让世界知道‘舌尖上的中国’，还要让世界知道‘学术中的中国’、‘理论中的中国’、‘哲学社会科学中的中国’，让世界知道‘发展中的中国’、‘开放中的中国’、‘为人类文明作贡献的中国’。”② 全方位展示中国的历史、文化和中国特色社会主义现代化建设取得的巨大成就，既是文本叙事传播的明确主题，也是视觉文化对外宣传的核心内容。在影视剧制作过程中，要把中华民族富有特色的思想体系，几千年积淀下来的知识智慧和理性思辨，文明延续的精神脉络和优秀基因，有机融入图像作品和每个元素之中，以直观形象的方式建构视觉图像，准确呈现当代中国价值并努力发扬光大，做好中华文化身份延续和传承工作；同时坚决摒弃西方中心主义的文化立场，拒斥唯西方文化是从、不加选择地认同和接受外来图像思潮的错误思维，时刻警惕视觉图像文化中敌对意识形态的入侵，在思想深处筑牢意识形态防线。国内外各种错误的社会思潮和价值理念，是腐蚀和瓦解社会主义核心价值观、威胁中华文化身份延续的不利因素，我们必须采取果断措施彻底清除干净。必须坚持以马克思主义科学世界观为指导，有分析、有鉴别地对待国外的理论、概念和话语。“对人类创造的有益的理论观点和学术成果，我们应该吸收借鉴，但不能把一种理论观点和学术成果当成‘唯一准则’，不能企图用一种模式来改造整个世界，否则就容易滑入机械论的泥坑。”③

要把视觉图像的话语权掌握在自己手中，不断拓展国际视觉传播的思想领地，始终掌握视觉图像传播的主动权和话语权。守护视觉图像领域的思想阵地，实际上就是建构自己的图像“话语场”、扩大中华图像文化的影响力和辐射力的过程。“话语场”不同于“话语权”，“场”代

① 习近平．习近平谈治国理政：第2卷．北京：外文出版社，2017：339.

② 同①340.

③ 同①340.

表场地、空间，是许多人聚集活动的地方，寓意为舞台、平台。“权”代表权力或权利。有了话语权，不等于有了话语场。话语权只是单方面的诉求，话语场则是话语权赖以表达的空间，双方（或多方）得以交流的平台和场所。以我国影视剧在国外的传播为例。2019 年 5 月，由刘烨、马伊琍等领衔主演的电视连续剧《在远方》，讲述的是中国快递和互联网创业的故事，全剧情节跌宕起伏、引人入胜，主人公历经坎坷、百折不挠、终获成功，展现了中华民族不屈不挠、奋发有为的进取精神，反映了当代中国青年的远大志向和锲而不舍的拼搏精神，对生活在都市的当代青年具有深刻的启迪和借鉴意义。该剧在韩国的 OTVN 频道和中华 TV 频道播出后，在当地引起了强烈的社会反响，有人形容韩国刮起了一股“中国风”。这里的“中国风”，就是典型的图像话语场效应。这与当年的“韩流”进入中国影视剧市场是完全不同的场景。在视觉图像文化中，图像的话语权仅仅是视频图像单方面的权利，话语场则是图像进入观众的内心世界，激发其强烈的文化认同以及积极回应的过程，表现为图像对观众精神世界的占领和塑造。它是我们视觉图像对外传播的初心，也是视觉图像对外传播的效果呈现和文化传播的重要目的。面对图像市场的激烈竞争，制作者必须超前把握观众观赏趣味的变化，深度分析碎片化时代的媒介偏好和意义循环渠道，有效设置争议性话题等图像叙事要素，把作品的个性、视觉图像的民族性和人文气息有机融入影视剧制作的全过程。必须明确，在影视剧作品生产和制作过程中，创作与接受从来都是相互依存、相互制约的，作为一种大众化的艺术，视觉图像不仅要有极富时代感的话题，还要有深刻的理性思考、生活审美价值和丰富的实践经验，才能满足当代观众多样化的需求。因此，视觉图像的话语场拓展和传播力的提升，既要靠优秀的图像艺术作品来精心培养，又要靠持续不断的艺术创新来守护。我们的艺术工作者要做到守土有责、尽职尽责，牢牢守护中华视觉文化阵地，因为它同时也是我们的思想舆论阵地和意识形态防线。

（二）国家形象的图像文化建构

国家形象与文化软实力密切相关，它是文化软实力博弈的必然结果；反过来，建构良好的国家形象，又是增强文化软实力的重要手段。因此，二者相互依赖、互为因果。习近平指出："要注重塑造我国的国家形象，重点展示中国历史底蕴深厚、各民族多元一体、文化多样和谐的文明大国形象，政治清明、经济发展、文化繁荣、社会稳定、人民团结、山河秀美的东方大国形象，坚持和平发展、促进共同发展、维护国际公平正义、为人类作出贡献的负责任大国形象，对外更加开放、更加具有亲和力、充满希望、充满活力的社会主义大国形象。"① 总体来说，习近平关于我国的国家形象主要谈了四个方面：一是古老的文明大国形象。我国有五千年辉煌灿烂的文明，在长期的历史进程中，各族人民勤劳勇敢而又富有智慧，经过世世代代不断耕耘、努力创造，无论是在物质文明方面，还是在精神文明方面，都取得了无与伦比的成就，为世界所瞩目并获得了高度赞誉。四大文明古国通常指的是古埃及、美索不达米亚（包括巴比伦）、古印度和古代中国，它们被认为是世界文明的摇篮。随着时间的推移，其他三大文明或者衰落了，或者为其他文明所取代，只有中华文明持续发展、传承至今，展现出独特的生命力和连续性。中华文明积淀着中华民族最深沉的精神追求，代表着中华民族独特的精神标识，为生生不息、勤劳勇敢的中华儿女提供了丰厚的精神滋养，也向世界各族人民展示了它的无穷魅力。二是东方大国形象。在亚洲的版图上，中国地理面积巨大、人口众多，文化底蕴深厚、历史悠久，对世界和人类已经做出并将继续做出重大贡献，是名副其实的东方大国。自古以来，中华民族像一条腾飞的巨龙，巍然屹立在世界的东方。如今我们的国家政治清明，经济和文化繁荣发展，社会秩序稳定，

① 习近平．习近平谈治国理政：第1卷．北京：外文出版社，2018：162.

人民生活幸福。三是负责任的大国形象。中华民族秉持“和为贵”的文化理念，遵循协和万邦的外交原则，世代与其他民族和国家友好交往。即使在新中国成立之初的艰苦岁月里，我国都不忘记帮助其他国家进行经济文化建设。我国始终坚持走和平发展道路，促进世界各国各民族共同发展，努力维护国际公平正义，展现出一个理性的负责任大国的良好形象。四是社会主义大国形象。中华儿女在中国共产党坚强有力的领导下，推翻了帝国主义、封建主义和官僚资本主义三座大山，建立了社会主义新中国。人民群众当家作主，成为新社会的主人。没有共产党，就没有新中国；没有社会主义，就没有中国的强盛与复兴。如今中华儿女勠力同心，踏上了实现中华民族伟大复兴的新征程，我们的未来无比美好。

新时代新征程，我们在建构中国国家形象时要从上述四个方面着手。从理论上讲，文化符号是建构国家形象的重要媒介，在对外文化交流和传播过程中，除传统意义上的文本符号以外，图像符号也是重要的手段或载体。关于文本符号在对外传播中的意义，以往学术著作已多有论述，所以本书用更多的笔墨来探讨图像符号之于建构国家形象的意义与路径。

第一，以中国画为引领，彰显图像艺术特质，传播审美样式和中华民族精神。中华民族自古就以文明礼仪之邦而著称，其深厚的历史底蕴和多样和谐的文化向来为世人所称道与赞颂。之所以选择中国画作为代表，是因为它具有独特的民族特色和深厚的文化精神，在世界美术领域中独树一帜。中国画使用毛笔、墨和颜料，在特制的宣纸或绢上创作，特别注重笔法和墨法。笔法涉及点线面的结合，而墨法则通过水的运用，创造出浓淡干湿、深浅不一的效果。中国画的题材多样，包括人物、山水、花鸟等。在技法上，中国画分为工笔和写意两大类。从作品的形式来看，中国画又可细分为扇面、卷轴、壁画、册页、屏风等多种形制。“中国画作为中国艺术的一个门类，有着悠久而辉煌的历史，题材广泛、名家辈出、流派纷呈而风格独特，它与中国传统文化以及人文精神休戚相关，历经数千年的不断发展，形成独特的文化内涵和美学观念以及哲学思想等文化体系。蕴含着中国画的审美意识、形式意境、笔墨程式、线意彩韵、哲学思想和文化品格等艺术精神。具有鲜明的民族风格和传统的审美文化精神，在中国传统文化中占有相当重要的位置，它充分显示了东方绘画艺术的魅力和中国气象。”① 必须承认，中国画的演变首先要受制于艺术自身的规律，其次反映特定时期的社会经济和政治状况。在此基础上，个人的审美情趣和精神体悟才能发挥作用。的确，中国画强调写意，即表现个人的心境意向、审美情绪，然而脱离了社会大环境的影响，孤立的情绪抒发是没有意义的。中国画讲究“意象”与“意境”，“意象”是以对象（例如植物）为中心，关联创作者、接受者和周围环境三者之间的整体性，创作者往往为对象的生命活力所感动，抒发自己对生命意义的理解。“意境”是从“意象”中体会到美的蕴含，世上万物的出生、生长和衰落的过程，虽然是作为自然过程出现的，然而在画家眼中，却是催生对生命的热爱、感召和体悟的过程，以此达到某种特定的“意境”，即实现了真、善、美的和谐统一。除此之外，我们还可以从考古的视角来探寻中华文明的细节与深度。例如，在葛剑雄所著的《黄河与中华文明》一书中，我们见到了国家一级文物何尊，其铭文中有迄今为止能找到的最早的“中国”二字，它是中华民族文明史的重要象征，见证了中华民族的延续脉络和历史沿革，具有弥足珍贵的考古学价值和历史地理意义。刘庆柱在接受《光明日报》记者访问时指出：“西周早期青铜器何尊铭文‘宅兹中国’之‘中’即天地之中的‘中’。定都中原的最后一个王朝——宋王朝之后，金元明清徙都北京，海陵王就认为‘燕京乃天地之中’，这也就是说，‘天地之中’具体地点可以不同，但是其理念没有改变。”② 一座何尊奠定了中华文

---

① 张瀛．中国画审美视域中的传统文化内涵．阜阳师范学院学报（社会科学版），2015（6）：142.

② 陈雪．以考古之光照亮文明深处与细节：中国考古与历史主题新书访谈．光明日报，2020－11－28（9）.

明的基石，述说着中华民族的文化基因和历史传承的内在精神。无论是国画还是考古发现，这些丰富的文化遗产都是中华民族的骄傲与自豪，也是中华儿女五千年生生不息的力量源泉。

第二，以自然地理类纪录片为抓手，采取国家相册的形式，全方位展现真实立体的大国形象。在普通观众眼中，2012 年 5 月 14 日是个难忘的日子，因为中央电视台纪录片《舌尖上的中国》正式开播。该片通过对祖国各地极富特色的美食的展示，给人以可见、可嗅、可触、可食的全新体验。中华饮食文化历史悠久、代代相传，并且不断被后人创新和完善。它以精致的食材选择和独特的烹饪技艺而著称，不仅丰富了人们的餐桌，给人们提供了色香味俱佳的美食体验，还改变了人们的生活习惯和方式。中华特色美食及其文化元素，与各地独特的自然条件、风土人情、生活习性密切相关，给观众带来生活仪式和伦理文化的全面呈现，其中蕴藏着丰富的中国元素和中华饮食密码，这在世界上是独一无二的。纪录片播出后好评如潮，之后相继制作了几十集，仍不能满足大众视觉饥饿的胃口。该片曾获得“制作者大奖”“中国饮食文化传播奖”“年度社团文化贡献奖”等。与之不同，《大黄山》以及《黄山》则是展示中华名山、秀美风光的纪录片，二者堪称姊妹篇。有学者指出：“纪录片相对于其他视听艺术所具有的独特魅力，那就是真实。世界上也许没有什么比真实更有力量和更能打动人的，但是，纪录片仅有真实还远远不够，因为艺术不是现实的简单记录与复制，而应该对自然历史和当下现实有特别的呈现（角度）和匠心的提炼（立意），当然还应该有商业化处理和国际化视野。”① 在这方面，《大黄山》和《黄山》无疑是精品力作，它们选取自然景观的角度堪称典范，如云海、迎客松、怪石、摩崖石刻、峡谷栈道、黄山短尾猴等，不仅让观众切身感受到黄山的险峻雄奇，给人以视觉的震撼，塑造深刻的主观情感体验，而且运用数字

---

① 张利．大美黄山的各美其美：评纪录片《大黄山》、《黄山》．中国电视，2014（9）：76.

3D技术进行处理，淋漓尽致地展示了虚无缥缈的云海中宛如仙境的黄山奇观之美轮美奂、美不胜收。当然，创作者并未对黄山的自然景观进行简单化描绘，而是通过航拍技术展现了黄山的立体全景和地理特征。在这一过程中，创作者巧妙地融入了徽派建筑和西海大峡谷悬崖步道等元素，并且结合了黄山地区传承百年的工匠技艺，例如徽雕，以及与李白和黄帝相关的历史传说，从而加深了黄山的历史感和文化沧桑感。纪录片告诉观众，黄山不仅有巨大的旅游经济价值，更有深厚久远的人文精神传承。“随着《故宫》等中国纪录片越来越多地走向世界，其他民族越来越有兴趣关注带有东方神秘特色中国的自然历史与文化生活。”①2020年12月，大型历史地理纪录片《中国》开始在湖南卫视和芒果TV热播。作为东方大国，“中国”二字蕴藏着丰富厚重的文化内涵，如何让它真实地呈现在国内外观众面前，是许多创作者正在探索的崭新课题。“从《舌尖上的中国》到《航拍中国》《星空瞰华夏》，再到正在热播的《中国》，这些纪录片从不同角度全景式诠释了中国的国家形象，用一幅幅生动多彩的画卷，让世界更了解中国，也让当代的中国人，在影像中探寻中国精神、中国力量、中国自信的源泉和密码。”②

第三，以“中和”为视觉图像主题，遵循协和万邦的精神，展示友善的、负责任的大国形象。自古以来，中国先民在长期交往实践中形成了“中和”的文化理念。据说，当年尧禅位于舜时即有“允执厥中”的说法。孔子曰：“君子和而不同，小人同而不和。”他的学生有子说：“礼之用，和为贵。”师生二人都把“中和”视作人伦之道和君子之德。“和”是和谐、和睦、调和。儒家学者认识到，矛盾与冲突的存在是不可避免的，然而超越“中庸”的界限，就很可能威胁整体的稳定与平衡，甚至会导致政权的倾覆与崩塌，因此必须倡导“和合”的文化理念和行为方式。“中和”是消解冲突，实现彼此和谐、共同发展的最好办

---

① 张利．大美黄山的各美其美：评纪录片《大黄山》、《黄山》．中国电视，2014（9）：76.

② 张淼．纪录片正在呈现全面真实立体的国家形象．光明日报，2020-12-15（9）.

法。在世界文明中，倡导“中和”的儒家文化与主张世界和平、互助友善的理念最为接近。以体育赛事为例：奥运会是国际奥林匹克委员会组织的世界最大的综合性运动会。现代奥林匹克精神，以五环旗为标志，核心在于为每个人提供平等参与体育运动的机会。它倡导在消除所有形式的歧视和不公的基础上，促进世界人民之间的相互理解、团结友谊，并强调公平竞争的重要性。申办奥运会践行了中华优秀传统文化的“中和”理念，也是展示对外友善、履行国际义务的重要实践。2008 年，第 29 届夏季奥林匹克运动会在中国北京举办。在北京举办的盛大开幕式上，以“美丽的奥林匹克”为主题的表演分上下两篇，上篇主要展示我国的四大发明和语言文字，下篇主要展示改革开放后中国社会的繁荣景象。关于中华优秀传统文化的展示，主要包括画卷、文字、戏曲、丝路、礼乐五大主题。“画卷”向全世界展示了中华民族的历史起源和文化脉络，当饱含中国色彩的画卷徐徐打开时，我们从画面上可以清晰地看到，孔子的“三千弟子”吟唱着《论语》中的名句：“四海之内，皆兄弟也。”它追溯了中华和谐理念的历史起源，同时阐发了中华民族和平相处、协和万邦的精神。奥运会开幕式所呈现的中华文化之美，不仅惊艳了国人，也惊艳了世界。在星星点灯的夜空里，透过千家万户的电视荧屏，我们看到了中国人脸上洋溢着的微笑，它是改革开放后中国人的自信和自豪感，也是对当下幸福生活的体验和满足。第 29 届夏季奥运会的成功举办，本身就是对外传播中华文化的重要契机，它不仅向国际社会展现了中国良好的国际形象，也使越来越多的国际友人更全面地认识了中国和中华文化。

理念仅属于思想意识层面，必须落实到行动中，做到言行一致、知行合一。习近平指出：“我国周边外交的基本方针，就是坚持与邻为善、以邻为伴，坚持睦邻、安邻、富邻，突出体现亲、诚、惠、容的理念。”①中国以实际行动维护世界和平，积极参加联合国维和行动。根据《联合

① 习近平．习近平谈治国理政：第 1 卷．北京：外文出版社，2018：297.

国宪章》的授权，国际维和部队的主要任务是防止、控制和解决武装冲突，恢复或维护地区和平，确保国际人道主义救援活动顺利开展。1990年4月，中国军队向联合国停战监督组织派遣5名军事观察员，开启了中国军队参加联合国维和行动的历史。到2020年5月31日，中国共派出维和军事人员4万多人次，累计参加26项联合国维和行动。[①] 中国军队参加联合国维和行动，源于中华民族的和平基因。中华民族的“和”文化，蕴含着天人合一的宇宙观、协和万邦的国际观、和而不同的社会观、人心和善的道德观，和平、和睦、和谐是中华民族最朴素的追求，和合共生、以和为贵、与人为善等理念在中国代代相传。几千年来，和平融入中华民族的血脉中，刻进中国人民的基因里，成为中国军队的不懈追求。如果说以中华优秀文化为背景的奥运会提升了国家形象，那么，中国向联合国派出维和部队，积极履行国际义务和对世界和平的责任，则让全世界更深入地了解了中国社会和中国人民，深化了世界对中华文化的认识。正如有学者所说：“对内而言，通过传播中国文化符号，增强海内外全体中华儿女的身份认同、文化认同、民族认同和价值认同，牢固树立起民族意识、国家意识；对外而言，通过传播中华文化符号，在‘自我’与‘他者’文化之间，使以中国价值观念为核心的话语系统和视觉形象系统得到普遍的运用和有效的传播，在国际社会诠释中国文化的价值内涵，形成共有知识、共有观念，进而增进国际社会对中国‘和平发展、求同存异、负责任大国’国家形象的认知，提升中国国家形象。”[②]

第四，以新时代为图像主题，聚焦中华民族伟大复兴新征程，展现充满活力与希望的中国形象。经过40多年波澜壮阔的改革创新实践，中国特色社会主义取得了举世瞩目的成就。我们已经全面建成小康社

---

① 央广网．中国参与联合国维和行动30周年　累计参加26项联合国维和行动．(2020-05-31)[2024-01-20]．https://baijiahao.baidu.com/s?id=1668166739962590671&wfr=spider&for=pc.

② 蒙象飞．中国国家形象与文化符号传播．北京：五洲传播出版社，2017：229.

会，实现了第一个百年奋斗目标；同时，我们又乘势而上，开启了第二个百年奋斗目标，踏上全面建设社会主义现代化国家的新征程。在中国共产党的正确领导下，全体中华儿女勠力同心、砥砺前行，在接续奋斗中不断创造新的奇迹。我国的经济建设取得了重大成就，在总量上已经稳居世界第二，对世界经济增长的贡献率超过 30%。数字是最有说服力的证据，清楚地呈现了在世界各民族国家中，中国的发展速度、发展质量以及对世界经济贡献率的上升曲线，它是国家实力的象征和体现。我们看到一幅“天眼”的图像，远远望去像一口巨大的锅，在不间断地接收来自宇宙深处的脉冲，它让人们想起了我国杰出的科学家南仁东。南仁东放弃国外高薪聘请回到祖国。在科学研究中，他从不计较个人的名利得失，不考虑野外工作环境的艰苦，跋涉在贵州的大山深处，建成了世界上最大的射电望远镜。以“悟空”“墨子”命名的高科技成果，其中蕴含着深厚的中华文化，是地地道道的中国科技原创成果，也是中华文化智慧的现代象征，这些都是我国实施创新驱动发展战略取得的重大成就。习近平在中国共产党第十九次全国代表大会上指出，在新时代，我国的改革全面发力、多点突破、纵深推进，在各个领域都取得了重大突破。“中国特色社会主义制度更加完善，国家治理体系和治理能力现代化水平明显提高，全社会发展活力和创新活力明显增强。”① 我们积极发展社会主义民主政治，推进全面依法治国，党的领导、人民当家作主、依法治国有机统一的制度建设全面加强。在思想文化建设方面，不断加强党对意识形态工作的领导，理论创新和实践创新全面推进，马克思主义在意识形态领域的指导地位更加鲜明突出，社会主义核心价值观和中华优秀传统文化广泛弘扬。“主旋律更加响亮，正能量更加强劲，文化自信得到彰显，国家文化软实力和中华文化影响力大幅提升，全党全社会思想上的团结统一更加巩固。”②

中国共产党始终坚持以人民为中心的发展理念，把增进民生福祉作

---

① 中国共产党第十九次全国代表大会文件汇编．北京：人民出版社，2017：3.

② 同①4.

为发展的根本目的，带领人民创造幸福美好的生活是我们党始终不渝的初心和使命。2020 年 11 月 29 日，《光明日报》第 9 版刊登了几幅精美的摄影作品，其中一幅作品名为《山花映衬下的金达莱村》，展示了吉林省和龙市金达莱村生活条件的巨大变化。从远处望去，金达莱村在蓝天白云的映衬下显得格外美丽，视野开阔。错落有致的新房屋整齐排列，村中行人稀少，车辆往来穿梭。村子周围，金达莱花如火焰般绽放，美艳动人，香气扑鼻。红花、绿树、蓝天、白云，共同构成一幅幸福美好生活的绚丽画卷。还有一幅作品标题为《金达莱村大型朝鲜族美食制作活动“千人拌饭”》。身着五彩民族服饰的人们聚集在大锅前，用长勺搅拌着香气四溢的菜肴，每个人的脸上都洋溢着幸福的笑容。这笑容是中国人民生活富裕后内心的满足和幸福的自然流露。这口大锅不仅仅是一件炊具，更是中华五十六个民族“同心圆”的象征，代表着民族团结和活力。依托地缘优势、民俗资源和文化传统，勤劳勇敢的朝鲜族金达莱人，在党的扶贫政策的大力支持和驻村干部的积极帮扶下，摆脱贫困、战胜自然灾害，走上了一条勤劳致富的光明大道，实现从“灾村”到“新村”的历史性转变。① 这一幅幅中国普通百姓的生活画卷，不仅为我们展示了中国人生活细节的变化，而且也展现了一个更开放、更具活力和充满希望的社会主义中国的崭新形象。这些事实向全世界证明了马克思主义意识形态的科学真理性，中国特色社会主义制度的巨大优越性，中国特色社会主义文化的不可战胜性。任何外来的谣言、攻击和似是而非的结论，各种敌视和攻击社会主义制度的社会思潮，在事实面前都将不攻自破。“我们创立了新时代中国特色社会主义思想，明确坚持和发展中国特色社会主义的基本方略，提出一系列治国理政新理念新思想新战略，实现了马克思主义中国化时代化新的飞跃，坚持不懈用这一创新理论武装头脑、指导实践、推动工作，为新时代党和国家事业

① 任爽．幸福花开迎远客：吉林省和龙市金达莱村的脱贫之路．光明日报，2020－11－29 (9).

发展提供了根本遵循。”① 中国共产党带领全体中华儿女必将战胜未来发展道路上的各种艰难险阻，以中国式现代化全面推进中华民族伟大复兴。

（三）走向世界的中华图像智慧

借助视觉图像，人们可以品味生命、解读世界、获得意义，因此在对外文化交流和传播过程中，图像完全可以作为沟通不同文明的桥梁。中华优秀图像文化走向世界，对外传播中华古老的图像智慧，通过影视剧反映新时代的美丽画卷，我们有着充分的自信和自觉。“这种自信和自觉，来源于中华文明的深厚渊源，来源于对实现中国发展目标条件的认知，来源于对世界发展大势的把握。”② 然而在国际文化传播领域，总有人戴着有色眼镜看中国，把中国描绘成可怕的“墨菲斯托”，制造出形形色色的所谓“中国威胁论”，说到底是没有真正了解中国文化，也没有真正了解中国人民。事实胜于雄辩。在中国日益走向国际舞台中央的过程中，全面展示中国的国际形象至关重要，这有助于世界人民真正了解中国。通过这种方式，我们可以从根本上消除他国人民对中国社会和中国人民的偏见，有效抵制敌对势力散布的谣言、谬论和无端攻击，从而彻底铲除不良社会思潮滋生的土壤。在这方面，挖掘和利用中华图像文化的智慧是一个重要的策略。

第一，运用历史图片和其他影像史料，教育自己的同胞、启迪其他国家的人民，要珍惜来之不易的和平环境，坚定不移地走和平发展道路。在 1840 年以来的中国近代史上，中国人民经历了内乱和外患的磨难，留下了超过一个世纪的痛苦记忆。这段历史如同一幅幅清晰而令人痛心的画面，深深刻在每个中国人的心灵深处。中国人民对和平与安宁

---

① 习近平．高举中国特色社会主义伟大旗帜　为全面建设社会主义现代化国家而团结奋斗——在中国共产党第二十次全国代表大会上的报告．北京：人民出版社，2022：6.

② 习近平．习近平谈治国理政：第 1 卷．北京：外文出版社，2018：265.

的向往，就如同对呼吸空气的需求一样迫切和强烈。基于对历史、现实和未来的客观分析，中国坚定了走和平发展道路的决心，并在政策、制度和实践中都贯彻这一理念。新中国成立后，中国共产党领导中国人民开始探索社会主义建设的正确道路，既经历过不少坎坷与磨难，也积累了重要的经验和教训。40 多年改革开放的伟大实践，使中华民族实现了从站起来、富起来到强起来的历史性飞跃。我国在经济、政治、文化、军事、国防、外交等方面取得的一系列重要成就，都是中国共产党领导全国人民脚踏实地、一步一个脚印干出来的。历史经验告诉我们，“中国要聚精会神搞建设，需要两个基本条件，一个是和谐稳定的国内环境，一个是和平安宁的国际环境”①。这个宝贵经验对世界上的发展中国家和落后国家都适用，对这些国家选择合适的发展道路具有重要的参照和借鉴意义，这是我国无私提供给世界的中国经验和中国智慧。“和平发展道路对中国有利、对世界有利，我们想不出有任何理由不坚持这条被实践证明是走得通的道路。”② 当然，中国将坚定不移地维护自己的主权、安全和发展利益，任何国家都不要指望我们吞下损害中国主权和利益的苦果，不要指望中国按照他国设计的“发展模式”“理想制度”去做事，不要指望用所谓“普世价值”来塑造中国，不要指望用其思想观念来引导中国的发展方向，不要指望动摇乃至取代马克思主义在意识形态领域的指导地位。这是我国坚定不移的政治立场和政治定力，也是我国在国际图像传播领域坚守的底线原则。

第二，在全球化不断深化的背景下，要正确处理本土图像资源与外来图像文化的关系，坚持以我为主、博采众长的原则，实现文明互鉴与互利共赢。本土优秀图像资源是民族文化的“根”与“魂”，它是本民族的优秀文化基因和活力源头，在实现传统图像资源创造性转化和创新性发展的过程中，我们不能局限于欣赏它的精美，而要深刻领略它的人

---

① 习近平．习近平谈治国理政：第 1 卷．北京：外文出版社，2018：266.

② 同①267.

文内涵，让“其中蕴藏的精神鲜活起来”，成为现代社会的价值源头和营养因子，“为人们提供精神支撑和心灵慰藉，携手解决人类共同面临的各种挑战”①。能够做好这方面的工作，就是对世界文明和社会进步做出的巨大贡献。当然，前提条件是对民族图像资源的发掘、保护与正确利用，我们首先要改变漠视图像资源的观念，或者把它仅仅视为艺术研究对象的狭隘思维，要像对待文本资源一样，努力发掘不同领域的历史图像，做好分类归纳整理工作，珍惜古老图像资源的历史文化价值；其次要注意图像资源中隐含的思想价值元素，特别是在影视剧的输入、输出和传播过程中，必须要有明确的价值引领，为大众树立明确的是非善恶标准。在当今世界百年未有之大变局的背景下，不同民族和国家的视觉图像正以前所未有的速度相互交流与碰撞。这种对峙与冲突不仅仅是图像和视频作为商品的表面现象，更重要的是它们背后所体现的世界观和价值观的较量。我们无法阻挡异域图像文化的进入，但是可以始终坚持以我为主的原则，发挥自身的能动性和创造性，设置必要的图像文化过滤器，构建及时有效的监督审查机制，筑牢防范敌对思想舆论的防线，始终占据社会思潮传播体系的制高点，在此基础上兼顾文明互鉴、互利共赢的目的。因此，需要处理好图像问题上“本土”与“外来”、“自我”与“他者”之间的关系，遵循马克思主义辩证法原理，取其精华，弃其糟粕，在合理取舍的基础上为我所用。现阶段，在对待和处理视觉图像文化方面的问题上，我国必须以培育和践行社会主义核心价值观为根本旨归。就国内而言，主要是强化大众对中华优秀图像文化的认同感，将视觉图像有机融入社会主义核心价值观培育全过程。按照习近平的指示：“要以此为引领，推动各民族文化的传承保护和创新交融，树立和突出各民族共享的中华文化符号和中华民族形象，增强各族群众对中华文化的认同。”② 在国际上，加快对外优秀图像文化传播，增强中华图像文化的吸引力、辐射力、号召力，充分发挥中华图像文化建构

① 习近平．习近平谈治国理政：第1卷．北京：外文出版社，2018：262.

② 习近平．习近平谈治国理政：第3卷．北京：外文出版社，2020：300－301.

国家形象的功能，为民族文化走向世界贡献力量。在坚持以我为主原则的基础上，把国内图像资源的开发和对外传播有机结合起来，让中华图像文化在世界上发挥与中国国力相匹配的影响力，就是中华图像文化对于世界的启迪和贡献。

第三，以宏大的胸襟创作史诗般的作品，推动影视剧图像创新实践，为世界视觉艺术展示东方色彩和永恒魅力，开辟红色经典文化的世界之旅。伟大的事业需要伟大的文化作为支撑，需要伟大的精神作为驱动。在中国共产党带领全国各族人民艰苦奋斗的漫长岁月里，留下了数不清的红色经典作品，以小说、戏剧、电影、电视剧、绘画、音乐等文学艺术形式表现出来，“一部经典就是一部历史，也是一段记忆。红色文艺与中国共产党的发展历程、与中国人民的命运紧密相连，始终有着强大的生命力和影响力”①。从历史背景来看，红色经典文化作品诞生于艰苦的革命斗争和社会主义建设时期，刻有时代的深刻烙印。这些作品之所以成为永恒的记忆，是因为它们不仅反映了时代精神，也与中国人民的命运紧密相连，具有超越时代的持久魅力和价值。从体裁来看，红色经典文化作品可以是小说叙事，也可以是影视剧和图像叙事。它们都对大众产生了深远影响，但影视剧因其共享性而更易受到大众的喜爱。观看影视剧是集体体验革命文化的过程，其价值在共享中不断增值和升华，从而提升观众的思想境界。中国共产党百年历史中的红色经典，如《董存瑞》《黄继光》《铁道游击队》《上甘岭》等，广为人知、深入人心，激发了人们对红色经典的热爱。对于当代青年而言，传承红色基因，激发爱国情怀，是他们的责任。红色经典文化不仅是我们的精神滋养，也是激励我们在新时代不断进取的力量。它提醒我们不忘初心、牢记使命，为全面建设社会主义现代化国家而努力。红色经典文化代表了中国共产党的初心和使命，是中华文

---

① 李笑萌．为百年伟业谱写永恒史诗：红色文艺经典深入人心历久弥新．光明日报，2021－04－26（1）．

化的独特品质。为了推动红色经典文化走向世界，我们需要结合时代需求，对红色经典文化进行创新，在其中注入新的活力。通过展示东方色彩，我们可以开启红色经典文化的世界之旅，让全世界的人民从中获得正能量和精神滋养。

参考文献

A 类

马克思恩格斯文集：第 1 卷 . 北京：人民出版社，2009.

马克思恩格斯文集：第 2 卷 . 北京：人民出版社，2009.

马克思恩格斯文集：第 10 卷 . 北京：人民出版社，2009.

马克思恩格斯全集：第 2 卷 . 北京：人民出版社，1957.

马克思恩格斯全集：第 8 卷 . 北京：人民出版社，1961.

列宁全集：第 1 卷 . 北京：人民出版社，2013.

列宁全集：第 6 卷 . 北京：人民出版社，2013.

列宁全集：第 25 卷 . 北京：人民出版社，2017.

毛泽东选集：第 2 卷 . 北京：人民出版社，1991.

毛泽东选集：第 3 卷 . 北京：人民出版社，1991.

毛泽东选集：第 4 卷 . 北京：人民出版社，1991.

邓小平文选：第 3 卷 . 北京：人民出版社，1993.

习近平谈治国理政：第 1 卷 . 北京：外文出版社，2018.

习近平谈治国理政：第 2 卷 . 北京：外文出版社，2017.

习近平谈治国理政：第 3 卷 . 北京：外文出版社，2020.

习近平谈治国理政：第 4 卷．北京：外文出版社，2022.

习近平著作选读：第 1 卷．北京：人民出版社，2023.

习近平著作选读：第 2 卷．北京：人民出版社，2023.

中共中央党史和文献研究院．十九大以来重要文献选编：上．北京：中央文献出版社，2019.

中共中央党史和文献研究院．十九大以来重要文献选编：中．北京：中央文献出版社，2021.

中央党校采访实录编辑室．习近平的七年知青岁月．北京：中共中央党校出版社，2017.

B 类

张彦远．历代书画记．上海：上海美术出版社，1964.

梁漱溟．人心与人生．上海：上海人民出版社，2005.

梁启超．清代学术概论．北京：中国书籍出版社，2006.

陈独秀．陈独秀著作选编（1897—1918）：第 1 卷．上海：上海人民出版社，2009.

鲁迅．鲁迅全集：第 6 卷．北京：人民文学出版社，1981.

中国大百科全书编辑部．中国大百科全书：哲学．北京：中国大百科全书出版社，1987.

费孝通．乡土中国　生育制度．北京：北京大学出版社，1998.

钱穆．晚学盲言：上册．桂林：广西师范大学出版社，2004.

苗力田．古希腊哲学．北京：中国人民大学出版社，1990.

罗国杰．中国传统道德：简编本．北京：中国人民大学出版社，1995.

韦政通．中国文化与现代生活．北京：中国人民大学出版社，2005.

C 类

刘建军．马克思主义信仰论．北京：中国人民大学出版社，1998.

刘建军．守望信仰．北京：人民出版社，2013.

段忠桥．当代国外社会思潮．北京：中国人民大学出版社，2001.

宋希仁．西方伦理思想史．北京：中国人民大学出版社，2004.

郑永廷．思想政治教育学原理：第 2 版．北京：高等教育出版社，2018.

张维为．中国超越：一个“文明型国家”的光荣与梦想．上海：上海人民出版社，2014.

夏伟东．中国共产党思想道德建设史略．济南：山东人民出版社，2006.

周宪．当代中国的视觉文化研究．南京：译林出版社，2017.

陈新汉，冯溪屏．现代化与价值冲突．上海：上海人民出版社，2003.

谢立中，阮新邦．现代性、后现代性社会理论：诠释与评论．北京：北京大学出版社，2004.

刘建军．寻找思想政治教育的独特视角．北京：中国人民大学出版社，2017.

陈怀恩．图像学：视觉艺术的意义与解释．石家庄：河北美术出版社，2011.

周宪．视觉文化读本．南京：南京大学出版社，2013.

孟建，Friedrich. 图像时代：视觉文化传播的理论诠释．上海：复旦大学出版社，2005.

冯亚琳，乌尔夫，代讯，等．感知、身体与都市空间．合肥：安徽教育出版社，2009.

刘海龙．大众传播理论：范式与流派．北京：中国人民大学出版社，2008.

张志伟，冯俊，李秋零，等．西方哲学问题研究．北京：中国人民大学出版社，1999.

陈嘉映．海德格尔哲学概论．北京：生活·读书·新知三联书店，2005.

赵光武．思维科学研究．北京：中国人民大学出版社，1999.

彭兰．网络传播概论：第 4 版．北京：中国人民大学出版社，2017.

孙英春．跨文化传播学．北京：北京大学出版社，2015.

蒋晓丽，赵毅衡．传播符号学访谈录：新媒体语境下的对话．成都：四川大学出版社，2017.

韩寿山，徐文艳．修身齐家治国平天下诗文绝唱镜鉴．北京：东方出版社，2017.

陈嘉明，吴开明，李智，等．现代性与后现代性．北京：人民出版社，2001.

张新军．数字时代的叙事学：玛丽-劳尔·瑞安叙事理论研究．成都：四川大学出版社，2017.

戚雨村．语言学引论．上海：上海外语教育出版社，1985.

朱跃．语义论．北京：北京大学出版社，2006.

刘巍．读与看：我们这个时代的文学与图像．北京：中国社会科学出版社，2013.

陈然兴．叙事与意识形态．北京：人民出版社，2013.

李丽芳，杨海涛．凝固的旋律：纳西族音乐图像学的构架与审美阐释．昆明：云南人民出版社，2002.

顾森．秦汉绘画史．北京：人民美术出版社，2000.

朱存明．汉画之美：汉画像与中国传统审美观念研究．北京：商务印书馆，2011.

康军民，刘金洁．欧美时尚 100 年．济南：山东画报出版社，2009.

邱吉．道德内化论．北京：民族出版社，2004.

王春辰．图像的政治．北京：中央编译出版社，2013.

何颖．非理性及其价值研究．北京：中国社会科学出版社，2003.

张骥，等．马克思主义意识形态引领多样化社会思潮若干问题研究．北京：人民出版社，2013.

蒙象飞．中国国家形象与文化符号传播．北京：五洲传播出版社，2017.

D 类

梅洛-庞蒂．可见的与不可见的．罗国祥，译．北京：商务印书馆，2016.

梅洛-庞蒂．梅洛-庞蒂文集：第 4 卷．张颖，译．北京：商务印书馆，2018.

列维-布留尔．原始思维．丁由，译．北京：商务印书馆，1981.

罗素．权力论：新社会分析．吴友三，译．北京：商务印书馆，1991.

费瑟斯通．消费文化与后现代主义．刘精明，译．南京：译林出版社，2000.

谢林．艺术哲学．魏庆征，译．北京：中国社会科学出版社，1996.

哈贝马斯．作为“意识形态”的技术与科学．李黎，郭官义，译．上海：学林出版社，1999.

琼斯．自我与图像．刘凡，谷光曙，译．南京：江苏美术出版社，2013.

米歇尔．图像何求?：形象的生命与爱．陈永国，高焓，译．北京：北京大学出版社，2018.

孟久丽．道德镜鉴：中国叙事性图画与儒家意识形态．何前，译．北京：生活·读书·新知三联书店，2014.

柯里．后现代叙事理论．宁一中，译．北京：北京大学出版社，2003.

埃尔金斯．图像的领域．蒋奇谷，译．南京：江苏凤凰美术出版社，2018.

霍尔．符号崛起：读图时代的意义游戏．皮永生，段于兰，译．重庆：重庆大学出版社，2019.

史密斯．文化：再造社会科学．张美川，译．长春：吉林人民出版社，2005.

布鲁斯-米特福德，威尔金森．符号与象征．周继岚，译．北京：生活·读书·新知三联书店，2014.

艾尔雅维茨．图像时代．胡菊兰，张云鹏，译．长春：吉林人民出版社，2003.

迪迪-于贝尔曼．在图像面前．陈元，译．长沙：湖南美术出版社，2015.

海德格尔．林中路．孙周兴，译．上海：上海译文出版社，1997.

卡西尔．人论．甘阳，译．上海：上海译文出版社，1985.

凯尔纳，贝斯特．后现代理论：批判性的质疑．张志斌，译．北京：中央编译出版社，2006.

维利里奥．视觉机器．张新木，魏舒，译．南京：南京大学出版社，2014.

费瑟斯通．消解文化：全球化、后现代主义与认同．杨渝东，译．北京：北京大学出版社，2009.

塔格．表征的重负：论摄影与历史．周韵，译．重庆：重庆大学出版社，2018.

米尔佐夫．视觉文化导论．倪伟，译．南京：江苏人民出版社，2006.

麦克卢汉，秦格龙．麦克卢汉精粹．何道宽，译．南京：南京大学出版社，2000.

罗杰斯．传播学史：一种传记式的方法．殷晓蓉，译．上海：上海译文出版社，2002.

麦克卢汉．理解媒介：论人的延伸．何道宽，译．北京：商务印书馆，2000.

格尔茨．地方知识．杨德睿，译．北京：商务印书馆，2016.

文德尔班．哲学史教程：下．罗达仁，译．北京：商务印书馆，1993.

哈贝马斯．后形而上学思想．曹卫东，付德根，译．南京：译林出版社，2001.

菲斯克．电视文化．祁阿红，张鲲，译．北京：商务印书馆，2005.

威廉斯．关键词：文化与社会的词汇．刘建基，译．北京：生活·读书·新知三联书店，2005.

施拉姆，波特．传播学概论：第2版．何道宽，译．北京：中国人民大学出版社，2010.

凯瑞．作为文化的传播．丁未，译．北京：中国人民大学出版社，2019.

霍夫兰，贾尼斯，凯利．传播与劝服：关于态度转变的心理学研究．张建中，李雪晴，曾苑，等译．北京：中国人民大学出版社，2015.

贝尔．资本主义文化矛盾．赵一凡，蒲隆，任晓晋，译．北京：生活·读书·新知三联书店，1989.

波兹曼．娱乐至死．章艳，译．北京：中信出版集团，2015.

路威．文明与野蛮．吕叔湘，译．北京：生活·读书·新知三联书店，1984.

贝斯特，科尔纳．后现代转向．陈刚，等译．南京：南京大学出版社，2002.

巴雷特．非理性的人：存在主义哲学研究．杨照明，艾平，译．北京：商务印书馆，1995.

弗雷泽．软实力：美国电影、流行乐、电视和快餐的全球统治．刘满贵，宋金品，尤舒，等译．北京：新华出版社，2006.

普林斯．叙事学：叙事的形式与功能．徐强，译．北京：中国人民大学出版社，2013.

克兰迪宁．叙事探究：原理、技术与实例．鞠玉翠，等译．北京：北京师范大学出版社，2012.

克罗．视觉符号：视觉艺术中的符号学导论：原著第 3 版．宫万琳，译．北京：中国建筑工业出版社，2018.

利科．作为一个他者的自身．佘碧平，译．北京：商务印书馆，2013.

利科．解释的冲突．莫伟民，译．北京：商务印书馆，2017.

梅洛-庞蒂．知觉的世界．王士盛，周子悦，译．南京：江苏人民出版社，2019.

勒维纳斯．塔木德四讲．关宝艳，译．北京：商务印书馆，2002.

科泽．仪式、政治与权力．王海洲，译．南京：江苏人民出版社，2015.

赖尔．心的概念．徐大建，译．北京：商务印书馆，1992.

普特南．事实与价值二分法的崩溃．应奇，译．北京：东方出版社，2006.

托多罗夫．我们与他人：关于人类多样性的法兰西思考．袁莉，汪玲，译．北京：北京大学出版社，2014.

怀特海．思想方式．韩东晖，李红，译．北京：华夏出版社，1998.

福尔迈．进化认识论．舒远招，译．武汉：武汉大学出版社，1994.

洛克．教育漫话．傅任敢，译．北京：教育科学出版社，1999.

伯曼．一切坚固的东西都烟消云散了．徐大建，张辑，译．北京：商务印书馆，2003.

希尔贝克，伊耶．西方哲学史：从古希腊到二十世纪．童世俊，郁振华，刘进，译．上海：上海译文出版社，2004.

丹纳．艺术哲学．傅雷，译．北京：人民文学出版社，1963.

泰勒．现代社会想象．林曼红，译．南京：译林出版社，2014.

克拉克．重返理性：对启蒙运动证据主义的批判以及为理性与信仰上帝的辩护．唐安，译．北京：北京大学出版社，2004.

巴伦，伯恩．社会心理学：第10版．黄敏儿，王飞雪，译．上海：华东师范大学出版社，2004.

弗洛克．享乐主义手册：掌握丢失的休闲和幸福艺术．小意，译．南京：南京大学出版社，2011.

霍克海默，阿道尔诺．启蒙辩证法．渠敬东，曹卫东，译．上海：上海人民出版社，2006.

布卢姆．教育目标分类学：第二分册　情感领域．施良方，张云高，译．上海：华东师范大学出版社，1986.

叔本华．叔本华人生哲学．李成铭，等译．北京：九州出版社，2003.

勒庞．乌合之众：大众心理研究．冯克利，译．北京：中央编译出版社，2005.

鲍曼．被围困的社会．郇建立，译．南京：江苏人民出版社，2005.

达比．风景与认同：英国民族与阶级地理．张箭飞，赵红英，译．南京：译林出版社，2018.

罗尔斯顿．哲学走向荒野．刘耳，叶平，译．长春：吉林人民出版社，2000.

涂尔干．社会分工论．渠东，译．北京：生活·读书·新知三联书店，2000.

维利里奥．战争与电：知觉的后勤学．孟晖，译．南京：南京大学出版社，2011.

唐小兵．流动的图像：当代中国视觉文化再解读．上海：复旦大学出版社，2019.

E 类

汤晓燕．法国大革命图像史研究的兴起、趋势及存在的问题．史学理论研究，2020（4）.

程春华，张艳娇，王兰兰．当前西方民粹主义研究述评：概念、类型与特征．国外理论动态，2020（1）.

布成良．当代中国民粹主义的表现、实质与应对．山东师范大学学报（社会科学版），2020（3）.

马立明，万婧．智能推送、政治极化与民粹主义：基于传播学的一种解释路径．理论与改革，2020（4）.

龙迪勇．图像叙事：空间的时间化．江西社会科学，2007（9）.

唐建．汉画蕴含的儒家文化思想．兰州大学学报（社会科学版），2016（5）.

霍巍．唐蕃古道上的金银器和丝织品．光明日报，2020－12－19（10）.

赵念国．法国：享乐主义卷土重来．国际展望，2000（8）.

喻国明，曲慧，方可人．重新理解媒介：以受众“媒介观”为中心的范式转换．新疆师范大学学报（哲学社会科学版），2021（3）.

何毅亭．民族复兴与百年变局．学习时报，2021－04－14（1）.

马立新．遵循“艺术真实”法则：AI 艺术面临的一道坎儿．光明日报，2021－04－28（13）.

刁大明．“中国恐惧症”：蒙不了世界　带偏了美国．光明日报，2021－05－12（15）.

饶曙光．《悬崖之上》：新主流电影的新拓展．光明日报，2021－05－12（14）.

唐健．浅议疫情对全球社会思潮的影响．学习时报，2020－06－05（3）.

张凯滨．重大题材影视剧频获青年观众点赞．光明日报，2021－05－05（7）.

何辉．纪录片《绝笔》：为英雄们再立新传．光明日报，2021－05－05（7）.

范颖，林俊彤．中国电影："国潮"带热传统文化．光明日报，2021－05－12（14）.

丁亚平．中国影视剧用真诚和创意海外"圈粉"．光明日报，2020－11－04（15）.

沈青松．跨文化哲学和中国哲学．国外社会科学，2004（3）.

张瀛．中国画审美视域中的传统文化内涵．阜阳师范学院学报（社会科学版），2015（6）.

陈雪．以考古之光照亮文明深处与细节：中国考古与历史主题新书访谈．光明日报，2020－11－28（9）.

张利．大美黄山的各美其美：评纪录片《大黄山》、《黄山》．中国电视，2014（9）.

张淼．纪录片正在呈现全面真实立体的国家形象．光明日报，2020－12－15（9）.

任爽．幸福花开迎远客：吉林省和龙市金达莱村的脱贫之路．光明日报，2020－11－29（9）.

李笑萌．为百年伟业谱写永恒史诗：红色文艺经典深入人心历久弥新．光明日报，2021－04－26（1）.

曾军．从"视觉"到"视觉化"：重新理解视觉文化．社会科学，2009（8）.

吴琼．视觉性与视觉文化：视觉文化研究的谱系．文艺研究，2006（1）.

图书在版编目（CIP）数据

当代国外社会思潮传播研究：视觉化转向中的挑战与对策/程立涛著. -- 北京：中国人民大学出版社，2025.4. -- ISBN 978-7-300-33473-8

Ⅰ. D091.5

中国国家版本馆 CIP 数据核字第 2025RH8388 号

当代国外社会思潮传播研究

——视觉化转向中的挑战与对策

程立涛　著

Dangdai Guowai Shehui Sichao Chuanbo Yanjiu

出版发行	中国人民大学出版社		
社　　址	北京中关村大街 31 号	**邮政编码**	100080
电　　话	010－62511242（总编室）		010－62511770（质管部）
	010－82501766（邮购部）		010－62514148（门市部）
	010－62511173（发行公司）		010－62515275（盗版举报）
网　　址	http://www.crup.com.cn		
经　　销	新华书店		
印　　刷	北京昌联印刷有限公司		
开　　本	720 mm×1000 mm　1/16	**版　　次**	2025 年 4 月第 1 版
印　　张	23.75 插页 1	**印　　次**	2025 年 4 月第 1 次印刷
字　　数	325 000	**定　　价**	89.00 元